普通高等教育创新型人才培养规划教材

管 理 学

吴景泰　安玉新　主编

北京航空航天大学出版社

内容简介

本书是编者在结合了多年的教学实践与探索，汲取了当今社会管理活动的理论和经验的基础上编写的，力图使读者清晰地了解管理学的全貌。同时本书还结合实践对管理的最新发展作了一定介绍。

本书共分十四章，以管理职能为主线，系统、完整地阐述了管理学的基本原理和方法，内容重点突出、翔实合理。为了方便学生学习，在每一章理论阐述之前，都安排了本章要点；在每一章的最后，都精心编写了复习思考题。

本书在编写中坚持管理理论体系的完整性、科学性、理论性、实用性和易读性，适合高等学校的经济管理专业本科生、研究生作为教材使用，也可以供从事管理工作的各界朋友阅读和参考。

图书在版编目(CIP)数据

管理学 / 吴景泰，安玉新主编. -- 北京 ：北京航空航天大学出版社，2014.8

ISBN 978-7-5124-1536-2

Ⅰ.①管… Ⅱ.①吴… ②安… Ⅲ.①管理学—教材 Ⅳ.①C93

中国版本图书馆 CIP 数据核字(2014)第 094310 号

管理学

吴景泰 安玉新 主编

责任编辑 杨 昕

*

北京航空航天大学出版社出版发行

北京市海淀区学院路 37 号(邮编 100191) http://www.buaapress.com.cn

发行部电话：(010)82317024 传真：(010)82328026

读者信箱：bhpress@263.net 邮购电话：(010)82316524

涿州市新华印刷有限公司印装 各地书店经销

*

开本：710×1 000 1/16 印张：17.75 字数：378 千字

2014 年 8 月第 1 版 2014 年 8 月第 1 次印刷 印数：3 000 册

ISBN 978-7-5124-1536-2 定价：32.00 元

前　言

管理和科技是社会发展的两个轮子，管理学随着技术的发展、社会经济的发展和生产力的发展而不断发展。现在是信息化、云技术的时代，其赋予了管理新的内涵，成为应用性极强的一门科学。管理学作为一门学问已成为经济类、管理类各专业学生的核心课程之一，是该类专业学生学习其他专业课的基础。社会的发展使知识的发展呈现了综合化的趋势，经济的发展使得团队越来越重要，人的发展使得情商越来越重要，为此，学生不但要掌握专业知识，更要懂得管理理论和方法，掌握管理思想的精髓。

近年来，管理学课程的教材非常多，出版量增长极快，但真正适合普通高等学校的教材并不多。尤其是对于工科院校，管理学课程涉及专业多，先修和后续课程又大不相同，既涵盖管理知识体系，又能满足实际应用需要的教材更为缺乏。编写本教材的目的，正是为了满足经管类专业及一些工科专业的学生系统了解、掌握管理理论知识的需要，将经典的管理知识和前沿的管理成果介绍给学习者及有关读者，既传播了管理科学知识，又能促进生产力的发展和社会的进步。

本书编写中坚持管理理论体系的完整性、科学性、系统性、实用性和易读性，博采众家之长，广纳先进管理成果，形成了自己的特色。

本书共十四章，由沈阳航空航天大学管理学教学团队编写。其中，吴景泰、安玉新担任主编，负责总体设计、总撰审定。参加编写的人员有：吴景泰（第一章～第三章）、徐娴英（第四章和第五章）、安玉新（第六章～第八章）、张颖（第九章～第十一章）、王永东（第十二章和第十三章）、赵榕（第十四章）。

本书在编写中参考了国内外大量的文献，在此对这些文献的作者表示衷心的感谢。另外，向对本书编写大纲提出建议的专家、帮助本书出版的有关人员及为本书编写收集材料的人员表示感谢。

管理学是一门既具有丰富内涵又发展迅速的学科，管理理论知识既有经典性又有权变性，但由于编者的知识、经验有限，编写中缺点、错误在所难免，敬请使用本书的师生、读者及同行专家提出意见和建议。

编　者

2014 年 5 月

前　言

目　录

第一章　管理学概述

【本章要点】

- 管理的概念
- 管理的职能
- 管理者的层次与职能
- 管理者角色
- 管理学研究的内容
- 管理学特点

自从有了人类历史就有了管理，随着生产力的发展，人类生产日趋社会化和专业化，社会化大生产提出了分工合作的要求。劳动者之间只有合理分工和协作才能提高效率、取得最佳的效果，这就需要管理。为了解决资源的有限性和人类欲望的无限性及目标多样性之间存在的矛盾，需要对人类要达到的目标和资源利用进行控制和协调，以实现资源最有效的配置和目标的优化，这就更需要管理，需要更多优秀的管理者能够在他们各自的领域有所成就和贡献。从这些意义上来说，社会的各个层次、各个领域，甚至每个人都存在管理问题。管理既是一项社会实践活动，又是一门科学，它对任何企业、事业单位乃至政府机构都有着极其重要的指导意义。

第一节　管理的性质和职能

管理起源于人类的共同劳动，自古就存在。人们开始组成集体去达到共同目标时就必须有管理以协调集体中各个成员的活动。正如马克思在《资本论》中所指出的："一切规模较大的直接社会或共同劳动，都或多或少地需要指挥，以协调个人的活动，并执行生产总体的运动——不同于这一总体的独立器官的运动——所产生的各种一般职能。一个单独的提琴手是自己指挥自己，一个乐队就需要一个乐队指挥。"任何组织集体，如工厂、企业、学校、医院、军队、政府、商业、银行等都需要管理。埃及金字塔、巴比伦古城、我国的万里长城等，都是古代人民勤劳智慧的结晶，也是历史上伟大的管理实践。古罗马帝国的兴盛，很大程度上归功于其有效的组织。戴克里先成为皇帝后，实行了一种把中央集权控制与地方的分权管理很好地结合起来的连续授权制度。管理作为一种人类的实践活动虽然古已有之，人们对管理活动的经验加以总结，形成了一些朴素、零散的管理思想，但形成管理理论却是在工业革命之后。

一、管理的含义

目前，管理一词还没有一个统一的为大多数人所接受的定义，不同的学者由于研究的出发点不同或角度不同，因而对管理所下的定义也不同。

在中国古代，管者，古乐器名，泛指细长圆形中空之物，衍义枢要、管制、包容、包管；理者，治玉也，衍义治理、治疗、温习、义理、道理、法则、名分等。管与理结成管理一词，其义精深明确。

西方的学者们更是给管理下了诸多定义。“科学管理之父”泰勒就说过：管理就是确切地知道你要别人去干什么，并使他用最好的方法去干。“管理过程理论之父”法约尔认为，管理就是计划、组织、指挥、协调、控制。诺贝尔经济学奖获得者赫伯特·A·西蒙(Herbent A. Simem)认为，管理就是决策。美国管理协会认为，管理是通过他人的努力来达到目标。斯蒂芬·P·罗宾斯(Stephen P. Robbins)认为，管理是指同别人一起，或通过别人使活动完成得更有效的过程。在这里，过程的含义表示管理者发挥的职能或从事的主要活动，这些职能可以概括地称为计划、组织、领导和控制。现代管理学者 H·孔茨则认为，管理是设计和保持一种环境，使集体工作的人们能够有效地完成预定目标的过程。

我国一些学者也对管理学做了很多定义。周三多认为，管理是组织为了达到个人无法实现的目标，通过各项管理职能，合理地分配、协调这些资源的过程。胡祖光提出，管理就是组织人力与物力以实现正式组织的目标的过程。

在对管理进行广泛的研究，并综合了各种对管理的理解，本书对管理作了如下的定义：管理是通过计划、组织、协调、控制、创新等职能，有效地分配和使用人力、物力、财力等各种资源，以期达到组织目标的过程。

上述管理的概念，包括以下几个方面的含义：

① 管理是任何组织(包括工商企业、学校、医院、政府机构等)集体劳动所必需的活动。

② 管理的对象是组织的各种活动及活动所需要的人力、物力、财力、信息等资源要素。管理的对象就是组织的一切活动，通过合理利用和分配组织的资源，使活动能够有效地完成。

③ 管理的主体是管理者。组织是由管理者来管理的，包括高层、中层和基层的管理者，凡是参与管理的人都是管理者。当然，对于一般组织来说，组织的总体控制是以高层管理者为中心的。

④ 管理的目的是使管理行为符合客观规律。管理是一种有意识、有组织的活动。要使主观行为变成客观活动并取得客观效果，就必须使管理的行为符合客观规律，所以管理的依据是组织的特性及由此表现出来的经营规律。

⑤ 管理的目的是为了实现既定的目标，而这就需要组织内的成员各尽其责，共同努力协作。

二、管理的职能

19 世纪初，法国工业家亨利·法约尔（Henri Fayol，1841—1925）在《工业管理与一般管理》一书中，将管理的职能划分为计划、组织、指挥、协调、控制五个基本职能。我国理论界习惯上将管理划分为决策、计划、组织、协调、激励、控制和创新七个职能。

1. 决策职能

决策就是对市场环境进行分析，确定生产发展目标，在多种方案中选出最佳方案。正确的决策能够指导人们有效的活动，从而获得良好的结果；错误的决策，则会产生错误的行为，导致经营活动的失败，甚至产生巨大的损失和严重的后果。在市场经济中，由于市场的瞬息万变，竞争的加剧，使决策成为管理的核心和最基本的职能。

2. 计划职能

计划是决策的展开和具体化，即根据决策的目标而做出的具体安排。在企业管理过程中，计划是各项工作的龙头。只有充分发挥计划的职能作用，才能把各项工作有效地组织起来，建立起正常的生产秩序和工作秩序，企业的经营规模越大，生产经营越复杂，计划职能作用就越重要。所以，计划职能是现代企业管理不可缺少的重要职能。

3. 组织职能

组织就是将企业生产经营活动的各要素、各部门、各环节在空间和时间的联系上、在劳动分工与协作上、在对外交往上合理地组织起来，形成一个有机整体，使企业的人、财、物得到最合理的运用。组织职能是保证实现预定计划的一项重要职能。组织职能的执行要从企业生产经营的具体情况出发，服从于企业的经营战略和决策。组织职能水平的高低，在一定程度上决定了企业的工作效率和生产经营活动的成果。

4. 协调职能

为了有效地实现企业的目标，使企业各生产部门、各职能部门之间以及对外的工作保持良好的协作关系，就需要进行组织协调。协调可以分为纵向协调和横向协调，对内协调和对外协调。

纵向协调就是对组织内部各个层级之间的协调，横向协调则是不同部门之间的协调；对内协调就是指组织内部协调，对外协调则是对企业与其他单位之间的协调。协调是一项综合性的职能，要做好协调工作，关键在于使企业全体员工明确企业的生产经营目标和决策计划内容，树立全局观念，克服本位思想，加强互相协作，消除扯皮现象。

5. 激励职能

企业等组织的各项工作，主要依靠人的劳动来完成，工作结果的优劣很大程度上取决于人的积极性。人的积极性是一种极大的内在潜力，激励就是通过各种措施、方法和形式来充分调动人的内在潜力，从而提高工作效力，以保证完成和超额完成各项计划指标。激励的方式有积极和消极两种，前者如奖励、晋升等，后者如批评、惩罚等。在一般情况下应该以积极的激励为主，辅以必要的消极激励。

6. 控制职能

控制又称监督，它是同计划紧密联系在一起的。没有计划，控制也失去了依据。有了计划，没有控制，计划的实现也可能落空。控制主要是对企业生产经营活动过程进行考察，把实际执行情况与原定的计划、目标进行对比，找出差异，分析原因，采取对策，解决问题。实现控制的职能要求企业建立和健全一系列的规章制度，特别是确定明确的责任制、完整的定额管理制和严格的经济核算制等。

7. 创新职能

创新是组织生命力的源泉。对于一个系统的企业或其他社会组织来说，计划、组织、领导和控制等职能是在现有环境状态和系统目标下，维持系统平衡的重要管理职能；而创新则是适应组织内、外部环境条件的变化，打破系统原有平衡，创造系统新的目标、结构和功能状态，以实现新的系统平衡的管理职能。没有创新就没有发展，只有借助管理的创新职能，才能将计划、组织、领导、控制等职能推进到一个新的组织管理的均衡状态，从而使组织在更高层次上实现目标、结构与功能的有机整合，以创造性地适应环境变化，赢得竞争优势。

三、管理的性质

管理活动是很复杂的社会活动，受到若干不确定因素的影响与制约。但是，管理又有自身的规律与特征，认识和掌握这些特征，是做好管理工作的基本条件。

（一）管理的自然属性和社会属性

管理具有二重性，即管理的自然属性和社会属性。管理的二重性是马克思主义关于管理问题的基本观点。马克思在《资本论》中指出："凡是直接生产过程具有社会结合过程的形态，而不是表现为独立生产者的孤立劳动的地方，都必然会产生监督劳动和指挥劳动。"从以上马克思所论述的管理二重性的理论中，我们可以认识到，管理的二重性是通过两种管理性质来表现的，即通过"指挥劳动"和"监督劳动"来分别表现管理的自然属性和社会属性。"指挥劳动"是进行社会化生产所必需的，是执行着组织和协调企业生产、技术、经营等整体活动的一般要求。它是适应社会化大生产要求的自然属性，也是在任何生产方式或社会制度下都具有的共性。"监督劳动"则是指在一定的生产资料占有方式下，社会劳动过程的一种特殊性质，它具有社会属性，在一定生产关系下具有其特殊地位。资本主义管理的社会属性的特点，主要表现在维护资本家利益、剥削雇佣劳动的实质上，具有阶级对抗性。社会主义管理的社会属性的特点，则主要表现在维护和改善集体劳动条件，正确处理国家、集体和个人三者的关系，为实现社会主义生产目的服务。

具体来说，管理的二重性表现在以下两个方面：

1. 自然属性

管理的自然属性是由生产力与社会化大生产所决定的。社会化的共同劳动需要管理，要按照大生产的要求，合理地进行计划、组织、协调和控制，没有这种管理，不仅由协作而发展的社会生产力发挥不出来，就是生产中人的要素和物的要素也会由于缺乏管理而无法充分发挥人力、物力的作用，无法达到提高劳动生产率和经济效益的目的。因此，管理是进行社会化生产所必需的、共有的，这是一种自然属性。管理的这种自然属性主要取决于生产力发展水平和劳动社会化程度，而不取决于生产关系的性质。

2. 社会属性

管理总是在一定的社会制度和生产关系下进行的，不同的社会制度和不同的历史阶段，以及不同的社会文化都会使管理呈现出一定的差别，使其具有特殊性，这就是管理的社会属性。可见，管理的社会属性是由社会制度和生产关系决定的。

管理的二重性是相互联系、相互制约的。一方面，管理的自然属性不可能脱离一定的生产关系或者社会基本制度；另一方面，管理的社会属性也不可能孤立于生产力或社会基本制度，管理的自然属性要求有一定社会属性的生产关系和组织形式与其相适应。同时，管理的社会属性也必然对相应的自然属性产生影响并发挥作用。了解了管理的自然属性，为学习、借鉴经济发达国家先进的管理方法和经验提供了理论依据；了解了管理的社会属性，就要根据我国的国情，逐步建立起符合社会主义市场经济体制要求的管理体系，有效地开展各项管理工作。管理的社会属性如图 1-1 所示。

(二) 管理的科学性和艺术性

我们常说，管理既是科学，又是艺术。管理是一门科学与艺术相结合的学科，管理既有其严谨性，又有其经验性。

1. 管理是一门科学

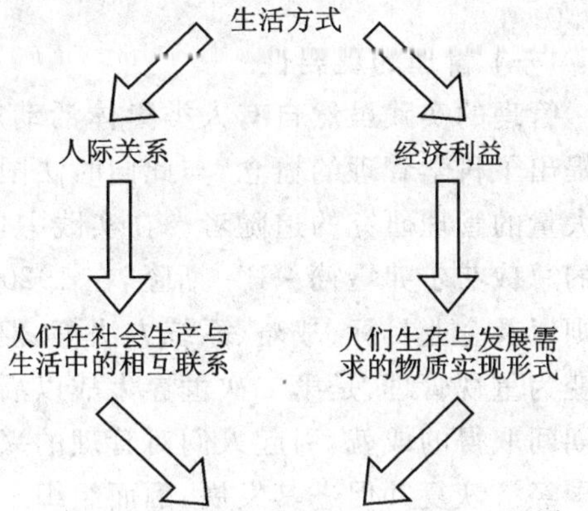

图 1-1　管理的社会属性

管理是一门科学，是因为任何管理都有其内在的、一定的逻辑性。在管理丰富实践的推动下，管理形成了自己系统的原理、原则和方法论，它们构成了管理科学的基本框架。近几十年来，在管理实践和管理理论工作者的推动下，管理科学正在蓬勃发展。管理学作为一门独立科学的存在和在实践中所起的不可替代的作用，已经成为人们的共识。人们认识到，管理必须依靠科学的理论指导，经验管理的时代已经过去。管理工作者只有努力地学习管理的基本原理和原则，掌握管理的基本规律，理论联系实际，灵活地运用管理的方式方法，才能提高自己的管理水平，成为一名合格的管理者。

2. 管理是一门艺术

所谓艺术，在这里指的是创造性的方式、方法，管理的艺术性指一切管理活动都应具有创造性，管理没有一成不变的模式，没有放之四海而皆准的经验。管理的艺术性是由于作为管理主体的人具有主观能动性。人的主观能动性的基础是人能够积极地思维，能够自主地做出行为决定。管理工作者只有充分利用这种主观能动性，才能把人们的积极性和创造性调动起来，使他们自觉地为实现组织的目标而努力工作。不同的人的性格、特质，管理经验的不同，对风险的偏好不同，对同一种管理方式会做出截然不同的反应，会有完全不同的行为。在不同的环境中，管理者处理同一问题可能就要采取不同的方法。管理的基本原则是灵活地运用，管理者只有根据具体的管理对象、管理环境，创造性地解决实际中所存在的问题，管理才可能成功。

管理的艺术性表明，学习书本上的管理学理论是必要的，但又是不够的。成功的管理者必须学会总结经验，学会因势利导，学会理论联系实际。

管理的科学性与艺术性之间并不矛盾，管理需要科学的理论指导，没有理论指导的实践是盲目的实践。每一项具体的管理活动又是在特定的条件下开展的，它要求管理者结合实际进行创造性的管理，这样才能把理论变为现实。管理的科学性与艺术性的统一还表现为，一个不懂管理理论的管理者很难掌握管理的艺术性。因为管理的艺术性是对管理科学原理的合理发挥，只有真正精通了管理原理，把握了管理精髓的人，才可能在管理实践中得心应手，实现创造性的管理。

四、管理的重要性及管理的任务

（一）管理的重要性

管理的实践虽然自有人类集体活动就开始，但直到20世纪初才由泰勒于1911年提出了科学管理的概念，与此同时法国的法约尔提出了管理的组织理论，接着出现了大量的管理研究的追随者。在实践中也有一些杰出的企业家，如美国通用汽车公司的总裁艾尔弗雷德·P·斯隆，在1920年为庞大的通用公司机构提出组织分权的原则以及企业目标、战略、系统方法等，但当时管理还未引起普遍重视。从忽视管理转变为重视管理，是第二次世界大战以后才实现的。它首先是由于美国制造业在战争期间取得的成就，引起人们对管理的兴趣；以后英国一位财政大臣认为管理可以使英国经济恢复并促进其发展，因而组织了由实业家和管理人员组成的生产率考察团访美学习管理的秘密。由此才使人们关注起管理来。

第二次世界大战后，美国提出了救济与帮助欧洲经济复兴的马歇尔计划，管理在其中占有中心地位，它的成功使管理成为热门话题，于是掀起一股人人谈管理的热潮。不久，日本也认识到管理对复兴经济的重要性，邀请美国管理专家，从提高产品质量着手，抓住管理作为中心动力和关键因素，结合自己的国情，发展了有日本特色的管理科学。以后，发展中国家，如印度、巴西、东南亚各国纷纷成立各种管理协会。

从20世纪60年代到70年代，新加坡、韩国、中国香港、中国台湾等国家和地区的经济迅速发展，人们愈发认识到管理的重要性。我国自党的十一届三中全会以来，党和国家的工作重心转移到以经济建设为中心的轨道，确定了改革与开放的战略方针，确认了管理的重要性。在全国各地成立了企业管理协会以及其他各种学会，在高等学校内普遍设立了管理学院或管理系科，经济管理研究机构、培训中心也纷纷成立。从我国经济管理体制改革的深化来看，最终目的也是为了振兴、发展我国经济而探索适合我国国情的宏观管理和现代企业管理制度。

管理的重要性还可以进一步从以下三方面来阐明。

① 管理是促进生产力发展的关键因素。生产力要素中，劳动力、劳动工具、劳动对象如果没有管理就形成不了生产力。科学技术是第一生产力，它体现在劳动力、劳动工具和劳动对象之中。但是，管理是生产力中的结合性要素，如果没有管理来组织、创造条件，则科学技术是难以转化为生产力的。美国人自称"三分靠技术，七分靠管理"，而第二次世界大战后经济腾飞的日本则认为他们是靠技术和管理两个车轮使经济起飞的。这不是贬低科技的重要性，而是说明管理可以促使科技与劳动力、劳动工具、劳动对象更好更快地结合起来，尽快进入生产，使生产力总体能力得以扩大和发展。

② 管理是提高一个组织和社会经济效益的重要手段。有效管理的作用就在于以尽可能少的人力、物力、资金的消耗和占用来正确地完成组织的目标。从工商企业来看，管理得好，企业提供尽可能多的利润和税收，不仅提高了自己的经济效益，而且为社会也作出贡献，对整个社会和国家的经济建设和发展有着十分重要的意义；反之如果一个企业不能提供社会所需要的产品，且浪费严重，不仅自己亏损，而且严重地損害社会和国家的利益。这也正是我国经济发展中需要解决的重要问题。

③ 管理对促进社会的发展，提高社会的生活质量有着重要的意义。现代社会已从工商业社会走向多元社会。除了工商企业之外的各种服务机构，诸如学校、医院、公用事业、政府机构等，在社会中已占越来越大的比重。这些机构的存在都是为了给社会乃至个人提供服务，管理正是为这些机构作出贡献，从而提高社会的生活质量。各种机构要发挥应有的作用，必须要有有效的管理。事实上，非工商企业的公共服务机构对管理的需要，并不比工商企业少，甚至更大，今后必将受到人们日益增长的重视。经济与社会的发展，社会生活质量的提高，将是管理发展的结果。

(二) 管理的任务

联系到管理对社会发展的重要意义，有必要进一步明确管理的任务，即明确管理要使其组织机构对社会作出应有的贡献，主要可概括为以下三个方面。

① 实现本机构的特殊目的和使命。一个机构是为了某种特殊目的和使命而存在的。以工商企业而言，其特殊使命就是经济成就，即为社会提供合乎需要的产品和服务，为企业取得利润，为社会提供税收和积累。至于非工商企业或其他公共服务机构，如大学就是培养出合乎社会需要的毕业生，医院就是为病人治疗，使其康复出院。

管理当局的每一项行动、决策都必须将这一任务放在首位。

② 使工作富有活力并使员工有成就。工商企业及其他服务机构所拥有的资源中，最重要的是人。机构中所有的物资、资金、信息资源都是靠人来运用的，管理者的任务就是要充分调动人的积极性，使工作富有活力，而且要使员工能有所成就。员工看到自己的成就，会进一步发挥积极性和工作活力。这就要研究人的能力、优缺点、生理、心理的特点，使其适合工作，最好地发挥才能。管理就是要设计和维护一种环境，使人们能在集体内合力工作，以求有效地完成集体目标，做出成就。

③ 关心对社会的影响，承担社会责任。任何组织机构都是社会的一个子系统，对社会有着直接的影响。一个企业如果出售质次甚至有害的产品，或是排出污气废料，造成环境污染，都会危害社会。即使在企业内，如果劳动条件及技术安全差，也会危害员工身体，造成社会危害，管理必须对社会负责。一个好的管理者主动担负起社会责任，不仅出于社会道德观念的影响，而且是为了树立企业信誉，遵守国家法律、政策，正确处理短期利益与长远利益的关系。

以上三项任务是相互联系，在同一时间和同一管理行为中执行的。当然，业务方面的成就是企业的目标和存在理由，因而是第一位的，但如果忽视第二项任务，员工积极性不能发挥，第一项任务就难以完成；而如果对社会不负责任，也必然损害自己的名誉，最终导致失败。

第二节 管理者

管理的主体是管理者或管理人员，管理人员行使其计划、组织、领导与控制等管理工作。

一、管理者的定义与分类

管理者按传统概念，可称之为“负责其他人工作的主管人员”。但在某些专业管理工作中，例如，财务经理，是高级管理人员之一，既有下属财务人员受他管辖，又负责资金的运用，因此，较完整的定义应为管理人员就是负责对人力、资金、物资和信息情报进行计划、组织、领导、控制的人员。一个组织的管理人员按其主要作用来分析，可从以下两个方面来分类。

（一）从管理组织层次、上下组织关系来分类

① 高层管理者。指的是一个组织或公司的高级领导层的管理者，如学校的校长、副校长、教务长等，企业的董事长、总裁、副总裁、总经理、副总经理及其他高层管理人员。高级管理人员中，领导人对外可以代表企业的身份出现，在企业内则与其他高级管理人员一起制定企业组织目标、发展战略计划等，作出计划和决策、审核整个组织的业绩等。

② 中层管理者。是贯彻高级管理人员的命令、指示及计划，而对基层管理人员布置工作任务的管理人员，包括分部经理、厂长、业务经理、部门经理等。他们负责向

高级管理层直接报告工作，同时负责监督和协调基层第一线管理人员的工作。经济组织或企业的大量日常管理在很大程度上要由中层管理人员来负责进行。

③ 基层管理者。主要包括工长、基层单位主管人、办公室负责人等。他们的职责是给下属工人或办事员分派具体工作任务，密切监督下属人员的工作情况，协调下属人员的工作，以保证完成既定工作任务目标。基层管理人员向中级管理人员直接报告工作，他们的工作对实现经济组织或企业的目标和业绩起着决定性作用。

这三层管理者是一个有机整体，保证整个组织的管理工作正常地进行。从整个组织的发展看，高级管理人员起着关键的开拓发展、计划决策和组织协调的作用，需要筹划创新、调查研究、战略管理的才能；而基层管理人员则坚决执行命令、提高效率、保证质量，往往通过体力性劳动或技术性工作，处理现场管理、指导操作、保证设备处于良好的运转状态；至于中层管理人员则起着承上启下的重要作用，负担着大量的管理性工作，需要精通的专业管理才能，组织好本部门工作，协调好与其他有关部门的关系。管理职能与管理层次如图 1－2 所示。

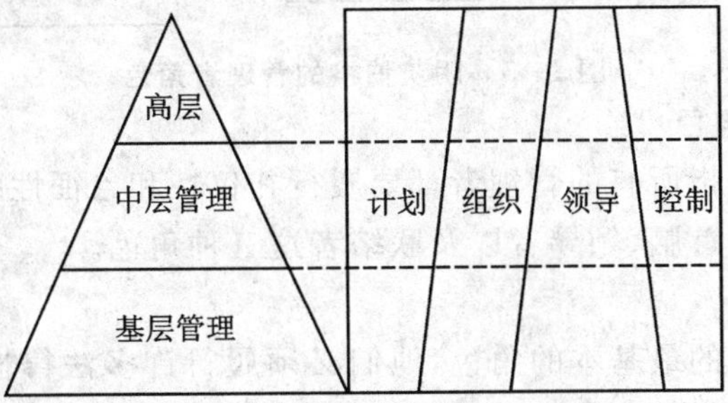

图 1－2　管理职能与管理层次

(二) 从管理专业业务领域来分类

① 市场营销管理人员。其工作可包括市场调查、广告宣传、产品调查与销售以及顾客心理和要求研究等。

② 财务管理人员。主要职责包括资金筹集、投资预算、核算与出纳工作等。

③ 业务管理人员。指的是从事有关一个经济组织、企业的制造产品、提供服务的业务系统工作。

④ 人事管理人员。主要职责是从事对人力资源的管理，包括人力资源的计划、招聘和选择组织所需的人才，并负责培训、使用、考核、晋升、奖励以及工资工作等。

⑤ 其他专业管理人员如行政管理、公共关系等方面的管理人员等。有的经济组织或企业还聘请各方面专家作为内部顾问或国际性业务方面的顾问。随着现代企、事业组织规模的扩大和环境的复杂化，这方面专业管理人员的作用也日益重要。

二、管理者角色

亨利・明茨伯格(Henry Minzberg)是经理角色学派的创始人。明茨伯格认为，对于管理者而言，从经理的角色出发，才能够找出管理学的基本原理并将其应用于经理的具体实践中去。20 世纪 60 年代末期，明茨伯格对 5 位总经理的工作进行了一项仔细的研究，结果，他的发现对长期以来对管理者工作所持的看法提出了挑战。明茨伯格研究发现，他所观察的经理们陷入大量变化的、无一定模式的和短期的活动中，他们几乎没有时间静下心来思考，因为他们的工作经常被打断。有半数的管理者活动持续时间少于 9 分钟。在大量观察的基础上，明茨伯格提出了一个管理者究竟在做什么的探索。

明茨伯格的结论是，管理者扮演着 10 种不同的，但却是高度相关的角色。管理者角色（Management Roles）这个术语指的是特定的管理行为范畴，如图 1－3 所示，这 10 种角色可以进一步组合成三个方面的角色，即人际关系、信息传递和决策制定。

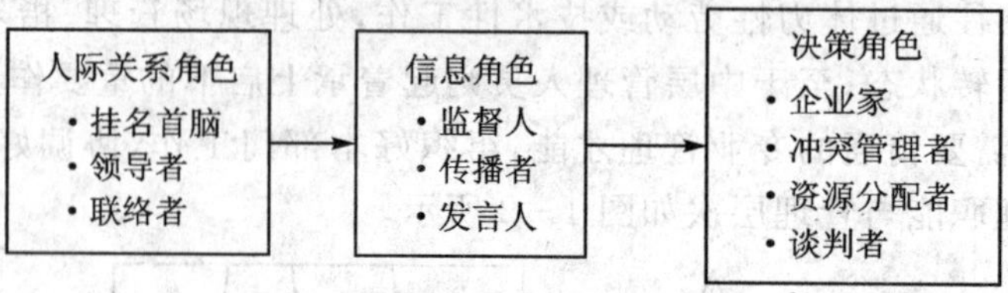

图 1－3 明茨伯格的管理者角色

（一）人际关系角色

人际关系角色是指所有的管理者都要履行礼仪性和象征性的义务。人际关系方面的角色又包括挂名首脑、领导者以及联络者这三种角色。

1．挂名首脑

这是经理所担任的最基本的角色，他们必须履行许多法律性的或社会性的例行义务，迎接来访者，签署法律文件。当学院的院长在毕业典礼上颁发毕业文凭时，或者市里领导在企业开业剪彩时，他们都在扮演挂名首脑的角色。

2．领导者

负责激励和动员下属，负责人员配备、培训和交往的职责，管理者带领组织的成员一起来实现组织目标时扮演的角色，这个角色包括雇佣、培训、激励、惩戒雇员。

3．联络者

指的是管理者同他所领导的组织以外的无数个人或团体维持关系的重要职责。通过对每种管理工作的研究发现，管理者花在同事和单位之外的其他人身上的时间与花在自己下属身上的时间一样多。

（二）信息传递方面的角色

信息角色指所有的管理者在某种程度上，都从外部的组织或机构接受和收集信息。例如，通过与他人谈话或者根据媒体的一些报道来了解竞争对手可能正打算干什么等；管理者还起着向组织成员传递信息的通道作用，即扮演着传播者的角色；当他们代表组织向外界表态时，管理者是在扮演发言人的角色。

1．监督者

寻求和获取各种特定的信息，以便透彻地了解组织与环境，他们询问联系人和下属，通过各种内部事务、外部事情和分析报告等主动收集信息。

2. 传播者

组织内部可能会需要这些通过管理者的外部个人联系收集到的信息。管理者必须分享并分配信息，要把外部信息传递到企业内部，把内部信息传给更多的人知道。

3. 发言人

这个角色是面向组织的外部的。管理者把一些信息发送给组织之外的人，是向外界发布有关组织的计划、政策、行动、结果等信息，作为组织所在产业方面的专家举行董事会议，向媒体发布信息、决策制定等方面的角色。

(三) 决策制定方面的角色

明茨伯格围绕制定决策又确定了 4 种角色：企业家、混乱驾驭者、资源分配者、谈判者。

1. 企业家

寻求组织和环境中的机会，制定"改进方案"以发起变革，监督某些方案的策划制定战略，检查会议决议执行情况，开发新项目。

2. 混乱驾驭者

当组织面临重大的、意外的动乱时，负责采取补救行动。制定战略，检查陷入混乱和危机的时期，采取纠正行动应付那些未预料到的问题。

3. 资源分配者

负责分配组织的各种资源——事实上是批准所有重要的组织决策、调度、询问、授权，从事涉及预算的各种活动和安排下级的工作，作为管理者负有分配人力、物质和金融资源的责任。

4. 谈判者

在主要的谈判中作为组织的代表，参与工会进行合同谈判。当管理者为了自己组织的利益与其他团体议价和商定成交条件时，他们是在扮演谈判者的角色。

研究证据一般都支持这样一种观点，即不论何种类型的组织和在组织的哪个层次上，管理者都扮演着相似的角色。只是，管理者角色的侧重点是随着组织的等级层次变化的。

三、管理者技能

美国学者罗伯特·L·卡茨(Robert L. Katz)认为，无论是什么组织的管理者，也不论是哪个层次的管理者，都必须具备三个方面的技能，即技术技能、人际技能和概念技能，如图 1-4 所示。

1. 概念技能

综观全局，认清为什么要做某事的能力，即洞察企业与环境相互影响之复杂性的能力。概念技能对于高层管理者最重要，对于中层管理者比较重要，对于基层管理者不重要。

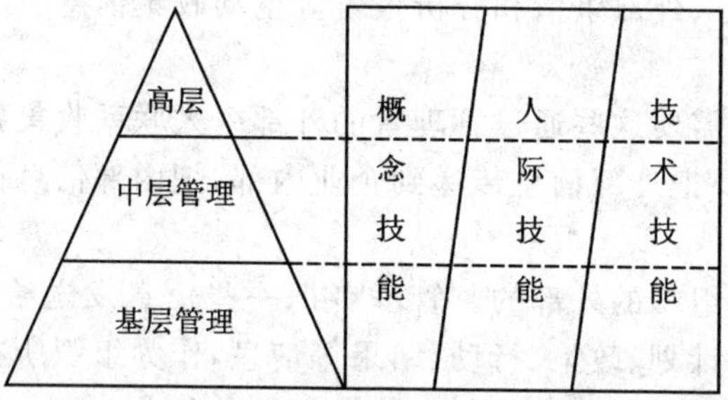

图 1-4　管理者技能与管理层次

2. 人际技能

与人事关系处理有关的技能，即理解、激励他人并与他人共事的能力。管理者人际技能对于所有层次的管理的重要性大体相同。

3. 技术技能

某一专业领域内有关的工作程序、技术和知识完成组织任务的能力。技术技能对于基层管理者最重要，对于中层管理者较重要，对于高层管理者较不重要。

关于管理者技能的研究虽然最早是罗伯特·L·卡茨提出来的，对于现在的管理者来说仍然具有重要意义。例如人际技能，对于各个层次的管理都很重要，作为管理者，需要协调方方面面的关系，既包括同上级、下级、同行等的关系，也包括和客户、社区、政府、竞争伙伴等方面的关系。而概念技能，在现代市场竞争中对于高层管理者来说是特别重要的素质。技术技能，是基层管理者能够胜任管理岗位的一个基础。一技之长，对于基层管理者来说非常重要，能够更加方便地领导下属，受到下属的尊重和信赖。

当然在社会不断发展、竞争日益激烈的今天，管理者还应该具备更多的技能，如创新技能、信息获取技能等。

第三节　管理学

管理学是系统研究并阐述管理活动的行为、过程、特征及其规律的科学，要了解管理学，首先要掌握该学科的研究对象、任务与方法。

一、管理学的研究内容

（一）管理学的研究内容

管理学，简单地说就是研究管理活动的基本规律和方法的科学。管理学本身已经成为了一门科学，虽然管理学的起源比管理要晚得多，直到近代才萌芽发展，但作为一门独立的科学却是不容置疑的，因为它有自己独特的研究对象，这就是管理的基本规律。

前面已经指出，管理活动千差万别，如一个政府领导要处理的问题与一个公司的经理要处理的问题可能有本质差别，但他们的管理工作却有共同的基础，即他们都需要通过一定的决策、计划、组织、激励等管理职能来实现组织的目标。在实施这些管理职能时，其内容会有差别，但要遵循的基本原理及原则却是一样的，这就是管理的共性，也就是管理学要研究的内容。

管理学发展到现在，已经构成了一个较庞大的谱系，几乎每一个专门领域都已形成了专门的管理学，如企业管理学、学校管理学、行政管理学、军队管理学、监狱管理学、科技管理学、文化管理学等。管理学与这些专门的管理学之间关系是一般与特殊，普遍与专门的关系。管理学要阐释的是在各专门管理学中都适用、都存在的一般性原理和原则，是管理科学中的基础学科，各专门管理学则是在管理学原理的基础上，结合本专门领域的特殊情况，阐述适用于本领域的管理原理。它们都是特殊的管理学，管理学与各专门管理学在发展过程中是相互促进、共同发展的。管理学要及时总结各专门管理学中出现的新理论、新观点，将特殊性上升为一般性，各专门管理又要努力运用管理学的发展成果，推动本学科的发展。

（二）管理学的基本任务

管理学的基本任务是，既要阐述管理理论的一般性，又要说明管理实践的特殊性。管理学研究的对象是人类社会的管理活动与管理过程，重点是管理过程中的各种关系、矛盾、特征、行为、方法以及内在的逻辑性。

1. 管理活动的主体和客体

管理活动的主体和客体都是管理活动的承担者，是一个过程的两个方面，既互相区别又相互联系。既然管理学要研究管理活动与过程中的一般性与特殊性规律，也就不能脱离管理活动的主体与客体。

管理活动的主体是管理者，即在组织中担负计划、组织、领导、激励、控制等工作，以实现组织目标的人。而管理的对象也就是管理的客体是管理者实施管理活动的对象。在一个组织中，管理对象是指人、财务、技术、信息等一切资源，当然，最重要的是对人的管理。虽然管理活动的客体在管理过程中有被动性的特点，但管理客体中客体的人力资源却具有主观能动性。总体而言，管理学首先要研究并阐述管理学主体即管理者的理念与行为的内容、特征及其科学性。

2. 管理活动的基本关系

管理活动的基本关系包括管理主体与客体的关系，管理的幅度、层次、传导及隶属关系，管理的配置、协作、沟通与协调关系，管理中人与人、人与物的关系以及管理过程中的领导权力关系等。

3. 管理活动与过程的规律性

管理活动与过程的规律性既包括一般管理活动与过程中具有系统性与整体性的规律，如管理的人本规律、权变规律、例外规律、激励规律等，也包括特定管理活动与过程中的特殊性规律，如计划规律、组织规律、领导规律、控制规律、决策规律等。管理学在研究管理的规律时不能不考虑管理活动与过程的属性和特征，包括要涉及的环境、过程以及相关的条件，在管理活动与过程中要掌握这些规律，并善于运用到管理实践中去，提高管理绩效。

4. 管理模式、方式与方法

管理的模式、程序、原则、路径、措施，这些是管理活动的基本内容，也是管理行为的具体体现，同时又是管理活动与过程规律的实现形式，因而也就成为管理学研究的重要内容。

总之，管理学研究的主要内容包括，生产力方面的诸要素之间的关系，合理组织、使用和配置生产力诸要素；合理使用与配置组织中的人、财、物等诸多要素，使各要素充分发挥作用；根据组织目标要求和社会需要，合理使用与配置各种资源，以求得最佳经济效益和社会效益。管理学研究还包括生产关系方面，正确处理组织中人与人之间的相互关系；建立和完善组织机构以及各种管理体制；激励组织成员，调动各方面的积极性和创造性，为实现组织目标服务；使得管理文化、管理理念与组织的内外部环境相适应等。

二、管理学的特点

管理学以一般组织为研究对象，研究管理的基本概念、原理、方法和程序，管理学作为一门独立的科学，有一些主要特点，具体如下：

1. 一般性

与企业管理、行政管理等某一专业领域的管理相比较，管理学具有一般性。管理学是研究管理活动共性的基础理论学科。无论是企业管理还是政府管理，无论是宏观管理还是微观管理，都需要以管理学的理论作为基础来加以学习和研究。与其他理论科学相比较，由于管理学在管理科学体系中居于基础地位，因而也被称之为管理的原理科学。

2. 客观性

管理学研究的对象是人类社会各种组织的管理活动。其从客观实际出发，揭示管理活动的各种方式、特征以及规律，这些方式、特征以及规律既是现实生活的概括，也是管理活动的抽象，是客观存在，这是科学的本质特征。

3. 实践性

管理学表现出很强的实践性。管理学是为各种管理者提供从事管理工作的基本原理、原则和方法的，这些共同的原理、原则和方法，都是实践经验的总结和提炼，这表明管理学的基础是管理实践。管理学的实践性还表现为检验标准的实践性。管理学所阐述的原理、原则、方法、手段是否科学，是否可行，检验的唯一尺度是看能否应用，能否指导管理实践活动。管理学也只有服务于实践，才具有生命力，才能不断发展，这是科学的意义所在。

4. 综合性

从管理学和其他学科的关系来看，管理学是一门交叉学科，但从它要综合利用多种学科的成果才能发挥自己的作用来看，它又是一门综合学科。管理学涉及经济学、政治学、社会学、心理学、逻辑学、统计学、会计学以及数学等在内的多个学科。要运用多种管理方式，那么就要掌握诸如经济学、社会学、心理学、政治学等多学科的知识。这也要求管理学必须吸收各相关学科的发展成果，运用最新的科学技术成果，需要综合运用现代社会科学、自然科学和技术科学的成果来研究管理活动中普遍存在的基本规律和一般方法，发挥自己的作用，所以管理学具有很强的综合性。

5. 软科学性

管理学可以说是一种典型的“软科学”。软科学是综合运用现代自然科学、社会科学、技术科学的理论和方法，去解决由于现代科学、技术发展以及生产发展而带来的各种复杂的社会现象和问题，研究经济、科学、技术、管理、教育等社会各方面之间的内在联系及发展规律，从而为它们的发展提供最优的方案。管理在现实过程中很多东西不能完全量化，影响管理效果的因素太多，而且很多因素又是现实无法事先预知的。管理的软科学还指其与自然科学的“硬科学”是对应的。

6. 社会性

管理学研究的是管理活动中的各种关系及其一般规律，在管理活动中，人是最主要的管理主体和客体，这就决定了管理以及管理学的社会性。此外，管理学的社会性还意味着它总是带有一定的生产关系特征的。

三、学习管理学的重要性

在现代社会中，每一个人都具有管理者和被管理者的双重身份，要么管理别人要么被别人管理。对于管理的重要性，人们往往认识不足。人们的观念中有这么一种误区：谁都可能承认自己不懂科技、不懂经营，却绝少有人承认自己不懂管理。实际上，管理工作看似简单，实则繁难；看似轻松，实则艰辛。掌握一定的管理学知识，是现代人知识构成必不可少的部分，是适应现代社会的前提条件之一，掌握管理知识和管理技能关系到每个人的切身利益。对于一定社会组织中的管理者来说，掌握管理学的理论，更是特别重要的。

管理学理论是对前人管理实践的总结，是对具体实践的抽象，科学的理论可以指导人们正确的实践。在生产力高度发达，社会化大生产已达到较高水平的现代社会中，凭经验管理一个组织是难以成功的，单靠管理者的实践，从头摸索经验、积累、思考，时间上也是不允许的和不可能的。历史表明，只有直接汲取前人留下的经验教训，才可能少走弯路，取得更大的成就。作为一名管理者，只有自觉地努力学习科学的管理理论、融会贯通、举一反三，才能增长管理知识和才干，以最少的投入取得最好的效果。

任何组织都需要管理,管理能够提高组织的效率,管理可以被看作是现代生产力的要素之一。从我国现实来看,学习管理学理论有重大的现实意义。与经济发达国家相比较,无论是我国的政府宏观管理,还是企业微观管理,都存在管理水平较低的问题。因此,在现代市场经济条件下,要提高各级组织的管理水平,就应制定目标与方针,实施既定的战略与决策,从而达到组织的最佳绩效。

四、学习管理学的原则

1. 坚持以人为本的原则

管理要以人为本,是强调各项管理活动都要以人为中心,使人性得到充分发挥的管理理念与方式。在管理活动中,人是各种要素中最重要的因素。因此,充分发挥人的积极性、能动性和创造性,是有效管理的前提和基础,也是组织绩效的前提和基础。以人为本的管理,就是要在管理过程中以人为出发点和中心,围绕着激发和调动人的主动性、积极性、创造性展开的,以实现人与组织共同发展的一系列管理活动。以人为本的管理,就是强调人是管理中最基本的要素,人是能动的,与环境是一种交互作用。创造良好的环境可以促进人的发展和组织的发展,个人目标与组织目标是可以协调的,将组织变成一个学习型组织,可以使得员工实现自己的目标,人的发展是一切组织发展和社会发展的前提。

2. 坚持应用性的原则

管理学最突出的特点之一就是它的应用性。离开了实践,管理学就会成为无源之水,无本之木。管理实践既是管理学理论应用的场所,又是丰富、发展管理学的基本动力。研究管理学,一方面,必须坚持应用性原则,注意管理实践对管理理论提出的新要求,学会总结管理实践中的经验、方法;另一方面,要努力将学到的管理理论应用于实践,使得管理理论具有指导作用,使知识转变为能力,实现学习、研究管理学的最终目的。

3. 坚持继承和发展的原则

管理自古有之,管理思想也是源远流长。在我国丰富的文化遗产中,管理思想是这座文化宝库中的瑰宝之一。我国古代的许多管理思想不仅展示了中华文明史的久远,而且在今天仍有指导意义,并有一些管理思想在世界管理界和管理理论界产生了广泛的影响。学习研究管理学,必须注重对传统管理理论和思想的挖掘,继承中国以及西方的管理思想。20 世纪以来,管理学在主要的资本主义国家中发展极快,至今已是理论学派林立,这些内容中很多是反映社会化大生产对管理要求的普遍适用的原理和原则,对我国的管理学和管理实践都有借鉴的作用。但是管理理论不是一成不变的,而是随着社会不断发展、不断进步的,因此应该对管理理论本着继承和发展的原则,不同的条件下寻求不同的、适合的模式和方法。

复习思考题

1. 什么是管理？
2. 管理通常包括哪些职能活动？它们之间的关系如何？
3. 如何理解管理者角色？
4. 管理者应具备哪些技能？
5. 如何理解管理的二重性？
6. 说说你打算如何学习管理学？

第二章　管理理论的产生与发展

【本章要点】

● 理解早期管理思想

● 管理理论产生的基础

● 科学管理理论

● 法约尔的一般管理理论

● 人际关系理论

● 管理理论发展中“人的假设”

● 管理丛林理论

管理活动源远流长，古代的管理思想也是非常丰富多彩的，对管理实践和管理活动起到了非常大的促进作用，正如中国的儒家思想，不仅对中国的管理有着深远的影响，对世界其他国家也有着一定的影响。管理实践及管理思想的萌芽虽然较早，但形成比较完整的管理理论则是经过了一段漫长的发展过程。

第一节　管理理论的产生

一、人类早期的管理思想

中国和其他文明古国孕育了各自灿烂的思想文化，当然也包含着丰富的管理思想。在很早以前，早期管理思想在中国这个古老的国家和西方同时萌发。

(一) 外国早期管理思想

很难准确地回答管理思想究竟萌发于什么时期，从世界文明古国已有的文字记载来看，人类很早就开始了对管理理论的思考，开始了对管理实践的总结和对管理原理与原则的探索。其中一些思想，今天仍然具有现实意义，闪烁着文明的光芒。

在西方国家，伴随着管理实践，出现了很多灿烂的管理思想，在这些思想中，比较有代表性的是古埃及人的管理思想、古罗马人的管理思想、古希腊人的管理思想等。4 000 多年前，古巴比伦国就颁布了以国王名字命名的《汉穆拉比法典》。这部法典共 282 条，是古巴比伦国当时处理贸易、人的行为、人际关系和经济往来、工资等问题的准则。这部法典几乎是所有的闪族人——巴比伦人、亚叙人、加勒底人和希伯莱人的法律的基础。这部法典对当时社会的各种职业，各个层面上的人员责、权、利关系给予了明确的规定，这部法典可以说是管理理论的结晶。

中世纪也出现了十分丰富的工厂管理实践，威尼斯工厂在存储、安装、会计控制、库存控制、成本控制等方面积累了很多管理经验，威尼斯工厂的管理也代表了这一时期的管理水平。

文艺复兴运动更是为管理思想的发展开拓了空间，人文主义思想的弘扬，使人类的思想和社会生产力得到了解放，以人为本的思想渗透到管理之中。

工业革命不仅引起了生产技术的变革，形成了机器大工业，也引起了生产组织的变革，建立了工厂制度，使工厂代替了手工业作坊，促进了生产力的迅速发展。但是工厂制的出现也给管理带来了许多新的问题，随着生产规模的扩大，雇佣工人的日益增加，管理工作变得更加复杂。在这一背景下，管理者逐步从资本家和工人当中分离出来，出现了特殊的雇佣人员，如经理、厂长、监工和领班等，这些特殊的雇佣人员作为资本家的代理人，承担起经营企业和管理企业的责任，使企业的管理工作逐渐成为一种专门的职能。一些经济学家和工厂的管理者开始在实践的基础上提出了一些管理的思想。

英国经济学家亚当·斯密（Adam Smith，1723—1790）于1776年发表了《国富论》一书。在这本著作中他以制针业为例详细分析了劳动分工带来的好处。亚当·斯密认为，工人只重复简单的操作，可以提高劳动的熟练程度，节省了工序转换所需的时间；能够使工具专门化，有利于设计和改进工具设备，使劳动进一步地简化和减少。亚当·斯密劳动分工的思想至今仍然被人们广泛采用。

英国剑桥大学的教授查尔斯·巴贝奇（Charles Babbage，1791—1871）在1832年发表的著作《关于机械和制造的经济效益》中继续了劳动分工的研究，他认为，分工不仅可以提高劳动效率，还可以为资本家减少工资支出，因为分工不同，劳动强度和技术要求不同，工资标准不同，这样可以使工资总额减少。此外，查尔斯·巴贝奇也强调重视人的因素，认为企业与工人之间有一种共同的利益，主张实行分红制度，使提高劳动效率的工人们能分享一份利润，并对提出合理化建议者进行奖励。

英国著名的工业家和改革家罗伯特·欧文（Robert Owen，1771—1858）也是19世纪最有成就的实业家之一。他最早注意到了企业内人力资源的重要性。他提倡人道主义，认为工人是人而不是机器，并在自己的工厂里试行一系列的改革措施，如改善工作条件、缩短工作时间等。他提出，把钱花在提高劳动者的素质上是最佳投资之一，关心员工会得到更多的利润回报。罗伯特·欧文的这些思想后来发展为人际关系论，而他本人也被称为现代人事管理的先驱者和创始人。

（二）中国早期管理思想

中国作为世界四大文明古国之一，在丰富的文化宝库中，管理思想是其中光芒闪烁的一块瑰宝。中国古代管理思想在许多著作中都有体现，如《孙子兵法》、《周礼》、《墨子》、《老子》、《管子》、《齐民要术》等。

早在2 000多年前的春秋时代，杰出的军事家孙武就著写了《孙子兵法》一书，该书共13篇，篇篇闪烁着智慧的光芒。“知己知彼，百战不殆”已成千古名言。孙武的策略思想不仅在军事上，而且在管理上也具有相当的指导意义和参考价值。日本和美国的一些大公司甚至把《孙子兵法》作为培训的必备书籍。战国时代的另一本书《周礼》,对封建国家的管理体制进行了理想化的设计,内容涉及政治、经济、财政、教育、军事、司法和工程等方面。该书对封建国家的经济管理的论述和设计都达到了相当高的水平。

在奴隶社会时期,姜尚就著《六韬》、《三略》,阐述治理国家和管理臣民的理论。在百家争鸣的春秋时期,我国的早期管理思想更是蓬勃发展,孙武在其世界闻名的军事著作《孙子兵法》中,提出了要做好计划工作的主张,指出了计划的重要性:"多算胜,少算不胜"。

春秋末期的老子提出了"无为而治"的治国理论。老子认为"圣人处无为之事,行不言之教",无为而治是道家基本的政治主张。无为,即"不为物先,不为物后",顺乎自然以为治。无为是实现无不为、无不治的前提和条件,"以无事取天下"。庄子更主张君主应该无欲、无为、渊静,"无欲而天下足,无为而万物化,渊静而百姓定"。无为而治的思想在中国古代有很大的影响,汉初的黄老之学吸取了先秦道家无为而治的思想,适应秦末政治动乱之后,民心思定的形势,强调清静无为,主张轻徭薄赋、与民休息,对人民的政治生活和经济生活采取不干涉主义或少干涉主义,借以安定民心,发展社会生产。

而商鞅、韩非子、吴起等人则提出了"崇法"的法家思想,提出"抱法处势则治"的核心思想。主张以功利、效果论检验善恶,通过刑赏之法劝禁臣民,才能达到"救群生之乱,去天下之祸"的目的。法家主张"以法治国"的"法治",而且提出了一整套的理论和方法,这为后来建立的中央集权的秦朝提供了有效的理论依据,对后来封建社会强调法律制度起到了促进作用。

人类早期的管理思想虽然很丰富,但无论是从总体上,还是从某个思想家所形成的个体管理思想来看,都不成系统,虽然富有哲理,但没有构成完整的理论体系;另外这一时期的管理思想还具有依附性,即人类早期的管理思想不是由对管理活动进行专门独立的思考而形成的。

二、管理理论产生的背景

随着社会的发展和科学技术的进步,人们对管理思想加以提炼并概括和升华,形成较成熟的、系统化程度较高的管理思想,但并非所有管理思想都是管理理论,管理理论对管理活动既要有指导意义又要受管理活动的检验。18 世纪 60 年代开始的工业革命,不仅在工业技术上而且在社会关系上都引起了巨大的变化,加速了资本主义生产的发展,大机器生产代替了小手工业生产。在这样的背景下,许多对管理有重大意义的思想应运产生。从 19 世纪末到 20 世纪 20 年代,被视为管理理论体系正式形成的时期,出现了各种管理流派。

(一) 产业革命背景

18 世纪后半叶英国发生的产业革命产生了工厂工业,这对创造有助于满足人们需要的经济财富和提供服务的方法来说，带来了一场革命。在产业革命之前，手工业及家庭工业占据着统治地位，随着工厂工业的建立，生产方法也发生了变化。

第一阶段——作业场所的集中和作业分工。早期工业是手工业和家庭工业，生产都是在各个生产者的家庭里进行的，以家庭成员进行劳动的形式，各自自由地利用时间和方法从事生产。后来这种自由的生产转变为工厂生产，作业场所都集中于同一个厂房之中，人数众多的作业者要服从一个工厂主的统一指挥。这是形成经营管理这种职能的最原始起源。作业场所的集中又出现了分工，生产效率也相应地提高了。但是，初期的工厂生产即使部分地使用了机器，其生产方法也并没有发生根本性的变化，生产主要依靠手工作业，工人的作业效率依然取决于各个工人掌握技术的熟练程度。

第二阶段——机械化和作业的专业化。随着分工的发展和作业的专业化，利用机器的范围扩大了，并且为了进一步利用高度专业化的机器，作业程序要进一步细化，生产方法也要发生根本性的变化。它标志着由熟练的作业者生产向机器生产过渡。这已经不是个人从事个体生产的形式了，他们有的成了机械工，有的成了维修工，有的成了开机器的工人，各自的作业都高度特殊化和专业化。由于生产的机械化和作业的特殊化，生产不再像手工业那样通过个人来进行，而是通过有组织的集体来进行。

在手工业生产阶段，一个制鞋工人生产一双鞋可以自己拿去卖。但鞋子生产如果机械化，作业就被分成几个工序。分工精细，即使是一双鞋也要经过多人的协作劳动系统——组织，才能生产出来。我们从这种通过组织进行生产的事态中，发现了管理职能的起源。

管理理论最初形成是在20世纪初叶。这个时期，由于美国的泰勒提出了科学管理法和法国的法约尔提出了组织理论，才使管理理论系统化。也就是说，从19世纪后半叶到20世纪初叶，在发达的资本主义国家，随着重化学工业的发展，经营规模更加扩大，管理组织更加复杂，于是开始着手对管理进行系统的研究。由于工厂工业的形成，产生了各种各样的管理问题和劳动纠纷问题。在19世纪，查尔斯·巴贝奇等人作为先驱者已经在这方面做出了成就。查尔斯·巴贝奇是世界上最早的电子计算机的发明者，也是时间研究的创始人。他在《关于机械和制造的经济效益》一书里，把管理问题分为制造的经济原理和制造的机械原理进行了科学的研究。关于经济原理，他和亚当·斯密一样，强调了分工原理的有效性。他认为分工的优点是：① 节省训练时间；② 减少训练需要的材料的浪费；③ 节省从一种工作转向另一种工作所要的时间；④ 不必改变工具；⑤ 通过反复进行同一种类的作业而使技术熟练；⑥ 作业的特殊化将导致机械和工具的发明创造。关于机械的原理，他主张要有效地利用动力和材料，测定作业时间等。为了调和劳资之间的矛盾，他主张采用利润分配制。这种制度由两部分构成：一是要使工资的一部分同工厂的利益挂钩，二是对有助于降低生产成本的建议要支付奖金。此外，为了改善由于产业革命而造成的苛刻的劳动条件,罗伯特·欧文提出了限制劳动时间,禁止招收童工,设置工人教育设施和住宅,建立消费合作社和生产者合作社等社会改良政策,并亲自付诸实行。

由此可见,对由于产业革命而产生的管理问题和劳动纠纷问题,早在19世纪就有了研究的萌芽,但还没有达到产生一种有连续性的、系统性的管理理论。

(二)管理理论形成的基础

系统的管理理论的形成,有以下几个方面的环境因素。

1. 技术环境

19世纪后半叶,英国、德国、美国等发达的资本主义国家大力发展重化学工业。在美国,从19世纪末到20世纪初,除了钢铁、机械、化学工业外,橡胶工业、农业机械等也得到了大力的发展。能源资源由于石油和电力的出现,取代了过去一直使用的煤炭。1910年,福特一世研制成功T型汽车,确立了汽车批量的生产方式。汽车产业的兴隆又带动了石油、钢铁、橡胶、玻璃等各种工业的发展,加速了重化学工业化的进程。同轻工业相比,重化学工业因企业规模大这一有利的因素而发挥着强大的作用,企业之间的竞争推动了企业的合并,经营规模迅速扩大,这些使管理问题更加复杂化。

2. 经济环境

形成管理理论的经济环境包括经营的大规模化、所有权与经营权分离这两个相互关联的因素。

① 经营的大规模化。重化学工业化必然要通过经营的大规模化来追求规模所具有的有利因素。在美国,从19世纪末到20世纪初,所有的产业部门都推行了企业的合并。1901年,因钢铁工业的大合并而建立起来的美国钢铁公司这个庞大的企业,成了这个时期的象征。在德国,1904年电机产业部门建立了西门子和德国通用电气公司这两个巨大的康采恩,化学工业部门也形成了赫希斯特等康采恩。由于经营的大规模化,就要实行资源的大规模集积,这又增加了管理的复杂性。如何有效地利用集积的资源,又必然成了下一步要解决的课题。经营史学家A·D·钱伯勒把经营发展史分为资源集积阶段、资源合理化利用阶段和资源多样化利用阶段。针对美国来说,从19世纪末到20世纪初,是资源集积阶段,这个阶段到第一次世界大战爆发时结束,在这一时期,美国通过企业合并实行了经营大规模化。从20世纪初到20世纪20年代,是资源利用合理化阶段,这个时期,美国的企业经营存在两个基本问题:一是需要通过生产技术的合理化来降低单价;二是需要使管理机构和管理程序公式化,以便更有利于制订计划、实行调整和评价业务成果。前一个问题是通过生产技术的提高和技术革新来实现的。而为了解决后一个课题,就需要建立有效的管理体制。由于企业经营经过资源集积阶段后将向资源利用合理化阶段发展,于是就需要形成有效的管理体制。为了满足这种普遍的要求,系统的经营管理理论通过泰勒和法约尔之手问世了。

② 所有权和经营的分离。经营的大规模化必将导致所有权和经营的分离,如果

没有这种分离，经营的大规模化也就要受到制约。到19世纪前半叶，资本主义一直是个人企业家的时代，个人企业家既是生产手段的所有者，又从事生产经营，他们还是发明和改良技术、开拓市场等企业家职能的行使者。但是，随着重化学工业化的进展和经营的大规模化，所有权和经营就逐渐分离。由于生产技术的进一步提高，而企业家又没有技术改良和工程管理所必须的技术知识，所以他们不得不依靠专门的技术人员集团。同样，在履行销售、采购、经理及劳务等职能方面，也要分别依赖于具有各个领域专门知识的专家集团。另一方面，因为经营大规模化需要资本集中，股份公司形态也被广泛采用。与管理职能专业化和股份公司形态发展相呼应，所有权和经营也发生了分离，也就需要管理职能的专门化。这是系统的管理理论形成的重要原因。

3. 社会环境

从19世纪后半叶到20世纪初，先进的资本主义国家已经发展到垄断资本主义或帝国主义阶段。一方面，通过劳动时间长、工资低、劳动强度大等手段对工人进行剥削的经营方式横行；另一方面，又通过垄断市场和限制竞争、限制产量以哄抬物价，肆无忌惮地剥削消费者。为了反对这样的剥削，工会组织加强了活动并得到了发展。在美国，1867年掀起了席卷芝加哥的要求实行8小时工作制的罢工斗争。剥削工人的经营方式造成工人的悲惨境遇使得参加工会的人数迅速增加。从1897年到1904年，美国参加工会的人数从40万迅速扩大到207万。在20世纪初，建立了世界工业劳动者协会。这一左翼工会，从马克思主义立场出发，开展阶级斗争，使劳资对立更加激化。经营者把工会看作效率的敌人。1909年，美国钢铁公司提出要从工厂的每个角落把工会赶走，并取得了成功。他们把秘密侦探社作为压制工人的手段，把工人领导人列入黑名单，或解雇他们，或雇用工贼，采取各种毒辣的手段对抗工人罢工。劳资之间的对立越发陷入不可调和的境地。泰勒的科学管理法被采用，不仅是为了通过提高劳动生产率来谋求资源利用的合理化，而且还有改变劳资对立、确立劳资协调关系的目的，后来又出现了人际关系理论。从某种意义上说，它们在展示人进行协作劳动理论的过程中，都表现出了管理理论的基本特征。在榨取工人的经营方式泛滥、劳资利害冲突最激烈的社会环境下，管理理论肩负着解决这些有关经营的社会问题的使命而产生了。同以资本主义社会的个人之间或劳资之间的利害冲突为基本前提的经济学相比，管理学则在展示人进行协作劳动的理论方面，表现出了不同于经济学的独有的特征。

第二节　古典管理理论

一、泰勒的科学管理理论

1841年10月5日，在美国马萨诸塞至纽约的西部铁路上，两列火车迎头相撞，造成近20人伤亡。事件发生后,舆论哗然,对铁路公司老板低劣的管理工作进行了猛烈的抨击。为了平息公众的怒气,在马萨诸塞州议会的推动下,这个铁路公司不得不进行管理改革。老板交出了企业管理权,只拿红利,另聘具有管理才能的人员担任企业领导。这是历史上第一次在企业管理中实行所有权和管理权的分离。这样做不仅提高了工作效率而且直接为科学管理理论的产生创造了很好的条件,为管理理论的形成作出了很大的贡献。

(一)泰勒的相关研究

泰勒(F.W. Taylor,1856—1915)是“科学管理”理论的创始人,被人称为“科学管理之父”。泰勒1856年3月20日出生于美国宾夕法尼亚州费城的一个律师家庭,在法国和德国的学校念过书,后来考上哈佛大学法律系,却因眼疾没能去哈佛大学读书。他先在费城恩特普赖斯水压工厂的金工车间当学徒,1878年进入费城米德维尔钢铁厂当一名普通工人。由于工作努力,泰勒升为职员,后又被提拔为机工班长、车间工长、厂总技师。工作期间,他参加了新泽西州的斯蒂文斯技术学院业余学习班的学习,于1883年获得新泽西州斯蒂文斯理工学院的机械工程学学士学位,1884年升任米德维尔钢铁厂的总工程师。1890年担任一家机械制造投资公司的总经理。1893年,他辞去这家公司的工作,开始独立创业,并亲自从事管理咨询顾问的工作。1898—1901年期间,他受雇于宾夕法尼亚的贝瑟利恩钢铁公司从事管理咨询方面的工作。

在米德维尔工厂时,泰勒就开始观察有关管理方面的问题。他发现许多工人在干活时有磨洋工、工作效率低下的现象,这种现象引起了他强烈的关注。为了改进管理,他在米德维尔钢铁厂进行各种试验,对工人“磨洋工”造成产量不高的原因进行了研究和分析。他又进行了工时研究的工作,希望为建立工作标准提供可靠的科学依据。同时,泰勒提出了“差别计件工资制”。

泰勒对他搬运铁块的实验进行了总结,把这项试验的成功归结为4个核心点:精心挑选工人;让工人了解这样做的好处,让他们接受新方法;对他们进行训练和帮助,使他们获得足够的技能;按科学的方法工作会节省体力。

泰勒相信,即使是搬运铁块这样的工作也是一门科学,可以用科学的方法来管理,后来泰勒又在工作中作了铁砂和煤炭的挖掘实验以及金属切削实验。可以说泰勒的这三个试验都取得了很大的成功,正是这些科学试验为他的科学管理思想奠定了坚实的基础,在大量试验的基础上,逐渐形成了他的科学管理的思想。泰勒通过撰写文章和发表演讲来宣传他的科学管理制度,1911年问世的《科学管理的原理和方法》和1903年的《工场管理》是其代表作,他在书中系统地提出了科学管理思想。泰勒认为,谋求提高生产率,生产出较多的产品是完全可能实现的,关键在于要确定一个工作日的合理工作量。

(二)科学管理理论的主要内容

1. 工作定额研究

确定合理的日工作量，泰勒把每一个工作都分成尽可能多的简单的基本动作，把其中没用的动作去掉，同时，选择最适用的工具、机器，然后通过对最熟练工人每一个操作动作的观察，选择出每一个基本动作的最快和最好的方法，把时间记录下来。再加上必要的休息时间和其他延误的时间，得到完成这些操作的标准时间。这就是"合理的日工作量"，它构成了每个工作日标准定额的基础。标准定额是对工作进行管理的依据。

2. 实施差别计件工资制

泰勒认为，工人磨洋工的一个重要原因是报酬制度不合理。计时工资不能体现劳动的数量，计件工资虽能体现劳动的数量，但工人担心劳动效率提高后雇主会降低工资率，从而等同于劳动强度的加大。针对这种情况，泰勒提出了一种新的报酬制度——差别计件工资制。其内容包括：① 通过时间和动作研究来制定有科学依据的工作定额。② 实行差别计件工资制来鼓励工人完成或超额完成工作定额。所谓"差别计件工资制"，是指计件工资率随完成定额的程度而上下浮动。如果工人完成或超额完成定额，则定额内的部分连同超额部分都按比正常单价高25%计酬；如果工人完不成定额，则按比正常单价低20%计酬。③ 工资支付的对象是工人而不是职位，即根据工人的实际工作表现而不是根据工作类别来支付工资。它意味着同一岗位甚至同一级别的工人，都将得到不同的工资。泰勒认为，实行差别计件工资制会大大提高工人的积极性，从而大大提高劳动生产率。

3. 标准化工作

要使工人掌握标准化的操作方法，使用标准化的工具、机器和材料，并使作业环境标准化，这就是所谓的标准化原理。按工作标准化培训工人。

4. 计划职能与执行职能相分离

泰勒认为，为了提高劳动生产率，每一个职位都要安排第一流的工人。其标准是在不损害健康的情况下，能完全胜任该职务的工作，能有工作积极性并愿意从事该项工作，具有坚强的意志力。管理部门的任务就是要为每个雇员寻找最合适的工作，使之成为第一流的工人。所以，工人工作效率的高低取决于他们的操作方法和使用的工具是否合理，以及个人的熟练程度和努力程度。所谓科学工作方法，是指每个工人采用什么操作方法、使用什么工具等，都根据试验和研究来决定。泰勒认为应把计划职能和执行职能分开，提出管理部门要按科学的规律来制订计划，从事计划职能的人称为管理者，负责执行计划职能的人称为劳动者。

5. 例外原则

所谓例外原则，就是指高级管理人员为了减轻处理纷乱繁琐事务的负担，把处理各项文书、报告等一般日常事务的权力下放给下级管理人员，高级管理人员只保留对例外事项的决策权和监督权。

（三）泰勒科学管理理论的贡献及局限性

1. 泰勒制的贡献

泰勒在历史上第一次使管理从经验上升为科学，其讲求效率的优化思想和调查研究的科学方法，率先提出的经验管理法可以为科学管理法所代替，开拓了管理的新视野；劳动定额制定，动作标准化研究，计划职能与操作职能分离等对提高工作效率、促进生产力的发展起到很大的推动作用，从而使其理论具有科学性的一面。

2. 泰勒制的局限性

泰勒对工人的看法是片面的，他把工人看成是“机器人”，认为工人最关心的是提高自己的金钱收入，即“经济人”假设。泰勒的科学管理仅重视技术因素，不重视人群社会的因素。泰勒制仅解决了个别具体工作的作业效率问题，而没有解决企业作为一个整体如何经营和管理的问题。泰勒的“差别工资制”看似为工人提高工资待遇，其实质是为资本家获得更多的剩余价值。

二、法约尔的一般管理理论

亨利·法约尔(Henri Fayol，1841—1925)被后人称为“管理过程理论之父”。法约尔是法国人，1860 年从圣艾帝安国立矿业学院毕业后进入康门塔里-福尔香堡采矿冶金公司任采矿工程师，不久他被提升为该公司的一个矿井经理，1888 年他出任该公司总经理。1916 年他在法国矿业协会的年报上公开发表了他的著作《工业管理与一般管理》。这本著作是他一生管理经验和管理思想的总结。法约尔认为经营和管理是两个不同的概念，经营并不等于管理。经营是引导一个组织趋向某一既定目标，它的内涵中包括了管理。法约尔对管理理论的贡献，可以从以下几个方面来表述。

（一）管理的职能和过程

法约尔在《工业管理与一般管理》一书中，提出了管理的五项基本职能和企业生产过程的六种基本活动。

企业生产过程的六种基本活动如下：

技术活动——指生产、制造、加工等活动；

商业活动——指购买、销售、交换等活动；

财务活动——指资金的筹集、运用和控制等活动；

会计活动——指盘点、制作财务报表、成本核算、统计等活动；

安全活动——指维护设备和保护职工的安全等活动；

管理活动——指计划、组织、指挥、协调和控制活动。

企业内无论是高层领导，还是普通工人，每个人或多或少都要从事这六项活动，只不过是随着职务的高低和企业的大小不同而各有侧重。高层人员工作中管理活动所占比重较大，而在直接的生产工作和事务性活动中管理活动较少。

法约尔又提出管理的五项基本职能，首次把管理活动划分为计划、组织、指挥、协调与控制五项职能，揭示了管理的本质，并对这五大职能进行了详细的分析。计划就是预测未来并制定行动方案；组织就是建立组织的物质结构和社会结构；指挥就是指使组织成员履行职责发挥作用;协调就是连接、联合、调和所有的活动及力量;控制就是指保证组织中进行的一切活动符合计划和下达的命令。

(二)管理十四项原则

① 分工。分工可以提高劳动效率。它不仅适用于技术工作,也适用于管理工作。但要有一定的限度,不能分得过粗或过细,否则效果不好。

② 权力与责任。权力和责任是互为因果的,有权力必定有责任,权利和责任应相一致。不能出现有权无责或有责无权的现象。

③ 纪律。纪律的实质是遵守公司各方达成的协议。没有纪律,企业就难以发展。而建立和维持纪律的最好方法,一是要有好领导,二是企业与职工之间的协议要尽可能明确和公正,三是实行制裁要公正。

④ 统一指挥。组织内的每一个成员都只应接受一个上级的命令。违背这个原则,就会使权力和纪律受到严重的破坏。

⑤ 统一领导。凡是具有同一目标的活动,只应有一个领导人和一套计划。不要把统一指挥与统一领导相混淆。人们通过建立完善的组织来实现一个社会团体的统一领导,而统一指挥取决于人员如何发挥作用。

⑥ 个人利益服从集体利益。集体利益大于个人利益的总和。集体目标中应包含员工个人的目标,使企业目标实现的同时满足个人的合理需求。当个人利益与集体利益发生冲突时,优先考虑集体利益。

⑦ 公平报酬。报酬必须公平合理。尽可能使员工和公司双方满意。对贡献大、活动方向正确的员工要给予奖励,但奖励应以能激起员工的工作热情为限,否则将会起负作用。

⑧ 集权与分权。集权就是降低下级的作用,本身无所谓好坏。企业集权的程度应视管理人员的个性、道德品质、下级人员的可靠性以及企业的规模、条件等情况而定。

⑨ 等级链与跳板。这是由企业的最高领导到最基层之间各级领导人所组成的等级系列,它是一条权力线,用以贯彻执行统一的命令和保证信息传递的秩序。但是为了克服由于指挥的统一性原则而产生的信息传递的延误,法约尔设计了一种跳板。利用这种跳板可以进行横向的信息交流,但只有在各方面都同意而上级又始终知情的情况下才能这样做。

⑩ 秩序。秩序即人和物必须各尽所能。管理人员首先要了解每一工作岗位的性质和内容,使每个工作岗位都有称职的职工,每个职工都有合适的岗位。同时还要有条不紊地精心安排物资、设备的合适位置。

⑪ 平等。即以亲切、友好、公正的态度严格执行规章制度。员工们受到平等的对待后,会以忠诚和献身的精神去完成他们的任务。

⑫ 保持人员稳定。把一个人培养成熟练、有效的员工往往需要很长的时间,因此人员的频繁调动将使工作不能很好地进行。任何组织都要保持稳定的员工队伍,

鼓励员工长期为组织服务。

⑬ 首创精神。发挥个人的聪明才智，提出具有创造性的想法，既会给员工带来极大的快乐，也会刺激员工努力地工作。企业的领导者不仅自己要有首创精神，而且还要鼓励全体成员发挥首创精神。

⑭ 集体精神。职工的融洽、团结可以使企业产生巨大的力量。实现集体精神最有效的手段是统一命令。在安排工作、实行奖励时不要引起嫉妒，以避免破坏融洽的关系。

法约尔是概括和阐述一般管理理论的先驱者，他认为管理是一门科学，适用于所有具有组织性质的机构。他在管理过程和管理组织方面的开创性研究成果，特别是关于管理职能的划分和管理原则的论述，对管理理论的发展产生了深远的影响，至今仍被人们奉为信条。

三、韦伯的官僚模式组织理论

这一模式的创始人是韦伯(Max Weber，1864—1920)，德国社会学家。韦伯与泰勒、法约尔是同一时代的人，是德国古典管理理论的代表人物之一。他在《社会组织与经济组织理论》一书中提出了理想的行政组织体系理论，由此被人们称为“行政组织理论之父”。

(一) 三种合法的权威

韦伯认为，人类社会存在着三种权威模式：传统权威模式、个人魅力权威模式和法理权威模式。传统权威是由传统惯例或世袭得来，个人魅力权威来源于别人的崇拜与追随，法定权威来源于理性——法律规定的权力。

他提出，只有法定权威才能作为行政组织体系的基础。原因在于：

① 管理活动必须有秩序地进行。

② 择人方式应以“能”为本。

③ 领导者的权力应受到约束。

他认为行政组织是“对人群进行控制的最理性的、众所周知的手段”，只有高度结构的、正式的、理性化的理想行政组织体系，才是对员工进行强制性管理的最合理手段，才是达到目标、提高劳动效率最有效的形式，并且在精确性、稳定性、纪律性和可靠性方面优于其他组织形式。

(二) 理想的组织体系内容

① 明确分工。对每个职位上的组织成员的权力和责任都有明确的规定，并作为正式职责使之合法化。

② 权力体系。官员们按职务等级系列和权力等级进行安排，形成一个自上而下的等级严密的指挥体系，每一职务均有明确的职权范围。

③ 规范录用。人员的任用完全根据职务的要求，通过正式的考评、教育、训练来实现。每个职位上的人员必须称职，同时不能随意免职。

④ 管理职业化。管理人员有固定的薪金和明文规定的晋升制度，是一种职业管理人员，而不是组织的所有者。

⑤ 公私有别。管理人员在组织中的职务活动应当与私人事务区别开来，公私事务之间应有明确的界限。管理人员没有组织财产的所有权，并且不能滥用职权。

⑥ 遵守规则和纪律。组织中包括管理人员在内所有成员必须严格遵守组织的规则和纪律，以确保统一性。理想的行政组织体系最符合理性原则，效率最高，能适用于各种管理工作和各种大型组织，如教会、国家机构、军队和各种团体。

第三节　人际关系理论

20 世纪初，资本主义世界经济进入了一个新的时期，生产规模扩大，社会化大生产程度提高，新兴工业不断出现，同时社会经济中劳资矛盾进一步加剧。在这种情况下，一些管理学者从进一步提高劳动生产率的角度，把人类学、社会学、心理学等运用到企业管理中去，从 20 世纪 20 年代开始逐渐形成了人际关系理论，发展成为后来的行为科学理论。人际关系理论的创始人是美国哈佛大学的梅奥教授。

一、霍桑试验

梅奥是继泰勒和法约尔之后，对近代管理思想和理论的发展作出重大贡献的学者之一。梅奥(E. Mayo，1880—1949)，原籍澳大利亚，后移居美国，哈佛大学教授。1924—1932 年，他在芝加哥西方电气公司的霍桑工厂进行了著名的霍桑试验。试验主要是通过改变工人的工作环境、工作气氛、休息时间、工资支付方法等，来观察研究影响工人工作积极性的原因。霍桑实验是心理学史上最出名的事件之一。霍桑工厂是一个制造电话交换机的工厂，为了提高工作效率，美国国家研究委员会组织研究小组开展实验研究。

霍桑实验共分四阶段：

1. 照明实验(1924—1927)

当时关于生产效率的理论占统治地位的是劳动医学的观点，认为影响工人生产效率的也许是疲劳和单调感等，于是当时的实验假设便是“提高照明度有助于减少疲劳、提高生产效率”。可是经过实验发现，当实验组照明度增大时，实验组和控制组都增产；当实验组照明度减弱时，两组依然都增产，甚至实验组的照明度减至 0.06 烛光时，其产量亦无明显下降；直至照明减至如月光一般、实在看不清时，产量才急剧下降。研究结果发现，照明度和作业效率没有单纯的直接关系。然而，这个实验表明，存在着某种与生产效率有关的未知的因素，这是非常富有启发性的。

2. 继电器装配室实验(1927.8—1928.4)

继电器装配室实验又称福利实验，实验室有 5 名女工，实验者同时也是监督者。这次实验的目的同上次的照明实验基本相同，企图弄清休息时间、作业时间、工资形态等各种作业条件的变化与作业效率的变化之间具有什么样的关系。实验分十三期进行，依次改变上述的作业条件，结果产量一直持续上升。在实验过程中还发现，由于车间情况发生了变化——过去采取高压手段进行监督，单方面地下达命令，现在是职工自由地参与监督和决策——使职工的情绪受到影响。由于这个缘故，尽管作业条件发生了变化，产量仍然继续上升。研究表明，生产效率的决定因素不是作业条件，而是职工的情绪。情绪是由车间的环境，即车间的人际关系决定的。

3. 面谈计划(1928—1930)

从上述的实验发现，监督的方式方法、情绪和生产效率之间有着重要的关系。如果作业情况发生了变化，就同职工商谈，倾听他们的意见。这种监督方式会给情绪和生产效率带来良好的影响。根据这一事实，为了获取有关重新训练监督人员的资料，又实行了面谈计划。最初采用的是指示型的面谈方法，即先准备一定的问题，然后以问答形式进行面谈。这种方法未必能听到职工隐藏在内心的意见，于是，后来又采取非指示型的面谈方法，让职工自由地说出心里的意见和不满。在这一期间，共与21 126名职工进行了面谈，结果得出如下的结论：第一，离开感情就不能理解职工的意见和不满；第二，感情容易伪装；第三，只有比对职工的个人情况和车间的环境才能理解职工的感情。职工的意见和不满可分为有事实内容的和不满心理状态的反映，前者是符合事实的意见，后者不是事实，而是个人面临的问题和车间环境造成的苦恼的反映。监督人员通过和职工面谈，倾听职工意见，理解他反映的个人问题和车间环境，并通过对这些问题的处理可以达到提高职工情绪和生产效率的目的。因此，确立旨在解决人际关系的领导方式是人际关系论的一个重要支柱。

4. 对车床布线室的观察(1930—1932)

车床布线室有9名布线工、3名插座安装工、2名检修工共计14名男职工。经过周密地观察和分析发现，在车间里存在着某种与按照公司的编制建立的正式组织不同的非正式组织。这次观察证实，下列的非正式组织感情逻辑支配着团体的行动：① 对工作不得太用力气，否则，你就是“工资率破坏者”；② 不得过分降低工作效率，否则，你就是“诈骗犯”；③ 任何对同事不利的事都不得向监督者报告，否则，你就是“告密者”；④ 不得疏远同事，如果你是检修工，你就不应该摆出一副“我是检修工”的架势而盛气凌人。这次观察调查还表明，尽管经营者专心于效率逻辑，但如果他对上述的不合理的感情逻辑在车间的社会结构中的作用以及对职工行动的限制之类的事实根本不理解，那么，效率逻辑必将以失败而告终。

梅奥通过对霍桑实验进行总结，完成了其代表作《工业文明的社会问题》(1945年)，总结了他亲身参与和指导的霍桑试验及其他几个试验的研究成果，提出了人际关系理论。

二、人际关系理论

根据霍桑实验的结果，人际关系理论提出了“社会人”这种有关人的新假设，并采用了情绪和非正式组织等新的概念,从而确立了有关管理的新理论。

1. “社会人”假设

泰勒的科学管理法是建立在“经济人”假设基础之上的。企业家作为“经济人”而追求最大限度的利润,工人作为“经济人”则要得到最大限度的工资收入。只把经济动机作为激励因素的有关人的假设称为“经济人”假设。如果只从“经济人”来看,追求最大利润的企业家的要求和谋求增加工资收入的工人的要求就发生了矛盾。解决这种矛盾,实现劳资利害调和的唯一途径在于提高每个人单位时间的生产量。于是,泰勒等人创造了以时间和动作研究及奖励工资制等为中心的科学管理法。为了让工人对实现根据时间和动作研究的结果而制定的作业标准进行合作,就需要满足工人的工资动机。为此,各式各样的奖励工资制就由泰勒及其继承人设计出来了。而人际关系研究发现,工资、作业条件、生产效率之间没有直接的关系。于是,人际关系研究者提出了“社会人”假设,取代了“经济人”假设。按照“社会人”假设,在社会上活动的职工不是社会孤立存在的,而是作为某一集团的一员有所归属的“社会人”,是社会存在。“社会人”不仅要求在社会上寻求收入的源泉,而且作为人,他还需要得到友谊、安定和归属感。所谓“社会人”,是指作为集团的一员而行动,以这种人类的社会需要为动机的有关人的假设。继电器装备室的实验表明,尽管工资和休息时间等作业条件发生了变化,但生产效率仍然继续提高。这种现象只有根据把组织中的人不是作为“经济人”而是作为“社会人”这种新的假设才能得到解释。

2. 情绪的概念

按照科学管理原理,生产效率、作业方法和作业条件这三者之间存在着简单的因果关系。这种关系如图 2-1 中的Ⅰ所示。科学管理法认为,由于有直接关系的工资、休息时间、疲劳、劳动时间等作业条件的改善,促进了生产效率的提高。但是,正如霍桑工厂继电器装配室的实验所证明的那样,生产效率对作业条件的变化是无直接关系地持续上升。这种生产效率的持续上升是由于各作业人员随着作业条件的变化,他们的态度也发生了变化。这种关系如图 2-1 中的Ⅱ所示。这里说的态度是针对情绪而言的。情绪就是职工作为人所得到的满足程度的函数。于是就产生了职工满足程度越高,情绪就越高;情绪越高,生产效率就越高这样一种人际关系论的重要假设。这种情况的满足程度是指安全感和归属感等社会需要的满足程度,如图 2-1 中的Ⅲ所示,它取决于两种因素:① 职工的个人情况,② 车间情况。个人情况是指职工从出生到现在,他的态度受到家庭生活和社会交往等社会条件

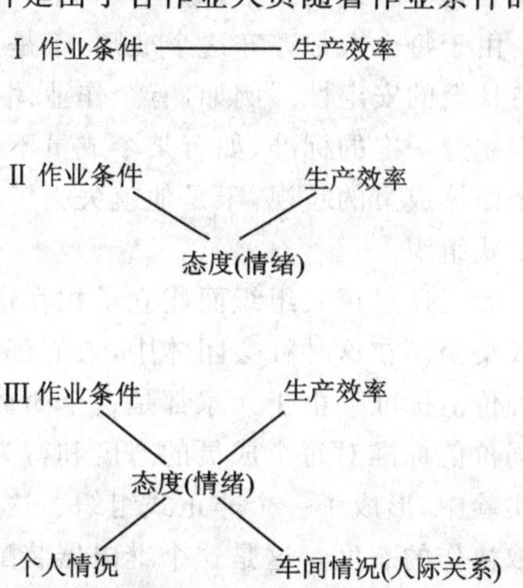

图 2-1 情绪与生产效率

的影响；职工的态度也受车间情况——个人通过与自己所属的车间的同伴和工长的接触而形成的在车间的人际关系的影响。在继电器装配室进行实验时，由于监督方式的改变和职工参与改变有关作业条件的决定等车间管理情况的变化，人际关系也就发生了变化，职工的满足度，即情绪提高了。实验说明，情绪的提高是生产效率提高的原因所在。如果这个结论是正确的话，那么，为了实现提高生产效率这一经营目的，就需要提高职工的情绪。为此，就需要改变车间的人际关系。所以，情绪的概念无论从人际关系论的理论结构上看，还是从富有实践性的各种措施上看，都是一个起核心作用的概念。

3. 非正式组织

经营结构大致可分为技术组织和人的组织，如图 2-2 所示。前者是指为了实现生产目的而使用的工具、机械设备等物质手段系统化的物质组织，后者是指由多数人构成的社会系统。

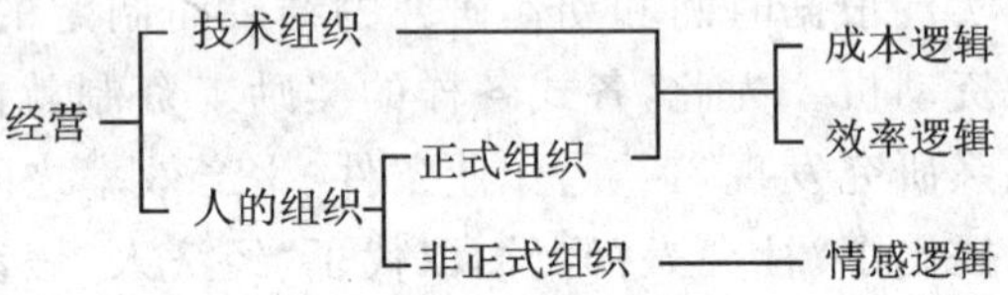

图 2-2　经营结构

经营者、技术人员、监督人员、工厂工人、事务人员等各种成员的关系都是相互作用的关系，并形成了一定的相互关系的模式。人的组织还可以进一步分成正式组织和非正式组织。这里说的正式组织，是指为了有效地实现生产目的而把各种成员之间的相互关系安排得合理而有秩序的组织。决定这种相互关系的组织系统表、编制、政策方针、规章、准则等可以说是形成正式组织的各种因素。也就是说，正式组织是指为了实现经营目的而合理形成的各种成员的相互关系，这是每个人都能在组织系统表上得到典型表现的职能关系。但是，组织系统表虽然显示了组织成员的职能关系，然而却没有显示出车间职工的相互接触和相互作用的社会关系。在公司或工厂里，由于人们要在一起劳动，这就自发地形成了相互接触的人际关系，形成非正式的集团。在非正式集团中，每个人都有一定的社会地位和社会作用，有一定的集团准则。由于每个人都遵守这个准则，于是大家也都成了这个集团的一个成员，从而能够保持社会的安定性。例如，有个作业团体有这么一个非正式的准则——不允许工作效率超过一定的标准，如有某个成员不遵守这个准则而提高了工作效率，他就会受到这个团体成员的歧视，于是他就失去了安定感。由这些非正式集团组成的体系就是非正式组织。

职工通过正式组织而建立了相互作用的关系，这种相互作用的关系又形成了非正式集团。在这种社会团体中，人们都有共同的感情和态度。团体的共同情感就是一种价值标准。由于大家都是这个团体的一个成员，所以必须遵守。非正式组织的共同价值标准对每个成员的态度和行为产生规律性的影响。在前述的继电器装配室的实验中，形成了一个非正式组织。这个非正式组织有个规定，必须对实现经营目标采取协作的态度。这是这个继电器装配室的产量之所以能够提高的原因所在。而在车床布线室的实验中，形成了另一种类型的非正式组织。这个非正式组织规定，不得对实现经营目标采取协作的态度，也不得过分地出力干活。这就限制了产量的提高。这两个例子说明，非正式组织这样一种组织的内在关系对生产效率有着重大的影响。这一结果的发现是人际关系论的重大贡献。其次，非正式组织同正式组织及技术组织有着不同的价值体系，从这里又发现了现代经营管理的一个根本性的问题。如图 2－2所示，经营的技术组织和正式组织的价值标准是成本逻辑，它是起主导作用的。所谓成本逻辑，就是最低限度地支出费用的原则。对于正式组织来说，效率逻辑是它的价值标准。这里说的效率逻辑是指确保每个人都能有效地进行协作的逻辑。由于每个人都有想增加工资收入的经济动机，所以，如果采取效率工资制，生产效率就会提高，这是科学管理法的效率逻辑。而人际关系论认为，在非正式组织里，感情逻辑是支配团体行动的价值标准。这里说感情逻辑是指人的非合理的行为准则。一般来讲经营管理者的逻辑更多的是成本逻辑和效率逻辑，而职工的逻辑更多的是感情逻辑，于是经营管理者的逻辑就会与职工的逻辑发生冲突。因此，经营目的的合理实现就会受到妨碍，效率逻辑本身也将受到挫折。解决这二者之间的冲突是管理中一个带根本性的课题。

三、人际关系理论的局限性

1. 偏重于非正式组织

传统的管理理论只注重管理和组织的结构，而人际关系论注重组织中的非正式组织，并且还利用“临床实验”这种科学实验的方法剖析非正式组织。在剖析人与人关系的结构时，应用了社会学和心理学等行为科学的概念。对组织中个人行为的研究是促进后来的行为科学发展的一个起因。但是，初期人际关系论是把非正式组织作为主要研究对象的。初期人际关系论认为，组织中的个人行为最受非正式组织的影响。后来的验证研究表明，非正式组织未必经常对每个人的行为产生有规律的影响。阿吉里斯说，在精神上成长起来的个人所要求的是独立性，并有自我开发的强烈愿望。正是那些自我开发的愿望得不到满足的职工，才形成了非正式组织，他们起的作用是限制产量的增加。此外，后来的现代管理理论研究表明，构成社会基本单位的不是非正式组织，而是旨在实现一定目的的正式组织。现代管理理论基于这一观点而对正式组织进行了行为科学的考察。

2. 旨在实现非合理主义

自实行科学管理法以来，传统的管理理论一直只追求效率逻辑和成本逻辑，而人际关系论强调，职工作为人而具有的非合理的感情逻辑是通过人与人的关系起作用的。这就是说，按照人际关系论，在企业的技术组织和正式的管理组织中，效率逻辑或成本逻辑的合理主义起着主导作用。但在企业的非正式组织，即人与人的关系方面，非合理的感情逻辑起着主导作用。效率逻辑和成本逻辑是经营者的逻辑，而感情逻辑是职工的逻辑。因此，经营者如果不理解在人与人的关系方面起作用的非合理的感情逻辑，那么经营者的逻辑同职工的逻辑就会发生矛盾和冲突，职工的情绪就要低落，从而导致经营效率下降。但是，这种理论漏洞很多。职工的行为真的只受感情逻辑支配吗？人际关系论忘了，职工也是合理的决策者和解决问题的行动者。实际上，由于人际关系论强调在企业的人与人关系方面起作用的非合理的感情逻辑，所以在经营实践中开展以人与人关系为中心的经营活动时，个人决策的合理性就被企业中非合理的人与人关系所歪曲，结果造成了利润率的显著下降。以巴纳德-西蒙为中心的现代管理理论，为了超越这种人际关系的假设，就把合理决策的概念作为组织的统一概念，为经营理论的发展开辟了新的局面。

3. 对“经济人”假设的过分否定

人际关系论否定了科学管理法赖以存在的、认为企业中的人只追求最大限度经济报酬的“经济人”假设，确立了认为职工是具有对团体的归属感和心理上的安定感等社会需要的“社会人”假设。但是，只要企业是具有经济机能的经济组织，那么，轻视企业组织成员的经济需要就是走极端，是不现实的。自从人际关系论问世以来，重视从经济上刺激职工积极性的人大大减少了。不恰当地轻视在企业工作的职工对于经济的需要这种普遍存在的倾向，在实践和理论两个方面都给企业组织成员的动机留下了很大的阴影。对人际关系论展开了最激烈批判的凯里认为，梅奥等人关于工资不是决定生产效率的变量的主张是完全错误的。现代管理理论的代表人物马奇、西蒙也说，“不把经济刺激放在重要位置上的人的模式，对于大多数人来说，是不完全的人的模式”。轻视经济需要的人的模式对于企业组织成员来说就更加不完善。

4. “依赖性的人”的假设

人际关系论认为，企业中非正式的人际关系对职工的心理和态度产生有规律的影响。尽管人际关系的准则是非合理、非协作的，但职工还是根据这个准则行动。职工为什么要那样行动呢？因为企业中的人作为某个团体的一员具有满足归属感和安定感的需要。这样的解释是否就尽善尽美呢？回答是否定的。首先，并不是任何人在任何场合都是根据团队的准则行动的，按照团队的非合理、非协作的准则行动只是那些产生了不满情绪的职工。其次，最根本的原因是，人际关系论对于人在企业中追求什么这种个人需要的假设是不完善的。人际关系论对其研究的对象——人际关系，并没有进行充分的考察，这是人际关系论在研究方法上的一大缺陷。人际关系论认为，在企业中，人是追求安定感和归属感的“依赖性的人”。但是，对不是现代的或是发育不健全的个人来说，安定感和归属感是最强烈的需要。然而对现代的或健康成长的人来说，以自主性、积极性、独立性和创造性的形式来追求自我开发的要求则更为强烈。以阿吉里斯和麦格雷戈为代表的新人际关系论就是建立在具有这种自我开发需要的人的模式基础之上的，从而促进了动机理论的发展。

5. “满足-生产效率”的假设

人际关系论认为，生产效率是由职工的情绪决定的，职工情绪是高还是低是职工满足度的函数。因此，职工满足度越高的车间，生产效率就越高。这种说法真的准确吗？后来的多次验证表明，职工的满足度和生产效率之间未必有那样的关系。马奇、西蒙针对人际关系论的“满足－生产效率”假设提出了“不满足－生产效率”假设。他们认为，人，当他感到不满足时，就采取旨在消除这种不满足的行动，而感到满足的职工就激发不出为了提高生产效率而采取行动的动机。

6. 经营者意识形态的产物

有人指出人际关系论是经营者意识形态的产物，他们认为，人际关系论是站在经营者的立场上进行的验证研究，根本没有谈及工会组织。因此，他们把人际关系论说成是“偏袒经营者”的，是对工会抱有偏见的。的确，只要人际关系论不适当地轻视企业组织成员的经济要求，有关人事管理的各项措施就会被指责为对企业家来说是不需要成本的、有利于经营者实现其目的的手段。此外，人际关系论还强调人与人在企业里的协作和调和，抹杀了劳资之间的利害冲突和纠纷，同时也抹杀了企业里的工会组织对职工行动的影响。由于这个缘故，一些经济学家和工会负责人指责说，人际关系论是无视工会的价值标准而按照经营者的价值标准确立的概念。因此，它是经营者意识形态的产物。但是，人际关系论决不是意识形态的产物。在生产效率的主要决定因素——动机这一领域，人际关系论是第一次以长期的科学实验所取得的成果为基础而形成的科学理论，它提出了动机这一新学说，为经营管理理论的发展打开了一个新局面。

第四节　管理理论的发展

一、管理理论发展中人的假设

经营管理理论自20世纪初问世至今，经历了五分之四个世纪。在这期间，以发达的资本主义国家为中心，工业化有了进一步的发展。为了适应各个领域在技术上、经营上和社会上的需要，产生了各种各样的经营管理理论。它们盘根错节地纠缠在一起。所以，正如部分学者所指出的那样，简直像在打“丛林战争”，或者可以说呈现出“百花纷乱”的局面。

管理是以组织或人为对象的。所以，可以按照怎样对待人这种关于人的假设（人的模式）的不同来对管理理论进行分类。J·G·马奇（1916—）和H·A·西蒙（1916—2001）就是基于这一立场对组织论或管理理论作如下分类的。

①“经济人”假设。追求最大限度利润的企业家和为争取最大限度工资收入而劳动的工人都是“经济人”。从经济角度来寻求人进行劳动的最主要动机这一关于人的假设称为“经济人”假设。科学管理法可以说是基于“经济人”假设的管理理论。采用科学管理法，可以通过提高单位劳动时间的产量使工人的工资收入增加，通过节约单位劳务费给企业家带来最大的利润。由于劳资双方的经济动机都能满足，所以劳资之间的利害冲突就能变成利害调和。这就是贯穿于科学管理法整个系统的泰勒的经营哲学。泰勒提倡要形成能使劳资双方经济动机都得到满足的有效的管理体制。

时间和动作研究只不过是科学管理法的部分要素。它们本身并没有什么意义。“经济人”假设是科学管理法的一个论题。

② “社会人”假设。组织成员——经营者和职工,只要是人,就不是孤立的存在,他们为集体的一员,是具有归属感和安全感需要的“社会人”。这样看待组织成员的关于人的假设称为“社会人”假设。人际关系论可以说是基于这种“社会人”假设的管理理论。人际关系论以著名的霍桑实验为基础,认为职工的动机是提高劳动生产率的决定因素。并指出,职工的动机是受车间的人际关系影响的。因为组织成员与其说受经济动机的影响,毋宁说更受对群体的归属等社会动机的影响。如果从这种“社会人”假设出发,管理的重点就要转移到人际关系的管理上去。“社会人”假设对科学管理法赖以存在的“经济人”假设显然是个否定。

③ “决策人”假设。任何事物都在辩证地发展,对于经营管理理论的发展也是如此。基于把组织成员“经营者和职工”看作是决策者、问题解决者的“决策人”假设的现代管理理论是各种管理理论的统一。它把科学管理法、人际关系论等既成的理论统一成一种理论体系,且具有综合理论的性质。由于现代管理理论把职工也看成是决策者,这就扬弃了把职工的职能仅仅限制在接受命令、从事作业范围内的科学管理法对于人的假设。与此同时,现代管理理论还把旨在建立有效的管理体制,即形成管理组织的科学管理法也囊括进来,并加以发展了。另一方面,现代管理理论还扬弃了人际关系论赖以存在的“社会人”假设,坚持把组织成员看作是具有自主性和个性的“决策人”这种关于人的假设。现代管理理论同人际关系论一样,对于促进组织成员行动的动机,认为非经济的、社会的动机比经济动机更重要。此外,从现代管理理论把组织成员的动机看作是组织存续的根本问题这一点来看,它包括了人际关系论。

以上是根据关于人的假设和需要的不同来分类的。但管理的发展阶段也可以按照价值观的不同来划分。代表传统管理理论的泰勒科学管理法所赖以存在的“经济人”假设把企业家和工人的个人主义营利心当作管理体制的基础。因此说,科学管理法是以个人主义的价值观为基础、目的,在于实现个人主义的管理理论。从 20 世纪初到世界性经济危机爆发的 1929 年为止的这段时间,个人主义价值观支配着经济。在自由放任的经济体制下,个人主义营利心也在经济活动中大大膨胀起来。与科学管理法相对的人际关系论,又扬弃了“经济人”假设而立足于“社会人”假设,它把集体主义作为提高管理效率的基础,是基于集体主义价值观的、旨在实现集体主义的管理理论。个人主义认为,价值在于个人的自由、尊严和利己心。而集体主义是指认为价值在于集体利益的价值观。作为一种综合理论出现的现代管理理论,以“决策人”假设为前提,包括管理中的集体主义和个人主义这两个方面,谋求两者的统一。因为现代管理理论是一门综合性的理论,所以,为了正确地理解它,对在它之前发展阶段的传统管理理论和人际关系论也必须充分加以斟酌和考虑。管理理论的发展阶段如果按时间来区分,由于国别的不同差别较大。以美国为例,从 20 世纪初到 20 年代,是科学管理法时期;从 20 世纪 40 年代到 50 年代,是人际关系论支配经营实践的时期;

20 世纪 60 年代以后，是现代管理理论的时期。现代管理理论之父——巴纳德 1938 年就公开发表了他的管理理论，但到 20 世纪 60 年代才在管理理论和实践方面发挥了很大的作用。

二、管理理论的发展——丛林理论

哈罗德·孔茨（Horold Koontz，1908—1984）在 1961 年 12 月的《管理学会杂志》上指出，管理理论已出现一种众说纷纭、莫衷一是的乱局，管理理论还处在一个不成熟的时期。管理理论一些早期的萌芽，如 F·W·泰勒对车间一级管理所进行的有条理的分析和亨利·法约尔从一般管理理论观点出发对经验进行的深刻总结等，现在已经过于滋蔓，成了一片各种管理理论流派盘根错节的丛林。孔茨把各种管理理论分成六个主要学派，即管理过程学派、经验或案例学派、人类行为学派、社会系统学派、决策理论学派和数学学派。

孔茨关于管理理论学派的总结就是所谓的管理理论丛林。事实上，管理理论由于管理实践的丰富性而呈现出多样性，组织的管理在实践中的目的、过程、内容、方式等方面的不同，从而形成了若干不同的学派、学说、理论，下面简单介绍一些主要的管理理论。

1. 管理过程理论

管理过程理论又称为管理职能理论或者管理协调理论。管理过程理论认为管理是一个过程，是在有组织的集体中让别人和自己一起去实现既定的目标，该学派最初的代表人物就是法约尔。管理人员在管理活动中执行着计划、组织、领导、控制等若干职能。管理是一个循环的过程，从计划到控制，再从控制到计划，表明了过程的连续性，控制职能确保组织达到其计划的目标。

2. 系统管理理论

系统管理理论盛行于 20 世纪 60 年代，其特点是将一般系统理论用于企业管理研究中，系统管理学派的代表人物是理查德·约翰逊、卡斯特和罗森茨韦克。主要理论可以概括为：组织是相互联系而又共同工作的要素所组成的系统，既有组织目标又有成员的个人目标。这个系统同周围环境存在动态的相互关系，具有内外信息的反馈网络，能不断地自行调节以适应环境和本身的需要。强调管理的系统观点，要求管理人员树立全局观念、协作观念和动态适应观念，既不能局限于特定领域的专门职能，也不能忽视各自在系统中的地位和作用。

3. 管理决策理论

管理决策理论的主要代表人物是美国的赫伯特·西蒙（H. A. Simon），决策理论的主要论点有：① 强调了决策的重要性。该理论认为，管理的全过程就是一个完整的决策过程，即决策贯穿于管理的全过程，管理就是决策。② 分析了决策过程中的组织影响。上级不是代替下级决策，而是提供给下级决策前提，包括价值前提和事实前提，使之贯彻组织意图。价值前提是对行动进行判断的标准，而事实前提是对能够观察的环境及环境作用方式的说明。③ 提出了决策应遵循的准则。主张用“令人满意的准则”去代替传统的“最优化原则”。④ 分析了决策的条件。管理者决策时,必须利用并凭借组织的作用,尽量创造条件,以解决知识的不全面性、价值体系的不稳定性及竞争中环境的变化性问题。⑤ 归纳了决策的类型和过程。把决策分成程序化决策和非程序化决策两类。程序化决策是指反复出现和例行的决策,非程序化决策是指那种从未出现过的,或者其确切的性质和结构还不很清楚或相当复杂的决策。

4. 管理经验理论

管理经验理论的主要代表人物是德鲁克(P. F. Drucker),强调从企业管理的实际经验出发,以解决企业中的实际问题。管理知识的真正源泉是大公司里组织家的经验。研究管理案例,通过案例研究,向一些大企业的经理提供在相同情况下管理的经验和方法。其基本观点是,否认管理理论的普遍价值,主张从“实例研究”、“比较研究”中导出通用规范,由经验研究来分析管理。该理论特别重视关于某个公司组织结构、管理职能和程序等方面的研究。

5. 管理科学理论

管理科学理论也被称为管理数学理论或管理计量理论,形成于 1939 年。这一学派的主要代表人物是英国的布莱克特(P. M. S. Blackeett)以及美国的埃尔伍德·布法(Elwood S. Buffa)。他们认为管理就是用数学模型及其符号来表示计划、组织、控制、决策等合乎逻辑的程序,求出最优解,以达到企业目标。因此,他们认为管理科学就是制定用于管理决策的数学和统计模型,并将这些模型通过电子计算机应用于管理实践中。管理科学学派运用数理方法,使管理由定性向定量发展,更加科学化、精确化、高效化、经济化。尽管这一理论注意生产的物质过程较多,注意人的因素较少,但它反映了大生产的规律性。

6. 权变理论

代表人物是美国的约翰·莫尔斯(John J. Morse),杰伊·洛希(Jay W. Lorsch)和弗雷德·卢山斯(F. Luthous)。权变理论是一种较新的管理思想,形成于 20 世纪 70 年代,权变的意思,通俗地讲,就是权宜应变。其特点就是强调在企业管理中,由于企业内外部环境复杂多变,企业管理没有一成不变的模式,要根据企业所处的内外环境条件而随机应变。管理者必须根据企业环境的变化而随机应变,没有什么一成不变、普遍适用的“最佳”管理理论和方法。权变关系是两个或者更多变数之间的函数关系,就是依靠环境自变数和管理思想及管理技术因变数之间的函数关系来确定的一种最有效的管理方式,要求管理者根据组织的实际情况来选择最好的管理方式。

7. 行为科学理论

始于 20 世纪 20 年代末 30 年代初的霍桑实验,而真正发展却是在 20 世纪 50 年代,主要是运用心理学与社会学理论对有关工作环境中个人和群体的行为进行分析。行为科学的研究,基本上可以分为两个时期,前期以人际关系学说为主要内容,从 20

世纪30年代梅奥的霍桑试验开始，到1949年在美国芝加哥讨论会上第一次提出行为科学的概念止。在1953年美国福特基金会召开的各大学科学家参加的会议上，正式定名为行为科学，是为行为科学研究时期，主要包括个体行为理论和组织行为理论。

8. 管理信息理论

主张把管理人员看成是一个信息中心，认为管理人员的作用就是接收信息，存储、分析、处理与发出信息。每一位管理人员的岗位犹如"电话交换台"，接收、处理、传递有效信息。强调计算机技术在管理活动和决策中的应用，认为计算机应当同管理思想和行为紧密结合，是沟通联络的重要类型。

当然，还有其他一些管理方面的理论，各有侧重、各有所长。所有这些理论都是在管理实践和相关的管理理论基础上形成的。

复习思考题

1. 如何理解管理理论产生的基础？
2. 说说泰勒的"科学管理"理论的主要内容。
3. 法约尔提出了哪些管理职能和哪些管理法则？
4. 人际关系学说的主要观点有哪些？
5. 梅奥的霍桑实验对当今管理有什么意义？
6. 如何理解权变管理思想？
7. 请查阅管理理论发展趋势的有关资料，并说说你的看法。

第三章　现代管理理论

【本章要点】

- 现代管理理论的特征
- 巴纳德的组织理论
- 权限接受理论
- 主观权限客观化
- 组织的决策

第一节　现代管理理论的基础

一、现代管理理论之父巴纳德

现代管理理论之父巴纳德(1886—1961)生于美国马萨诸塞州莫尔登。父亲是机械工,母亲的娘家经营铁匠铺子,尽管家境贫寒,但家庭和睦而纯朴。巴纳德是在外祖父家长大的,自幼聪明,酷爱音乐,勤于读书。在哈佛大学时他专攻经济学,享受奖学金待遇。课余时间,他勤工俭学,帮人修理钢琴,赚取部分学习费用。他在没有获得正式硕士学位的情况下,于1909年进入美国电报电话公司,在统计部任职。1927年,就任佐治亚·贝尔电话公司的总经理。第二次世界大战后,历任洛克菲勒财团理事长、原子能委员会委员等职。他既有最高经营者的经验,又喜爱读书、善于思考。他把帕累托和韦伯的社会学应用于管理实践。此外,他一方面接受了人际关系论的影响,另一方面又为后人留下了《经理人员的职能》等名著,从而取得了现代管理之父的地位。巴纳德以最高经营者的经验为基础,反复地对组织及管理问题进行思索,通过引进社会学和系统论,创立了综合性的现代管理理论。

二、现代管理理论的特征

巴纳德所从事的研究,本来是以阐明经营者的职能为目的的。但是,巴纳德认为,经营者的职能及其管理过程是组织的一个专门职能。在组织中担任谋求组织的形成和维持这种专门职能的人就是经营者。因此,为了阐明经营者的职能,必须阐明组织的特性和本质。现代管理理论区别于传统管理理论的特征如下:

① 经营者或管理者的职能是组织中的一个专门职能。巴纳德说:“组织的性质和过程决定经营者职能的内容以及必须如何实行这些职能。”在变化着的环境下,为了使组织能够存续,必须保持组织的内外平衡。担任为适应环境的变化而保持组织平衡这种专门职能的人就是经营者。因此,经营者有什么样的职能,他应当如何行使

这种职能，这是由组织的本质、特性和过程决定的。巴纳德认为，组织论在管理理论中处于中心位置。

② 现代管理理论不是单纯的技术论，而是对组织的本质进行描述论的分析。技术论是一种为了有效地或经济地实现管理目的，而阐明有实际用途的各项原理和各种技术的理论。如前所述，传统管理理论都有明显的技术论的特点。现代管理理论不满足于传统管理理论的技术特征，它要就组织的本质是什么，人在组织中是如何行动的等问题进行描述分析。

③ 现代管理理论不是把组织的表面结构作为分析对象，而是把组织行为，即组织中人的行为作为分析对象的。为了分析组织行为，就要采用行为科学的研究方法，但它不是非正式组织，而是把正式组织看作是社会系统和社会行为的过程，据此对正式组织进行行为科学的分析。巴纳德认为，正式组织是社会行为的具体过程，非正式组织只不过是正式组织的一部分。此外，现代管理理论采用的是决策论的研究方法。

④ 现代管理理论不是把作业作为主要认识对象，而是把决策作为主要认识对象。在分析组织中人的行为时，可以把人的行为看成是由两部分组成的，其一是作业，其二是决策。传统管理理论研究的是作业部分，阐明对最大限度提高作业效率有作用的各种原理和技术。但是，人在行动之前，需要作出决策，找到达到目标的方案。

三、行为科学的研究方法

对组织采取行为科学的研究方法，是指以组织中人的行为为对象，根据描述科学的方法论，运用社会学、心理学等科学的概念进行分析的方法。虽然都是行为科学，但现代管理理论与人际关系论的行为科学方法是不同的。首先，人际关系论是以组织内部的非正式组织为研究对象，而现代管理理论是以正式组织为研究对象的。其次，人际关系论认为正式组织是形式上、规范性的社会关系，而现代管理理论认为，构成现代工业社会的基本单位——企业是正式组织，只有正式组织才能被看成是人类社会发生相互作用的社会过程和社会系统。对于为合理地实现一定目的而采取人的行动的正式组织，要使用行为科学的考察方法。

四、“决策人”假设

巴纳德认为，构成组织的个人并不像科学管理法所说的那样，是“机器的附属物”，也不是单纯接受命令的“被动的生产工具”，个人是自由意志的决定者。有自由意志，就有个人的人格，就有决策能力，就有选择的自由，就有通过选择而适应环境的能力。

现代管理理论认为，无论是经营者还是职工，作为组织成员，都是决策者。这种既有决策自由又有选择自由的“决策人”假设表明，现代管理理论首先是从个人主义价值观出发的。现代管理理论认为，个人是能动的决策主体，这个主体具有为实现一定的目的而作用于环境的能力。另一方面，作为决策者的个人，不是无所不知，无所不能的。旨在实现一定目标的人的行为的主题逻辑是受环境等各种因素制约的。这意味着，在一定的时间、空间条件下，选择是极其有限的。

现代管理理论的方法论的前提可以归纳为以下几点：

① 人是具有决策，即具有选择自由的能动的行为主体。

② 由于各种环境因素的制约，人自由进行决策的范围被限制得很狭窄。

③ 如果沿着实现一定目的的方向反复进行决策的话，人是可以改变环境因素的。

"决策人"假设就是根据这种人的能动性和创造性提出来的。人进行决策常常是为了实现一定的目的，但总有各种制约因素限制这种目的的实现。如果没有制约，也就不需要决策，克服这种制约就是实现目的的手段。按照现代管理理论，个人的行动和合理的决策受什么样因素制约和影响呢？怎样克服制约因素实现合理的决策呢？这是管理理论要回答的主要问题。

西蒙说："组织理论的中心任务就是发现和研究对实现目的予以制约的因素。"传统管理理论是建立在组织的各个成员为实现一定的目的而完全合理地行动这种假设之上的。西蒙指出这不过是"沙滩楼阁"式的理论。他说："由于各个个人在知识、预测能力、技术熟练程度以及时间方面等受到制约，所以组织对人来说是实现目的的有用工具。"现代管理理论归根到底是以目的一致的个人为前提的，而这种目的的实现又受到制约因素的限制。正因为如此，才形成了组织。当组织要合理地实现协作的目的时，又因为有各种制约因素的存在，所以组织才能得到发展。为此，就需要确立有关组织的理论。西蒙说："这些制约因素消除得越多，管理组织就越接近实现高效率的目的。"由此看来，对组织中个人行动和合理决策的限制与反限制是现代管理理论的基本内容。

西蒙认为管理理论必须解决的制约因素有以下几种：① 个人在身体能力和技术熟练程度等生理上受到的制约；② 个人在对决策有影响的目的和动机方面受到的制约；③ 个人在与他的职务有关的知识和情报方面受到的制约。第①点的含义是，为了克服个人的作业能力受身体能力和技术熟练程度等生理条件的制约，泰勒进行了时间和动作研究，考察了为此而建立的组织。正因为如此，马奇和西蒙把科学管理法称为生理学组织论。第②点的含义是，因为组织成员的个人动机和个人目的同组织的目的通常是不一致的，所以，个人要为实现组织的目的而进行协作劳动的动机就要受到限制。马奇、西蒙把这种限制称为"动机的制约"。理解对组织成员动机的限制——动机制约，并研究如何加以克服，成了现代管理理论研究的课题之一。第③点的含义是，为了实现合理的决策，需要掌握有关代替手段和对这种手段将会产生的结果进行预测的全部知识和情报。但实际上，必要的知识和情报也是有一定的限度的，这就使人的认识受到制约。马奇、西蒙把这种制约称为"认识的制约"。如何克服情报处理能力受到的制约，也是现代管理理论的一个课题。

总之，对于人的自主的、合乎目的的行动起作用的制约因素有 3 个：① 生理上的制约；② 动机的制约；③ 认识的制约。现代管理理论就是通过对这些问题的研究而发展了决策论的。决策论包括了科学管理法和人际关系论。因此，它具有综合管理理论的性质。

第二节 组织的基本概念

一、组织的定义

传统的组织论不研究组织的本质，而是探讨职务的分化和由此而产生的部门化原则。巴纳德不满足于传统组织论的方法论，而要尝试阐明组织的本质。为了把握组织的本质，首先要把组织概念抽象化，据此再进行逻辑分析，以找出它的特征。

“物质组织”这个用语一直被广泛地使用，巴纳德首先把物质手段系统从组织的概念中摒弃掉。但法约尔认为，组织是由物质和人组成的。一说起经营组织，人们往往就联想起工厂的场地、机械设备、工程流程。人际关系论认为，组织是由物质手段系统——技术组织和人的组织构成的，并把组织分成技术组织和人的组织这两类，而且只以后者为研究对象。巴纳德也是从行为科学的观点出发，把物质手段系统作为“物理环境”而从组织概念中摒弃了。其次，还有一种传统的看法，认为组织就是人的集团。例如，一说到组织就认为是经营者和职工的集团。巴纳德认为，把组织看成是人的集团的观点，造成了组织概念的暧昧、混乱和矛盾。其理由是：第一，如果从组织是人的集团的观点出发，那么股东和消费者就不能认为是组织的参加者。但是，股东通过提供资本这种行为为组织作出了贡献，消费者通过购买商品也对组织作出了贡献，这些行为是组织的一部分。因此，现代管理理论把股东和消费者也看作是组织的参加者。然而，股东和消费者在不断地变化，所以，没有把股东和消费者看成是组织成员。第二，具体的个人不仅参加一个特定的组织，而且也参加其他的组织，在参加经营组织的同时，往往还参加俱乐部及其他经营组织。个人是站在多数组织的联结点上的。因此，如果把组织规定为人的集团，就不能明确组织的本质。

巴纳德指出：“组织不是集团，而是相互协作的关系，是人相互作用的系统。”他给出了组织的定义，所谓组织，是有意识调整了的两个或更多人的行为或各种力量的系统。在此，应当注意的是，巴纳德是根据行为科学给正式组织下定义的。

上述有关组织的定义，包括如下的基本含义。首先，组织是由人的行为构成的系统。传统的组织论研究的是组织的形式部分，这部分可以用组织系统表或部门化原理表现出来。巴纳德认为，组织的实体是人的行为。所以，巴纳德的组织概念不是探索组织的形式部分，而是探索组织的实体，即人的行为这一部分。其次，组织是一个系统。巴纳德指出：“无论是简单的还是复杂的，组织常常是得到调整的人的行为的客观系统。”把人的行为作为一个系统，是说，不同人的行为，在方法、时间、质和量方面都得到调整了，按一定的方法进行调整的各种活动的相互关系可以叫做系统。组织既然是系统，那么，系统的特性当然也是组织的特性了。系统是由各个部分按照一定的方式相互连接起来的一个整体。各部分之间的相互关系是在一定的目的下按照一定的方式规定的。因此，当一个部分同其他部分的关系发生变化时，作为整体的系统也要发生变化，这就是说要产生新的系统。组织的这种动态概念也是巴纳德组织论的特色。最后，组织虽然是个整体，但它又是“协作系统”的一部分，如图 3-1 所示。所谓“协作系统”，具体地讲，就相当于企业。“协作系统”是由组织系统、物质系统、人的系统及社会系统构成的一个具体的整体，组织是“协作系统”中的一个系统，但是一个起核心作用的系统。

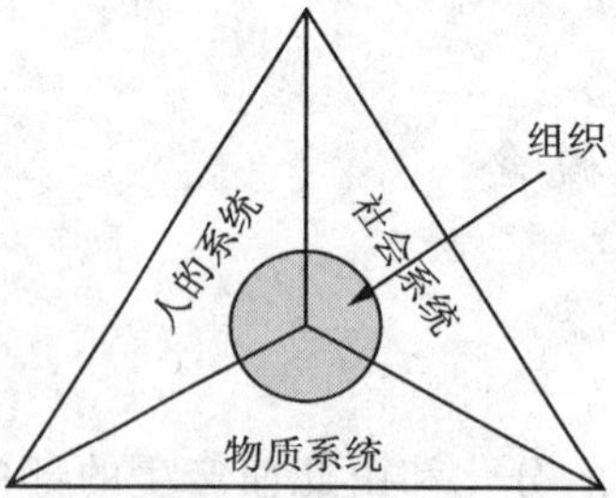

图 3-1 协作系统图

由于组织是合乎目的的人的行为系统，所以它在协作系统中是起核心作用的。物质系统是机械设备、材料、资金等物质手段的系统，从某种意义上讲是生产系统。虽然它已经从组织概念中被剔除，但由于组织的活动，物质手段被组织起来并得到管理，因此，它就有了价值，从而作为生产系统而成为协作系统的一部分。组织通过对生产系统的管理而能够使经济效用发生转变和进行创造。如果没有某种物质系统的协助，组织就不能具体地创造任何经济效用。人的系统是指由经营者和职工组成的人的集团，它虽然也从组织中剔除，但人的集团同样是通过组织的活动而组织起来并接受管理的。所以，它作为人的系统也成为协作组织的一部分。如果没有人的系统，为实现组织目的而做贡献的行为就无从谈起。组成人的系统的各个个人是为实现组织目的而做贡献的。作为这种贡献的代价而得到报酬，各个个人是和组织联系在一起的。社会系统是指一个组织同其他组织交换效用的系统，也可以说是交换系统，它相当于企业的采购系统和市场系统。

协作系统相当于具体企业，它以组织为核心，通过物质系统、社会系统、人的系统构成一个复合的整体。组织是整体的一部分，它从协作的目的出发，给其他各个系统以价值，并通过组织的活动，对它们进行管理。但是，如图 3-1 所示，组织同其他系统以及组织同协作系统之间是没有明确的界限的。物质系统、人的系统和市场系统等是通过组织的活动而被组织起来并受到管理的。所以，其他各种系统的内部也都有组织或管理系统，这些系统分别形成为生产管理系统、人事管理系统、市场管理系统。由于组织渗透到其他系统之中，因此，由这些系统构成的协作系统和组织的界限也就不明确。巴纳德还认为，协作系统本身归根到底是指组织本身。协作系统除了适用于企业之外，也适用于行政机构、大学、医院等非营利组织。但是，今天人们普遍认为，组织是构成社会的基本单位——系统。组织和协作系统（企业）当然不是一个概念，但两者柔和在一起，界限不分明。从协作系统贯穿了组织的概念这一意义上讲，本章将根据需要有时也使用企业组织这一用语。

现代管理理论认为，组织成员不仅包括经营者和职工，也包括股东和顾客。所谓顾客，是指组织生产效用的利用者。如果是企业的顾客，也包括家庭或产业的消费者。介于消费者和企业之间的销售商，对企业来说，也是重要的顾客。此外，从事向企业提供材料，替企业进行部件加工或其他服务工作的协作工厂和供货商也是企业组织的成员，因为企业组织是为了实现企业组织的目的而进行协作的人的行为的系统。比如说，股东向企业提供资金的行为就被看成是组织的一员，如果没有股东的投资行为，企业就不能继续生存下去。而传统管理理论把消费者、销售商、供货商看成是独立地存在于组织之外的。为选择要购买的产品而不知所措的消费者的确存在于组织之外，但消费者选择企业的产品和付出代价的行为，就是在为那个企业组织的目的做贡献。在他采取这一行动的那个时刻，他就是那个企业组织的成员。如果没有为促进企业产品的销售而进行协作的销售商的行动和采购优良部件、材料等供货商的行动，企业组织也不能继续存在。职工对企业组织来说情况是一样的。置身于特定企业的职工当然是那个企业组织的成员。如果特定的职工对实现企业组织的目的根本不采取协作的态度，那么他实际置身于行动系统——组织之外。在那个时刻，就不能把他看作是组织的成员。但是，经营者和职工是能动地参加组织决策过程的集团。从这一意义上讲，可以把他们说成是组织的内部成员。股东和消费者不是能动地参加组织决策过程的，因此，可以把他们说成是组织的外部成员。由于两者参加组织的方式不同，所以要把两者区别开来。内部成员和组织的关系通常是持续的，属于组织的权限关系范围，而外部成员和组织的关系是流动的，不属于组织的权限范围。

二、组织的基本要素

巴纳德有关组织的理论是由组织要素论构成的。巴纳德认为组织有如下充分又必要的三个要素构成：共同的目的、协作的愿望和信息。组织的产生和生存只有通过这三个要素的结合才能实现。

（一）共同的目的——组织目的

传统管理理论把职务看作是组织要素，通过对职务进行分类和分配来设计组织结构。而巴纳德的组织论首先把共同的目的，即组织目的作为组织的基本要素。组织目的的确定、分解和变更等目的形成要素对组织结构及其形成过程来说是重要的基本要素。

没有目的就没有协作；没有明确的目的，也就无法了解和预测组织要求个人采取什么行动和做出什么样的决定；没有协作的目的，就没有协作的愿望。如前所述，组织是其成员为实现共同的目的而进行决策的系统。因此，目的概念作为组织的基本要素是必不可少的。组织中的各个个人采取什么行动，作出什么决策，是由组织目的决定的，而且各个个人的行动和决策是通过组织目的而统一起来的。

企业组织的目的不是单一的，而是多样的，它包括收益目的、发展目的和保持稳定的目的等，而且，企业组织的这些目的有时是相矛盾的。那么，为了实现企业的目的，需要选择什么样的事业决策呢？这种经营战略也包括在组织的目的概念中。把企业组织的总目的分解为生产部门、经营部门、人事部门等各个部门的目的，实行专门化，进而再细分到各个科室。各个部门和各个科室也是组织，都有各自的目的。组织目的是一个阶梯形的。为了适应环境的变化，需要不断重新确立组织目的，这就是说，需要改变原来的组织目的，或者更改组织目的的专门化方式，这就是经营者最主要的职能。巴纳德提出：

① 组织目的不仅要得到各组织成员的理解，而且必须为各个成员所接受。如果各组织成员不接受组织目的，那么各个成员的行动和决策者就不能作为组织的一部分而被统一。组织目的被接受的程度取决于各个成员进行协作的愿望。

② 各个成员在理解组织目的时，协作性的理解和主观性的理解会发生矛盾，从组织的整体利益出发，客观地理解组织目的。主观性的理解是指以个人的主观想法来理解组织目的。当组织目的是单一的、有形的时候，这两种理解很少发生矛盾，但当组织目的是无形的、一般化的时候，这两种理解往往会产生矛盾。巴纳德说，“让组织的参加者把作为协作系统的基础而起作用的客观目的认定为组织的目的”，“让职工相信一个共同的目的确实存在是经营者不可缺少的职能”。

③ 必须区分组织目的和参加组织的各个成员的个人目的。组织参加者具有组织人格和个人人格的两个方面。前者是指个人为了实现组织的共同目的而采取合理的行动；后者指为了满足个人目的或个人动机而采取合理的行动。组织的共同目的是外部的、非个人的、客观的，个人目的是内在的、个人的、主观的。因此，组织目的同旨在实现个人目的的个人人格没有直接关系。当然，由于组织目的的实现，个人动机也就间接地得到实现。然而，组织的目的和个人的动机并没有直接的关系。当组织和个人的关系是暂时的时候，或者当组织成员对协作失去信心的时候，组织人格有时也可能几乎不存在。组织的目的和个人的目的本来是不一致，甚至两者有时是背道而驰的。

④ 组织是把组织目的作为一个要素而形成起来的。组织为了适应环境变化，还必须经常修正目的。为适应具体的环境和情况，如何使组织目的具体化，如何修正组织目的，这是经营者职能的一个重要方面。

(二) 协作愿望

协作愿望是指个人要为组织目的贡献力量的愿望。巴纳德解释愿望为：愿望“是依赖他人对个人行为的支配，是个人行为的非个人化”。这种愿望产生的效果是各个个人努力的凝聚。没有协作的愿望，为协作作贡献的个人努力就不能持久。组织中的协作愿望涉及以下几点：

① 一个显著事实是，协作愿望的强度随着个人的不同而有很大的差别。现代社会中的个人对于特定组织的协作愿望大都是消极的。协作愿望的强度有很大的个人差别，有的非常强烈，有的非常微弱，有的是消极的，甚至是反抗、憎恶的态度。正式

组织的规模越大，越是综合性的，其成员的协作愿望越小；组织单位越小，协作愿望消极的人也越少。由此可见，组织成员协作愿望的强弱是同组织单位的规模成反比例的。复杂的大规模组织是小单位组织的复合体，组织的发展是通过小单位组织的细胞分裂进行的。这是组织发展的一个依据。

② 个人协作愿望的强弱不是固定的，而是变化的。组织成员协作愿望是间歇的、变动的。协作愿望强的人数和协作愿望消极的人数也在变化。结果，组织参加者的协作愿望的整体也是不稳定的。因此，在考察企业组织的参加者时，应当既要考虑到经营者和职工等企业组织的内部成员，也应考虑到销售商和消费者等组织外部成员。尤其是外部成员，他们的协作愿望是间歇的、不稳定的。如何使外部成员的协作愿望能持续地保持，是经营者的重要职能。

总之，在巴纳德看来，组织的前提是作为决策者的个人，组织的实体是由个人作贡献的行为构成的。由此可见，把个人行为社会化为组织行为一部分的心理因素——组织成员的协作愿望，对组织来说是不可缺少的要素。

(三) 信　息

组织的第三个要素是信息。所谓信息就是向个人传递情报或想法。巴纳德认为，在组织的两端是组织目的实现的可能性和对组织有协作愿望的个人，把这两者联系起来，使之成为有机体的是信息的传递过程(见图 3-2)。

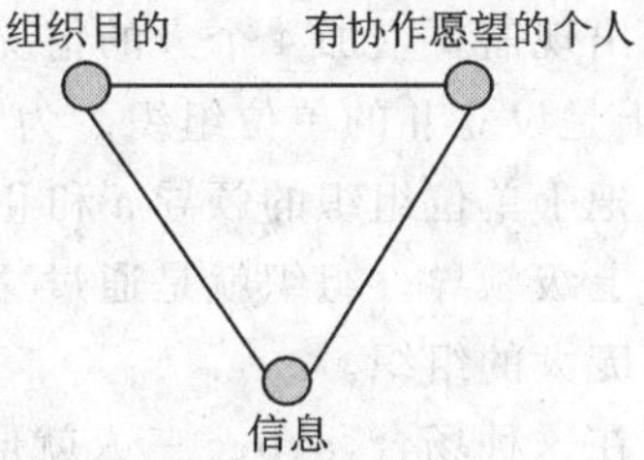

图 3-2　组织各要素的关系图

即使有组织目的，但它如果不为组织成员所知，那就毫无意义。为让组织成员了解共同的目的，必须把这个目的传达给每个成员。另一方面，如果不传递必需的情报，不仅不能确保组织成员合理地行动，而且也不能确保组织成员有协作的愿望。

一个领导者要把自己的想法直接传达给几百万人是很困难的，有效地向组织成员传递信息也是有限度的。因此，单位组织的规模也有个限度。为此，需要把复杂的大规模组织看成是小单位组织的复合体。为了统一信息系统，以便不使领导的想法和情报的传递陷入混乱，单位组织需要设一名领导，即管理人员。管理职位的设置就是设置信息系统。可以认为，管理职位就是信息中心。组织结构、规模和范围几乎都是由信息技术决定的。设置和维持信息系统是正式组织的首要问题。建立和维护组织的信息系统是经营者的主要职能。

三、组织结构的发展规律

从上述的三种基本的组织要素可以引申出组织结构的发展规律。在组织结构的发展过程中，信息是起支配作用的。

为了实现组织目的，需要把这种目的化为具体的行动，并要通过信息系统把何时何地应该做什么的信息传递到每个人。如果多数人对特定的行为都随心所欲地进行联系，组织就将陷入混乱。因此，无论多么小的组织，为了统一信息系统，都需要有一个领导。单位组织的领导——管理人员，是那个单位组织信息系统的中心通道。但是，一个领导不可能向几百万人同时而有效地传达自己的想法，在现实中，单位组织的限额人数通常为十五人左右，也有的规定五六人。单位组织领导人的信息界限就是他领导能力的有效界限。单位组织的规模是由领导者的领导能力的有效界限决定的。

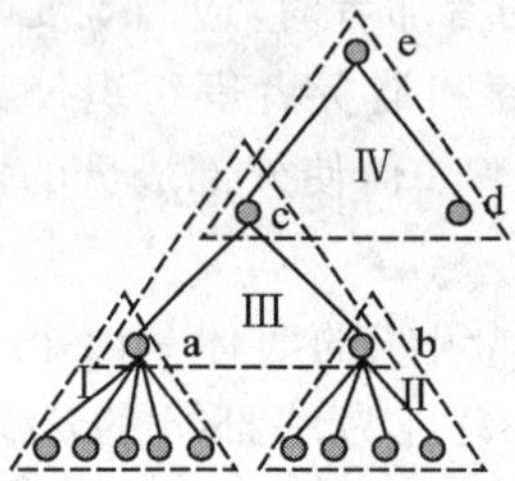

图 3－3　金字塔式单位组织结构

如果组织规模超过领导者的领导能力的有效界限，并且需要有更多的人从事服务时，就需增设新的单位组织，组织结构通过增加新的单位而得到了发展。如果建立了两个以上的单位组织，就必须把这些组织统一成一个复杂的组织，并在各单位组织的领导之上设立一个共同的领导。上层组织是以这些组织为单位组织而累积起来的。图 3－3 中，I 是最初的单位组织，领导能力的有效界限为 5 个人。为了实现组织目的，如果出现需要增加 4 个人的情况时，一共就有 9 个人，显然超过了领导能力的有效界限，于是设立Ⅱ的单位组织。为了把Ⅰ和Ⅱ的单位组织的信息统一起来，也就是说，为了把Ⅰ单位组织的领导 a 和Ⅱ单位组织的领导 b 的信息统一起来，于是就设立了 c 这个上级领导。组织就是通过这样的过程，在结构上无限地扩大，自下而上地发展成规模庞大的组织。

在这种场合，a、b、c 三人就形成了他们所在单位组织的上层组织。I 和Ⅱ单位组织是从事作业的作业组织，是复杂组织的基层组织。a 和 b 作为作业组织的领导具有管理职能。具有管理职能的 a 和 b 与他们共同的领导 c 又形成Ⅲ这个管理组织。Ⅲ管理组织本身也是一个单位组织。同作业组织的情况一样，c 领导能力的有效性也是有限的。因此说，作业组织单位如果增加，管理单位的数目也增加，进而累积成上层管理组织。管理组织就是通过形成这种金字塔式的阶层而形成复杂的大型组织的。

是什么力量把这么多的组织细胞统一成一个有机的整体呢？巴纳德说，把各个单位组织成一个有机整体的力量是“管理者行为的同时贡献性”。从图 3－3 看出，a 既是Ⅰ作业单位组织的领导，同时也是Ⅲ管理组织的成员。因此，a 的行为和决策对Ⅰ和Ⅲ这两个单位组织来说具有同时贡献性。在复杂的组织结构中，管理人员的行为和决策对两个单位组织来说具有同时贡献性。因此，管理职位就成了把各单位组织的信息有机地统一起来的联结点。因此说，组织中管理人员的职位是信息中心。管理职位既是把自己所在的单位组织的信息统一起来的中心，同时又是通过同时贡献性把两个单位组织的信息有机统一起来的信息中心。管理职位是作为信息中心有效地发挥作用的。正因为如此，许多单位组织才被统一成一个有机的整体。

四、正式组织与非正式组织

现代管理理论是以正式组织为认识对象的，人际关系论是以非正式组织为认识对象的。尽管两者都是以行为科学为出发点的，但就这点而言，两者是有区别的。非正式组织作为发挥重要机能的组织也包括在正式组织之中。把正式组织和非正式组织统一起来，是现代管理理论的特色。巴纳德说："无论在什么地方都存在着与正式组织有关的非正式组织，这对我们的目的来说是非常重要的。"管理正式组织时，常常伴随着非正式组织的产生，而且这种非正式组织对正式组织来说是很重要的。非正式组织可以独立于正式组织而产生。如果长期保持下去，往往就发展成为正式组织。

（一）正式组织和非正式组织的关系

正式组织指的是为了达到一定的目的，由两个以上的人所组成的，具有明确的内部结构和制度规范的分工协作系统。在正式组织中，其成员保持着形式上的协作关系，以完成组织目标为行动的出发点和归宿点。

非正式组织是在共同的工作中自发产生的，具有共同情感的团体。非正式组织是伴随着正式组织的运转而形成的。正式组织中的某些小群体成员，由于工作性质相近、社会地位相当、对一些具体问题的看法基本一致，或者在性格、业余爱好及感情相投的基础上，形成了一些被其成员所共同接受并遵守的行为规则，从而使原来松散、随机形成的群体渐渐成为趋向固定的非正式组织。实际上，非正式组织形成的原因很多，比如工作关系、兴趣爱好关系、血缘关系等。

正式组织与非正式组织的根本区别在于前者具有明确的制度规范，从而确定了成员系统，非正式组织却没有明确的制度规范。在非正式群体里，人们之间具有基于共同的价值标准而产生的共同的情感和态度，并且正是这种情感和态度把他们联系到一起。非正式组织常出于某些情感的要求而采取共同的行动。他们在工作中自发形成了一些共同遵守的准则，如干活不能过于积极，也不能过于偷懒。这些约定俗成的准则对非正式群体中的成员具有普遍约束力。如果有人违反了这些准则，就会遭到其他人的指责、冷淡和疏远。在非正式群体中，起支配作用的价值标准是感情逻辑，要求每个成员都必须遵守基于成员之间共同感情而产生的行为规范。

（二）非正式组织的作用

非正式组织具有积极和消极两个方面的作用。非正式组织的积极作用在于维护其成员的共同利益。非正式组织是自愿性质的，人们之所以成为非正式组织的成员，是因为这类组织可以给他们带来某些满足。非正式组织可以为员工提供在正式组织中很难得到的心理需要的满足，创造一种更加和谐、融洽的人际关系，提高员工的相互合作精神，最终改变正式组织的工作情况。在非正式组织里，共同的情感是维系群体的纽带，人们彼此的情感较密切，互相依赖，互相信任。非正式组织的凝聚力往往超过正式组织的凝聚力。由于有自愿结合的基础，非正式组织成员对某些问题的看法基本是一致的，因而感情融洽、行为协调、行动一致，归属感强。非正式组织成员之间感情密切、交往频繁，信息传播迅速，成员对信息反应往往具有很大的相似性。

非正式组织的消极作用主要表现如下：

① 影响工作效率。如果非正式组织与正式组织的目标发生冲突，则可能对正式组织的工作产生极为不利的影响。它就会成为影响正式组织实现目标的障碍，它能够降低其内部成员对正式组织的认同感，影响他们的积极性和责任感。

② 束缚成员个人发展。非正式组织要求成员一致性的压力，可能会束缚成员个人发展。

③ 影响正式组织的变革。非正式组织的压力还会影响正式组织的变革，造成组织创新的惰性。比如企业发生变革时，尤其是当变革的内容和员工的切身利益相关，某些变革内容会影响一部分员工的既得利益时，利益的驱动和立场的相似使这种松散的非正式组织迅速紧密化，他们会激烈反对组织的变革。

④ 传播流言。非正式组织内部的成员聚集在一起，很容易传播小道消息和流言。

⑤ 控制内部成员行为。这种控制作用是，非正式组织成员往往为了使自己顺应非正式组织的标准，不得不采取一种从众行为，这很容易挫伤个人积极性。组织内的人员总要面临着升迁、调职或是被解雇。当非正式组织内的人员，尤其是非正式组织内的核心成员由于某些原因升迁不利，可能就会影响非正式组织内其他成员的士气和进取心。当其被调职或是被解雇时，这会使得非正式组织内的其他成员的情绪产生波动，丧失工作热情，甚至产生辞职的念头。

非正式组织的存在及其活动是一种正常的组织现象。组织工作中，不仅要发挥正式组织的作用，还要善于发现非正式组织，明智地利用其积极作用，克服其消极影响。引导、控制、利用非正式组织，使其成为正式组织的补充来实现正式组织目标。巴纳德说，在管理组织的各个阶层都有非正式组织存在，并认为“作为信息传递的不可缺少的手段而维持非正式管理组织，是经营者传递信息的职能之一”。

非正式组织是怎样得以维持的呢？巴纳德说：“一般的方法是，选择干部，提拔他们，以保持人品适合性的基本条件。”经营干部的“人品适合性”是根据出身、学历及其他必要条件决定的。此外，还可以通过共同参加会议和特殊的社交活动培养干部的“人品适合性”。非正式组织的机能是，能在不损伤上级管理人员客观权限的情况下，传递不能通过正式途径传递的微妙事实、意见和怀疑等信息。因此，它既能避免上级管理人员负担过重，又能避免因意见严重对立而出现派系斗争的局面。

（三）正式组织和非正式组织的统一

正式组织和非正式组织是有明确区分的，但它们又有自发和机能上的联系，如图 3－4所示，两者之间具有必然要重合的密切关系。从自发的联系方面看，非正式组织是暂时的、短命的。如果既没有共同的目的，也没有合理的行动准则，人们的行动就会在感情上和利害关系上产生矛盾冲突，于是这种关系就不能再继续下去。从本能上看，人总是希望采取合理的行动，以实现一定的目的。所以，非正式组织要么就发展成为正式组织，要么就将以短命而告终。

另一方面，在自我形成的正式组织中，人与人之间也必然要发生与正式组织有关联的相互作用。所以，正式组织的形成肯定伴随着非正式组织的产生。巴纳德指出：“正式的协作体系的重要而且往往是不可缺少的部分是非正式的关系。”

正式组织中的非正式组织有以下几种机能：

① 信息是组织的基本要素之一，非正式组织具有促进信息传递的机能。

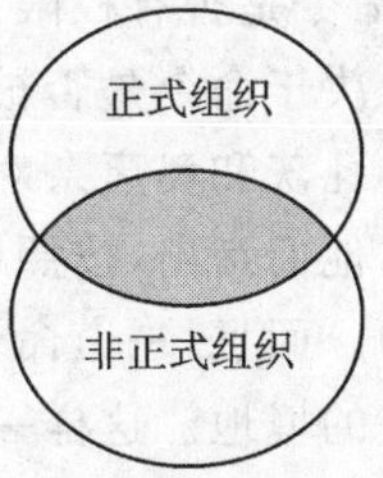

图3-4　正式组织与非正式组织的关系

② 非正式组织具有扩大“无差别圈”，确保管理人员权限效率的重要机能。

③ 非正式组织具有通过影响组织成员的协作愿望来维护组织团结的机能。

④ 正式组织使个人选择的自由受到限制，具有损伤自由的个人人格的倾向，而非正式组织具有保护个人人格和自尊心的机能。

第三节　权限接受论

一、正式权限论和权限接受论

传统管理理论认为，权限对于个人履行职务和调整个人的活动是不可缺少的一个因素。法约尔说，所谓权限，是指发布命令的权利和引导(职工)服从命令的能力。权限传统地被解释成是管理人员对部下发布命令和下达指示的权利。因此，人们一直认为它是管理人员固有的权利。

现代管理理论在解释权限时，采用了权限接受论。关于权限的源泉，有下列两种对立的理论：

① 正式权限论。科长命令部下的权限是处长委让的，处长的权限又是经理委让的，经理的权限是董事会委让的，董事会的权限是股东大会委让的。归根结蒂，管理人员的权限来自财产所有制。财产所有制作为更广泛的社会制度的一部分，是由广泛的社会集团支撑的。也就是说，一个管理人员命令部下的权限，其源泉是财产所有制这种得到社会公认的制度。这种权限只提到权限的正式侧面，所以称为正式权限论。而管理人员的权限实际上是由上级管理人员委让的，因此也可称之为权限委让论。按此理论，管理人员权限的最终源泉是被广泛的社会集团支撑的社会制度。因此，权限不能依赖于部下根据个人动机和利害关系而作出的反应。

② 权限接受论。按照权限接受论，管理人员的权限取决于支配部下行动的命令是否为部下所接受。权限接受论是巴纳德提出的并被西蒙等现代管理者继承传授。巴纳德在给权限下定义时说：“权限是正式组织传达思想(命令)以支配组织成员行动的。它具有被组织成员接受的特点。”当命令被部下接受时，经营者的权限得到肯定，

或者说有了权限;如果命令不被服从,管理人员的权限也就不存在。按照巴纳德的定义,命令是否有权限,不取决于下命令的管理人员,而取决于被命令的部下。总之,权限取决于命令是否被部下接受,或者说是否得到部下的赞同。

孔茨和奥唐奈对此进行批判说,权限接受论对于维持组织秩序来说是危险的理论。他们指出,按照权限接受论,管理人员在他的命令被部下服从之前,他是没有权限的。而且,一道命令是否被部下接受,事先无法知道。因此,管理人员总是处于不安定的境地。这样一来,不仅会造成承认没有制裁的命令局面,而且会忽视财产所有制这种社会制度的作用。他们认为,管理人员权限的最终源泉是社会制度,它是超越部下的个人动机和利害关系而存在的。但在现实中,即使是以广泛的社会制度为根本的法律及规章制度,实际上已经失效、变成一纸空文的例子是很多的,而组织的权限实际上以表面的服从而告终,命令得不到有充分成果贯彻的例子就更多。必须看到,巴纳德是采取描述论的方法来研究组织的。他根据其所经历过的事实提出了权限接受论。他的权限接受论具有行为科学的特色:不拘泥于现成的公式化的见解,对一切管理问题都通过分析人的行为来进行研究。如前所述,组织的前提是具有决策自由的个人。有决策自由,就有个人人格,倒是个性强的人才更有创造性,责任心也很强,是适于进行协作的人。“一道命令是否具有权限取决于被命令的人,而不是下命令的人。”巴纳德的这一论断看起来是同有关权限问题的传统认识和观念尖锐对立的。我们只有通过联想组织的前提是具有决策自由的个人才能正确理解巴纳德的权限接受论。如前所述,组织成员的协作愿望是组织不可缺少的基本要素。所以,权限是否被接受实际上是由组织成员的协作愿望来保证的。

如果相信权限接受论,那么,又像孔茨、奥唐奈所指出的那样,管理人员的权限既然处于不安定的状态,又怎样才能维持组织的秩序呢?这种担心是存在的。针对这种担心,巴纳德提出了“无差别圈”的概念。通过运用“无差别圈”的概念可以使权限组织的调整机能保持稳定。此外,巴纳德还认为,权限是否被接受取决于两个侧面,一是主观侧面,即接受权限的部下的主观的、个人的侧面;二是客观侧面,即要很好地建立和管理组织,以便确保权限被接受。前者称为主观权限,后者称为客观权限。

总而言之,由于巴纳德摆脱了正式权限论的见解,提出了权限接受论,因而我们对组织和经营者的职能就有了本质的认识。

二、“无差别圈”的概念

巴纳德认为,如果按照命令被接受的难易程度来分类,那么,命令可分为三类:① 不可能接受的;② 模棱两可、中立性的;③ 可以接受的。第③类就属于此处说的“无差别圈”。

管理人员的命令不受部下个人立场影响而被接受的范围称为“无差别圈”。巴纳德指出,“无差别圈是大还是小,取决于给个人的诱因超过个人的负担或牺牲的程度。个人对组织的一体感取决于这种程度”。这里的“负担或牺牲”是指组织成员对组织作出贡献，这里的"诱因"是指对组织成员的贡献支付的代价，如提供工资，进行奖赏，给予晋级等。对成员个人来说，当诱因等于或超过贡献时，就产生对组织进行协作的愿望，产生同组织的一体感；当诱因大于贡献时，部下可得到的诱因越多，"无差别圈"就越大，经营者的权限就毫无问题地能被部下接受，并立即付诸实行，组织的效率就越高。相反，当诱因小于贡献时，"无差别圈"就小，组织的效率就下降。为了使组织高效率化，就要扩大"无差别圈"。因此说，如何使诱因和贡献保持平衡是管理人员的任务。

"无差别圈"的大小，除取决于诱因与贡献是否平衡之外，集团的态度也是一个决定因素。巴纳德说："组织的效率受个人对命令的赞同程度的影响。所以，组织命令被拒绝，对通过参加组织以获取更多好处的个人来说是个威胁。"因此，大部分组织成员对于维护属于"无差别圈"的一切命令的权限都表示强烈的关心。集团的共同利益影响个人的态度。因此，个人都不把在"无差别圈"内或"无差别圈"附近的权限作为个人问题来对待。巴纳德又说："这样一来，当考虑只下达一般可以接受的命令时，由于这些命令大部分在'无差别圈'范围内，并且在多数情况下，集团的态度又对个人的态度有影响，因此，组织成员就有要维护（管理人员）命令权限的意思。"

总之，"无差别圈"的概念虽然主张权限接受论，但它是用行为科学来说明权限为什么在某种范围内才能得到保证的。因此，它是一个很重要的概念。

三、主观权限客观化

上述权限的主观侧面是权限的基本内容。当然，经营者不能只重视权限的主观侧面，经营者的职能是确立和管理好组织，使主观权限客观化，从而保证权限被接受。

经营者通过满足下面条件，可以促进权限被接受，或者能使"无差别圈"的概念变成现实，实现主观权限客观化。

① 职位权限——管理职位是组织情报的源泉，是信息的中心。所以，从管理职位发出的命令容易被部下接受。管理职位是组织情报流通的中心。如果根据组织情报下达命令，权限就归属于来自管理职位的命令。这同占据管理职位的管理人员的个人能力无关，只是由于他们占据了这些职位，处于有利的地位，所以管理人员的设想才有权限，这种权限称为"职位权限"。

② 领导权限——与某人占据的职位无关，只是由于他具有出众的解决问题的能力和丰富的知识，他的设想才有权限。这种权限称为"领导权限"。

职位权限和领导权限都是"推断的权限"。当一个人具有这两者时，这个人的命令权限就会远远地超出通常的"无差别圈"而能被组织成员所接受。因此，按照能力主义的方针对干部进行提拔、晋级和降职时，都要把职位权限和领导权限结合起来考虑。这样可以提高权限被接受的效果。

③ 组织人格——处于管理职位的人对组织的行为和决策如果不以组织人格采取行动，他的设想就没有客观的权限。当组织进行决策时，如果管理人员以个人人格

行动，为达到个人的目的而牺牲组织的利益（公私不分就是最明显的例子），那么，组织的客观权限就不能归属于那个管理人员。管理人员的决策是受组织人格支配的，只有在为实现组织的目的而合理地进行决策的条件下，客观的权限才归属于那个管理人员。“没有责任就没有权限”指的就是这种组织法则。

④ 信息系统——个人，无论他的能力多么强，知识多么丰富，如果得不到必要的情报，他的能力和知识就不能发挥作用。向各管理职位提供适当的情报、提供传递命令的渠道，是信息系统的任务。

按照权限接受论，权限取决于受命令的部下，发布命令的上级职位本来就没有权限。但如上所述，通过把职位权限和领导权限结合起来，通过以组织人格承担责任，进而建立和维持有效的信息系统，就可以使客观权限归属于管理人员。这种归属于管理人员的客观权限还具有使“无差别圈”的概念变成现实的作用。客观权限的保持主要依赖于组织对信息系统的管理。可以说，信息系统就是客观权限系统。

四、信息系统

巴纳德说：“权限一方面依赖于个人的协作态度，另一方面又依赖于组织的信息系统。”没有情报的传递，或者命令有矛盾，归属于管理人员的客观权限就要受到影响，甚至导致组织成员对此采取不协作的态度。因此，信息系统对正式组织来说是最为重要的。组织的效率问题，也就是组织能否继续生存问题，取决于信息系统能否维持。巴纳德认为，为了维护客观权限，需要妥善地维持信息系统。从这一观点出发，他提出了以下几点有关信息系统的原则：

① 必须准确地掌握信息传递的渠道——为了达到这个目的，需要制定组织系统表，详细规定各种职务的职责范围，明确权限和责任等。

② 客观权限需要为组织的各个成员确定明确的正式信息渠道——简单地说，各个职位如果不是明确地处于一定的信息传递的线路上，在这个职位的管理人员就不能作为组织的成员而具有客观权限。情报的传递对客观权限的行使是不可缺少的。这相当于传统管理理论的命令统一原则。

③ 信息传递路线应尽可能的直接和尽可能的短捷——从最高领导到最下层的职工，信息经过的管理阶层不得太多。因为每经过一个阶层，就造成一次时间的损失和产生一次误解。为了减少管理阶层，可采取分权管理、利用参谋部门、在委让权限的同时通过设立委员会进行调整等方法。

④ 作为原则，必须经常利用全部信息路线——因为情报和命令的传递如果绕过一个管理组织，被绕过的管理职位就脱离信息系统。不仅如此，有时还会使命令产生矛盾，为了避免这一事态，信息必须通过权限的各个阶段。

⑤ 作为信息中心而发挥机能的管理人员和监督人员等必须具有充分的能力——组织越庞大，信息中心越是处于中央位置。对处于这个位置的管理人员来说，综合的管理能力比技术能力更为重要。例如，他必须具有环境分析能力、计划能力、

掌握非正式组织和了解人的能力等。

五、制度权限和实体权限

权限可分为制度权限和实体权限。前者是决定何种问题应由谁来决定。它的含义是，把组织的决策职能分配到各个职位，或使各个职位的决策专门化，或进行相互调整。制度权限也称为形式的、客观的权限。而实体权限认为，管理人员是决策者，决策的执行依赖于部下。所以，实体权限就是指管理人员从确保部下执行决策的角度而得到的权限。权限接受论就是研究实体权限的理论。管理组织的效率一方面取决于管理人员决策的合理性，同时又取决于部下是否有效地执行决策。制度权限与前者有关，实体权限与后者有关。权限接受论不仅研究实体权限，而且还通过从实体权限寻求权限的本质来阐明组织和经营者的职能。这是权限接受论的独特的特征。权限接受论是通过认定权限在接受命令的部下方面来研究组织和经营者的职能的。西蒙指出，“无差别圈”就是“接受圈”。只要在“接受圈”的范围内，部下都毫无问题地接受命令。所以，经营者和管理者的“接受圈”的范围越大，权限效率就越高，从而组织的效率也越高。

“接受圈”的大小首先取决于部下合作态度和对团体的忠诚心。管理人员为了提高权限的效率，就要确保部下的协作态度和对团体的忠诚心。所以说，保持诱因和贡献的平衡，是管理人员的任务。其次，为了使“接受圈”变成现实，为了使主观的权限客观化，就要通过能力主义的人事管理来谋求职位权限和能力权限的一体化。当管理人员避开公私不分而总是以组织人格行动时，这个人“接受圈”范围就会扩大。如果管理人员对于组织目的的实现作出了不合理的决策，这个决定就难以被部下接受。管理人员为能作出合理的决策，就需要及时地得到必要的情报。于是，为了提高权限的效率和组织的效率，就需要确立和保持有效的信息系统，而且还必须提高信息中心——管理职位的能力(情报处理能力)。这样，通过对权限进行行为科学的分析而确立的权限接受论，就能为经营者的管理职能树立极有实践性的有效规范。

复习思考题

1. 如何理解巴纳德的组织理论?
2. 简述“无差别圈”概念。
3. 如何理解主观权限客观化?
4. 巴纳德的现代管理理论与经典的管理理论的比较。
5. 如何理解“决策人”假设?

第四章 决策理论与方法

【本章要点】

● 掌握决策的概念与特点

● 了解决策的分类

● 掌握决策的过程与原则

● 理解定性决策方法,掌握定量决策方法

● 了解决策支持系统的主要功能

第一节 决策概述

一、决策的概念

目前,决策的概念有上百种,仍未形成统一的看法。概括来说,有以下三种理解:一是把决策看作是一个包括提出问题、确立目标、设计和选择方案的过程。这是广义的理解。二是把决策看作是从几种备选的行动方案中做出最终抉择,是决策者的拍板定案。这是狭义的理解。三是认为决策是对不确定条件下发生的偶发事件所做的处理决定。也就是说,只有冒一定的风险的选择才是决策。这是对决策概念最狭义的理解。

以西蒙为代表的决策理论学派甚至认为:管理就是决策。因此我们认为,所谓决策,指的是按组织目标的要求,在组织内外部条件的约束下,对多个可行的行动方案进行选择并执行选择结果的管理活动。

决策活动形形色色,但不论是哪一种决策,都有如下几项共同的构成要素。

① 决策者:即决策主体,它可以是组织,也可以是个人。

② 决策目标:一项决策所期望实现的成果和价值。

③ 自然状态:不以决策者的主观意志为转移的环境或条件,是决策者采取各种可行方案后可能遇到或发生的情况。

④ 备选方案:可供选择的各种可行方案。

⑤ 决策后果:通过决策所达到的结果。

二、决策的特点

根据决策的定义,决策有如下特点:

(一) 目标性

决策总是为实现组织的某一目标而开展的管理活动,没有目标,或者目标不明确，就不可能作出正确的决策。没有了目标，决策就会失去方向。

（二）选择性

决策最显著的特点之一就是它是在多个可行方案中选择最优方案。如果只有一个方案，决策者没有选择也就无所谓决策了。由于决策是在多个方案中择优，涉及方案的判定、选择标准的确定等，这对决策者的判断力提出了更高的要求。

（三）风险性

决策是一种带有风险的管理活动，因为任何备选方案都是在预测未来的基础上制定的。客观事物的变化受多种因素的影响，加之人们的认识总有一定的局限性，作为决策对象的备选方案不可避免地会带有某种不确定性，决策者对所作出的决策能否达到预期的目标，不可能有百分之百的把握，都要冒不同程度的风险，所以说决策具有风险性。

（四）科学性

决策选择方案过程是一个分析判断过程，而分析判断是通过科学方法来进行的。决策得科学是提高效能的前提和基础，只有决策科学，且符合客观实际，效能才可以最大限度地提高。相反，决策失误了，不仅不会提高绩效，还会付出惨重代价。

三、决策的类型

决策可从不同角度进行分类，这里仅介绍几种主要的类型。

（一）程序性决策和非程序性决策

按决策的性质，可将决策划分为程序性决策和非程序性决策。

程序性决策又称为常规决策，是指可按既定的程序、模式和标准进行的决策。在实际生活中，无论是个人活动还是组织活动，有相当一部分属于程序性活动。这些活动通常多次反复出现，人们通过反复的实践积累起经验，形成了一套解决这些活动中所遇到的一般性问题的方法、程序和标准。再遇到类似问题时，就按这些既定的原则和步骤行动，人们称这种决策为程序性决策。

非程序性决策又称为非常规决策或临时决策，是指不能按既定的模式和程序所作出的决策，它一般用于解决组织所遇到的重大的、不经常出现的问题。

（二）个人决策和群体决策

按照参加选择的人数，可将决策划分为个人决策和群体决策。

个人决策是指决策机构的主要领导成员通过个人决定的方式，按照个人的判断力、知识、经验和意志所作出的决策。个人决策一般用于日常工作中程序化的决策和管理者职责范围内的事情的决策，它具有合理性和局限性。个人决策效率高、责任明确，但决策要受到个人的经验、知识和能力的限制。

群体决策又称集体决策，是指由多个人组成一个决策小组进行决策，这个决策小组对该决策后果负责的决策。这类决策的最大特点是具有广泛的群众性，通过发挥集体的智慧，弥补个人决策的不足，主要适用于某些带有全局性、战略性、长远性问题的决策。群体决策是多个人参与决策，这样使得多个人的知识与智慧集中在一个问题上，对问题的认识和分析必然比某一个人的分析和认识要深刻、全面得多。国外所做的一些研究也表明，群体判断问题的正确率一般要比单个个体高出5～6倍。中国有句古语"三个臭皮匠，顶个诸葛亮"，这也是对群体决策经验的形象总结。但是，群体决策如果运用不当，则可能出现议而不决、互相推诿、坐失良机的后果。表4－1所列为群体与个人决策的比较。

表4－1　群体与个人决策的比较

方　式	个人决策	群体决策
速度	快	慢
准确性	较差	较好
创造性	较高，适于工作不明确，需要创新的工作	较低，适于工作结构明确，有固定程序的工作
效率	由任务复杂程度决定。通常费时少，但代价高	从长远看，费时多，但代价低。效率高于个人决策
风险性	视个人气质、经历而定	视群体性格（尤其是领导）而定

（三）高层决策、中层决策和基层决策

按决策者所处的管理层次，可以分为高层决策、中层决策和基层决策。

高层决策又称为战略性决策，是指由组织的最高管理层所作出的决策。高层决策的内容一般是战略性的，事关组织全局，其形式多是非程序化的，其正确与否对组织有着重大的影响。

中层决策指由组织中间管理层，或各职能部门的管理者作出的决策。中层决策在组织的决策链中起着承上启下的作用。

基层决策一般指由组织的基层管理者作出的决策，基层决策一般来说是执行性决策，具有程序化的特征。

上述三种决策具有交叉效应，但因决策的层次不同，具有不同的职能、作用和比重，其复杂程度、定量化程度及程序化程度都有一定区别。高层决策、中层决策、基层决策从纵向层次上形成组织的决策链，共同构成组织的决策体系。

（四）确定型决策、风险型决策和不确定型决策

按决策的环境约束条件，可分为确定型决策、风险型决策和不确定型决策。

确定型决策是指主观上决策者对要解决的问题清楚，并且能精确估算出决策实施的结果，未来的客观条件是确定的，备选方案实施后不会有大的偏移。

风险型决策指主观上决策者对面临的问题是清楚的，可以识别备选方案实施后出现的几种可能结果以及各可能结果出现的概率，但客观上，决策者不能确定备选方案实施后会发生哪种结果，不管执行哪种方案都将承担一定风险。

不确定型决策指主观上决策者掌握的信息不完全，可供选择的备选方案可靠程度较低，客观上备选方案执行时可能发生哪几种状态，以及各状态出现的概率是不明确的。

（五）初始决策和追踪决策

按需要解决的问题分为初始决策和追踪决策。初始决策是指组织对从事某种活动或从事该种活动的方案所进行的初次选择。追踪决策是在初始决策的基础上对组织活动方向、内容或方式的重新调整。与初始决策相比，追踪决策具有如下特征：回溯分析、非零起点、双重优化。

四、决策在管理中的地位与作用

关于决策的名言有很多，如决策是管理的心脏，管理就是决策等。决策是计划工作的核心，无论是企业还是其他组织，决策在管理中都起着至关重要的作用，具体表现如下：

（一）决策是最重要的管理职能

管理的职能中最为重要的是决策。因为决策是组织行动前必不可少的管理活动，决策的正确与否，决定着组织行动的成败。决策的实质是对未来行动方向、路线、措施等的选择。正确的决策，能指导组织沿着正确的方向前进，遇到问题，可以采取有效的措施予以解决。而错误的决策，就会使组织走上错误的道路，发展下去可能导致组织的失败、消亡。因此可以说，决策正确，行动就成功了一半。

（二）决策贯穿于管理的全过程

管理实际上是一个不断地作出决策和实施决策的过程。没有决策，就没有管理。也正因为如此，西蒙才提出管理即决策。一切管理职能中都渗透着决策职能，无论是计划、控制、组织，还是沟通、激励，都不可能离开决策职能，每一个职能管理者都必须掌握决策职能和运用决策职能。决策贯穿着管理的始终。在一次管理循环中，计划是开端，实施决策过程中的控制是终点，在这个循环中，离不开决策。在组织中，一切管理人员都是决策者，都必须在自己的职责范围内作出决策，实施决策。

（三）决策能力是一个管理者必须具备的重要能力

管理离不开决策，管理人员首先必须具备的就是决策能力。一个人的决策能力是其各方面能力的集中体现，一个管理者所处的层次越高，所具备的决策能力就应越强，如果一个管理者的决策水平高，能力强，可以推断他在组织管理所要求的各个方面的水平都较高。反过来就不一定了。如在工业企业中，一个人可以是一个优秀的工程师、发明家、计划工作者，但可能并不是一个优秀的管理人员，因为他可能缺乏管理决策能力。一个优秀的工厂厂长或经理，虽然不必成为技术上的专家，但至少也必须是内行，很熟悉本行业科学技术发展水平和变化趋势；否则，他不可能就企业的技改、新产品开发等作出正确的决策和贯彻实施这些决策，所以说决策能力是一个管理者必须具备的基本能力。

五、决策标准和基本原则

什么是有效的决策？如何来判定有效的决策。对于决策来说，都想达到最优，想采用最优的方法，给出最佳的答案。然而，这又是不可能做到的事。所谓“最优”的提法只能是在最理想情况下的一种状态，实际上，最优只能是在一定条件下达到的。以西蒙为代表的一些管理学家认为，最优的决策是不存在的，应该用“满意”标准来进行决策，一般情况下，管理者作出相对满意的决策就是最好的决策。不同的人，有不同的满意标准，因此会导致不同的决策行为，但是无论是单位还是个人决策一般来说都要遵循以下原则。

(一) 科学性原则

决策的科学性原则是指决策必须尊重客观规律，尊重科学，从实际出发，实事求是。决策者应尽可能地避免错误，减少决策中的失误。要做到这一点，只有按科学的原则办事，将决策建立在科学的基础上，要求决策者能够尊重客观规律，按科学的决策程序办事，并且决策应尽可能掌握和运用科学的分析方法和手段，特别是现代科学技术手段，如运用现代科学决策理论、计算机等现代决策工具辅助决策。

(二) 经济性原则

经济性原则通俗地讲就是节约的原则，应使决策过程本身所花的费用最少。决策同其他管理活动一样，需要费用和成本，决策者必须考虑决策过程中的费用和成本。决策过程本身的费用和成本与采用的决策程序、决策方式、决策标准等方面直接相关。在保证决策的科学性、合理性的前提下，应该选择费用最省、成本最低的决策程序、决策方式和决策标准。所有决策应选择花费最少、效果最佳的方案。

(三) 时效性原则

决策的正确和错误总是与一定的时间概念相联系的，“事后诸葛亮”是没有任何意义的。决策必须具有较强的时间观念，在瞬息万变的现代社会经济中，机会往往是稍纵即逝的。特别是一些非常规决策，往往具有突然性、非常规性、无序性等特点，人们对突发性事件的性质、特点、规律等方面的认识都是不完整的，目标是模糊的，非定量的，而且时刻在变化的，能否抓住恰当的时机作出决策，实施决策，决定了最终的成败。时效性原则要求决策必须果断，不能犹豫不决，贻误战机。

六、决策的过程

决策是个过程，一般要经过如下几道程序。

(一) 提出问题

决策过程的第一阶段，首先要求找出关键性问题和认准问题的要害。决策必须围绕一定的问题来展开。当然一个组织中总是有许许多多的问题。例如在一个企业中，就有企业如何在市场竞争中发展自己，企业目前资金不足如何筹措等问题需要解决。仅将问题提出来是不够的，还必须在提出问题的基础上对众多的问题进行分析，以明确各个问题的性质，确定这些问题是涉及组织全局的战略性问题，还是只涉及局部的程序性问题，清楚地认识到潜在的、有可能发生的问题。

（二）明确目标

在决策中，除了要找出关键问题以外，还需要明确决策的目标。实践证明，失败的决策，往往是由于决策目标不正确或不明确。决策目标既是制定决策方案的依据，又是执行决策、评价决策执行效果的标准。因而，决策目标必须定得合理。一项决策目标定得是否合理的标准应该是使该目标既能够达到，但又必须要经过努力才能够达到。目标定得太高，根本不切合实际，会使人望而却步，失去为之奋斗的信心与勇气；目标定得太低，不经过任何努力即可实现，人们就可能认为唾手可得而感到无所作为，就失去了目标的激励作用。

（三）制定备选方案

实现同一个决策目标的方式或途径可能是多种多样的。不同的途径和方式实现目标的效率也就不一样。决策要求以费用最低、效率最高、收益最大的方式实现目标。这就要求对多种途径和方式进行比较和选择，所以决策的第三步就是在可以允许的程度内，将所有可能的备选方案都制定出来。制定备选方案既是组织的一项管理活动，同时又是一项技术性很强的管理活动。无论哪一种备选方案，都必须建立在科学的基础上。方案中能够进行数量化和定量分析的，一定要将指标数量化，并运用科学、合理的方法进行定量分析，使各个方案尽可能建立在客观科学的基础上，减少主观假设性。

（四）评选、确定满意方案

对决策的备选方案进行比较评价，确定满意方案，是抉择的关键环节。每个实现决策目标的方案，都会对目标的实现发挥某种积极作用和影响，也会产生消极作用和影响，因此，必须对每个可行方案进行综合的分析和评价。经济组织决策中评选方案的标准一般是以经济效益为最基本的指标。如企业评价方案多以利润、成本、投资回收期等指标作为最基本的指标。然而，经济活动不仅仅是纯经济性的，它会涉及许多方面。因此，除了经济效果之外，还必须有一定的环境效益、社会效益指标；评选方案工作一定要认真、深入、细致；评价方案不应只是依据评价指标从中选择最高的，还必须详细审查方案的可行性程度。

（五）组织决策实施

用现代决策理论观点来看，决策不只是一个简单的方案选择问题，它还包括决策的执行。因为决策正确与否，质量如何，不经过实践的检验，是得不到真正的证明的，实践才是检验真理的唯一标准。更为重要的是，决策的目的就是为了实施决策，以解决最初提出的问题。如果说选择出一个满意的方案是解决所提出的问题成功的一半，那么，另一半就是组织决策的实施了。不能付诸实施的决策只能是水中之月，镜中之花。因此，决策者必须将组织决策实施的工作当作一个重要的环节来抓。决策的实施首先要有广大组织成员的积极参与，为了有效地组织决策实施，决策者应通过各种渠道将决策方案向组织成员通报，争取成员的认同，最好是设计出一种决策模式，争取更多的成员参与决策，以便更好地实施决策。

(六)信息反馈和决策的修订

实施是检验决策正确与否的唯一方法。在决策时,无论考虑得怎样周密,也只是一种事前的设想,难免存在失误或不当之处。而且,实施决策的条件不可能与设想的条件完全吻合,在一些不可控因素的作用下,实施条件和环境与决策方案所依据的条件之间可能会有较大的出入。所以,在决策实施过程中,决策人应及时了解,掌握决策实施的各种信息,及时发现各种新问题,并对原来的决策进行必要的修订、补充或完善,使之不断地适应变化了的新形势和条件。

第二节 决策的理论

一、古典决策理论

(一)古典决策理论简介

古典决策理论又称规范决策理论,是基于"经济人"假设提出来的,主要盛行于1950年以前。古典决策理论认为,应该从经济的角度来看待决策问题,即决策的目的在于为组织获取最大的经济利益。

古典决策理论假设作为决策者的管理者是完全理性的。决策环境条件的稳定与否是可以被改变的,在决策者充分了解有关信息情报的情况下,是完全可以作出完成组织目标的最佳决策的。古典决策理论忽视了非经济因素在决策中的作用,这种理论不一定能指导实际的决策活动,从而逐渐被更为全面的行为决策理论代替。

古典模型描述了决策者应该怎样作出决策,但不能告诉管理者实际上是如何制定决策的。古典模型的价值在于,它促使管理者在制定决策时具有理性。例如,过去许多高级管理人员仅仅依靠个人的直觉和偏好来制定决策。近年来,由于定量决策技术的发展,古典模型得到了广泛应用。

古典模型代表一种理想的决策模型。在程序化决策、确定性决策与风险性决策中,古典模型具有很强的应用价值。

(二)古典决策理论的基础

① 组织要实现的目标是明确的、组织一致同意的。问题可以识别并精确地陈述。

② 决策者可以收集完全信息,从而使决策状态成为确定性的。所有可行性方案和可能的结果都是可以量化和评估的。

③ 方案评估标准是明确的或可以确定的。决策者选择能够使组织利益最大化的方案。

④ 决策者是理性的。他合乎逻辑地评估标准和偏好(权重),评估每一个方案,并作出使组织利益最大化的决策。

（三）古典决策理论的主要内容

① 决策者必须全面掌握有关决策环境的信息情报。

② 决策者要充分了解有关备选方案的情况。

③ 决策者应建立一个合理的自上而下的执行命令的组织体系。

④ 决策者进行决策的目的始终都是在于使本组织获取最大的经济利益。

二、行为决策理论

（一）行为决策理论的内容

行为决策理论的发展始于20世纪50年代，由西蒙提出，行为决策理论的主要内容是：

① 人的理性介于完全理性和非理性之间，即人是有限理性的，这是因为在高度不确定与极其复杂的现实决策环境中，人的知识、想象力和计算力是有限的。

② 决策者在识别和发现问题时容易受直觉上的偏差的影响，而在对未来的状况作出判段时，直觉的运用往往多于逻辑分析方法的运用。所谓直觉上的偏差，是指由于认知能力的局限，决策者仅把问题的部分信息当作认知对象。

③ 由于受决策时间和可利用资源的限制，决策者即使充分了解和掌握有关决策环境的信息情报，也只能做到尽量了解各种备选方案的情况，而不可能做到全部了解，决策者选择的理性是相对的。

④ 在风险型决策中，与经济利益的考虑相比，决策者对待风险的态度起着更为重要的作用。决策者往往厌恶风险，倾向于接受风险较小的方案，尽管风险较大的方案可能带来较为可观的收益。

⑤ 决策者在决策中往往只求满意的结果，而不愿费力寻求最佳方案。导致这一现象的原因有多种：决策者不注意发挥自己和别人继续进行研究的积极性，只满足于在现有的可行方案中进行选择；决策者本身缺乏有关能力，在有些情况下，决策者出于个人某些因素的考虑而作出自己的选择；评估所有的方案并选择其中的最佳方案，需要花费大量的时间和金钱，这可能得不偿失。

（二）行为决策理论模型

1. 有限理性模型

有限理性模型又称西蒙模型或西蒙满意模型。它是一个比较符合现实的模型，西蒙认为人的理性是介于完全理性和完全非理性之间的一种有限理性。该理论模型的主要观点是：

① 手段和目标之间存在着冲突与矛盾。西蒙认为，手段-目标链很少是一个系统的、全面联系的链，组织活动和基本目的之间的联系常常是模糊不清的，这些基本目的也是个不完全系统；这些基本目的的内部和达到这些目的所选择的各种手段内部也存在着冲突和矛盾。

② 决策者追求理性，但又不是最大限度地追求理性，决策者只要求“有限理性”。

这是因为人的认识和知识都是有限的，决策者既不可能掌握全部的信息，也无法认识决策的所有规律；人的计算能力有限，人的智能延伸能力也有限，即使借助计算机，也没有办法处理数量巨大的变量方程组；人的想象力和设计能力有限，不可能把所有备选方案全部列出；人的价值取向并非始终如一，人的需求多元，目的也会改变，有时会互相抵触，没有统一的标准。

③ 决策者在决策中追求"满意"标准，而非"最优"标准。在现实世界和现代社会的复杂环境中，决策的最优化或最大化标准只是一种假设，很难实现。所谓"满意"标准，指的是决策者在决策过程中追求接近"最优"标准或相比"最优"标准。"满意"标准具有现实的可比性、可执行性、可实现性。

2. 成功管理模型

成功管理模型又称皮特斯-沃特迈模型。皮特斯(Peters)和沃特迈(Waterman)在调查了许多成功的工商企业后发现，理性模型给工商企业带来了不良的后果，因而这些工商企业并不遵守理性模型。它们有自己的成功管理模型，这一模型具有如下特点：

① 决策者流动于各个部门之间，以掌握真实的、正在发生的情况。

② 决策者尽可能在一段时间里只做一件事，完成有限的目标。

③ 决策者重视行动，经常实验，不怕失败。

④ 决策者注重速度和数量、提倡立刻就干，事做得越多，策略就越完善，他们不怕实践，也知道什么时候该放弃。

⑤ 拥有一个无形的、有漏洞的体系，企业的重大突破来自对漏洞的改革。

这种决策模型没有一套理性的决策程序，属于非理性的模型。它尽管受到一些怀疑，但解决了来自组织的实际案例。

3. 社会模型

社会模型又称为社会心理学模型。它的理论模型来源于弗洛伊德(Floyd)，即人的行为大部分是受本身的潜意识指导的，人们是没有能力作出理性决策的。不管对弗洛伊德的理论抱什么态度，人们几乎都同意社会因素对决策行为有深远影响，社会的压力和影响甚至会导致决策者作出完全非理性的决策。

每个人的工作和生活都与其环境和文化紧密相关，文化对人的影响极深，不跳起来不知道地球引力的存在，不换一个文化环境往往意识不到文化对人根深蒂固的影响。文化的影响其实就是一种社会的压力，会有意无意地迫使决策者按照自己的文化传统去认知、决断和行动，人同时受自己的情感和意识支配，情感和意识往往是非理性的。

社会模型在某些条件下是适用的。我们不能简单认为，社会模型在大多数决策中起主要作用，但也不得不承认，社会因素和社会压力对决策行为的影响是十分重要的。

三、现代决策理论

(一) 现代决策理论概述

现代决策理论是在20世纪40年代以后由美国卡内基·梅隆大学的西蒙和斯坦福大学的马奇等人倡导并发展起来的，他们为此作出了杰出的贡献，提出了与传统决策理论有根本性差别的新见解。

现代决策理论强调从认知心理学的角度研究决策问题。传统的规范决策理论有两个基本概念，一是效用，二是概率，而这两个概念都与心理机制有关。因此，许多主张采用效用期望值作为决策准则的传统决策论者，为了解释其效用变化律的特点，往往也求助于心理学的研究。如费希纳于1860年提出的“感觉强度的变化与刺激强度的对数变化成正比”的定律，往往被看成是解释效用递减律的依据。至于概率方面，从20世纪30年代拉姆齐提出可根据主观概率作出决策以来，人们就开始关心研究形成主观概率的心理机制。但所有这些方面的心理学研究都具有三个特点：一是它的心理学依据都是早期的、比较初步的东西；二是它的目的比较单纯，只是为了证明传统规范性决策的正确性；三是它所研究的心理机制十分狭隘，远没有说明和解释现代决策行为中的复杂现象。

西蒙等人从认知心理学的角度研究了人类决策的基本规律，研究了决策思维的信息输入、加工及输出过程，并将这些研究成果扩展到计算机科学的研究范围，用计算机程序来模拟人的决策过程，产生了人工智能的新科学，为现代决策理论奠定了坚实的理论基础，为决策科学的发展作出了划时代意义的贡献。

(二) 现代决策理论的主要内容

1. 管理决策论

管理决策论认为管理就是决策，制订计划是决策，选定方案也是决策。组织的设计、部门方案的选择、决策权限的分配等，是组织上的决策问题，实践中的比较、控制手段的选择等，是控制上的决策。决策贯彻了管理的各个方面和全部过程，是全部管理活动的中心。

2. 决策过程论

决策过程论认为决策是一个过程，包括三个阶段。第一阶段是搜集情报阶段，又称参谋活动阶段。在这个阶段上，要搜集企业所处环境中有关经济、技术、社会等方面的情报，还要搜集企业内部的详细情报，同时对这些情报进行分析，找出问题，确定决策目标，以便为后面计划的拟订和选择提供依据。第二个阶段是拟订计划阶段，又称设计活动阶段。这个阶段的工作，是以企业要解决的问题为目标。根据搜集的情报，拟订几个方案，并对它们进行预测分析、可行性分析和数理论证。第三个阶段是选定计划阶段，又称选择活动阶段。即根据当时的情况和对未来的预测、分析，对比各备选方案的论证结果，综合评价，选出最优或满意的方案。对这个选定的方案还要进行科学实验，其正确性得到鉴定后才能编制计划、贯彻执行，并对执行情况进行监控，以修正偏差。

3. 决策准则论

现代决策论的核心是“令人满意准则”。现代决策论是相对于古典决策论来说的。古典决策论是把人看成是有绝对理性的“理性人”或“经济人”，在决策时本能地按照最优化原则来选择备选方案，因而这是一种建立在绝对逻辑基础上的封闭式的决策模型。西蒙认为，“理性人”假说是没有根据的，因为人的头脑能够思考和解答问题的容量，与问题本身的规模相比是非常渺小的。因此，在现实中要找到最优的决策方案是非常困难的，甚至是不可能的。决策的准则有两条：第一是满意准则，即被采纳的决策不一定是最优的，但却是各方面满意的；第二是相关准则，即决策时不考虑一切可能发生的情况，只考虑与问题有关的特定情况。

4. 决策技术论

即对各种各样的决策进行深入细致的分析，提出有针对性的方法，发展相应的决策技术。决策理论学派认为，管理就是决策，而决策是由许多阶段、许多步骤组成的系统，这个系统中的每一个步骤，都是建立在搜集到足够丰富的信息资料的基础上，建立数学模型，进行计算。

第三节 决策方法

随着信息技术的应用及计算机的普及，特别是多种定量分析软件的推广，定量分析方法从专家们的咨询机构走到企业、政府和各种实际应用部门。因此，掌握决策技术是非常必要的。下面仅对一些决策方法给予介绍。

一、定性决策方法

定性决策方法是通过人的主观经验和分析问题的能力，对事物未来的发展趋势作出判断，在这里主要指那些依靠非模型方法进行决策。定性决策的方法简单易行，范围广泛。这里主要介绍个人判断决策法、头脑风暴法、专家调查法、德尔菲法、模拟决策法、方案前提分析法和哥顿法。

(一) 个人判断决策法

个人判断决策法是指领导和专家根据其知识、经验对决策问题及其所处的环境现状和发展趋势、决策方案及可能结果等作出判断的一种创造性思维方法。

个人判断决策法的特点是能够最大限度地发挥决策者的个人创造能力，同时也使被征求意见者免受外界环境的影响，从而不至于产生心理压力。但个人判断决策法主要依赖于决策者个人的知识和经验积累，决策过程中难免会因为个人的主观因素而使决策的选择有所偏颇。

在实际应用中首先要确定决策对象，然后就决策对象向相关人员征求意见、看法和建议，再对这些意见、看法和建议进行确认、归纳和整理，最后凭借决策者的认识作出决策。

(二) 头脑风暴法

头脑风暴法出自“头脑风暴”一词。所谓头脑风暴(Brain-storming)最早是精神病理学上的用语,指精神病患者的精神错乱状态而言的,现在转义为无限制的自由联想和讨论,其目的在于产生新观念或激发创新设想。头脑风暴法又称智力激励法、BS法、自由思考法,是由美国创造学家奥斯本于1939年首次提出,1953年正式发表的一种激发性思维的方法。此法经各国创造学研究者的实践和发展,至今已经形成了一个发明技法群,如奥斯本智力激励法、默写式智力激励法、卡片式智力激励法等。

头脑风暴法又可分为直接头脑风暴法(通常简称为头脑风暴法)和质疑头脑风暴法(也称反头脑风暴法)。前者是在专家群体决策中尽可能激发创造性,产生尽可能多的设想的方法;后者则是对前者提出的设想、方案逐一质疑,分析其现实可行性的方法。采用头脑风暴法组织群体决策时,要集中有关专家召开专题会议,主持者以明确的方式向所有参与者阐明问题,说明会议的规则,尽力创造融洽轻松的会议气氛,由专家们“自由”提出尽可能多的方案。

头脑风暴法的步骤如下:

① 准备阶段。策划与设计的负责人应事先对所议问题进行一定的研究,弄清问题的实质,找到问题的关键,设定解决问题所要达到的目标。同时选定参加会议人员,一般以5～10人为宜,不宜太多。然后将会议的时间、地点、所要解决的问题、可供参考的资料和设想、需要达到的目标等事宜一并提前通知与会人员,让大家做好充分的准备。

② 热身阶段。这个阶段的目的是创造一种自由、宽松、祥和的氛围,使大家得以放松,进入一种无拘无束的状态。主持人宣布开会后,先说明会议的规则,然后随便谈点有趣的话题或问题,让大家的思维处于轻松和活跃的境界。如果所提问题与会议主题有着某种联系,人们便会轻松自如地导入会议议题,效果自然更好。

③ 明确问题。主持人扼要地介绍有待解决的问题。介绍时需简洁、明确,不可过分周全,否则,过多的信息会限制人的思维,干扰思维创新的想象力。

④ 重新表述问题。经过一段讨论后,大家对问题已经有了较深程度的理解。这时,为了使大家对问题的表述能够具有新角度、新思维,记录员要记录大家的发言,并对发言记录进行整理。通过对记录的整理和归纳,找出富有创意的见解,以及具有启发性的表述,供下一步畅谈时参考。

⑤ 畅谈阶段。畅谈是头脑风暴法的创意阶段。为了使大家能够畅所欲言,需要制定的规则是:第一,不要私下交谈,以免分散注意力;第二,不妨碍他人发言,不去评论他人发言,每人只谈自己的想法;第三,发表见解时要简单明了,一次发言只谈一种见解。主持人首先要向大家宣布这些规则,随后导引大家自由发言,自由想象,自由发挥,使彼此相互启发,相互补充,真正做到知无不言,言无不尽,畅所欲言,然后将会议发言记录进行整理。

⑥ 筛选阶段。会议结束后的一两天内，主持人应向与会者了解大家会后的新想法和新思路，以此补充会议记录。然后将大家的想法整理成若干方案，再根据可识别性、创新性、可实施性等标准进行筛选。经过多次反复比较和优中择优，最后确定1～3个最佳方案。这些最佳方案往往是多种创意的优势组合，是大家集体智慧综合作用的结果。

（三）专家调查法

专家调查法是由预测单位的组织者向参加预测的专家们提出明确的目的和时间进度要求之后，由专家们各自召开必要的调查会，或亲自深入实际进行调查研究，作出专家判断，最后由预测单位组织者收集专家判断结果，经过综合加工，确定预测值的方法。不同的专家对同一问题的看法不一样，调查的侧重点也就不同。所以采用这种方法收到的各专家的预测结果可能涉及面广泛并且深入，对最后作出准确的综合预测很有益处。

（四）德尔菲法

德尔菲法(Delphi Method)，又名专家意见法，是在 20 世纪 40 年代由赫尔姆和达尔克首创，经过戈尔登和兰德公司进一步发展而成的。德尔菲这一名称起源于古希腊有关太阳神阿波罗的神话。传说中阿波罗具有预见未来的能力。因此，这种预测方法是依据系统的程序，采用匿名发表意见的方式，即团队成员之间不得互相讨论，只能与调查人员发生关系，填写问卷，以集结问卷填写人的共识及搜集各方意见，可应对复杂任务难题的管理技术。1946 年，兰德公司首次用这种方法进行预测，后来该方法被迅速、广泛采用。

德尔菲法具有如下特征：

① 邀请专家参与预测，充分利用专家的经验和学识。

② 采用匿名或背靠背的方式，能使每一位专家独立自由地作出自己的判断。

③ 预测过程几轮反馈，使专家的意见逐渐趋同。

德尔菲法的具体实施步骤如下：

① 组成专家小组。按照课题所需要的知识范围，确定专家。专家人数的多少，可根据预测课题的大小和涉及面的宽窄而定，一般不超过 20 人。

② 向所有专家提出所要预测的问题及有关要求，并附上有关这个问题的所有背景材料，同时请专家提出还需要什么材料，然后，由专家做书面答复。

③ 各专家根据他们所收到的材料，提出自己的预测意见，并说明自己是怎样利用这些材料并提出预测值的。

④ 将各位专家第一次的判断意见汇总，列成图表，进行对比，再分发给各位专家，让专家比较自己同他人的不同意见，修改自己的意见和判断。

⑤ 所有专家的修改意见收集起来，汇总，再次分发给各位专家，以便做第二次修改。逐轮收集意见并为专家反馈信息是德尔菲法的主要环节。收集意见和信息反馈一般要经过三四轮。在向专家进行反馈的时候，只给出各种意见，但并不说明发表各

种意见的专家的具体姓名。这一过程重复进行，直到每一个专家不再改变自己的意见为止。

⑥ 对专家的意见进行综合处理。

德尔菲法有这样几个优点：其一，避免了集体决策中面对面的争论，有利于新的意见和看法讲出来；其二，避免了面对面的集体决策可能形成的对权威的崇拜，有利于名不见经传的小人物的新思想、新观念、有价值的方案产生；其三，能较好地使参与决策的每个专家都能畅所欲言。德尔菲法的主要缺点是过程比较复杂，花费时间较长，信息处理的工作量较大。

德尔菲法作为一种主观、定性的方法，不仅可以用于预测领域，而且可以广泛应用于各种评价指标体系的建立和具体指标的确定过程。

（五）模拟决策法

模拟决策法是指人们为取得对某一客观事物的准确认识，首先建立一个与所要研究的实际系统的结构和功能相类似的微观模型，然后运行这一模型，并对各种不同条件下的模型运行进行评价和选优，从而为领导决策提供依据的一种决策方法。

模拟决策法实施的步骤如下：

① 建立模拟模型。

② 模型的运行（是模拟决策法的中心环节）。

③ 对模型进行分析。

模拟决策方法的理论依据是同态性原理，其实质就是在信息完备、结构和功能相似的前提下，通过对模拟系统的运动变化过程进行分析与研究，从而推测和把握实际系统运动变化过程的功能特性。模拟决策法有助于提高人们认识的准确性和可靠性，对于人们的实践活动也有重大意义。

模拟决策法的优点如下：

① 运用模拟决策法能有效地对复杂庞大的决策问题进行决策。

② 模拟决策法可以指导现实的决策活动。

③ 模拟决策法可以避免对实际系统进行破坏性和危险性的试验。

④ 模拟决策所费的时间较短，可以加快决策的进程。

⑤ 模拟决策法原理较简单，比较容易为人们所掌握，而且模拟得到的结果也较直观，容易理解。

⑥ 模拟法实际上是对人们在研究过程中所作的各种假设及得出的结论进行的一种检验和论证，因而有助于人们认识水平的提高。

模拟决策法的缺陷如下：

① 模型的主要目的只是让决策者清楚地看到事物的全貌，而不能代替决策，因此，它只能指出决策的一般性后果，而在实际决策的过程中，仍有许多无法预料的突发问题会出现。

② 模型要提供的是了解而不是最后结论，且极少有一项重要应用能归结为一个

简单而完善的模型。

(六) 方案前提分析法

方案前提分析法是通过分析、评估决策方案赖以成立的前提,从而达到分析、评估决策方案本身的方法。方案前提分析法的特点是"迂回探索"。该方法能够对方案的论据了解得更深入、更透彻,增加所选方案的准确性和科学性。

方案前提分析法的步骤如下:

① 分析方案,找出各种方案的前提假设。

② 在找出各种方案的前提假设之后,将前提假设提交会议全体参与人员讨论。

③ 在充分讨论的基础上,决策中心对各种不同的意见进行综合,集思广益,做出比较科学的选择。

(七) 哥顿法

这是美国人哥顿提出的方法。这种方法也是在会议上提方案,但要解决的问题只有会议主持者知道,其他人都不知道。会议开始时,主持人只把问题抽象地向大家介绍,要求海阔天空地提出各种设想。例如,研究改进割草机的方案。开始只提出:用什么方法可以把一种东西断开,当大家提出可以用剪切、刀切、扯断等不同方案之后,再宣布具体的改进方案。这样就可以具体地提出用理发推子式的刀片,或镰刀式的旋转刀片,或圆盘式的刀片等各种各样的设想方案,便于选择。虽然主持者在会上并没有直接公布所要研究的问题,但会上大家对类似的问题或方案讨论透彻了,真正想要解决的问题自然也就有了办法。

哥顿法的优点如下:

① 避开并去掉或减少个人偏见。决策问题同与会人员有利害关系时,他们的意见或许常带有个人偏见,往往不能客观地看待问题。经过迂回的方式讨论类似的问题,与会者能够开诚布公地直抒己见,不会有私心杂念的干扰及影响。

② 有利于产生新的思路。有些与会人员对问题很熟悉,然而思路常常陷入老框框,没有新的创造。变换一个类似的问题加以讨论,可能就会摆脱旧观念的束缚,转而从新的角度来考虑问题。

③ 便于使争端平息退却。讨论问题,经常出现不一样的意见的争执,有时甚至争执不下。此时,假使所讨论的问题是决策问题本身,便很难再继续下去了,由于双方谁也不愿意公开"认输",即便别人的意见有道理,也往往会心服口不服,偶尔还会出现强词夺理或恶语伤人的现象,结果只好不欢而散地一走了事。相反,如果所讨论的问题不是决策问题本身,则双方在争执不下时,就再转换一个类似的题目来讨论,不影响决策问题的解决。

④ 保密效果良好。所有重大经济决策都具有很高的机密性。然而决策越是重大,越应集思广益,广泛地进行讨论。哥顿法恰恰解决了这一问题,它经过讨论类似的问题,使决策问题既得到了解决,又没有失密。

二、定量决策方法

定量决策方法常用于数量化决策，应用数学模型和公式来解决一些决策问题，即运用数学工具、建立反映各种因素及其关系的数学模型，并通过对这种数学模型的计算和求解，选择出最佳的决策方案。对决策问题进行定量分析，可以提高常规决策的时效性和决策的准确性。运用定量决策方法进行决策也是决策方法科学化的重要标志，目前，定量决策方法在现实中已经得到了广泛的应用。下面就简单地介绍几种定量决策方法。

（一）确定型决策方法

确定型决策方法是指决策者对提供决策选择的各备选方案所处的客观条件完全了解，每一个备选方案只有一种结果，比较其结果的优劣就可作出决策。

应用确定型决策方法有以下几个必要条件：

① 存在决策者期望达到的一个决策目标。

② 未来的状况，只存在一个确定的自然状态。

③ 存在两个或两个以上的备选方案供决策者选择。

④ 每一个备选方案在确定状态下的损益值可以计算出来。

线性规划、库存论、排队论、网络技术等数学模型法以及盈亏平衡分析法等都属于确定型决策法。

1. 线性规划法

求解确定性问题的方法有线性规划、非线性规划、动态规划等；还可以为普通的连续型规划和整数规划；除了常用的单目标规划外，还有多目标规划、目的规划等，合在一起叫数学规划。限于篇幅，本节重点介绍线性规划。

线性规划是最基本，也是最常用的一种数学规划。原因有三：一是应用广泛，工业、农业、商业和国防等领域的大量优化问题可以用线性规划模型来表述；二是模型较为简单，容易建立，容易学习和掌握；三是求解方法和理论基础较为成熟。1939 年苏联科学家康拖洛维奇(L. V. Kantrovich)首次提出线性规划问题，1947 年美国学者丹捷格(G. B. Dantzig)提出了线性规划问题的一般解法——单纯形法，为线性规划的发展奠定了基础。经过后期学者的不断努力，目前线性规划的理论发展趋于成熟，成为现代管理的有用工具。

线性规划问题有一些共同点如下：

① 每一个问题都可以用一组未知数($x_1,x_2,\cdots,x_n$)表示某一方案，未知数($x_1,x_2,\cdots,x_n$)取一组确定的值就代表一个具体的方案。

② 存在一定的约束条件(s. t.)，这些限制条件都可以用一组线性等式或不等式来表达。

③ 都有一个目标要求，并且这个目标可以表示为一个线性函数(目标函数)。按研究问题的不同，要求目标函数达到最大值或最小值。

这类问题的数学模型就称为线性规划模型，其一般形式为

$$\text{目标函数}\quad \max(\min)Z=c_1x_1+c_2x_2+\cdots+c_nx_n \tag{4.1}$$

$$\text{约束条件}\quad \begin{cases} a_{11}x_1+a_{12}x_2+\cdots+a_{1n}x_n \leqslant (=,\geqslant)\ b_1 \\ a_{21}x_1+a_{22}x_2+\cdots+a_{2n}x_n \leqslant (=,\geqslant)\ b_2 \\ \vdots \\ a_{m1}x_1+a_{m2}x_2+\cdots+a_{mn}x_n \leqslant (=,\geqslant)\ b_m \end{cases} \tag{4.2}$$

$$x_j \geqslant 0, j=1,2,\cdots,n \tag{4.3}$$

其中，$c_j, a_{ij}, b_i(i=1,2,\cdots,m; j=1,2,\cdots,n)$均为已知实数。式(4.1)称为目标函数，式(4.2)和式(4.3)称为约束条件，特别称式(4.3)为非负约束。

下面通过例子说明线性规划的建模与应用。

【例 4-1】 某工厂在计划期内要安排生产甲、乙两种产品。已知制造甲产品需要A型配件5个，B型配件3个；制造乙产品需要A型配件2个，B型配件4个。而在计划期内该工厂只能提供A型配件1 800个，B型配件1 350个。又知道该工厂每生产一件甲产品可获利润20元，一件乙产品可获利润15元。生产资源配置情况如表4-1所列。问在计划期内甲、乙产品应该各安排生产多少件，才能使总利润最大？

表 4-1 生产资源配置情况

配 件	产品甲	产品乙	现有配件
A	5	2	1 800
B	3	4	1 350
利润(单位产品)	20	15	—

为了建立模型，要先设置决策变量。

设：x_1、x_2分别表示生产甲和乙产品的件数。该工厂每生产x_1件甲产品可获利$20\ x_1$元，生产x_2件乙产品可获利润$15\ x_2$元。

若总利润为Z，则

$$\max Z=20\ x_1+15\ x_2 \tag{4.4}$$

若要总利润最大，只要确定出变量x_1、x_2的值，使目标函数Z达到最大值即可。

除了要考虑目标函数外，还应考虑到生产时所需配件总数的限制。生产甲、乙两种产品共需要A型配件$5x_1+2x_2$个，B型配件$3x_1+4x_2$个，所以生产中所使用的A、B两种配件数量应满足以下条件：

$$\text{s.t.}\ \begin{cases} 5x_1+2x_2 \leqslant 1\,800 \\ 3x_1+4x_2 \leqslant 1\,350 \\ x_1 \geqslant 0, x_2 \geqslant 0 \quad \text{(产品件数为非负数)} \end{cases} \tag{4.5}$$

该工厂要达到的决策目标是：在满足约束条件式(4.5)的情况下，确定x_1、x_2的值，使式(4.4)中的目标函数Z达到最大值。

求解线性规划模型的方法很多，包括单纯形法、改进单纯形法、对偶单纯形法等，

可以在纸上演算，也可以用计算机求解。目前，用于解决线性规划问题的软件很多，像商用版的 Lindo 软件可以解上万个变量和上万个约束的线性规划模型。办公软件中 Excel 也能求解小规模的线性规划问题。例 4-1 中的问题可以使用 Excel“工具”中的“规划求解”来完成。

2. 盈亏平衡分析法

又称量本利分析法，是根据产品的业务量（产量或销量）、成本、利润之间的相互制约关系的综合分析，来预测利润，控制成本，判断经营状况的一种数学分析方法。

(1) 计算法

生产量＝销售量，用 Q 表示，即生产量等于销售量。

生产总成本包括固定成本、变动成本，是产销量的线性函数，即

$$\mathrm{TC} = F + V \times Q$$

式中，TC 指总成本，F 指固定成本，V 指单位变动成本。

一定条件下，产品销售单价不变，产品销售收入为产销量的线性函数，即

$$\mathrm{TR} = P \times Q$$

式中，TR 指总收入，P 指单价。

一定条件下，单位产品销售税率不变，销售税金为产销量的线性函数，即

$$\mathrm{TT} = T \times Q$$

式中，TT 指销售税金，T 指单位产品的销售税金。

$$\mathrm{NR} = \mathrm{TR} - \mathrm{TC} - \mathrm{TT}$$

式中，NR 指销售净收入。

(2) 图解法

通过绘制盈亏平衡图直观地反映产销量、成本和盈利之间的关系。以横轴表示产销量 Q，以纵轴表示销售收入 TR 和生产成本 TC，绘出销售收入线 TR＝PQ 和生产总成本线 TC＝F＋VQ；销售收入线与生产总成本线相交于 BE 点，即盈亏平衡点，在此点销售收入等于生产总成本；过 BE 点作垂直于横轴的直线并与横轴相交于Q^*点，此点即为以产销量表示的盈亏平衡点；过 BE 点作垂直于纵轴的直线并与纵轴相交于 B 点，此点即为以销售收入表示的盈亏平衡点。盈亏平衡法如图 4-1 所示。

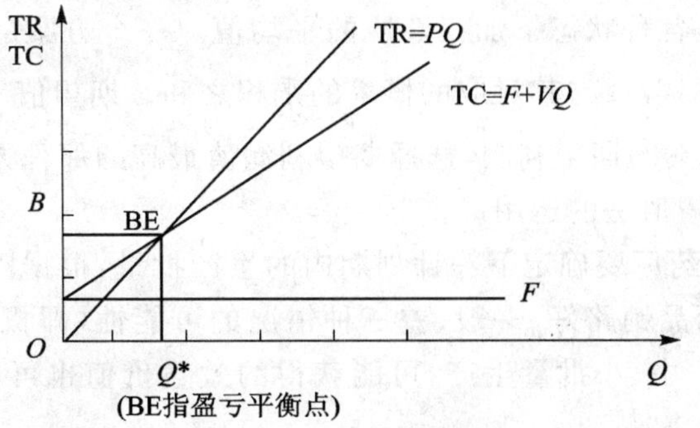

图 4-1 盈亏平衡法

在盈亏平衡点上，收入与成本相等，此时产销量为 Q^*。

若产销量大于 Q^*，则盈利；若产销量小于 Q^*，则亏损。

【例 4-2】 设某项目生产某产品的年设计生产力为 10 000 台，每件产品销售价格为 6 000 元，该项目投产后年固定成本总额为 600 万元，单位产品变动成本为 2 500 元，单位产品所负担的销售税金为 500 元，若产销率为 100%，试对该项目进行盈亏平衡分析。

解：已知 $Q=10\ 000$ 台，$P=6\ 000$ 元，$F=600$ 万元，$V=2\ 500$ 元，$T=500$ 元，按公式计算如下：

$$盈亏平衡产销量\ Q^*=[6\ 000\ 000/(6\ 000-2\ 500-500)]台=2\ 000\ 台$$

$$盈亏平衡销售收入\ \mathrm{TR}^*=(2\ 000\times 6\ 000)元=12\ 000\ 000\ 元$$

$$盈亏平衡销量单价\ P^*=(6\ 000\ 000/10\ 000+2\ 500+500)元=3\ 600\ 元$$

计算结果表明，该项目只要达到产量 2 000 台，销售净收入 1 200 万元，产量销售单价 3 600 元，该项目即可实现不亏不盈。

（二）风险型决策方法

如果决策问题设计的条件中有些是随机因素，它虽然不是确定型的，但其概率可以知道，那么这类决策即为风险型决策。当一个决策方案对应两个或两个以上相互排斥的可能状态，每一种状态都以一定的可能性出现，并对应特定的结果时，这种已知方案的各种可能状态及其发生的可能性大小的决策称为风险型决策。

1. 期望值法

风险型决策问题可以用期望值法来决策。期望值法是指决策者以各种可供选择的方案的期望收益值为标准进行决策的方法，其中的期望利润是指某种方案在各种条件下利润的加权平均和，各种条件下的收益权数的确定，一般都是根据过去的经验。期望值法的步骤一般为：

① 计算条件利润，即计算每一种方案在各种条件下可以实现的利润（或发生的亏损）。

② 确定每种条件发生的概率。

③ 按确定的概率计算每种方案的期望利润。风险型决策的标准是期望值。所谓期望值，实质上是各种状态下加权性质的平均值。一个方案的期望值是该方案在各种可能状态下的损益值与其对应的概率的乘积之和。期望值$=\sum Y_i\times P_i$

④ 比较各个方案的期望利润，选择期望利润值最高的那种方案为决策方案。

现举例说明期望值法的运用。

【例 4-3】 某药厂要确定下一计划期内的生产批量，根据以往经验并通过市场调查和预测，已知药品销路好、一般、差三种情况的可能性（即概率）分别为 0.3、0.5 和 0.2，药品采用大、中、小批量生产，可能获得的效益价值也可以相应地计算出来，如表 4-2 所列。

表 4-2　某药厂收益值表

状态 / 方案	药品销路		
	好	一般	差
	$P_1=0.3$	$P_2=0.5$	$P_3=0.2$
A1 大批生产	20	12	8
A2 中批生产	16	16	10
A3 小批生产	12	12	12

解：按照最大期望值准则，计算出每一个决策方案的数学期望值。

$$E(A1) = 0.3\times 20 + 0.5\times 12 + 0.2\times 8 = 13.6$$
$$E(A2) = 0.3\times 16 + 0.5\times 16 + 0.2\times 10 = 14.8$$
$$E(A3) = 0.3\times 12 + 0.5\times 12 + 0.2\times 12 = 12$$

通过比较可知 E(A2)＝14.8 最大，所以选择决策方案 A2，即采用中批生产。

2. 决策树方法

决策树(Decision Tree)一般都是自上而下生成的。每个决策或事件(即自然状态)都可能引出两个或多个事件，导致不同的结果，把这种决策分支画成图形很像一棵树的枝干，故称决策树。决策树法是利用树形图的形式，找出可供选择的决策方案及其可能出现的结果，计算和比较各个方案的损益期望值，最后从中选择令人满意的方案。

决策树法的构成要素如下：

① 决策结点，决策结点是决策树的根基。

② 方案枝。

③ 状态结点。

④ 概率枝。

⑤ 结果点。

决策树的绘制：整个绘制过程从左到右。首先，要绘制出决策结点，用方块表示；其次，按照不同方案数从决策结点绘出数条方案分支；再次，在各方案分支末梢画出状态结点，用圆圈表示；最后，由各个状态结点绘出若干概率分支，用三角表示。决策树的构成要素如图 4-2 所示。

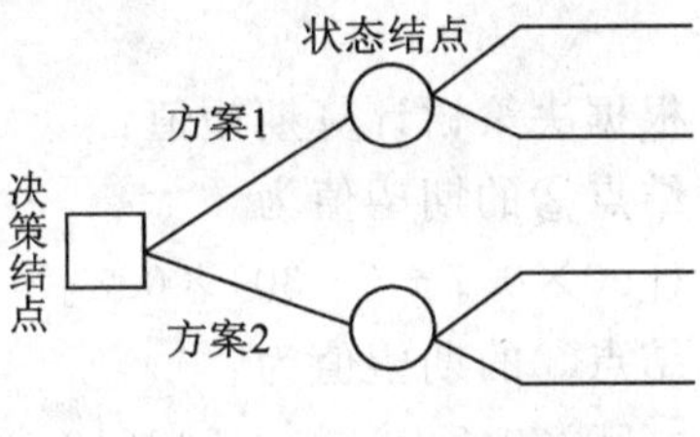

图 4-2　决策树的构成要素

运用决策树法的步骤如下：

① 把待决定的问题以决策树的形式绘成图形。

② 标注每一状态结点分支出现的概率。

③ 进行必要的计算并将计算结果写在决策树的树梢上。

④ 进行不同方案的比较，选出最佳方案。

决策树法的优点：① 决策树列出了决策问题的全部可行方案和可能出现的各种自然状态，给决策者以更全面、更直观的信息；② 能直观地显示整个决策问题在决策顺序上不同阶段的决策过程，使整个决策过程更为理性；③ 在用于复杂得多阶段决策时，阶段明显、层次清楚，便于决策机构集体研究，做出正确的抉择。决策树法的缺点：① 使用范围有限；② 使用时主观因素较大。

【例 4-4】 单级决策。单级决策是指决策问题在整个决策期中只进行一次决策，就能选择满意方案的决策过程。

某企业准备试销某种产品，预计该产品的销售有两种可能：销路好，其概率为 0.7；销路差，其概率为 0.3。可采用的方案有两个：一个是新建一条流水线，需投资 220 万元；另一个是对原有的设备进行技术改造，需投资 70 万元。两个方案的使用期均为 10 年，损益资料如表 4-3 所列，试对方案进行决策。

表 4-3　损益资料

方　案	投资/万元	年收益/万元		使用期/年
		销路好(0.7)	销路差(0.3)	
1. 新建流水线	220	90	−30	10
2. 技术改造	70	50	10	10

绘制决策树，如图 4-3 所示。

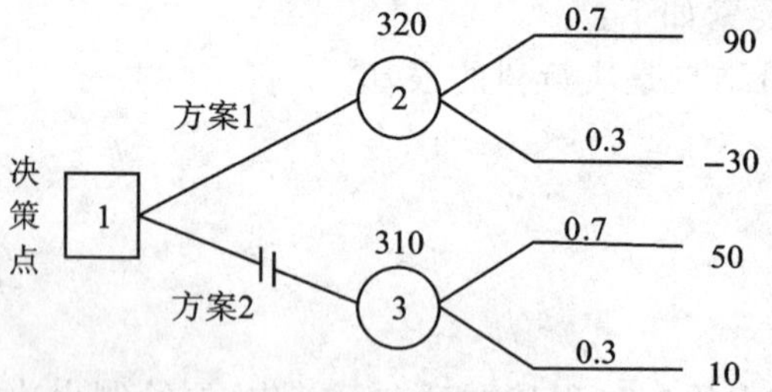

图 4-3　决策树

根据决策树计算期望值：

结点②的期望值为

$\{[90\times0.7+(-30)\times0.3]\times10-220\}$万元$=320$ 万元

结点③的期望值为

$[(50\times0.7+10\times0.3)\times10-70]$万元$=310$ 万元

从期望收益值来看，方案 1 较高，因此，应采用此方案。

【例 4-5】 多级决策。多级决策又称序列决策，是指面临的决策问题比较复杂，非一次决策所能解决问题，而需进行一系列的决策过程才能选出满意方案的决策。

某厂为生产某种新产品设计了两个建厂方案，一是建大厂，二是建小厂。建大厂需投资300万元，建小厂需投资160万元。两方案的经济寿命均为10年。估计在10年内，前3年销路好的概率为0.7，销路差的概率为0.3。同时预测投产后，如果前3年销路好，后7年销路好的概率是0.9，销路差的概率是0.1；如果前3年销路不好，后7年销路也一定不好。在这种情况下，有人又提出第三方案，即先建小厂，如果全年销路好，再扩建成大厂，这样更有把握。扩建需投资140万元。各方案的年损益值如表4－4所列，试问应如何决策？

表4－4　各方案的损益值　　万元

自然状态 / 方案	销路好 0.7	销路差 0.3	寿　命	投　资
1. 建大厂	100	－20	10年	300
2. 建小厂	40	10	10年	160
3. 先建小厂后扩建	40	10	10年	140

根据题意，绘出决策树如图4－4所示。

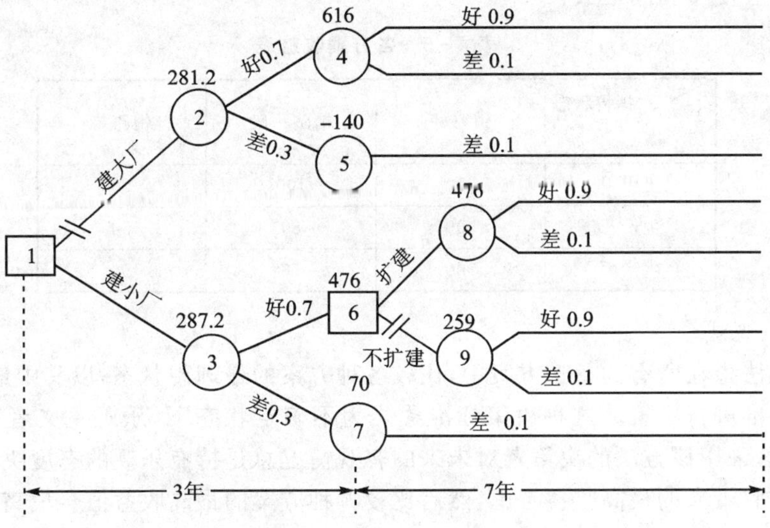

图4－4　决策树

根据决策树计算各点期望收益值。先计算后7年的，再计算前3年的。

结点⑧的 E(MV8)＝{[0.9×100＋0.1×(－20)]×7－140}万元

＝476万元

结点⑨的 E(MV9)＝{[0.9×40＋0.1×10]×7}万元＝259万元

这两点的期望收益值计算出来后，进行比较。由于 E(MV8)＞E(MV9)，故决定选择扩建方案，把不扩建的方案剪掉，并把结点⑧的期望收益值移至结点⑥。

结点④的 $E(MV4)=\{[0.9\times100+0.1\times(-20)]\times7\}$ 万元 $=616$ 万元

结点⑤的 $E(MV5)=\{[1.0\times(-20)]\times7\}$ 万元 $=-140$ 万元

结点⑦的 $E(MV7)=(1.0\times10\times7)$ 万元 $=70$ 万元

结点②的 $E(MV2)=[0.7\times100\times3+0.7\times616+0.3\times(-20)\times3+0.3\times(-140)-300]$ 万元 $=281.2$ 万元

结点③的 $E(MV3)=(0.7\times40\times3+0.7\times476+0.3\times10\times3+0.3\times70-160)$ 万元 $=287.2$ 万元

因 $E(MV3)>E(MV2)$，故选择先建小厂后扩建的方案。

(三) 不确定型决策方法

不确定型决策也称非肯定型决策，是指在决策过程中，决策人无法估计各自然状态发生的可能性的大小，从而由自然状态不确定性导致其决策的不确定。不确定型决策的标准一般有如下四种：乐观法、悲观法、折中系数法以及最小最大后悔值法，下面就加以说明。

【例 4-6】 某工厂欲投产一种新产品，有三种可选方案：生产甲、乙、丙。每种方案的年利润如表 4-5 所列。经过调查发现，甲销路一般，乙销路好，丙销路差，问如何生产会使年利润最大？

表 4-5 各方案收益表

方案 \ 销售状态	销路好	销路一般	销路差
生产甲	200	100	20
生产乙	150	80	30
生产丙	100	70	50

1. 乐观法

乐观法指在所有的备选方案中，比较各种方案的最理想状态，以其中最为理想的状态为标准进行决策。这种决策标准称之为不确定状态下，乐观主义者行为准则。也就是说，采用该方法的决策者对未来的客观情况总是持有乐观的态度决策，对各种方案都按它带来的最高收益考虑，然后比较哪种方案的最高收益值会最高，又称大中取大法。

本题中，三种方案的最大收益值依次分别为：200、150、100，其中第一个方案的最大收益值最大为 200。因此，应该选择生产甲产品。

2. 悲观法

悲观决策方法的思想基础是坏中求好的决策方法，也称最大最小标准决策法。最大最小标准决策法指在所有的决策方案中，比较其各个方案出现最坏状况的可能性，以其中最小损失为标准进行决策，这种决策标准表现了不确定性状态下悲观主义者的行为准则。也就是说，决策时，对各种方案都按它带来的最小收益考虑，然后比较哪种方案的最高收益值会最小，简称为小中取大法。运用悲观决策方法的步骤如下：

① 确定各种可行方案。

② 确定决策问题将面临的各种自然状态。

③ 将各种方案在各种自然状态下的损益值列于决策表中。

④ 在每一个方案中选取一个最小收益值，在所有最小的收益值中，选取其中最大值，将其所在的方案定为最优方案。

本题中，三种方案的最小收益值依次分别为：20、30、50，其中第三个方案的最小收益值最大为50。因此，应该选择生产丙产品。

3. 折中系数法

不确定型决策总是在最乐观结果与最悲观结果之间进行选择。现实主义标准法是：决策者首先要决定一个系数，可以称之为乐观系数或悲观系数 α，α 在 0～1 之间，当 α 为乐观系数时，则 $1-\alpha$ 为悲观系数，二者互补。决策时，预测每个方案的预期利润。

折中法的决策步骤如下：

① 找出各方案在所有状态中的最小值和最大值。

② 决策者根据自己的风险偏好程度给定最大值系数 $\alpha(0\leqslant\alpha\leqslant1)$，最小值的系数随之被定为 $1-\alpha$。α 也叫乐观系数，是决策者冒险（或保守）程度的度量。

③ 用给定的乐观系数 α 和对应的各方案最大、最小损益值计算各方案的加权平均值。

① 取加权平均最人的损益值对应的方案为所选方案。

损益值＝α（最大利润）＋$(1-\alpha)$（最小利润）。

假设例 4-5 中乐观系数为 0.7，悲观系数则为 0.3。

计算每个方案的折中值（最大值和最小值的加权平均值）：

生产甲的收益折中值 $= 200\times0.7 + 20\times0.3 = 146$

生产乙的收益折中值 $= 150\times0.7 + 30\times0.3 = 114$

生产丙的收益折中值 $= 100\times0.7 + 50\times0.3 = 85$

求出三个方案中的最大折中值：$\max\{146,114,85\}=146$

甲方案收益折中值最大为 146，因此该方案是最佳方案。

4. 最小最大后悔值法

这种方法的原则是假定决策者在各种备选方案中做出了选择之后，在执行决策时发现，如果按当前的实际情况，不选择该方案，而选择其他备选方案，收益会更高或亏损会更小，未被选中方案的高收益与所选方案的实际收益或亏损之间的差，会使决策者感到遗憾，该值称为后悔值。最小最大后悔值法就是以最小遗憾值为标准对方案所进行的选择。后悔值是指由于决策者不知道实际上哪一种自然状态将发生，从而导致所做的决策不是最优决策所带来的损失。

以例 4－6 为例，依据表 4－5 中的数据，应用后悔值法，首先要列出后悔值表，后悔值计算方法如下：

在每一种情况下，以最优方案的数值（收益最高或亏损最小）减去该情况下各方案的数值，差为后悔值，列出后悔值表，如表 4－6 所列；后悔值表列出来之后，就可进行比较选择，先比较每一备选方案在各种情况下的后悔值，找出其中最大的一个后悔值；然后比较各个方案的最大后悔值，取其中最小后悔值，其对应的方案为所选方案。

表 4－6　后悔值表

状态／方案	销路好	销路一般	销路差	最大后悔值
生产甲	0	0	30	30
生产乙	50	20	20	50
生产丙	100	30	0	100

最大后悔值分别为：30、50、100，其中的最小值为 30，因此，应该选择 30 所对应的方案，即生产甲为最优方案。

复习思考题

1. 如何理解决策在管理中的地位与作用？
2. 集体决策有什么优缺点，运用中要注意哪些问题？
3. 决策的程序和原则是什么？
4. 非确定性决策方法有哪些？

第五章　计划工作

【本章要点】

- 理解计划的概念与作用
- 了解计划工作的原理
- 掌握计划的形式及关系
- 理解并掌握计划编制方法

第一节　计划概述

一、计划的概念

计划过程是决策的组织落实过程。决策是计划的前提，计划是决策的逻辑延续。计划通过将组织在一定时期内的活动任务分解给组织的每个部门、环节和个人，从而不仅为这些部门、环节和个人在该时期的工作提供了具体的依据，而且为决策目标的实现提供了保证。

在汉语中，“计划”一词的词性既可以是名词，也可以是动词。从名词意义上说，计划是指用文字和指标等形式所表述的组织以及组织内不同部门和不同成员在未来一定时期内关于行动方向、内容和方式安排的管理文件。计划既是决策所确定的组织在未来一定时期内的行动目标和方式在时间和空间的进一步展开，又是组织、领导、控制和创新等管理活动的基础。从动词意义上说，计划是指为了实现决策所确定的目标，预先进行的行动安排。这项行动安排工作包括：在时间和空间两个维度上进一步分解任务和目标，选择任务和目标的实现方式、进度规定、行动结果的检查与控制等。我们有时用“计划工作”表示动词意义上的计划内涵。因此，计划工作是对决策所确定的任务和目标提供一种合理的实现方法。

计划与计划工作。计划是一种结果，它是在计划工作所包含的一系列活动完成之后产生的。计划工作的好坏只有通过计划的实施是否顺利达到既定目标来反映。

计划工作有广义和狭义之分。广义的计划工作是指制订计划、执行计划和检查计划的执行情况三个阶段的工作过程。而狭义的计划工作则是指制订计划，旨在明确所追求的目标和实现目标的途径或方案的所有活动，是对未来活动所进行的预先的行动安排，是一种对未来的筹划、规划、谋划、策划等。这里的计划工作概念是从狭义上讲的。

无论是在名词意义上还是在动词意义上，计划内容都包括“5W1H”，即计划必须清楚地确定和描述下述内容：

- What　——做什么？　目标与内容
- Why　——为什么做？　原因
- Who　——谁去做？　人员
- Where　——何地做？　地点
- When　——何时做？　时间
- How　——怎样做？　方式、手段

这六个方面的具体含义如下：

① 做什么：要明确计划工作的具体任务和要求，明确每一个时期的新任务和工作重点。例如，企业生产计划的任务主要是确定生产哪些产品，生产多少，合理安排产品投入和产出的数量和进度，在保证按期、按质和按量完成订货合同的前提下，使得生产能力得到尽可能充分的利用。

② 为什么做：要明确计划工作的宗旨、目标和战略，并论证可行性。

实践表明，计划工作人员对组织和企业的宗旨、目标和战略了解得越清楚，认识得越深刻，就越有助于他们在计划工作中发挥主动性和创造性。正如人们常说的“要我做”和“我要做”的结果是大不一样的，其道理就在于此。

③ 何时做：规定计划中各项工作的开始和完成的进度，以便进行有效控制和对能力及资源进行平衡。

④ 何地做：规定计划的实施地点或场所，了解计划实施的环境条件限制，以便合理安排计划实施的空间组织和布局。

⑤ 谁去做：计划不仅要明确规定目标、任务、地点和进度，还应规定由哪个主管部门负责。例如，开发一种新产品，要经过产品设计、样机试制、小批试制和正式投产几个阶段。在计划中要明确规定每个阶段由哪个部门主要责任，哪些部门协助，各阶段交接时，由哪些部门组织哪些人员参加鉴定和审核等。

⑥ 怎么做：制定实现计划的措施，以及相应的政策和规则，对资源进行合理分配和集中使用，对人力、生产能力进行平衡，对各种派生计划进行综合平衡等。

实际上，一个完整的计划还应包括控制标准和考核指标的制定，也就是告诉实施计划的部门或人员，做成什么样，达到什么标准才算是完成了计划。

二、计划的性质

在本书的结构体系中，计划工作具有承上启下的作用。一方面，计划工作是决策的逻辑延续，为决策所选择的目标活动的实施提供了组织实施保证；另一方面，计划工作又是组织、领导、控制和创新等管理活动的基础，是组织内不同部门、不同成员行动的依据。因此，我们可以从以下四个方面来考察计划的性质。

（一）计划工作是为实现组织目标服务的

任何组织、任何时候都必须具有生存的价值、存在的使命。决策活动为组织确立了存在的使命和目标，并且进行了实现方式的选择。计划工作是对决策工作在时间和空间两个维度上进一步的展开和细化。所谓在时间维度上进一步展开和细化，是指计划工作把决策所确立的组织目标及其行动方式分解为不同时间段（如长期、中期、短期等）的目标及其行动安排；所谓在空间维度上进一步展开和细化，是指计划工作把决策所确立的组织目标及其行动方式分解为组织内不同层次（如高层、中层、基层等）、不同部门（如生产、人事、销售、财务等部门）、不同成员的目标及其行动安排。组织正是为了通过有意识的合作来完成群体的目标而生存的。因此，组织的各种计划及其各项计划工作都必须有助于完成组织的目标。

（二）计划工作是管理活动的桥梁

如果说决策工作确立了组织生存的使命和目标，描绘了组织的未来，那么计划工作就是一座桥梁，它把我们所处的此岸和我们要去的彼岸连接起来，给组织提供了通向未来目标的明确道路，给组织、领导和控制等一系列管理工作提供了基础。

未来的不确定性和环境的变化使行动犹如大海航行，如果要时刻保持正确的航向，就必须明白自己所处的位置，明确自己行动的目标。这不仅要求组织的一般成员了解组织的目标和实现目标的行动安排，而且更要求组织的主要领导人员明确组织的目标和实现目标的行动路径（而不至于因日常琐事和一连串的转弯而迷失方向）。计划工作的目的就是使所有的行动保持同一方向，促使组织目标实现。

（三）计划工作具有普遍性和秩序性

所有管理人员，从最高管理人员到第一线的基层管理人员都要定计划，做计划工作。虽然计划工作的特点和广度由于管理人员所处的部门、层级的不同而有所不同，但是计划工作是全体管理人员的一项职能。当然，计划工作的普遍性中蕴含着一定的秩序。这种秩序随着不同组织的性质不同而有所不同。最主要的秩序表现为计划工作的纵向层次性和横向协作性。虽然所有管理人员都定计划，做计划工作，但第一线的基层管理人员的工作计划不同于高层管理人员制订的战略计划。在高级管理人员计划组织的总方向时，各级管理人员必须随后据此拟定各自的计划，从而保证实现组织的总目标。另外，实现组织的总目标不可能仅通过某一类型的活动就可以完成（比如销售活动），而需要多种多样的活动相互协作和相互补充才可以完成。在高级管理层计划组织的总方向时，各层级的管理人员必须随后制订相互协作的计划。

（四）计划工作要追求效率

可以用计划对组织的目标的贡献来衡量一个计划的效率。贡献是指扣除制订和实施这个计划所需要的费用和其他因素后，能得到的剩余。在计划所要完成的目标确定的情况下，同样可以用制订和实施计划的成本及其他连带成本（如计划实施带来的损失、计划执行的风险等）来衡量效率。如果计划能得到最大的剩余，或者如果计划按合理的代价实现目标，这样的计划是有效率的。特别要注意的是，在衡量代价时，不仅要用时间、金钱或者生产等来衡量，而且还要衡量个人和集体的满意程度。

实现目标有许多途径，我们必须从中选择尽可能好的方法，以最低的费用取得预期的成果,保持较高的效率,避免不必要的损失。计划工作强调协调、强调节约,其重大安排都经过经济和技术的可行性分析,可以使付出的代价尽可能小。

三、计划的特点

任何组织无论其使命有何不同,也无论其规模大小,都需要通过计划来协调各项活动。虽然,计划的形式可能各不相同,但是都具有以下几个特点。

(一)预见性

这是计划最明显的特点之一。计划不是对已经形成的事实和状况的描述,而是在行动之前对行动的任务、目标、方法、措施所做出的预见性确认。但这种预想不是盲目的、空想的,而是以上级部门的规定和指示为指导,以本单位的实际条件为基础,以过去的成绩和问题为依据,对今后的发展趋势科学预测之后做出的。例如企业的生产计划的制订应该是在对市场充分调研的基础上,并且对未来的市场情况有着一定预测的基础上进行的。

(二)针对性

计划是根据组织的工作任务、主客观条件和相应能力而定。总之,从实际出发制订出来的计划,才是有意义、有价值的计划。比如说制订销售计划一般应该考虑总体销售额(量)、区域销售额、产品销售额、市场占有率、销售增长率、营销费用额(率)、忠诚度、消费者购买心理和行为特点、产品在市场上的发展趋势及竞争对手状况(营销政策、费用投入、销售状况、产品结构等)。必须对市场形势和企业形势进行细致的分析,制订出针对性强的营销策略和计划。

(三)可行性

可行性是和预见性、针对性紧密联系在一起的,预见性准确、针对性强的计划,在现实中才真正可行。如果目标定得过高、措施无力实施,这个计划就是空中楼阁;反过来说,目标定得过低,措施方法都没有创见性,实现虽然很容易,却并不能因此取得有价值的成就,那也算不上有可行性。

(四)约束性

计划是组织未来的蓝图,是对组织未来一段时间内的目标和实现目标的策划和安排。计划一经通过、批准或认定,在其所指向的范围内就具有了约束作用,无论是集体还是个人都必须按计划的内容开展工作和活动,不能违背和拖延。

四、计划的作用

无论是单位还是个人,无论办什么事情,事先都应有个打算和安排。有了计划,工作就有了明确的目标和具体的步骤,就可以协调大家的行动,增强工作的主动性,减少盲目性,使工作有条不紊地进行。同时,计划本身又是对工作进度和质量的考核标准,对大家有较强的约束和督促作用。所以计划对工作既有指导作用,又有推动作用。计划可以给出方向,设立标准,以利于控制,减小变化的冲击,使浪费和冗余减至最少。

计划本身是一种协调过程，它给管理者和非管理者指明方向。当所有有关人员了解了组织的目标和为达到目标必须作出什么贡献时，他们就能开始协调他们的活动，互相合作，结成团队。而缺乏计划则会走许多弯路，从而使实现目标的过程失去效率。通过促使管理者展望未来，预见变化，考虑变化的冲击，以及制订适当的对策、计划，可以减小不确定性，还使管理者能够预见到行动的结果。计划还可以减少重叠性和浪费性的活动，在实施之前的协调过程可能发现浪费和冗余，从而减少企业的不必要开支。

对于一个组织来说，计划设立目标和标准，以便于进行控制，如果我们不清楚要达到什么目标，怎么判断我们是否已经达到了目标呢？在计划中设立目标，而在控制职能中，通过将实际的绩效与目标进行比较，就会发现可能发生的重大偏差，因而采取必要的校正行动。因此，可以说没有计划，就没有控制。

做好计划工作会给组织带来良好的绩效。成功企业的经验表明，正式的计划工作会带来高业绩，提高投资回报率和其他业务指标。有些企业之所以计划没有很好的效果，是由于计划没有合适的模式与机制。

五、影响计划有效性的权变因素

环境的多变性及组织活动的动态性，常常使计划不能按预期完成和实现目标，为保证计划工作的有效性，要考虑计划工作对环境的应变。

（一）组织的管理层次与计划类型之间的关系

在大多数情况下，基层管理者的计划活动主要是制订作业计划，当管理者在组织中的等级上升时，他的计划角色就更具战略性。而对于大型组织的最高管理者，他的计划任务基本上都是战略性的计划。当然，在小企业中，所有者兼管理者的计划角色兼有这两方面的性质。

（二）组织的生命周期与计划的关系

任何组织都要经历一个生命周期，即形成、成长、成熟以及衰退。在组织生命周期的各个阶段上，计划的类型并非都具有相同的性质，计划的时间长度和明确性应当在不同的阶段上作相应调整。

在组织的形成期，管理者应当更多地依赖于指导性计划，因为处于这一阶段要求组织具有很高的灵活性。在这个阶段上，目标是尝试性的，资源的获取具有很大的不确定性，对顾客和对市场的把握还不是很准确，而指导性计划使管理者可以随时按照需要进行调整。在成长阶段，随着目标更确定、资源更容易获取和顾客忠诚度的提高，计划也更具有明确性。当组织进入成熟期时，可预见性最大，从而也最适合于具体计划，同时成熟期是一个相对稳定的时期，因此更适合制订长期计划。

当组织从成熟期进入衰退期时，计划也从具体性转入指导性，这时目标要重新考虑，资源要重新分配。计划的期限也应当与组织的生命周期联系在一起。短期计划具有最大的灵活性，故应更多地用于组织的形成期和衰退期。

(三) 环境的不确定性程度与计划的关系

环境的不确定性越大，计划就越应当是指导性的，计划期限也越短。如果正在发生着迅速的和重要的技术、社会、经济、法律或其他变化，精确规定的计划实施路线，反而会成为组织取得绩效的障碍。例如，20 世纪 80 年代末期，当航空公司之间在主要的国际航线上展开价格战时，在定价方面，在给各航线分配飞机数量和容量，以及编制经营预算等方面，航空公司便采用了更带有指导性的计划。而且，变化越大，计划就越不需要精确，管理就越应当具有灵活性。再比如，在金融危机时期，一些跨国公司的国际化经营计划就要考虑到环境的不确定性，计划就应该更加灵活。

第二节 计划类型与工作原理

一、计划类型

依照不同的标准，可以将计划分为不同的类型，各种类型的计划不是彼此割裂的，而是由分别适用于不同条件下的计划组成的一个计划体系。常见的划分计划类型的方法，可以根据计划的广度、时间框架和明确性等对计划进行分类。但是，这些分类方法所划分出的计划类型不是相互独立的。

(一) 战略计划与作业计划

应用于整体组织的，为组织设立总体目标和寻求组织在环境中地位的计划，称为战略计划(Strategic Plans)，因为一个组织的总体目标和地位通常是不轻易改变的，所以这种计划的周期一般都较长，通常为长期计划。规定总体目标如何实施的细节计划称为作业计划(Operational Plans)。战略计划与作业计划在时间框架上，在范围上和在是否包含已知的一套组织目标方面是不同的。作业计划趋向于覆盖较短的时间间隔，如月计划、周计划、日计划就属于作业计划；战略计划趋向于包含持久的时间间隔，通常为 5 年甚至更长，它们覆盖较宽的领域和不规定具体的细节，战略计划显著的特点是长期性与整体性。此外，战略计划的一个重要的任务是设立目标；而作业计划则假定目标已经存在，只是提供实现目标的方法。

(二) 长期计划、中期计划与短期计划

财务分析人员习惯于将投资回收期分为短期、中期和长期。短期是指一年以内的期间，长期一般超过 5 年，而中期介于两者之间。管理者往往也采用同样的术语描述计划。长期计划描述了组织在较长时间内从事某种活动应遵循的发展方向和方针，规定了组织的各个部门在较长时期(通常为五年)的发展方向和方针，规定了组织的各部门在较长时间内从事某种活动应达到的目标和要求。短期计划具体地规定了组织的各个部门在目前到未来的各个较短的阶段，特别是比较近的时段里，应从事什么样的活动以及其应达到什么要求。中期计划是介于长期和短期阶段内的计划。当然这个划分标准并非绝对，在某些情况下，它还受计划的其他方面因素的影响。

（三）具体性计划与指导性计划

按计划的明确程度可把计划分为指导性计划和具体性计划。指导性计划是指规定一些重大方针，而不局限于明确的特定的目标，或特定的活动方案上。具体性计划则明确规定了目标，并提供了一套明确的行动步骤和方案。与指导性计划相比，具体计划（Specific Plans）具有明确规定的目标，不存在模棱两可，更容易执行和控制，但缺少灵活性，而且实际上它所要求的明确性并不容易得到满足。例如，一位经理打算使他的企业的销售额在未来的12个月中增长20%，他或许要制定特定的程序、预算分配方案，以及实现目标的各项活动的进度表，这就是具体计划。但是，具体计划也不是没有缺点，它要求的明确性和可预见性条件不一定都能够满足。当不确定性很强时就要求管理者保持灵活性以防意外变化，这种情况下指导性计划就显得更可取。例如，一个增加利润的具体计划，可能具体规定在未来的6个月中，成本要降低4%，销售额要增加6%；而指导性计划也许只提出未来的6个月中计划使利润增加5%～10%。显然，指导性计划具有内在的灵活性。指导性计划不具有强制性和约束力，往往是组织可以参照执行，也可以根据市场情况和自身条件进行合理的调整和修改，指导性计划是粗线条、有弹性的。

（四）销售计划、生产计划和财务计划

组织内有着不同的职能分工，每种职能都需要形成特定的计划。因此，计划还可以按照职能来进行分类。计划通过将组织在一定时期内的活动任务分解给组织的每个部门、环节和个人，从而不仅为这些部门、环节和个人在该时期的工作提供了具体的依据，而且为决策目标的实现提供了组织保证。如企业要从事生产、营销、财务、人事等方面的活动，就要相应地制订生产计划、营销计划、财务计划等。

企业财务计划往往是企业以货币形式预计计划期内资金的取得与运用和各项经营收支及财务成果的书面文件。它是企业经营计划的重要组成部分，是进行财务管理、财务监督的主要依据。财务计划是在生产、销售、物资供应、劳动工资、设备维修、技术组织等计划的基础上编制的。

（五）综合计划、局部计划和项目计划

按计划对象划分，可把计划分为综合计划、局部计划和项目计划三种。顾名思义，综合计划所包括的内容是多方面的，局部计划只包括单个部门的业务，而项目计划则是为某种特定任务而制订的。

综合计划一般指具有多个目标和多方面内容的计划。就其涉及对象来说，它关联到整个组织或组织中的许多方面。习惯上人们把预算年度计划称为综合计划，企业中是指年度的生产经营计划。它主要应该包括：销售计划、生产计划、劳动工资计划、物资供应计划、成本计划、财务计划、技术组织措施计划等。这些计划都有各自的内容，但它们又互相联系，互相影响，互相制约，形成一个有机的整体。由于目前的企业已经形成了一种开放的系统，外界环境对这个系统有直接的影响。为此，就要使资

源在各个部门合理分配,用有限的投入获得更大的产出,产生更大的组织效应。所以应把制订综合计划放在首要的位置上,要自上而下地编制计划。

局部计划限于指定范围的计划。它包括各种职能部门制订的职能计划,如技术改造计划、设备维修计划等,还包括执行计划的部门划分的部门计划。局部计划是在综合计划的基础上制订的,它的内容专一性强,是综合计划的一个子计划,是为达到整个组织的分目标而确立的。例如,企业年度销售计划是在国家计划、市场预测和订货合同的基础上,规定年度销售的产品品种、质量、数量和交货期,以及销售收入、销售利润和销售渠道。应该注意各种局部计划相互制约的关系,如销售计划直接影响生产计划和财务计划等其他局部计划。

项目计划是针对组织的特定课题作出决策的计划。例如某种产品开发计划、企业的扩建计划、与其他企业的联合计划、职工俱乐部建设计划等都是项目计划。项目计划在某些方面类似于综合计划,它的特殊性在于其目的是为了企业结构的变革,即针对企业的结构问题选择解决问题的目标和方法。它的计划期很可能为1年,这时它就要包括在年度计划之内。也许它的计划需要几年才能完成,比如企业扩建计划,这时年度计划仅包括它的一部分。项目计划是与组织结构的变革相关的。结构的组成要素有许多,比如企业中的市场、设备、产品、财务和组织等,几乎包括企业的一切领域。项目计划就是使这些因素具体地朝着将来的方向发展下去。我们必须注意把项目计划与在原有结构上实现有效经营的管理计划相区别。

二、计划工作原理

原理通常指“某一领域、部门或科学中具有普遍意义的基本规律”。据此,管理原理就是对管理过程基本规律的一种理论概括,使之成为概念,用以指导日常的管理工作。对原理的运用应结合当时当地的实际情况,计划工作作为一种基本的管理职能活动,有自己的规律,自然也应有自己的原理。计划工作的主要原理有:限定因素原理、许诺原理、灵活性原理和改变航道原理。

(一)限定因素原理

所谓限定因素,是指妨碍组织目标实现的因素,也就是说,在其他因不变的情况下,仅仅改变这些因素,就可以影响组织目标的实现程度。限定因素原理可以表述如下:主管人员越是能够了解对达到目标起主要限制作用的因素,就越能够有针对性地、有效地拟定各种行动方案。限定因素原理又被形象地称作“木桶原理”。其含义是木桶能盛多少水,取决于桶壁最短的那块木板条。限定因素表明,主管人员在制订计划时,必须全面找出影响计划目标实现的主要限定因素或战略因素,有针对性地采取得力措施。毛泽东同志曾在《矛盾论》中用哲学的语言说明了相同的道理。他指出:“任何过程如果有多数矛盾存在的话,其中必定有一种是主要的,起着领导的、决定的作用,其他则处于次要和服从的地位。因此,研究任何过程,如果是存在着两个以上矛盾的复杂过程的话,就要用全力找出它的主要矛盾。捉住了这个主要矛盾,一切问题就迎刃而解了。”

(二)许诺原理

许诺原理可以表示为,任何一项计划都是对完成各项工作所做出的许诺。因而,许诺越大,实现许诺的时间就越长,实现许诺的可能性就越小。例如,由于出现了意料之外的原材料大幅度涨价,某企业为了保证实现年度生产经营计划的利润目标,需要补充制订一个增加销售收入的计划,那么这个计划的期限至少要多长时间呢?这个计划至少要在什么时间以前制订并实施才能确保实现呢?根据许诺原理,该计划期主要取决于从增加订货到最后实现销售收入的最短周期。对于该企业来说,从接收订单、签订合同到完成工程图设计,一般要两个月的时间。进行生产准备、投产、到产出产品的生产周期一般也为两个月。商品通过铁路发运,各发运过程的延续时间均为半个月左右,结算周期一般为一个月以上,而有逐渐延长的趋势。因此,计划期限应定为半年,也就是说,计划工作的开始时间至少要在六月底以前。这也是为什么该企业每年要在六月底以前审核年度计划完成情况的原因。这项工作已成为一项惯例。

按照许诺原理,计划必须有期限要求,事实上,对于大多数情况来说,完成期限往往是对计划的最严厉的要求;此外,必须合理地确定计划期限并且不应随意缩短计划期限;再有,每项计划的许诺不能太多,因为许诺越多,计划时间越长。如果主管人员实现许诺所需的时间长度比他能正确预见的未来期限还要长,如果他不能获得足够的资源,使计划具有足够的灵活性,那么他就应当断然地减少许诺,或是将他所许诺的期限缩短。

(三)灵活性原理

计划必须具有灵活性,即当出现意外情况时,有能力改变方向而不必付出太大的代价。灵活性原理可以表述为:计划中体现的灵活性越大,因未来意外事件引起损失的危险性就越小。必须指出,灵活性原理就是制订计划时要留有余地,至于执行计划,则一般不应有灵活性。例如执行一个生产作业计划必须严格准确,否则就会发生组装车间停工待料或在制品大量积压的现象。

对主管人员来说,灵活性原理是计划工作中最重要的原理,在承担的任务重,而目标计划期限长的情况下,灵活性便显出它的作用。当然,灵活是有一定限度的,它的限制条件如下:

① 不能总是以推迟决策的时间来确保计划的灵活性。因为未来的肯定性是很难完全预料的,如果一味地等待收集更多的信息,尽量地将可能发生的问题考虑周全,当断不断,那么就会坐失良机,导致失败。

② 使计划具有灵活性是要付出代价的,甚至由此而得到的好处可能补偿不了它的费用支出,这就不符合计划的效率性。

③ 有些情况往往根本无法使计划具有灵活性。即存在这种情况,各派生计划的灵活性,可能导致全盘计划的改动甚至有落空的危险。例如企业销售计划在执行过

程中遇到困难，可能实现不了既定的目标。如果允许灵活处置，则可能危及全年的利润计划，从而影响到产品开发计划、技术改造计划、供应计划、工资增长计划、财务收支计划等许多方面，以致企业的主管人员经过反复权衡之后，不得不动员一切力量来确保销售计划的成功。

（四）改变航道原理

计划制订出来后，计划工作者就要管理计划，促使计划实施，而不被计划所“管理”，不能被计划框住。必要时可以根据实际情况做必要的检查和修订。因为未来的情况随时都可能发生变化，制订出来的计划就不能一成不变。

尽管在制订计划时预见了未来可能发生的情况，并制定出相应的应变措施，但正如前面所提到的，计划不可能面面俱到，未来情况是在不断变化的，计划又往往赶不上变化，总有一些问题是不可能预见到的，所以要定期检查计划。如果情况已经发生变化，就要调整计划或重新制订计划，就像航海家一样，必须经常核对航线，一旦遇到障碍就要绕道而行。故改变航道原理可以表述为：计划的总目标不变，但实现目标的进程（即航道）可以因情况的变化随时改变。这个原理与灵活性原理不同，灵活性原理是使计划本身有适应性，而改变航道原理是使计划执行过程具有应变能力。为此，计划工作者就必须经常地检查计划，重新调整、修订计划，以此达到预期的目标。

三、目标管理

（一）目标管理的理论基础

1. 德鲁克的“整体管理”理论

德鲁克认为，任何一个事业都有重要的领域，在每一个领域里都要设定努力的目标。例如：在市场上占据的地位、对创新的热忱、生产力的高低、获利能力的高低、经营者的能力及接棒人的培植、员工的能力及其工作态度、社会责任等，而这些目标能否达成，取决于经营者如何管理。为了顺利推行业务，必须要达到每一个业务的目标和整个事业的目标。尤其经营者的业务，更须以事业整体的成果来衡量。经营者的工作须依据事业目标而定，其工作成果也要看究竟对事业目标有多大的贡献，而予以客观的评价。

这样，在全公司的每一个角落，大家都有目标的经营管理体制，一经建立，就有办法使由别人监管的工作方式转变为一切由自我控制的经营。

2. 麦格雷戈的“人性Y理论”

所有经营者和管理者，对于事情都有假设，其中最多的恐怕是“对人不信任”的观点，有了这种“人是靠不住”的前提观念，才有必要管理控制。心理学者麦格雷戈认为这种观念是以“性恶说”为基础的“X理论”，麦格雷戈另外提出“性善说”的“Y理论”。此种新人性观念，在某种意义上成为目标管理的理论基础依据。他认为：因为人的需要本身形成层级，较低层级的需要一经满足，它就不再成为行为的动机；接着另一个较高层级的需要会递补上来，而这个过程一辈子不会中断。“Y理论”强调“放任”，而目标管理则是应用“Y 理论”学说之背景，并考虑员工心态与企业立场，采用“民主”立场而加以修正。

3. 史雷的“成果管理”理论

史雷认为，目标管理应该是大家分担成果的管理思想，目标管理使每一个人了解公司的长期目标，争取更大的业绩。所以，目标管理的重要工作，在于一方面尽量培养和提高每一个人的能力，另一方面造成一种气氛，使大家都能觉悟到公司要达成的责任，是由公司内每一个人来承担的。只有每一个人做事的目标都能在良好的人际关系下建立时，每一个人所具有的天赋、才智，才能够真正发挥，并受到开发。

4. 李卡特的“管理新模式”理论

李卡特认为：高度业绩＝决策品质×（完美沟通＋工作参与＋良好目标）。

因此，新的经营管理，须具备下列 4 个条件：

① 整体组织的目的，必须与大部分员工及股东的要求和欲望维持充分的调和。

② 员工的目标及配合，必须在能使当事人引起高度工作干劲的方式下决定。

③ 为达成双方同意下设定的目标，必须活用足以引发全部潜力的方法。

④ 所有薪资、奖金、股息、红利等报酬制度，必须切实反映本身对公司的努力贡献。

（二）目标管理的内涵

目标管理理念的发展，主要应归功于管理大师彼得·德鲁克的倡导。他在 1954 年出版的《管理的实践》一书中首次提出目标管理的概念，该书关于目标管理的主张主要有三点：首先，须明白确定企业的整体目标，包括市场地位、创新、生产力、人力与财力资源、获利能力、主管的绩效与培养、员工的绩效与态度、社会责任等八项。其次，每个主管须根据整体目标，各自设定本身的目标，以实施自我控制的管理方式。因此，企业的经营活动，尽可能托付最低管理阶层。基于前述两项基础，才能推行分权及目标考核。

因此，目标管理就是每一个人根据公司的总目标，而建立其特定的工作目标，并自行负责计划、执行、控制、考核的管理方法。简单地说，它就是引导各阶层主管的工作，迈向企业整体的预期成果的一种管理方法。

除了彼得·德鲁克之外，还有众多的管理专家对目标管理作了相应的定义。在此不一一详述，总之综合各家学说，目标管理是一种管理发展，确定用以改进经营方法，以提高绩效为目的，应用行为科学原理，组织内上下级人员共同确定某下级人员的负责范围，订立该人员在一定时间内应完成的目标，以及成果评价标准，以绩效考核为手段，从而激发各级人员的潜力。

（三）目标管理的工作流程

1. 制定目标

制定目标包括制定企业的总目标、部门目标和个人目标，同时还要制定完成目标的标准，以及达到目标的方法和完成这些目标所需要的条件等多方面的内容。

2. 目标分解

建立企业的目标网络，形成目标体系统，通过目标体系统把各个部门的目标信息显示出来，就像看地图一样，任何人一看目标网络图就知道工作目标是什么，遇到问题时需要哪个部门来支持。

3. 目标实施

要经常检查和控制目标的执行情况和完成情况，看看在实施过程中有没有出现偏差。

4. 检查实施结果及奖惩

对目标按照制定的标准进行考核，目标完成的质量可以与个人的升迁挂钩。

5. 信息反馈及处理

在考核之前，还有一个很重要的问题，即在进行目标实施控制的过程中，会出现一些不可预测的问题。如：目标是年初制定的，年尾发生了亚洲金融危机，那么年初制定的目标就不能实现。因此在实行考核时，要根据实际情况对目标进行调整和反馈。

目标管理流程图如图 5－1 所示。

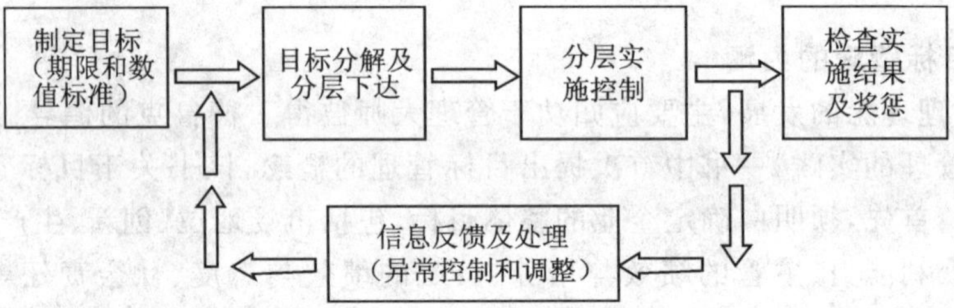

图 5－1　目标管理流程图

（四）目标管理的优缺点

1. 目标管理的优点

① 目标管理对组织内易于度量和分解的目标会带来良好的绩效。对于那些在技术上具有可分性的工作，由于责任、任务明确目标管理常常会起到立竿见影的效果，而对于技术不可分的团队工作则难以实施目标管理。

② 目标管理有助于改进组织结构的职责分工。由于组织目标的成果和责任力图划归一个职位或部门，容易出现授权不足与职责不清等缺陷。

③ 目标管理激发了自觉性，调动了职工的主动性、积极性、创造性。由于强调自我控制，自我调节，将个人利益和组织利益紧密联系起来，因而提高了士气。

④ 目标管理促进了意见交流和相互了解，改善了人际关系。

2. 目标管理的缺点

在实际操作中，目标管理也存在许多明显的缺点，主要表现如下：

① 目标难以制定。组织内的许多目标难以定量化、具体化；许多团队工作在技

术上不可解；组织环境的可变因素越来越多，变化越来越快，组织的内部活动日益复杂，使组织活动的不确定性越来越大。这些因素使得组织的许多活动在制定数量化目标时变得很困难。

② 目标管理的哲学假设不一定都存在。“Y 理论”对于人类的动机作了过分乐观的假设，现实中的人是有“机会主义本性”的，尤其在监督不力的情况下。因此许多情况下，目标管理所要求的承诺、自觉、自治气氛难以形成。

③ 目标商定可能增加管理成本。目标商定要上下沟通、统一思想是很费时间的；每个单位、个人都关注自身目标的完成，很可能忽略了相互协作和组织目标的实现，滋长本位主义、临时观点和急功近利的倾向。

④ 有时奖惩不一定都能和目标成果相配合，也很难保证公正性，从而削弱了目标管理的效果。

鉴于上述分析，在实际中推行目标管理时，除了掌握具体的方法以外，还要特别注意把握工作的性质，分析其分解和量化的可能；提高员工的职业道德水平，培养合作精神，建立健全各项规章制度，注意改进领导作风和工作方法，使目标管理的推行建立在一定的思想基础和科学管理基础上；要逐步推行，长期坚持，不断完善，从而使目标管理发挥预期的作用。

第三节　计划的形式、编制与评价

一、计划的形式

现代管理学理论认为，组织中开展的一切以未来为工作内容的管理活动都可以称之为计划工作。同样，这些工作的形式化结果也就是各种各样的计划，计划的层次体系如图 5-2 所示。在一个组织中，常见的广义计划形式有：

(一) 宗旨和使命

宗旨和使命(Mission)是社会赋予组织的基本职能和基本使命。它要解决的是一个组织是干什么的和应该干什么的问题，不同的组织有不同的宗旨。企业的宗旨和使命就是对企业是个什么企业，为什么存在着界定和定位。它对企业的战略选择、重大决策和生意模式具有内在的规定性。

一个组织必须有明确的宗旨和使命，最高管理层应牢记本组织的宗旨，并将宗旨灌输到每一个员工的头脑中去，贯彻到计划的制订和执行过程中去。换言之，宗旨是表明企业是干什么的，应该干什么的。

使命要回答以下问题：

① 我们的事业是什么？

② 我们的顾客群是谁？

③ 顾客的需要是什么？

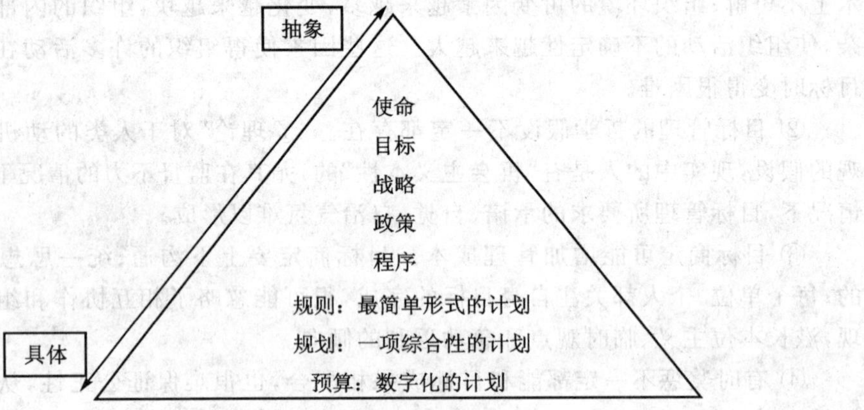

图 5－2　计划的层次图

④ 我们用什么特殊的能力来满足顾客的需求？

⑤ 如何看待股东、客户、员工、社会的利益？

例如，医院的宗旨是救死扶伤，治病救人，大学的宗旨是为社会培养高级人才。荣和集团的企业宗旨是为客户创造幸福、为社会创造财富、为员工创造机遇、为企业创造效益。杭州娃哈哈集团董事长兼总经理宗庆后在“2009 中国食品安全高层论坛”上表示，《食品安全法》进一步明确了企业作为食品安全第一责任人的责任，娃哈哈将坚持“食品如人品，品食如品人”的宗旨，把保证食品安全作为义不容辞的社会责任。

（二）目　标

目标是宗旨的具体化，表现为组织在计划期内要追求的结果。目标通常由一系列指标来体现。经济组织的目标常用利润、产量、产值、利润率、成本等来表示。在一个书面计划中，组织要实现的目标常常有一组，它们构成一个由总目标领导的目标体系。诚如一些管理学家所说的，组织计划中的目标是分等级层次的，并且还会形成一个网络。由于目标的层次特性和网络特性，因此，制定目标的时候要保证各级目标、各部门目标之间的协调统一。

（三）策　略

策略是计划的指导方针和行动方针。它表现为在计划中明确重点、程序；为计划提供基本原则；为考虑问题、采取行动指明统一的方向和必要的框架。比如企业是以大批量单一品种、低成本为生产原则；还是以小批量、多品种、供应齐备为生产原则？它们就是企业生产和销售中可选择的两种不同的策略。策略并不是孤立的而是为实现组织的宗旨和目标服务的，同时又为重大政策和各种规划提供原则。

（四）政　策

政策是一个组织行动的所定方针，是指导决策思想的全面陈述书。用管理学的话来说，它是一种用文字表述的计划，主要作用是保证组织的沟通，规定行动的方向和范围，明确解决问题的原则。例如一些管理学家在讨论公司的政策所指出的："政策好比指路牌，它规定必要的，并为公司董事会或执行委员会所认可的活动范围。"一个组织中的政策可能是多种多样的。一个企业，往往需要制定招聘员工的政策，提级增薪的政策，鼓励职工提供合理化建议的政策，企业在市场上的价格竞争政策等。之所以将组织制定的政策也归入计划职能之中，是因为政策的目的也是着眼于未来的。一个组织需要制定某一项政策的起因是因为当前出现了某种问题，但其作用则是为了应付未来再发生诸如此类的问题。如果不是着眼于未来那就只是解决当前问题的方案，而不是政策了。

（五）程　序

程序也是一种计划，它规定如何处理未来活动的例行方法。程序只是指导人们去如何采取行动，不是指导去怎样思考问题。它详细地说明在组织活动中，人们必须准确地按照某种既定的方式去完成某种活动。程序的实质就是对所要进行的活动规定的时间顺序。程序在一个组织中是处处存在的，并且一个组织中的程序又是多种多样的。不同的工作需要不同的程序，如在股份公司中，董事会的决策程序就不同于基层管理人员所遵循的程序。一般来说，越到基层，所规定的工作程序也就越细，数量也就越多。

（六）规　则

规则本质上也是计划，它同其他许多计划一样，是从各个抉择方案中选定的要采取的行动。用孔茨的话来说，规则往往是一种最简单的计划。在一般情况下，规则、政策和程序三者很难区分开，因为它们共同构成组织的制度，都隐藏在制度之中。西方管理学家认为，规则与指导行动的程序有关，但它不说明时间顺序。实际上，把程序看作是一系列的规则。然而，有些规则却是程序所不能包括的，如在防火要求很高的企业中，"禁止吸烟"的规则就与任何程序无关。但企业关于审批购货单的程序，其中就包含了某些规则，如多大数额的订货单需要当天送主管副经理审批的规则。管理程序中所包含的这些规则是不允许随意违犯的。规则的本质就在于它反映了是否采取某种行动的管理决策权限。

（七）规　划

规划是最常见、最典型的计划形式，在一个规划中，组织的宗旨、计划期内要实现的目标、实现目标要采取的策略、执行策略需要遵守的政策、程序、规则等都将得到体现。也正因为如此，人们才将规划与计划等同起来。可从前面的论述知道，规划不能与计划等同，它只不过是一种综合性的计划形式而已。

例如，上海市国民经济和社会发展第十一个五年规划就是对上海市的未来五年作出的综合性的，纲领性的发展规划。规划的具体形式和内容弹性较大，如有的规划仅是粗线条的轮廓，或只是定性化的基本原则体系；有的则十分详尽，许多目标都已数量化、具体化、明确化。所以人们也常将以粗线条勾画未来发展轮廓的设想称之为规划，如通常称之为战略规划的那一种规划，而将比较详尽的规划称之为计划，从计划管理工作的角度来看这种区分也是有作用的。

(八)预 算

预算就是对组织活动从经济角度进行的计划,预算通常是用数字表示出来的。尽可能地节约支出,求得最大的投入产出效益是每一个管理者努力的目标。所以说,预算是一切组织中最重要的计划之一。一个组织不仅需要预算,而且预算还必须做到科学、可行、合理。与其他计划形式比较起来,对预算的要求更加严格一些,每一个组织都必须认真做好预算工作。

一些企业为了更好地进行预算,往往还借助于计算机系统,例如中国杭钢集团近几年来十分重视信息化建设,集团已先后投入 4 000 多万元建设信息化工程,目前主体工程已建成并验收通过。2003 年内该企业还将完成 ERP 物流信息管理系统、财务管理信息系统、人力资源管理信息系统、质量管理信息系统、OA 系统等配套工程,加上已经在运用的 CMIS 信息管理系统,组成杭钢集团计算机网络管理信息系统,实现管理手段的现代化。通过计算机网络的运用,经营管理过程各个模块的管理信息实行联机实时处理、资源共享,可以使预算管理体制得到进一步的完善和发展。

二、计划编制工作的程序

(一) 机会预测

未来是不确定的,但又是可以认识的。认识未来的办法就是要在现实的基础上对未来进行科学的预测,机会预测虽然不是计划的一部分,但是是计划工作的一个真正起点。机会预测包括定性和定量两种,定性预测主要是对未来趋势的基本估计,如企业所面临的市场情况如何,竞争是会更激烈还是会趋于缓和等。定量预测是对定性的趋势预测做出确定性的判断,机会预测是确立目标的前提,是一项十分重要的工作。需要掌握科学的预测方法,需要占有全面、准确的信息。

(二) 确立目标

目标是未来行动的方向和努力的标准。计划工作的第一步就是在估量机会的基础上,结合组织的内部条件,确定组织计划工作要实现的目标。组织在未来的一个计划时期中的目标不止一个,而是一个目标体系。因此,组织的总目标确定之后,还要进行目标分解。譬如企业在未来一年的利润目标是实现税后利润 5 000 万元,那么这个总目标就必须分解为主营业务收入和营业外收入各自要完成的税后利润两大目标,主营业务收入还必须分解到各个产品或各个分厂、分公司;目标分解也是确定目标的工作内容。

(三) 制定方案

目标确定之后,就必须制定实施方案。在调查和研究的基础上,将实施目标的条件、路线方法和可能出现的困难及克服方法,解决措施具体化。制定方案的过程不能闭门造车,方案的制定人员一定要深入基层,与计划执行人员讨论实施计划的路线、方法和措施。为保证目标得以实现,就应制定出最优方案,在制定方案时应该采取几个方案制定比较法。

（四）计划评价

在计划方案未交决策者抉择之前，应对各方案进行评价。包括程序性评价和经济效果评价，评价的结果应作出书面说明，供决策者参考。

（五）选择方案

在对各个方案进行评价之后，就要进行方案的选择，也是决策的实质性阶段，抉择阶段。

（六）编制预算

计划工作的最后一步是把计划转化为预算，使之数字化。预算实质是资源的分配计划。预算工作做好了，可以成为汇总和综合平衡各类计划的一种工具，也可以成为衡量计划进度的重要标准。

三、计划编制工作的方法

计划工作必须采用科学的方法，才能保证计划结果的科学性。一般来说，计划工作方法主要有两种：

（一）自下而上，层层平衡方法

这种方法的具体做法是由基层单位或各部门制订出自己的计划，然后交组织的计划职能部门进行综合平衡，形成总体计划。这种方法的优点是制订出的计划比较切合各部门的实际，执行起来顺利，缺点是制订计划的时间较长，平衡工作量大。

（二）自上而下，层层分解的方法

该方法是由组织的计划职能部门先制订出总体计划，然后分解到各级部门，各部门再按分配的计划任务制订本部的实施计划，这种方法与上述方法的优缺点正好相反。

四、计划的评价

计划评价是计划制订工作中十分重要的一环，关系到所制订的计划的质量、水平、可行性等。做好评价工作，是计划制订工作中不可缺少的一环。计划评价的内容包括两个方面，一是对计划本身的评价，又称程序性评价，指依照分析和评审制订计划的步骤，以及计划的结构等标准对计划进行评价。更进一步说，这一评价的重点是计划制订工作。因为计划工作的科学性与计划的科学性是密切相关的，这如同对产品质量评价一样，对生产产品的生产线、原料、材料、工人的劳动态度等工作质量的评价、检验也就起到了评价、控制产品质量的作用。

（一）计划的程序性评价

对计划进行程序性评价，具体地又可分为对如下三个方面内容的评价：

1. 评价计划的客观性程度

计划的客观性程度是指计划制订时所依据的资料是否属实，考虑是否周到，分析是否合乎规律等。这是保证计划的科学性所要求的，如果计划的客观性程度越高，计划的结果就越容易为人们所接受，自然也就容易执行和实现。

2. 评价计划的结构完整程度

计划的结构是指计划的覆盖面、涉及的时间跨度、责任的明确性和控制特性等，评价一个计划的结构完整程度首先要看到是否全面。这里的全面包括两层含义，一是计划对组织活动所涉及的重大方面是否都纳入了计划；二是计划对所涉及的问题是否都提出了解决方案。评价计划结构完整程度的第二个指标是计划的时间幅度，即完成计划的明确时间。评价计划完整程度的第三个指标是计划的分工明晰程度，计划必须落实到组织中各个成员的头上。完整的计划必须明确每一个部门，每一个员工的职责。评价计划完整程度的第四个指标是计划的控制操作程度。如提出的指标是否适用，是否可操作。

3. 评价计划的灵活性程度

计划要保持一定的稳定性。但由于外界环境的变动，内部条件的变化，计划不可避免地要进行修改，制订计划应考虑到这一点，计划不能过于僵化。所以，计划的灵活性是对计划进行程序性评价的重要指标。对计划灵活性的评价主要看计划是否提出了预备方案，当预定方案不可实施时，其他各类方案的可行性。评价计划还要看不同计划的衔接协调程度。

（二）计划的经济效果评价

计划的经济效果评价是指对计划实施后的效果的评价。它包括两个方面，一是计划执行前对计划方案实施结果的估计，即通过各种分析手段进行预先分析；二是在计划实际执行之后，将结果与计划进行比较。运用这个方法对计划进行评价是基于如下两个假设：任何组织都以效用最大化为行为原则，都必须从一定量的投入中获得最大的产出，即使这个组织不是经济组织也不例外。经济学的原理和方法应该是可以应用并转化为管理的原则和方法的，组织的投入产出行为以一定的货币为标准度量是可能的。关于计划执行结果评价的程序和方法，在一定程度上也就是决策的评价过程。

五、计划的调整与修正

（一）计划调整与修正的必要性

计划是面对未来的工作。在现在的基础上计划未来，无论工作多么细致，投入量多么大，计划中的某些方面，甚至有些计划总有与未来不相符的情况出现。产生这种现象的原因不外乎两个，一是计划时对未来的变化因素考虑不周，因为智者千虑，难免一失；二是未来的不可控因素出现了或者变化了。无论哪一种原因造成的计划与现实不符的情形，要调整的只能是计划，而不是客观实际。所以，计划的调整与修正就是计划管理不可缺少的内容了。计划的调整与修正是计划管理循环中的一个中间环节，是协调计划与实际情况的重要工作，因此需要认真对待。

(二) 计划调整与修正的原则

1. 严肃性原则

虽然计划执行过程中修正、调整计划是正常现象，但却不能看作是随随便便的事情。计划是行动的指南和控制的标准，修正计划，不论其程度多大，都是对行动指南、控制标准的调整，事关全局，必须慎重。

按照严肃性原则，计划修正要做到：严格规定计划修正的权限范围。一般来说，计划执行主体无权修正计划，计划属哪一级下达的，由哪一级修正；修正后的计划应视同重新制订的计划，需要进行评价、选择。

2. 稳定性原则

在一个计划期内，如果多次或大幅度地修正计划，必然给组织的管理和实现目标带来巨大不利影响。所以在计划修正工作中，应尽可能地保证计划的稳定性和连续性，不存在重大的原则性失误，计划修正就不要推倒重来；只要与实际情况差别不大，就不要随便修改计划。

第四节　几种常见的计划工具

美国陆军部于 1942 年 6 月开始实施的利用核裂变反应来研制原子弹的计划，亦称曼哈顿计划。为了先于纳粹德国制造出原子弹，该工程集中了当时西方国家最优秀的核科学家，动员了 10 万多人参加这一工程，历时 3 年，耗资 20 亿美元，于 1945 年 7 月 16 日成功地进行了世界上第一次核爆炸，并按计划制造出两颗实用的原子弹，整个工程取得圆满成功。在工程执行过程中，负责人 L·R·格罗夫斯和 R·奥本海默应用了网络计划技术的思路和方法，大大缩短了工程所耗时间。这一工程的成功促进了第二次世界大战后系统工程的发展。“曼哈顿”工程在顶峰时期曾经起用了 53.9 万人，总耗资高达 25 亿美元。这是在此之前任何一次武器实验所无法比拟的，曼哈顿计划不仅造出了原子弹，也留下了 14 亿美元的财产。

正是由于应用了网络计划技术，曼哈顿计划的各项工作才得到很好的协调。在现实中，为了保障组织目标的实现，组织往往需要实施许多有效的计划工具，如甘特图、网络计划工具、目标管理、滚动式计划等。

一、甘特图

甘特图(Gantt chart)又叫横道图，它是以图示的方式通过活动列表和时间刻度形象地表示出任何特定项目的活动顺序与持续时间。它是在第一次世界大战时期发明的，以亨利·L·甘特先生的名字命名，甘特制定了一个完整的用条形图表进度的标志系统。由于甘特图形象简单，在简单、短期的项目中，甘特图都得到了最广泛的运用。它内在的思想很简单，基本上是一种线条图，横轴表示时间；纵轴表示要安排的活动；线条表示在整个时间上计划和实际的活动完成情况。甘特图直观地表明任务、计划在什么时候进行，以及实际进展与计划要求的对比。甘特图虽然简单但却是一种重要的工具，它使管理者很容易搞清一项任务或项目还剩下哪些工作要做，并且能够评估工作是提前了还是拖后了，或是按计划进行。

甘特图如图 5-3 所示，时间以月为单位表示在图的下方，主要活动从上到下列在图的左边。计划需要确定的任务包括哪些活动，这些活动的顺序，以及每项活动应当持续的时间。甘特图可以作为一种控制工具，帮助管理者发现实际进度偏离计划的情况。给出这些信息，项目的管理者就可以采取纠正行动。

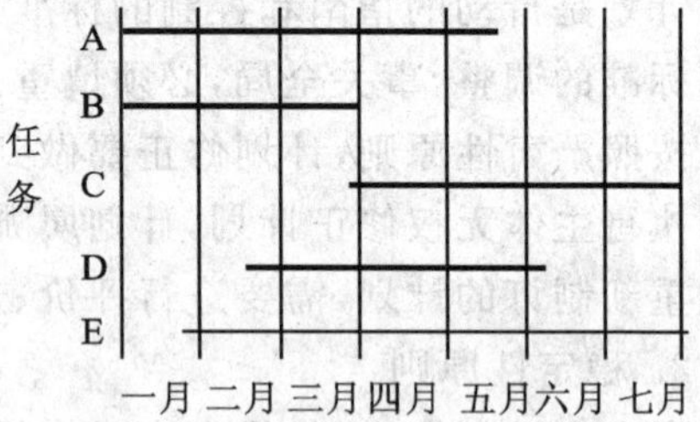

图 5-3　甘特图

甘特图具有以下三个含义：

① 以图形或表格的形式显示活动。

② 现在是一种通用的显示进度的方法。

③ 构造时应包括实际日历天和持续时间，并且不要将周末和节假日算在进度之内。

甘特图具有简单、醒目和便于编制等特点，在企业管理工作中被广泛应用。甘特图按反映的内容不同，可分为计划图表、负荷图表、机器闲置图表、人员闲置图表和进度表等五种形式。

负荷图(Load Chart)如图 5-4 所示，是一种修改了的甘特图，它不是在纵轴上列出活动，而是列出整个部门或者某些特定的资源。负荷图使管理者对生产能力进行计划和控制，换言之，它是工作中心的能力计划。

图 5-4　负荷图

二、网络图

在工程计划管理中，经常使用到网络图的概念，它是网络计划技术的基础。网络图(Network Planning)是一种图解模型，形状如同网络，故称为网络图，网络图是用箭线和结点将某项工作的流程表示出来的图形。根据绘图表达方法的不同，分为双代号表示法(以箭线表示工作)和单代号表示法(以结点表示工作)；根据表达的逻辑关系和时间参数肯定与否，又可分为肯定型和非肯定型两大类；根据计划目标的多少，可以分为单目标网络模型和多目标网络模型。

(一) 网络图的组成内容

下面以双代号网络来说明其构成，网络图是由作业、事件和路线三个因素组成的。

1. 作业(Activity)

作业，也称活动，是指一项工作或一道工序，需要消耗人力、物力和时间的具体活动过程。在网络图中作业用箭线表示，箭尾 i 表示作业开始，箭头 j 表示作业结束。如图 5－5 所示，作业的名称标注在箭线的上面，该作业的持续时间(或工时) T_{ij} 标注在箭线的下面。有些作业或工序不消耗资源也不占用时间，称为虚作业，用虚箭线---➝ 表示。在网络图中设立虚作业主要是表明一项事件与另一项事件之间的相互依存、相互依赖的关系，是属于逻辑性的联系。

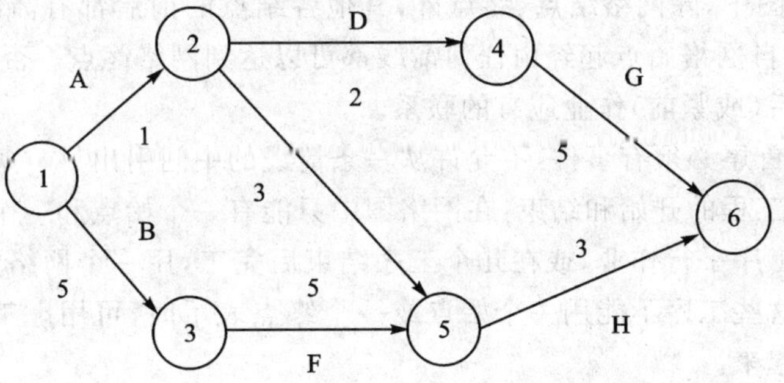

图 5－5　网络图

2. 事件 (Event)

事件，是指某项作业的开始或结束，它不消耗任何资源和时间，在网络图中用“○”表示，“○”是两条或两条以上箭线的交结点，又称为结点。网络图中第一个事件(即○)称网络的起始事件，表示一项计划或工程的开始；网络图中最后一个事件称网络的终点事件，表示一项计划或工程的完成；介于始点与终点之间的事件叫做中间事件，它既表示前一项作业的完成，又表示后一项作业的开始。为了便于识别、检查和计算，在网络图中往往对事件编号，编号应标在“○”内，由小到大，可用连续或间断数字编号。

3. 路线(Path)

路线,是指自网络始点开始,顺着箭线的方向,经过一系列连续不断的作业和事件直至网络终点的通道。一条路线上各项作业的时间之和是该路线的总长度(路长)。在一个网络图中有很多条路线,其中总长度最长的路线称为“关键路线”(Critical Path),关键路线上的各事件为关键事件,关键事件的周期等于整个工程的总工期。有时一个网络图中的关键路线不止一条,即若干条路线长度相等。除关键路线外,其他的路线统称为非关键路线。

如图 5-5 所示,有三条路,分别是:

第一条:①→②→④→⑥;第二条:①→②→⑤→⑥;第三条:①→③→⑤→⑥。

图中路线的路长分别是:第一条 1+2+5 =8;第二条 1+3+3=7;第三条 5+5+3=13。

(二)网络图绘制的基本规则

绘制网络图必须严格遵循下列基本规则:

① 网络图中不能出现循环路线,否则将使组成回路的工序永远不能结束,工程永远不能完工。

② 进入一个结点的箭线可以有多条,但相邻两个结点之间只能有一条箭线。当需要表示多活动之间的关系时,需增加结点(Node)和虚拟作业(Dummy activity)来表示。

③ 在网络图中,除网络结点、终点外,其他各结点的前后都有箭线连接,即图中不能有缺口,使自网络始点起经由任何箭线都可以达到网络终点。否则,将使某些作业失去与其紧后(或紧前)作业应有的联系。

④ 箭线的首尾必须有事件,不允许从一条箭线的中间引出另一条箭线。

⑤ 为表示工程的开始和结束,在网络图中只能有一个始点和一个终点。当工程开始时有几个工序平行作业,或在几个工序结束后完工,用一个网络始点、一个网络终点表示。若这些工序不能用一个始点或一个终点表示时,可用虚工序把它们与始点或终点连接起来。

⑥ 网络图绘制力求简单明了,箭线最好画成水平线或具有一段水平线的折线;箭线尽量避免交叉;尽可能将关键路线布置在中心位置。

(三)逻辑关系

根据网络图中有关作业之间的相互关系,可以将作业划分为:紧前作业、紧后作业、平行作业和交叉作业。

① 紧前作业:是指紧接在该作业之前的作业。紧前作业不结束,则该作业不能开始。

② 紧后作业:是指紧接在该作业之后的作业。该作业不结束,紧后作业不能开始。

③ 平行作业:是指能与该作业同时开始的作业。

④ 交叉作业:是指能与该作业相互交替进行的作业。

网络图中作业之间的逻辑关系是相对的,不是一成不变的。只有指定了某一确定作业,考察它的与之有关各项作业的逻辑联系,才是有意义的。

三、滚动计划

滚动计划法是按照“近细远粗”的原则制订一定时期内的计划,然后按照计划的执行情况和环境变化,调整和修订未来的计划,并逐期向后移动,把短期计划和中期计划结合起来的一种计划方法。

例如,某公司是中国东部地区一家知名企业,原有的计划管理水平低下,粗放管理特征显著,计划管理与公司实际运营情况长期脱节。为实现企业计划制订与计划执行的良性互动,在管理咨询公司顾问的参与下,该公司逐步开始推行全面滚动计划管理。首先,该公司以全面协同量化指标为基础,将各年度分解为 4 个独立的、相对完整的季度计划,并将其与年度计划紧密衔接。该公司各季度计划的制订是根据近细远粗、依次滚动的原则开展的。该公司立足于企业长期、稳定、健康的发展,将季度计划、年度计划、跨年度计划环环相扣,前后呼应,形成了独具特色的企业计划管理体系,极大地促进了企业计划制订和计划执行相辅相成的功效,明显提升了企业计划管理、分析预测和管理咨询的水平,为企业整体效益的提高奠定了坚实的基础。

(一) 滚动计划思想

滚动计划(也称滑动计划)是一种动态编制计划的方法。它不像静态分析那样,等一项计划全部执行完了之后再重新编制下一时期的计划,而是在每次编制或调整计划时,均将计划按时间顺序向前推进一个计划期,即向前滚动一次,按照制订的项目计划进行施工,对保证项目的顺利完成具有十分重要的意义。但是由于各种原因,在项目进行过程中经常出现偏离计划的情况,因此要跟踪计划的执行过程,以发现存在的问题。另外,跟踪计划还可以监督过程执行的费用支出情况,跟踪计划的结果通常还可以作为向承包商部分支付的依据。然而,计划却经常执行得很差,甚至会被完全抛弃。

滚动计划编制的方法是:在已编制出的计划基础上,每经过一段固定的时期(例如一年或一个季度,这段固定的时期被称为滚动期)便根据变化了的环境条件和计划的实际执行情况,从确保实现计划目标出发对原计划进行调整。每次调整时,保持原计划期限不变,而将计划期顺序向前推进一个滚动期。

(二) 滚动计划的制订流程

滚动计划根据一定时期计划的执行情况,考虑企业内外环境条件的变化,调整和修订出来的计划,并相应地将计划期顺延一个时期,把近期计划和长期计划结合起来的一种编制计划的方法。在计划编制过程中,尤其是编制长期计划时,为了能准确地预测影响计划执行的各种因素,可以采取近细远粗的办法,近期计划订得较细、较具体,远期计划订得较粗、较概略。在一个计划期终了时,根据上期计划执行的结果和产生条件,市场需求的变化,对原计划进行必要的调整和修订,并将计划期顺序向前推进一期,如此不断滚动。例如某企业在2003年底制订了2004—2008年的五年计划,采用滚动计划法,到2004年底,根据当年计划完成的实际情况和客观条件的变化,对原订的五年计划进行必要的调整,在此基础上再编制2005—2009年的五年计划,其后依此类推,如图5-6所示。

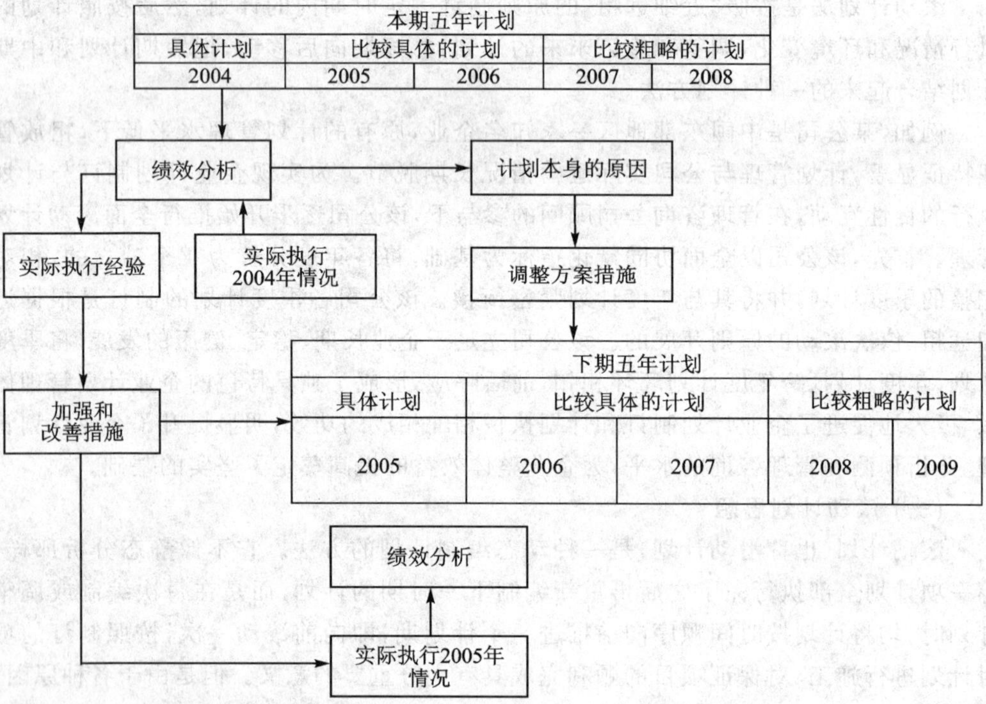

图5-6 五年期的滚动计划法

可见,滚动式计划法能够根据变化了的组织环境及时调整和修正组织计划,体现了计划的动态适应性。它可以使中长期计划与年度计划紧紧地衔接起来。滚动计划法,既可用于编制长期计划,也可用于编制年度、季度生产计划和月度生产作业计划。不同计划的滚动期不一样,一般长期计划按年滚动;年度计划按季滚动;月度计划按旬滚动等。

(三)滚动计划的优点

滚动计划虽然使得计划编辑工作的任务量加大,但在计算机已被广泛应用的今天,其优点十分明显。

把计划期内各阶段以及下一个时期的预先安排有机地衔接起来,而且定期调整补充,从而从方法上解决了各阶段计划的衔接和符合实际的问题。较好地解决了计划的相对稳定性和实际情况的多变性这一矛盾,使计划更好地发挥其指导生产实际的作用。采用滚动计划法,使企业的生产活动能够灵活地适应市场需求,把供产销密切结合起来，从而有利于实现企业预期的目标。

需要指出的是，滚动间隔期的选择，要适应企业的具体情况，如果滚动间隔期偏短，则计划调整较频繁，好处是有利于计划符合实际，缺点是降低了计划的严肃性。一般情况是，生产比较稳定的大量大批企业宜采用较长的滚动间隔期，生产不太稳定的单件小批生产企业则可考虑采用较短的间隔期。采用滚动计划法，可以根据环境条件变化和实际完成情况，定期地对计划进行修订，使组织始终有一个较为切合实际的长期计划作指导，并使长期计划能够始终与短期计划紧密地衔接在一起。

复习思考题

1. 计划的 5W＋1H 分别是什么？
2. 计划的特点有哪些？
3. 比较指导性计划和具体性计划。
4. 环境不确定的情况下，更适合编制什么样的计划？
5. 网络图绘制的规则有哪些？
6. 如何理解计划的权变因素？
7. 滚动计划有什么优点？

第六章　战　略

【本章要点】

- 外部一般环境
- 驱动行业竞争的五种力量
- 战略的内涵
- 战略制定的原则和步骤
- SWOT 分析
- 战略的三个层次

战略是组织的一种特殊意义的计划，是组织的一种总体行动方案。对于企业来说，随着日新月异的技术革新，日益加剧的全球化竞争，以及其他方面的环境冲击，传统的长期计划方法变得不再那么重要。分析环境、评价组织的优势和劣势，以及识别有可能建立竞争优势的机会，制定战略越来越被组织所重视，并且成为其面对多变的环境以及激烈竞争的一个重要武器。一个组织需要有明确的目标和正确的战略，不仅是企业，还包括政府机构、医院、学校等组织在内，都应制定自己的战略，通过战略规划组织的发展方向。

第一节　战略与战略管理

一、什么是战略

（一）战略与企业战略

在我国很早就有战略的说法，《左传》和《史记》中都有战略一词。春秋时期的《孙子兵法》就是著名的军事战略著作，而《军语》中把战略解释为“筹划军国之方略也”。19 世纪瑞士人约米尼认为，战略是在地图上进行战争的艺术，它所研究的对象是整个战场。总之，战略这个词最早是军事上的一个概念，指将帅的智谋和对军事力量的运用，它要解决在一定时期内战略攻击的主要方向、兵力部署和所要达到的基本目标。那么在经济管理领域，战略究竟是什么意思呢？

企业战略（Enterprise Strategy）就是企业运用所拥有的技术和资源，在最有利的情况下达成其基本目标的一种科学和艺术。企业战略就其属性来讲是一种计划，是一种带有全局性、长远性和根本性的计划；是一种以适应环境和超越竞争对手为主要特征的抗争性计划。一个公司成功地制定和执行价值创造的战略时，能够获得战略竞争力。更确切地说，企业战略就是用一系列的主要方针、计划来实现企业的目的，即企业现在在做什么业务，想做什么业务；现在是一个什么样的公司，未来想成为一个什么样的公司。

加拿大麦吉尔大学教授明茨伯格谈到企业战略时指出，人们在生产经营活动中不同的场合以不同的方式赋予企业战略不同的内涵，说明人们可以根据需要接受多样化的战略定义。在这种观点的基础上，明茨伯格借鉴市场营销学中的四要素(4P)的提法，提出企业战略是由五种规范的定义阐述。企业战略5P的具体内容如下：

第一，战略是一种计划(Plan)，是指战略是一种有意识、有预计、有组织的行动程序，是解决一个企业如何从现在的状态达到将来位置的问题。据此，战略具有两个本质属性：战略是在企业发生经营活动之前制定的，以备人们使用；战略是作为一种计划写进企业正式文件中的，当然不排除有些不公开的、只为少数人了解的企业战略。

第二，战略是一种计策(Ploy)，是指战略不仅仅是行动之前的计划，还可以在特定的环境下成为行动过程中的手段和策略，一种在竞争博弈中威胁和战胜竞争对手的工具。例如，得知竞争对手想要扩大生产能力时，企业便提出自己的战略是扩大厂房面积和生产能力。

第三，战略是一种模式(Pattern)，是指战略可以体现为企业一系列的具体行动和现实结果，而不仅仅是行动前的计划或手段。无论企业是否事先制定了战略，只要有具体的经营行为，就有事实上的战略。

第四，战略是一种定位(Position)，是指战略是一个组织在其所处环境中的位置，对企业而言就是确定自己在市场中的位置。企业战略涉及的领域很广，可以包括产品生产过程、顾客与市场等任何经营活动及行为。但最重要的是，制定战略时应充分考虑到外部环境，尤其是行业竞争结构对企业行为和效益的影响，确定自己在行业中的地位和达到该地位所应采取的各种措施。

第五，战略是一种观念(Perspective)，是指战略表达了企业对客观世界固有的认知方式，体现了企业对环境的价值取向和组织中人们对客观世界固有的看法，进而反映了企业战略决策者的价值观念。企业战略决策者在对企业外部环境及内部条件进行分析后作出的主观判断就是战略。

(二) 战略的特征

战略是设立远景目标并对实现目标的轨迹进行的总体性谋划，属宏观管理范畴，具有全局性、指导性、竞争性、长远性、风险性的主要特征。

1. 全局性

这是战略最根本的特征。全局性指战略是以企业的全局为研究对象来确定企业的总目标，规定企业的总行动，追求企业的总数量。对于企业来说，企业战略立足于未来，通过对国际、国家的政治、经济、文化及行业等经营环境的深入分析，结合自身资源，站在系统管理高度，对企业的远景发展轨迹进行了全面的规划。

2. 指导性

企业战略界定了企业的经营方向、远景目标，明确了企业的经营方针和行动指南，并筹划了实现目标的发展轨迹及指导性的措施、对策，在企业经营管理活动中起着导向的作用。

3. 竞争性

制定和实施战略都要针对一定对象。通过对其各方面的情况进行分析判断,确定适当的战略目的。竞争是市场经济不可回避的现实,也正是因为有了竞争才确立了战略在经营管理中的主导地位。面对竞争,企业战略需要进行内外环境分析,明确自身的资源优势,通过设计恰当的经营模式,形成特色经营,增强企业的对抗性和战斗力,推动企业长远、健康地发展。

4. 长远性

长远性是指战略规划要体现、服从组织长远发展的远景和目标,不能局限于眼前利益和近期现状。组织战略着眼于长期生存和长远发展的思考,确立了远景目标,并谋划实现远景目标的发展轨迹及宏观管理的措施、对策。组织所处环境的变化是绝对的,不变是相对的。战略规划的价值就是通过对环境变化的预测分析来帮助组织预先采取应对措施,减少未来不利变化的影响,实现组织的平稳有序发展。

5. 风险性

企业做出任何一项决策都存在风险,战略决策也不例外。市场研究深入,行业发展趋势预测准确,设立的远景目标客观,各战略阶段人、财、物等资源调配得当,战略形态选择科学,制定的战略就能引导企业健康、快速地发展。反之,仅凭个人主观判断市场,设立目标过于理想或对行业的发展趋势预测偏差,制定的战略就会产生管理误导,甚至给企业带来破产的风险。

(三) 战略的构成要素

从内涵上说,企业战略主要包含以下几个要素:

第一,经营范围。说明企业属于哪个特定行业和领域,企业在所处行业中产品与市场的地位是否占有优势,并用以说明企业的经营主线。

第二,资源配置。资源配置是战略实现的基础,资源配置的好坏会极大地影响企业实现目标的程度。当企业面临重大挑战、考虑采取相应战略行动时,一般都要对已有的资源配置模式加以调整,以支持企业总体战略行为。

第三,竞争地位。是指通过对经营范围与资源配置模式的决策,企业所形成的竞争地位。

第四,协同作用。企业通过对总体资源整合所获得的收益,应当大于各部分资源单独收益的总和。

二、战略的层次

如果企业只是生产单一产品或提供服务,则任何组织的管理部门只需制订单一的战略计划,就可完成所有的事情。但是许多组织的业务都是多元化的,通用电气公司就是一家经营多种事业的企业——从飞机发动机、电灯泡到拥有 NBC 电视网,几乎无所不包。美国商标公司(American Brands)经营烟草、烈性酒、人寿保险、办公室产品、五金产品、高尔夫设备，以及光学产品。并且，这些多元化公司还拥有多种职能部门，如财务和市场营销，这些部门为公司的每一种业务提供支援。因此，企业经营战略是一个纵横系统，可以分解为不同层次的子系统。

一般来讲，对于上规模的大中型企业，我们可以理解为战略在组织内是分层次的。企业经营战略包括三个层次：第一层次是公司层战略；第二层次是事业部级战略（业务战略）；第三层次是职能级战略。

（一）公司层战略

公司层战略（Corporate Strategy）主要关注整个公司的经营范围，从结构和财务的角度来考虑如何经营，寻求回答这样的问题：我们应当拥有什么样的事业组合？如何在几项业务中分配资源？如何与公司的投资人或投资机构进行沟通等。具体表现为公司是从事多元化经营，还是通过垂直整合、并购或国际化实现增长等，公司层战略应当决定每一种事业在组织中的地位。

（二）业务层战略

业务层战略（Competitive or Business Strategy），又称经营单位战略，主要涉及市场竞争。业务层战略主要关心每一项业务领域里应如何进行竞争？业务层战略规定该事业单位提供的产品或服务，以及向哪些顾客提供产品或服务。业务层战略主要关心每一项业务领域里应如何进行竞争？应该关心开发哪些产品或服务，以及将其提供给哪些市场；关心目标市场的客户满意程度，以及公司目标的实现程度。战略事业单位（Strategic Business Unit，SBU）代表一种单一的事业或相关的事业组合，每一个战略事业单位应当有自己独特的使命和竞争对手，这使得每一个事业单位有自己独立于组织的其他事业单位的战略。像在通用电气这样的公司中，因为经营多种多样的事业，管理部门可能建立十几个或更多的战略事业单位。一般认为，公司战略涉及组织的整体决策，而竞争战略或业务战略则更关心组织内的某个战略业务单位。对于具体的业务单位来说，竞争战略是最重要的战略内容，其目的就是如何在竞争中获取胜利。

（三）职能层战略

战略的第三个层次在组织的职能层。这一层战略（Functional - level Strategy）寻求回答这样的问题：我们怎么支撑业务层战略？职能部门如研究与开发、制造、市场营销、人力资源和财务部门，如何为其他各级战略服务，以实现其他各级战略的目标。这一层战略关心公司不同职能，即营销、财务、生产制造、人力资源部门如何为其他各级战略服务，以实现其他各级战略的目标。

对于公司层、业务层以及职能层这三个层次的战略来说，下一级战略是上一级战略的具体化和展开，它要保证上一级总体战略目标的实现以及系统的支持性，但它又有根据其工作性质和要求所确定的目标和措施，具有相对的独立性。

三、战略管理及战略管理理论

(一) 战略管理

战略管理是指企业确定其使命，根据组织外部环境和内部条件设定企业的战略目标，为保证目标的正确落实和实现进行谋划，并依靠企业内部能力将这种谋划和决策付诸实施，以及在实施过程中进行控制的一个动态管理过程。

战略管理与经营管理是有区别的。战略管理是提升企业的发展态势、提升企业生命力，以适应社会环境、市场环境及其他环境变化。企业的经营管理是强化竞争力、扩大收益基础，使企业在市场环境中占有一定的地位。从战略管理应用实践来看，企业战略源于企业计划，企业战略管理源自于企业长期规划，期间还经历了一个短暂的战略规划过渡阶段，最后进入战略管理时代。

(二) 战略管理理论

1. 传统战略管理理论

20 世纪 60 年代初，美国著名管理学家艾尔弗雷德·D·钱德勒在《战略与结构：工业企业史的考证》一书中，分析了环境、战略和组织之间的相互关系，提出了"结构追随战略"的论点。他认为，企业经营战略应当适应环境、满足市场需求，而组织结构又必须适应企业战略，随着战略的变化而变化。伊戈尔·安索夫在 1965 出版的《公司战略》一书中提出了"企业战略"这一概念，并将战略定义为"一个组织打算如何去实现其目标和使命，包括各种方案的拟定和评价，以及最终将要实施的方案"，他首次提出公司战略概念、战略管理概念、战略规划的系统理论、企业竞争优势概念以及把战略管理与外界环境联系起来的权变理论。"战略"一词随后成为管理学中的一个重要术语，在理论和实践中得到了广泛的运用。

2. 竞争战略管理理论

竞争战略理论是在 20 世纪 80 年代形成的，主要代表人物是迈克尔·波特，其理论基础是产业(市场)结构分析。波特认为，企业战略的核心是获取竞争优势，而影响竞争优势的因素有两个：一是企业所处产业的盈利能力，即产业的吸引力；二是企业在产业中的相对竞争地位。所以企业战略选择的基本观点是：第一，企业经营战略的关键是确定企业竞争优势，即选择有吸引力的、高潜在利润的产业，在已选的产业中确定自己优势；第二，一个行业存在五个方面的竞争力量；第三，赢得竞争优势的基本竞争战略有成本领先战略、差异化战略和集中化战略三种。

3. 核心竞争力战略理论

1990 年，普拉哈拉德和哈默在《哈佛商业评论》上发表了《企业核心能力》一文。从此，关于核心能力的研究热潮开始兴起，并且形成了战略理论中的"核心能力学派"。该理论强调的是企业内部条件对于保持竞争优势以及获取超额利润的决定性作用。1995 年，克里斯(Cynthia A. Montgomery)和蒙哥马利(Cynthia A. Montgomery)在《哈佛商业评论》上发表了《资源竞争：90 年代的战略》一文。该论文对企业的资源和能力的认识更深了一层,提出了企业的资源观。他们认为,价值的评估不能局限于企业内部,而且要将企业置身于其所在的产业环境,通过与其竞争对手的资源比较,从而发现企业拥有的有价值的资源。

4. 超越竞争的战略管理理论

美国学者穆尔(James F. Moore)1996 年出版的《竞争的衰亡》标志着战略理论的指导思想发生了重大突破。作者以生物学中的生态系统这一独特的视角来描述当今市场中的企业活动,穆尔提出了“商业生态系统”这一全新的概念,打破了传统的以行业划分为前提的战略理论的限制,力求“共同进化”。穆尔站在企业生态系统均衡演化的层面上,把商业活动分为开拓、扩展、领导和更新四个阶段。该理论认为,在当今产业界限日益融合的情况下,企业不应把自己看作是单个的企业,而应把自己当做一个企业生态系统的成员,这个经济系统的成员包括供应商、生产者、竞争者和其他利益相关者。在企业生态系统中,战略制定的基本单位不再是企业或产业,而是合作演化的生态系统;竞争不再被看作主要在公司与公司之间进行,而是主要在企业生态系统之间以及在系统内取得领导和中心地位上进行竞争。

第二节 战略环境研究

任何组织都是在一定环境中从事活动的,环境的特点以及变化必然制约组织活动方向,对于组织制定战略及决策有着重要的影响。环境是指影响组织绩效的外部机构与力量的总和。斯蒂芬·P·罗宾斯把管理环境定义为对组织绩效起着潜在影响的外部力量。管理的环境是组织生存发展的物质条件的综合体,它存在于组织界限之外,并可能对管理者的行为产生直接或间接影响。

环境因素是客观存在的,组织管理与环境间的关系是密切的,组织的管理活动要受到环境的作用和影响;同时组织也可以通过管理,应用环境因素并对环境施加影响。管理环境的特点制约和影响管理活动的内容和进行,环境的变化要求管理的内容、手段、方式以及方法等随之调整,利用机会,趋利避害,更好地实施管理。对于组织来说,战略制定离不开对环境的分析。无论是企业管理还是行政管理来说,环境的影响作用都是不可忽视的,一般把管理环境分为外部环境、任务环境和内部环境。

一、外部环境及内部环境

(一) 外部环境

外部环境是组织之外的客观存在的各种影响因素的总和,它是不以组织的意志为转移的,是组织管理必须面对的重要影响因素,其对众多组织都会产生影响。要利用机会、避开威胁,就必须认识外部环境;要认识环境,就必须研究外部环境、分析外部环境。研究外部环境不仅可以帮助我们了解外部环境的特点,而且还可以使我们认识到外部环境的演变过程,从而揭示外部环境变化的一般规律,并且以此预测它在未来的发展趋势。

外部环境也称作总体环境,是在一定时空内存在于社会中的各类组织均会面对的环境,大致可以分为政治环境、经济环境、文化环境、技术环境以及自然环境等五个方面。

1. 政治法律环境

它是指一个国家或地区的政治制度、体制、方针政策、法律法规等方面。政治环境还包括社会制度、执政党的性质等,政治环境主要表现在地区的稳定性和政府对各类组织或活动的态度上,这些因素常常制约、影响企业的经营行为,尤其影响企业较长期的投资行为。法律环境包括国家制定的法律、法规、法令以及国家的执法机关结构等因素,法律法规对企业的影响在于企业既保护企业的正当利益,又监督和制约企业的行为。政治法律环境是保障企业正常的生产经营活动的基本条件。政治因素对企业来说是不可控制的,带有强制的约束力,只有适应这些环境的需要,使自己的行为符合国家的政治路线、政策、法律法规,才能使企业生存和发展。

2. 经济环境

它是指构成组织的生存和发展的社会经济状况和国家经济政策。经济环境主要包括宏观和微观两个方面内容。例如一个国家的经济制度、经济结构、产业布局、物质资源状况、银行信贷和国民收入水平、经济发展水平以及未来的经济走势等。

3. 技术环境

它是指一个国家或地区的技术水平、技术政策、新产品开发能力以及技术发展的动向等。这里的科技主要包含了硬件技术和软件技术两个方面。硬件技术是指一切对企业颇为重要的物质化的新技术,包括新材料、新能源、新工艺、新设备和新产品等;软件技术是指可以直接用于生产产品的信息化的技术,同时还包括管理思想及经营策略等。

4. 文化环境

它是指一个国家或地区的民族特征、文化传统、价值观、宗教信仰、教育水平、社会结构及风俗习惯等。文化环境包括一个国家或地区的居民文化水平、宗教信仰、风俗习惯、道德观念、价值观念等。文化环境对企业的影响是间接的、潜在的和持久的,文化的基本要素包括哲学、宗教、语言与文字、文学艺术等,它们共同构筑成文化系统,对企业文化有重大的影响。

5. 自然环境

它是环绕人们周围的各种自然因素的总和,如大气、水、植物、动物、土壤、岩石矿物、太阳辐射等,这些是人类赖以生存的物质基础。自然环境是社会环境的基础,而社会环境又是自然环境的发展。人类是自然的产物,而人类的活动又影响着自然环境。

(二) 内部环境

内部环境是指组织内部的各种影响因素的总和,它随着组织产生而产生的。组织的人力资源、财力资源以及文化环境是内部环境中最重要的因素。内部环境随着组织的诞生而产生，对组织的管理活动产生影响。内部环境决定了管理活动的可选择的方式方法，而且在很大程度上影响到组织管理的成功与失败。

企业内部环境分析与企业外部环境分析是密切相关的，两者相辅相成。企业内部环境是企业进行生产经营活动的基础，企业战略的制定和实施必须建立在现有的实力基础之上，因此对企业内部环境的分析是战略管理的重要环节。

1. 企业内部环境分析的内容

(1) 企业资源能力分析

企业资源和能力分析的目的，在于搞清楚企业资源和经营能力状况，发现企业资源能力的不足，确认企业的核心资源和核心能力，明确企业战略的发展方向和目标。企业的资源包括企业物力资源和财力资源等有形资源，也包括人力资源。此外，知识产权、商誉、企业文化等无形资产也是企业重要的资源。

(2) 生产能力分析

生产是企业进行资源转换的中心环节，它必须在数量、质量、成本和时间等方面符合要求的条件下形成有竞争性的生产能力。生产能力分析，重点要对企业、车间、工段或小组在一定时间内的生产能力进行计算和确定。

2. 企业内部环境分析的主要方法

(1) 关键成功要素分析方法

关键成功要素指的是可以被用来确定企业的内部竞争优劣的有关领域。例如，生产技术、原料资源、服务、用户需求、进入障碍、行业结构、规模经济、成本特征、销售渠道等都是关键成功要素。如果能确定企业成功的关键领域，并将资源正确地组合调配给它们，就可能使企业处于一个真正有竞争优势的地位。

(2) 经验曲线法

经验曲线又称学习效应，是一种表示生产单位时间与连续生产单位之间的关系曲线。学习曲线效应及与其密切相关的经验曲线效应表示了经验与效率之间的关系。随着重复某项活动次数的增加，员工可以不断积累经验，提高生产效率，从而降低成本。

(3) 财务分析法

即企业可以从财务管理的水平及财务状况两个方面考察、评估企业过去和当前的经营、财务状况，研究企业财务的变化规律及趋势。

(4) 平衡计分卡法

平衡计分卡(The Balanced Score Card)，就是根据企业组织的战略要求而精心设计的指标体系。按照卡普兰和诺顿的观点，“平衡计分卡是一种绩效管理的工具。它将企业战略目标逐层分解转化为各种具体的相互平衡的绩效考核指标体系，并对这些指标的实现状况进行不同时段的考核，从而为企业战略目标的完成建立起可靠的执行基础”。

二、行业结构分析

不同的组织有不同的任务环境。对于不同的组织有一般的共同环境，同时也要在一定的特殊领域内活动。比如企业是在一定的行业中从事生产经营活动的，行业环境的特点直接影响着企业的竞争能力。外部一般环境对不同类型的组织均产生某种程度的影响，而与具体领域有关的行业环境则直接并具体地影响着组织的活动。下面以企业为例来分析其任务环境，企业的任务环境主要是指行业环境。企业制定战略的本质在于把企业与其环境联系起来，这种环境除了宏观外部环境以外，关键是参与竞争企业面临的行业环境。

（一）行业结构的内涵

行业结构也称为市场结构，指的是某一特定市场中各种要素之间的内在联系及其特征，包括市场上供给者、需求者与正在进入该市场的供给者、需求者之间的关系，以及由此决定的竞争形式。市场集中度（Market Concentration Rate）是对整个行业的市场结构集中程度的测量指标，它用来衡量企业的数目和相对规模的差异，是市场实力的重要量化指标。市场集中度是决定市场结构最基本、最重要的因素，集中体现了市场的竞争和垄断程度。经常使用的集中度计量指示有：行业集中率、赫尔芬达尔-赫希曼指数（简称赫希曼指数）、洛仑兹曲线、基尼系数、逆指数和熵指数等。

划分一个行业属于什么类型的市场结构，主要依据以下三个方面：

第一，本行业内部的生产者数目或企业数目。如果本行业就一家企业，那就可以划分为完全垄断市场；如果只有少数几家大企业，那就属于寡头垄断市场；如果企业数目很多，则可以划入完全竞争市场或垄断竞争市场。一个行业内企业数目越多，其竞争程度就越激烈；反之，一个行业内企业数目越少，其垄断程度就越高。

第二，本行业内各企业生产者的产品差别程度。这是区分垄断竞争市场和完全竞争市场的主要方式。

第三，进入障碍的大小。所谓进入障碍，是指一个新的企业要进入某一行业所遇到的阻力，也可以说是资源流动的难易程度。一个行业的进入障碍越小，其竞争程度越高；反之，一个行业的进入障碍越大，其垄断程度就越高。

根据这三个方面因素的不同特点，微观经济学将市场划分为完全竞争市场、垄断竞争市场、寡头垄断市场和完全垄断市场四种市场类型。

（二）驱动行业竞争的五种力量

按照美国学者波特（M. E. Porter）的观点，一个行业的竞争，远不止在原有竞争对手中进行，而是存在着五种基本的竞争力量，分别是：潜在的行业新进入者的威胁、替代品的威胁、购买商讨价还价的能力、供应商讨价还价的能力以及现有竞争者之间的竞争，如图 6-1 所示。该五种基本竞争力量的状况及其综合强度，决定着行业的竞争程度，从而决定着行业中的获利能力的最终潜力。

1. 现有竞争对手研究

企业面临的市场是个竞争的市场，同种产品的制造和销售不止一家企业。多家企业生产相同的产品，必然要采取各种措施和手段争夺顾客，从而形成市场竞争。

组织的竞争对手是与其争夺客户的组织。任何组织都不可避免的有多个竞争对

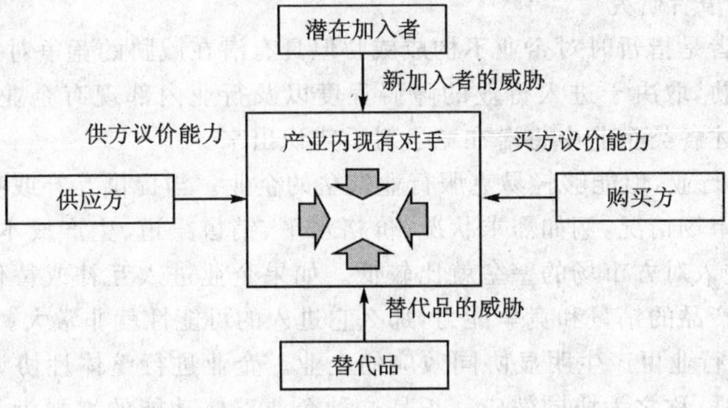

图 6-1 驱动行业竞争的五种力量

手，不同产业竞争的激烈程度是不同的。对于企业来说，现有企业间竞争主要包括竞争者多少及力量对比、市场增长率等因素。企业之间的竞争手段主要包括价格战、广告战、产品创新以及其他非价格因素竞争。由于竞争对组织的市场条件和资源条件会造成直接的影响，这就迫使组织要正确估计自身和竞争对手的竞争实力，根据竞争环境特点，制定有效的组织发展战略，包括市场战略、形象战略、新产品发展战略等，以期在激烈的竞争条件下立于不败之地。

2. 供应商研究

企业的供应商即向企业提供资源的人或组织。企业的发展依赖于供应商各种资源的供应，供应商对本行业的压力表现在要求提高原材料的价格，降低产品质量，从而使本行业的利润下降。供应商的研究主要包括两个方面的内容：第一，供应商的供货能力或企业寻求其他供货渠道的可能性；第二，供应商的谈判能力。

3. 顾客研究

顾客是组织为其提供产品或服务的人或组织。组织是为满足顾客需要而存在的，如果一个组织失去了其服务对象，该组织就失去了自身存在的基础。作为买方的顾客，总希望所购买的产品物美价廉、质量更好、服务更优。因此他们总是会为压低产品价格，要求提高产品质量和服务水平而同该产业内的企业讨价还价，使得产业内的企业竞争更加激烈，产业利润降低。作为企业必须首先关注顾客的需求，以满足顾客的需求为企业的责任。顾客的需求是多样化并且是不断变化的，企业要满足顾客的需求，就必须不断推出差异化的新产品。对顾客的研究主要包括以下几方面：

① 顾客的总体需求研究。

② 需求结构研究。

③ 顾客购买能力的研究，包括顾客购买量大小、企业产品在顾客产品形成中的重要性等。

④ 顾客讨价能力研究。

4. 潜在竞争者研究

潜在竞争者是指暂时对企业不构成威胁但具有潜在威胁的竞争对手。潜在竞争对手的可能威胁,取决于进入行业的障碍程度以及行业内部现有企业的反应程度。一般可以从下述各类企业中将潜在竞争对手辨识出来。

① 不在本行业,但能够轻易克服行业壁垒的企业。当提供互补或替代产品的企业对另一方的市场情况,例如需求状况、价格水平、销售渠道、生产成本、原料供应都比较了解时,进入对方市场的壁垒就比较低。如果企业进入互补或替代的市场能显著地提高原有产品的销量和竞争能力,那么它进入的可能性就非常大。

② 进入本行业可产生明显协同效应的企业。企业进行整体性协调后所产生的整体功能的增强,称之为协同效应。正是这种企业整体功能的增强为企业带来了竞争优势。因此,如果本行业成为某企业的一种产业后能够使该企业产生明显的协同效应,那么该企业进入本行业的可能性就很大。

③ 行业战略的延伸必将导致加入本行业竞争的企业。例如,长虹、海尔两家都力图成为整个中国家电业的领先企业,长虹公司在加强彩电生产的同时,开始生产空调等白色家电,而海尔公司也开始从白色家电领域向黑色家电渗透。

④ 可能前向整合或后向整合的客户或供应商。从企业关系的层次来看,有从制造商向批发和分销商再到最终用户的前向整合,以及从制造商向供应商的后向整合。某些政策上的优惠会导致企业间的前向整合或后向整合,如当采取按最终产品征税时,就会促使许多企业纵向兼并。这些经过整合后产生的新企业,往往具有很强的竞争力。

⑤ 可能发生兼并或收购行为的企业。为了追求规模经济效益、加强生产经营的稳定性、促进企业的快速发展或减少竞争对手、扩大或垄断市场,有一定实力的企业很可能会兼并与收购一些相关企业。

5. 替代品生产者研究

对于两种物品,如果一种物品价格的上升引起另一种物品需求的增加,则这两种物品被称为替代品。消费者愿意为某个产品支付的价格部分取决于替代产品的可获得性。如果某种产品不存在替代品,这就意味着消费者对产品的价格是相对不敏感的,或者说需求相对于价格是缺乏弹性的。战略管理中的替代品是指具有相同或相似功能的产品,因为企业向市场提供的不是一种具体物品,而是一种抽象的使用价值或功能。尽管有些产品外表差异很大,但是它们的功能相同或相近,能够满足消费者的相同需要,在使用过程中就可能会相互替代。替代品价格越低、质量越好、用户转换成本越低,其所能产生的竞争压力就强。因此行业环境分析不仅要分析现有竞争对手还要分析替代品生产企业。替代品生产者的分析主要包括:第一,确定哪些产品可以替代本企业提供的产品和服务;第二判断哪些类型的产品可能对本企业的经营造成威胁。

第三节 战略管理过程

战略管理过程是一个战略计划实施和评估的过程。即使是最好的战略,如果组织不能适当地实施它们或是不能恰当地评估实施的结果,也照样会失败。对于企业来说,战略管理是制定战略决策、实施战略方案、控制战略绩效的一个动态过程。

一、战略制定的原则

战略的制定过程既是保证战略的科学性与现实性的重要方面,也是保证战略能够具体实现的重要手段。由于战略涉及组织的大局、根本与发展方向,因而战略的制定是一个需要认真思考、慎重处理的工作,它应当遵循以下原则:

1. 方向性原则

战略的属性决定了战略的制定,应该决定组织的方向性任务,是对组织未来发展方向的总体规定。

2. 适应性原则

在强调战略的稳定性的同时,必须考虑战略的适应性。因为任何战略都是在一定环境下的战略,而环境又是不断变化的,由于环境的变化,组织所制定的战略有时不得不修改或完善,否则组织无法与环境保持一致。

3. 层次性原则

这是由战略自身的特征决定的。由于组织的层次性,不同的战略适应组织不同的层级。组织总体战略应由最高管理层做出,组织的职能层战略由相关职能部门根据总体战略来制定。

4. 竞争性原则

战略的制定应该充分考虑竞争的导向。由于全球化和市场竞争的加剧,各类组织都面临着前所未有的激烈竞争。组织战略的制定应该以获取利益和利用激烈的竞争优势为基础。

二、战略管理的步骤

(一)确定组织的宗旨、目标

制定战略的第一步就是要提出问题,确定组织的宗旨和目标。正如美国著名的学者彼得·德鲁克所说:“经营宗旨如此独特,是造成一个企业或机构经营失败的唯一原因,也是最重要的原因。”每个组织都有一个宗旨(Mission),它规定了组织的目的和回答了下述问题:我们到底从事的是什么事业,组织宗旨从根本上定义了组织所从事的事业。

企业宗旨是关于企业存在的目的或对社会发展的某一方面应作出的贡献的陈述,有时也称为企业使命。企业宗旨不仅陈述了企业未来的任务,而且还要阐明为什

么要完成这个任务以及完成任务的行为规范是什么。尽管企业的宗旨陈述千差万别,但一个良好的宗旨陈述应包括以下三方面的内容:

① 企业形成和存在的基本目的。这一内容提出了企业的价值观念,以及企业的基本社会责任和期望在某方面对社会的贡献。

② 为实现根本目的应从事的经营活动的范围。这一内容规定着企业在战略期的生产范围和市场范围。

③ 企业在经营活动中的基本行为规则和原则。这一内容阐明了企业的经营思想。经营思想的陈述,往往反映在企业的经营方针中。

很多企业在设计和展示本企业的企业愿景和企业宗旨的时候,经常因为对概念的理解和定义、认同不一致,而出现在甲企业里的企业宗旨,在乙企业里为企业愿景;在运用企业愿景和企业宗旨方面,有的用企业愿景,有的用企业宗旨。其实,这两词的内涵和外延基本上是一致的,只是“宗旨”一词更符合习惯一些,而“愿景”是最近几年更多提到的。

以下是几个关于企业宗旨和愿景的例子。

柯达的愿景:只要是图片都是我们的业务。

索尼公司的愿景(宗旨):为包括我们的股东、顾客、员工,乃至商业伙伴在内的所有人提供创造和实现他们美好梦想的机会。

通用电器宗旨:以科技及创新改善生活品质,在对顾客、员工、社会与股东的责任之间求取互相依赖的平衡。

微软公司愿景(宗旨):计算机进入家庭,放在每一张桌子上,使用微软的软件。

福特公司愿景(宗旨):汽车要进入家庭。

中国移动通信的企业宗旨:创无限通信世界,做信息社会栋梁;企业经营宗旨:追求客户满意服务。

上海家化公司:奉献优质产品,帮助人们实现清洁、美丽、优雅的生活。

波士顿咨询公司的企业宗旨:协助客户创造并保持竞争优势,以提高客户的业绩。

(二) 战略环境分析

确定完企业的宗旨和目标之后,就要对环境进行分析。环境是组织行动的主要制约因素,环境分析是战略管理过程的关键要素。这是因为组织的环境在很大程度上规定了管理者可能的选择,只有那些与环境相适应的战略才能取得成功。

例如,电子行业一直辉煌的索尼公司,却面临着痛苦的衰退直至破产。索尼赖以成就的模拟技术受到了数字技术的严重冲击,消费电子产品在千年之交从模拟技术向数字技术转型,苹果、三星这些企业迅速崛起超越了索尼。除了电影和游戏业务外,索尼原本最为核心的消费电子业务开始全面滑坡。另一方面,由于创始人的深厚影响力,和索尼强大的工程师团队,大多数的索尼人并不愿意丢下他们在电子技术上的成就,转向数字技术和IT领域。

事实上，每个组织的管理者都需要分析它所处的环境，需要了解市场竞争的焦点是什么，必须为企业制定与环境相适应的战略。通过战略环境找出组织的机会与威胁，以及企业的优势和劣势。这样，才能正确判断组织所处的地位。在分析组织环境找出威胁和机会时，有一个应用广泛的分析工具，即 SWOT 模型。通过 SWOT 分析和对外部环境分析，发现企业的机会和威胁，找到企业的成功关键因素。通过对企业内部资源评估，认清企业的优势和劣势。

（三）制定战略和选择战略

战略制定是企业战略形成的过程，战略需要分别在公司层、事业层和职能层设立。首先需要制定战略选择方案，可供选择的方案越多越好。其次，是评估战略备选方案，通常有两个标准：一是选择的战略是否发挥企业的优势，克服劣势，是否利用机会，将威胁降到最低程度；二是选择的战略能否被企业利益相关者所接受。再次是选择战略。最后，是战略政策和计划。制定有关研究与开发、资本需求和人力资源方面的政策和计划。

（四）战略实施

战略制定与战略实施是战略管理中的核心。战略制定是实施战略管理的基础，而战略实施则是战略执行的手段。战略制定的正确与否及战略实施效果的好坏，都直接关系到组织战略管理的成败。无论战略计划制定得多么有效，如果不能恰当地实施仍不会成功。因此，组织要通过一些措施和办法来保障战略的有效实施，需要组织相应的组织结构和人力资源来落实。战略实施就是将公司战略付诸实施的过程。企业战略的实施是战略管理过程的行动阶段，因此它比战略的制定更加重要。

在战略管理中，战略实施是战略制定的继续，即企业制定出目标和战略以后，必须将战略的构想转化成战略的行动。在这个转化过程中，企业首先要考虑战略制定与战略实施的关系，两者配合得越好，战略管理越容易获得成功。企业为了实现自己的目标，不仅要有效地制定战略，而且也要有效地实施战略。如果哪一方面出现了问题，就会影响到整个战略的成败。

战略实施是一个自上而下的动态管理过程。所谓“自上而下”主要是指，战略目标在公司高层达成一致后，再向中下层传达，并在各项工作中得以分解、落实。

（五）战略评价

战略评价是检测战略实施进展，评价战略执行业绩，不断修正战略决策，以期达到预期目标。

战略评价包括三项基本活动：考察企业战略的内在基础；将预期结果与实际结果进行比较；采取纠正措施以保证行动与计划的一致。

战略评价的标准如下：

① 一致性。战略的一个关键作用是与企业的活动相一致。然而，在实际工作中，不一致性是司空见惯的。下面是一些具体的问题：

战略是否与企业的价值观相一致？协调和计划上的问题是由于管理不善还是人

为因素所致？如不是人为因素，那可能是因为战略的不一致所造成的。

企业中某一部门或单位的成功是否意味着另一个部门或单位的失败？如果是这样，那么这个战略很可能是不一致的。

② 适合性。企业与环境之间的关系需解决好两个问题：企业必须配合和适应环境的变化，并在同时与其他试图适应环境的企业相竞争。

③ 可行性。在企业设备、人力和财务资源制约因素的情况下是否能够推行所制定的战略是个很关键的问题。

④ 可接受性。可接受性指战略是否与主要利益相关者的期望相一致。例如，财务风险变化如何？战略会对资本结构产生什么影响？所考虑的战略是否适合现行的系统？是否需要大幅度的变革？战略对企业内部各部门的职能和活动会产生什么影响？

⑤ 优势性。竞争优势一般与下列三个问题有关：较多的资源、较强的技能或者较有利的地位。前两个因素代表了企业强于或优于其竞争对手的能力。根本的问题是，哪些技能和资源具备竞争优势？地位优势可以通过预见能力、较强的技能、较多的资源或运气得到，一旦具备了这种优势，企业便可以维持其地位优势。

复习思考题

1. 什么是外部一般环境？
2. 行业环境中包括哪五种重要的力量？
3. 什么是企业战略的5P？
4. 如何理解战略的三个层次？
5. 简述战略管理的步骤。

第七章　组织结构

【本章要点】

- 组织设计的原则和任务
- 组织结构的影响因素
- 管理幅度和管理层级的关系
- 职权、授权、集权及分权
- 常见的组织结构
- 组织文化的内涵及功能

企业、政府以及学校等都是组织，对于他们而言，任何管理活动的开展，都是以组织为前提的。运用组织职能开展管理活动，完成人员的合理分工和协作，决定着管理工作能否有效地完成。

第一节　组织结构概述

一、组织和组织结构

英语中的 organization 来源于器官 organ，因为器官是自成系统的具有特定功能的细胞结构，后来又演化为专门指人群，运用于社会管理中。组织是体现一定社会关系，具有一定结构形式并且不断从外部汲取资源以实现其目标的集合体。

(一)组　织

在管理学中，组织的涵义可以从静态与动态两个方面来理解。

从静态方面看，指组织结构，即反映人、职位、任务以及它们之间的特定关系的网络。这一网络可以把分工的范围、程度、相互之间的协调配合关系、各自的任务和职责等用部门和层次的方式确定下来，成为组织的框架体系。静态的组织，有如下三个特点：

① 组织是由人按一定联系与结构组成的既有分工又有协作的有机体。

② 组织有特定的目标与目的，这是组织存在的基础。

③ 组织有某种程度与形式的约定、规则、制度，以约束、规范或激励着其他成员的行为。

从动态方面看，指维持与变革组织结构，以完成组织目标的过程。作为过程的组织，是管理的特定活动和职能，表现为一系列的组织行为过程。主要包括以下几个方面：

组织设计。包含组织结构、组织机构的设计，各项制度的制定以及组织变革与发展实施等。

人员配备。包含人员编制、选配、培训以及任务划分、职责权利规定、组织授权与分权。

组织运行。包含信息沟通、网络渠道的建设、创造必要的组织活动环境和条件以及组织力量的整合、协调、变革等。

因此,组织职能的本质就是如何合理而有效地进行分工和合作。为了使组织更加高效地工作,管理者需要合理地分工、合作以及协调。

(二)组织的分类

按组织的目标性质以及由其所决定的基本任务,组织可分为:

① 政治组织。指以完成各种政治任务,实现一定的政治目的为主要目标的组织,如各种党派、政治团体等。

② 经济组织。指参与市场交换,通过生产经营活动获取利润的组织,主要是各类企业。

③ 军事组织。指保卫国家安全,维护社会治安秩序的各种武装力量,如军队、警察等。

④ 学术组织。指以从事科学研究,推动科学技术发展为目的的组织。如各种学术研究机构、学术团体、协会和学会等。

⑤ 教育组织。指以从事文化教育、培养人才、传授知识的组织,主要是各类学校。

⑥ 宗教组织。指从事宗教活动的各种组织。

(三)组织结构

组织结构是描述组织的框架体系结构,是对完成组织目标的人员、工作、技术和信息所作的制度性安排。就像人类由骨骼确定体型一样,组织也是由结构来决定其形状。

组织结构可以被分解为三种成分:复杂性、正规化和集权化。

1. 复杂性

复杂性指的是组织分化的程度。一个组织越是进行细致的劳动分工,具有越多的纵向等级层次,组织单位的地理分布越是广泛,则协调人员及其活动就越是困难。

2. 正规化

组织依靠规则和程序引导员工行为的程度就是正规化。有些组织仅以很少的这种规范准则运作,另一些组织,有些规模还很小,却具有各种的规定,指示员工可以做什么和不可以做什么。一个组织使用的规章条例越多,其组织结构就越正规化。

3. 集权化

集权化考虑决策制定权力的分布。在一些组织中,决策是高度集中的,问题自下而上传递给高级经理人员,由他们选择合适的行动方案。而另外一些组织,其决策权力则授予下层人员,这被称作是分权化。

管理人员在设计或变革一个组织的结构时，他们就是在进行组织设计的工作，由于组织结构的这三大部分的不同形式的结合和匹配，创造出各式各样的组织结构设计。

二、组织设计的任务

组织目标一经确立，决策与计划一旦制订，为了保证目标与计划的有效实现，管理者就必须设计合理的组织架构，整合这个组织架构中不同员工的工作并使之转换成对组织应有的贡献。

（一）组织设计的目的

组织设计就是对组织的结构和活动进行变革和再设计。面对现代组织，管理者由于能力和精力的有限性，根本无法直接安排组织内部所有的活动，无法安排组织中每一个人以及每一项具体工作。这就必须通过组织设计对组织的活动进行细分。

随着外界环境条件的日趋复杂，单一封闭式的组织设计模式往往会导致组织的僵化，因此组织必须以系统的、动态权变式的观点来理解和重新设计新的组织结构。

组织设计的目的就是要通过构建灵活的组织结构，动态地反映外在环境变化的要求，并且能够在组织成长的过程中，有效积聚新的组织资源，同时协调好组织中部门与部门之间、人员与任务之间的关系，有效保证组织活动的开展，最终保证组织目标的实现。

（二）组织设计的任务

组织设计的任务是设计清晰的组织结构，规划和设计组织中各部门的职能和职权，确定组织中职能职权、参谋职权、直线职权的活动范围并编制职务说明书。

1. 职能与职务设计

首先，需要将组织总的任务目标进行层层分解，分析并确定完成组织任务究竟需要哪些基本的职能与职务；其次，设计和确定组织内从事具体管理工作所需要的各类职能部门以及各项管理职务的类别和数量，分析每位职务人员应具备的资格条件及应享有的权利范围和应负的责任。

2. 部门设计

根据每位职务人员所从事的工作性质以及职务间的区别和联系，按照组织职能相似、活动相似或关系密切的原则，将各个职务人员聚集在“部门”这一基本管理单位内。由于组织活动的特点、环境和条件的不同，划分部门所依据的标准也是不一样的。对同一组织来说，在不同时期的战略目标指导下，划分部门的标准可以根据需要进行动态调整。

3. 层级设计

在职能与职务设计以及部门划分的基础上，必须根据组织内外能够获得的现有人力资源情况，对初步设计的职能和职务进行调整和平衡，同时要根据每项工作的性质和内容确定管理层级并规定相应的职责、权限，通过制度安排使各个职能部门及各项任务形成一个严密、有序的活动网络。

三、管理幅度与管理层级

组织结构设计包括纵向设计与横向设计，管理层次的确定是纵向结构设计。管理幅度与管理层次有着密切的关系。

（一）管理幅度

所谓管理幅度，又称管理宽度，是指在一个组织结构中，管理人员所能直接管理或控制的下属数目。

一位管理者能够有效地指挥多少个下属？尽管对具体的数目没有形成一致的意见，但古典学者们都主张窄小的跨度（通常不超过6人）以便对下属保持紧密控制。不过，也有些学者认识到，组织层次是一个权变因素。他们论证说，随着管理者在组织中职位的提高，需要处理许多非结构性的问题，这样高层经理的管理跨度就要比中层管理者的小；而中层管理者的管理跨度又比基层监督人员的小。

管理学家格兰丘纳斯指出，当增加一个下属时，直接单独联系的数量按算术级数增加，而相应的联系总数，由于加上直接团体联系和交叉联系，是按指数比例增加的。

任何组织都需要解决主管人员直接指挥与监督的下属数量问题，但在同样获得成功的组织中，每位主管直接管辖的下属数量却往往是不同的。用数学公式来计算合适的管理幅度似乎太过机械了。

有效的管理幅度受到诸多因素的影响，主要有管理者与被管理者的工作内容、工作能力、工作环境与工作条件等。

1. 管理工作的内容和性质

管理者要完成的任务性质越复杂，涉及面越广，管理者的精力能力耗费越大，其管理幅度就相应越小一些。在一个组织中，通常，高层管理者要完成创造性的任务，并且十分复杂，管理幅度一般较小。基层管理者要完成的是执行性任务，并且多是程序性的，比较简单，管理的幅度也就宽一些。

2. 计划制订的完善程度

事先有良好、完整的计划，工作人员都明确各自的目标和任务，清楚自己应从事的业务活动，则主管人员就不必花费过多的精力指导和纠正偏差，那么主管人员的管辖幅度就可以大一些；反之，计划不明确不具体，就会限制一个管理人员的管辖范围，管理幅度就相对较小。

3. 管理者的能力

不同管理者的管理能力是不同的，其管理的幅度也就有重大差别。管理者在完成某一方面任务的能力越强，在这方面的管理幅度也就越大。管理者的综合能力越强，则越可能迅速把握问题的关键，并且可以给下属提出恰当的指导建议，使下属明确理解。这样，管理幅度就可以设置得宽泛一些。

4. 下属的素质与上下级关系

管理过程是一个双向作用的过程。如果管理者与被管理者之间容易沟通，下级素质高，具有主动性和自觉性，则可以在很多问题上根据自己的见解有效解决问题，管理者管理起来就要觉得轻松一些，相应的管理幅度可大一些，反之，管理幅度就要小一些。

5. 组织所处的环境

组织环境稳定与否会影响组织活动内容和政策的调整。环境变化越快，变化程度越大，组织中遇到的新问题越多，下属向上级的请示就越有必要；相反，上级能用于指导下属工作的时间和精力越少，因为他必须花更多的时间去关注环境的变化，考虑应变的措施。因此，环境越不稳定，各层主管人员的管理幅度就越受限制。

(二) 管理层次

管理层次是指组织的纵向等级结构和层级数目，也就是在一个组织中，从制订计划的最高管理人员到具体执行计划的执行人所要经过的纵向管理环节。

管理层次是以人类劳动的垂直分工和权力的等级属性为基础的。例如，不同的行政组织其管理层次的多少不同，但多数可以分为上、中、下三级或高、中、低、基层四级。前者如通用的部、局、处三级建制，后者如国务院、省政府、县政府、乡政府四级领导体制。但无论哪一种层次组建方式，其上下之间都有比较明确和严格的统属关系，都是自上而下的金字塔结构。

组织层级化设计的核心任务是确定完成任务需要设定的层级数目和有效的管理幅度，需要根据组织集权化的程度，规定纵向各层级之间的权责关系，形成一个能够对内外环境要求做出动态反应的有效组织结构形式。

随着组织规模的扩大，进行一定的管理层次划分是十分必要的。但层次多，会给组织带来如下一些问题：第一，信息传递速度慢，时间长、效率低，并且容易失真；第二，增加管理人员和费用开支。要减少管理层次，在规模既定的前提下，出路就是提高管理人员的管理能力，扩大管理幅度。

(三) 管理幅度和组织层级的互动性

管理幅度与管理层次是组织结构的基本范畴，管理幅度与管理层次是影响组织结构的两个决定性因素。管理幅度构成组织的横向结构，管理层次构成组织的纵向结构，水平与垂直相结合构成组织的整体结构。

如果一个组织的规模一定，主管人员的管理幅度一定，那么就随之决定了组织的管理层次。在组织条件不变的情况下，组织规模、管理幅度、管理层次三者之间存在着这样一种关系：管理层次＝组织规模/管理幅度。可见，组织规模与管理层次成正比。所以可以常常看到，组织的规模越大，管理层次越多，反之，层次就越少。

管理幅度决定了管理层次和管理人员的多少。随着计算机技术的日益成熟和广为应用，组织中层的职能正逐渐由计算机处理来完成，使得管理幅度变宽和组织层次减少，组织也日益由高耸型走向扁平化。

(四) 扁平组织与锥形组织

管理层次与管理幅度呈反比决定了两种基本的组织结构形态：扁平组织和锥形

组织。

1. 扁平化组织

扁平化组织结构与传统的科层制组织有许多不同之处。扁平结构是指组织规模已定、管理幅度较大、管理层级较少的一种组织形态。扁平组织摒弃了传统金字塔状企业的诸多难以解决的问题和矛盾,达到使组织变得灵活,富有柔性、创造性的目的。它强调管理层次的简化,管理幅度的增加与分权。

扁平化组织的特点是:以工作流程为中心而不是以部门职能来构建组织结构。公司的结构是围绕有明确目标的几项"核心流程"建立起来的,而不再是围绕职能部门,职能部门的职责也随之逐渐淡化。扁平化组织简化繁琐的管理层次,取消一些中层管理者的岗位,使企业指挥链条最短;组织和权力下放于基层,顾客需求驱动。基层的员工与顾客直接接触,使他们拥有部分决策权,能够避免顾客的反馈信息在向上级传达的过程中造成失真和滞后。

扁平化组织的缺点是:由于不能严密监督下级,上下级协调较差,管理宽度加大,加重了同级间相互沟通的困难。

2. 锥形组织

锥形组织以制度化和法规化严格构建等级制度。锥形组织的优点和缺点和扁平组织正好相反。

优点:具有管理严密、分工明确、上下级易于协调的特点。

缺点:由于层次增多,带来的问题也越多。这是因为层次越多,需要从事管理的人员增加,彼此之间的协调工作也急剧增加,互相扯皮的事会层出不穷。管理层次增多之后,所浪费的精力和时间也必然增加。管理层次的增加,会使上下的意见沟通和交流受阻,最高层主管人员所要求实现的目标,所制订的政策和计划,要么下层不完全了解,要么层层传达到基层之后变了样。管理层次增多后,上层管理者对下层的控制变困难,同时由于管理严密,从而影响下级的主动性和创造性。

组织设计的时候要尽可能综合两种基本组织结构形态的优势,克服它们的局限性。

四、组织结构的影响因素

前面讨论了组织设计的管理幅度和层次。接下来的问题是,在进行组织设计的过程中,管理者究竟应该考虑哪些因素呢?以企业为例,影响组织结构设计的主要情境变量包括环境、战略、技术、组织规模以及组织发展阶段等。

(一)环境的影响

环境分为一般环境和任务环境两类。一般环境包括对组织管理目标产生间接影响的诸如经济、政治、社会文化以及技术等环境条件,这些条件最终会影响到组织的管理实践;任务环境包括对组织目标产生直接影响的诸如政府、顾客、竞争对手、供应商等具体环境条件。环境的复杂性和变动性决定了环境的不确定性。所以只有那种与外部环境相适应的组织结构才可能成为有效的组织结构。特别是在面对动荡的环境时，组织设计更应该灵活和柔性，以适应组织的外部环境。

（二）战略的影响

战略是指决定和影响组织活动性质及根本方向的总目标，以及实现这一目标的路径和方法。钱德勒的研究认为，新的组织结构如不因战略而异，就将毫无效果。具体来讲，战略发展有四个不同阶段，每个阶段都有与之相适应的组织结构。因此，战略对组织结构设计起着支配作用。

不同的战略要求不同的业务活动，从而影响着部门和职务等方面的设计。从纵向来看，不同战略发展阶段组织结构有不同的形式，数量扩大战略阶段——直线型的简单结构，地域扩散战略阶段——职能结构，纵向一体化战略阶段——集权的职能制结构，多种经营战略阶段——分权的事业部制结构；从横向来看，不同经营战略组织结构不同，单一经营战略——职能制，相关型多种经营战略——事业部制。

（三）技术对组织的影响

任何组织都需要通过技术将投入转化为产出，于是组织结构的设计就需要因技术的变化而变化，特别是技术范式的重大转变，往往要求组织结构做出相应的改变和调整。信息技术和自动化制造业使得组织结构呈现扁平化趋势，组织内部各部门间以及组织与外部沟通和联系更加迅速。

（四）组织发展阶段的影响

根据葛瑞纳(Larry E. Greiner)的企业生命周期理论：组织的发展处于不同的阶段，组织在每个阶段呈现出不同的特点，因此需要有相应的组织结构与之适应。创业阶段，组织结构不正规，高层管理者制定组织结构框架并控制整个运行系统，组织的精力放在生存和单一产品的生产和服务上。职能发展阶段，组织结构建立在职能专业化的基础上，组织面临的任务是如何使基层的管理者更好地开展工作，如何在放权之后协调和控制好各部门的工作。规范化阶段，组织进入成熟期后就会出现官僚制特征，组织可能会大量增加人员，并通过建构清晰的层级制和专业化劳动分工进行规范化、程序化工作，组织的主要目标是提高内部的稳定性和扩大市场。精细化阶段，成熟的组织往往显得规模巨大和官僚化，继续演化可能会使组织步入僵化的衰退期，这时组织管理者可能会尝试跨越界限组建团队来提高组织的效率，阻止进一步的官僚化。

（五）组织规模的影响

组织规模是影响组织结构的最重要因素，即大规模会提高组织复杂性程度，会提高专业化和规范化的程度。可以想象，当组织业务呈现扩张趋势，组织员工增加、管理层次增多、组织专业化程度不断提高时，组织复杂化程度也会不断提高，这必然给组织的协调管理带来更大的困难，而随着内外环境不确定性因素的增加，管理层也越来越难把握实际情况的变化并迅速作出正确决策，组织进行分权式变革成为必然。

第二节 组织横向结构设计

组织横向结构设计主要解决管理与业务部门的划分问题，反映了组织中的分工合作关系。

一、组织部门化

组织部门化是劳动分工在组织内部的体现，它将组织工作依据一定的标准进行了归类。组织的部门划分，主要是解决组织的横向结构问题。组织部门化可以依据多种不同的标准进行选择安排，常见的有职能部门化、产品部门化或服务部门化、流程部门化、顾客部门化和地区部门化。

1. 职能部门化

一种最常见的方法是按履行的职能组合工作活动，称之为职能部门化(Functional Departmentalization)。职能部门化是一种传统而基本的组织形式，职能部门化就是按组织的职能为基础进行部门划分，即把具有相同职能的工作岗位放在同一个部门。例如，某企业的经理可以将企业的采购、生产、财务、计划、销售等专家分别组合到共同的部门中，来建立企业大额组织结构。不同的只是反映组织目标和活动的具体职能发生变化。如医院可能会设立研究、病人诊治、会计和其他一些部门，学校设立的部门可能叫做教学、科研、财务、后勤等部门。

2. 地区部门化

地区部门化(Geographic Departmentalization)又称地域部门化、区域部门化，就是按工作所在的区域范围来划分部门，根据地理因素来设立管理部门经营业务和职责划分给不同部门的经理。例如，某汽车制造企业，在华北地区、东北地区、西北地区，以及华东地区分别设立销售分公司。地区部门化这种方法较多地应用于一些地理位置比较分散的组织，特别适用于规模大的公司，尤其是跨国公司。大型的教育集团也可以按照所属的地区来设立分校，方便学生的教学和管理。这样，一个地区的业务活动便被集中起来，交给一个管理者负责。其目的是充分利用本地的人力、物力和财力，以便获取区域经营的效益或者管理效益。

3. 产品部门化

产品部门化(Product Departmentalization)是指根据产品来设立管理部门、划分管理单位，把同一产品的生产或销售工作集中在相同的部门组织进行。按照产品来划分部门，会使得企业的注意力放在产品上，这对于激烈竞争的、多变的市场环境是非常重要的。按产品划分部门，分部可以形成以利润为目标的责任中心，它承担了总公司的一部分责任，其本身也具有高度的完整性。例如，某汽车制造公司，拥有两种产品 A 和 B。把产品 A 的生产销售等相关的人放在一个单位，把产品 B 的生产销售等相关的人放在一个单位。在这两个单位下再设置采购、计划、生产、财务、销售等职能部门。

目前,拥有不同产品系列的大型企业常常根据产品划分部门,这种做法正在被广泛地应用,而且也越来越受到重视。在大型、复杂、多品种经营的公司里,按产品划分部门往往成为一种通常的准则。

4. 流程部门化

流程部门化(Process Departmentalization)就是按工作或业务流程来组织业务活动。生产一种产品的过程或设备可以作为决定工厂一级部门化的基础。这对于现代公司的组织具有很大意义。例如,将所有铣床组成一个部门,而将所有车床安置在另一个部门,就是按设备进行部门化。人员、材料、设备比较集中或业务流程比较连续紧密是流程部门化的实现基础。例如,机械制造工厂划分出浇铸车间、冲压车间、制管车间、检验车间等部门。在其他工业中,生产过程可作为决定有效部门化的基础。因此,在一个化学工业工厂中,一个过程,如蒸馏就可成为一个作业单位。过程部门化的优点是,能取得经济优势,充分利用专业技术和技能。

5. 顾客部门化

顾客部门化(Customer Departmentalization)就是根据目标顾客的不同利益需求来划分组织的业务活动,按组织服务的对象类型来划分部门。在激烈的市场竞争中,顾客的需求导向越来越明显,企业应当在满足市场顾客需求的同时,努力创造顾客的未来需求,顾客部门化顺应了需求发展的这一趋势。例如,有些银行为不同的顾客提供服务,设立了商业信贷部、农业信贷部和普通消费者信贷部等。市场部也可以为迎合不同的顾客,设立零售部、团体部、批发部。在今天,越来越多的企业采用顾客部门化,来满足目标顾客各种特殊而广泛的需求,获得用户真诚的意见反馈,并有针对性地按需求生产,发挥自己的核心专长,创新顾客需求,从而建立持久性竞争优势。

二、组织结构类型

不同的单位,由于组织的战略、目标以及环境的不同,可能采用不同的组织结构。一般来说传统的组织结构有直线制、直线职能制、事业部制、矩阵制以及动态网络制等组织结构,下面介绍这几种常用的组织结构。

(一) 直线制组织结构

直线制组织结构是最古老的组织结构形式。在这种组织结构下,职权直接从高层开始向下流动(传递、分解),经过若干个管理层次达到组织最低层,如图 7－1 所示。

直线制组织结构的优点是:组织中每一位主管人员对其直接下属拥有直接职权;组织中的每一个人只对他的直接上级负责或报告工作;主管人员在其管辖范围内,拥有绝对的职权或完全职权;机构简单上传下达迅速,工作效率高,解决问题快;垂直联系,责任明确。直线制组织结构的缺点是:管理工作简单粗放,成员之间和组织之间横向联系差。直线制组织结构只适用于小型企业,规模大或者管理工作比较复杂就不适宜采用。

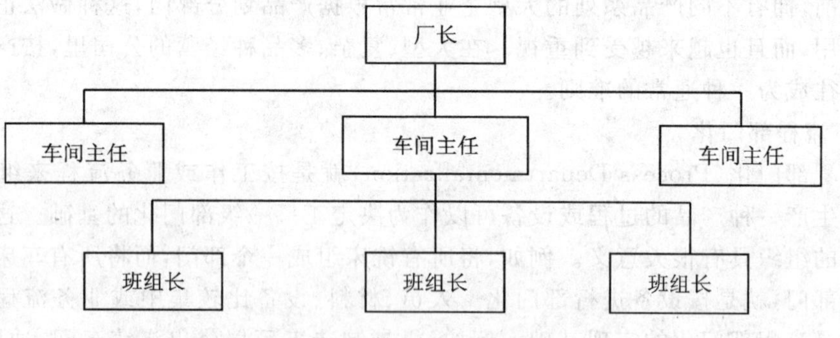

图 7-1 直线制组织结构

(二)职能制组织结构

职能制结构起源于本世纪初法约尔在其经营的煤矿公司担任总经理时所建立的组织结构形式,故又称“法约尔模型”。它是按职能来组织部门分工,即从企业高层到基层,把承担相同职能管理业务的人员组合在一起,设置相应的管理部门和管理职务,如图 7-2 所示。

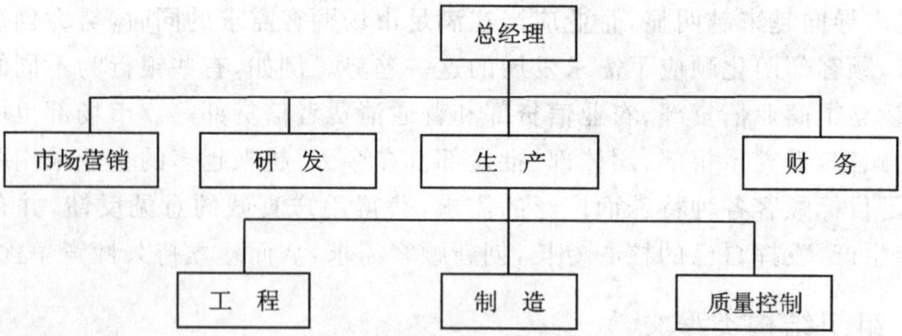

图 7-2 职能制组织结构

职能制组织结构的优点是:能发挥专家的作用,对下级工作指导具体,从而弥补行政领导管理能力的不足。职能制组织结构的缺点是:容易形成多头领导,造成下级无所适从。

(三)直线-职能制组织结构

直线-职能制组织结构,也称直线参谋制(见图 7-3)。它是在直线制和职能制的基础上,取长补短,吸取这两种形式的优点而建立起来的。目前,绝大多数企业都采用这种组织结构形式。

这种组织结构形式是把企业管理机构和人员分为两类,一类是直线领导机构和人员,按命令统一原则对各级组织行使指挥权;另一类是职能机构和人员,按专业化原则,从事组织的各项职能管理工作。直线领导机构和人员在自己的职责范围内有一定的决定权和对所属下级的指挥权,并对自己部门的工作负全部责任。而职能机构和人员，则是直线指挥人员的参谋，不能对直接部门发号施令，只能进行业务指导。

直线-职能制的优点是：既保证了企业管理体系的集中统一，又可以在各级行政负责人的领导下，充分发挥各专业管理机构的作用。直线-职能制的缺点是：职能部门之间的协作和配合性较差，职能部门的许多工作要直接向上层领导报告请示才能处理，这一方面加重了上层领导的工作负担，另一方面也造成办事效率低。为了克服这些缺点，可以设立各种综合委员会，或建立各种会议制度，以协调各方面的工作，帮助高层领导出谋划策。

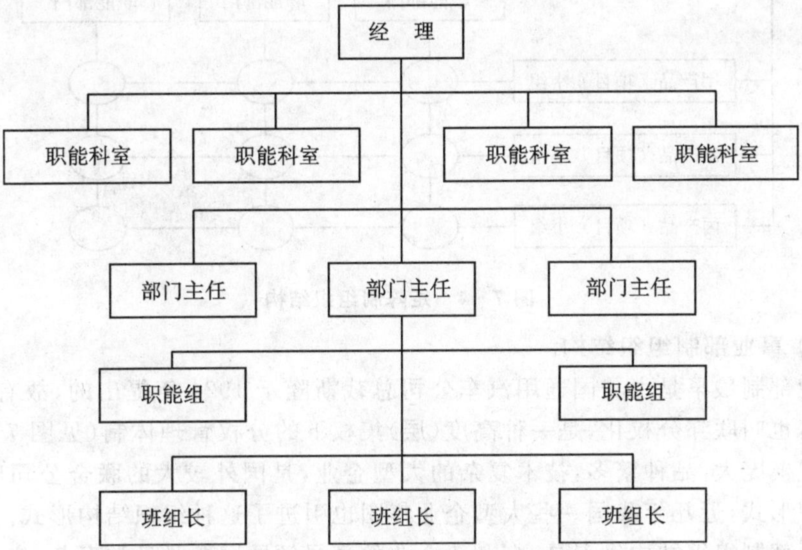

图 7-3 直线-职能制组织结构

(四) 矩阵制组织结构

在组织结构上，把既有按职能划分的垂直领导系统，又有按产品（项目）划分的横向领导关系的结构，称为矩阵组织结构（见图 7-4）。

矩阵制组织是为了改进直线职能制横向联系差、缺乏弹性的缺点而形成的一种组织形式。

它的特点表现在围绕某项专门任务成立跨职能部门的专门机构上，例如组成一个专门的产品（项目）小组去从事新产品开发工作，在研究、设计、试验、制造各个不同阶段，由有关部门派人参加，力图做到条块结合，以协调有关部门的活动，保证任务的完成。这种组织结构形式是固定的，人员却是变动的，需要谁，谁就来，任务完成后可以离开。项目小组和负责人也是临时组织和委任的，任务完成后就解散，有关人员回原单位工作。因此，这种组织结构非常适用于横向协作和攻关项目。

矩阵制组织结构的优点是：打破了单向领导，加强了管理部门间的联系和配合，有利于信息沟通和共同决策，提高工作的效率；把不同的专业人员组织在一起，有利于激发人们的积极性和创造性，提高技术水平和管理水平；把完成任务所需的各种专业知识和经验集中在一起，提高了管理组织的机动性和灵活性。

矩阵制组织结构的缺点是：组织成员受双重领导，难免发生矛盾，也不易分清责任；组织成员不是固定的，易产生临时的观念，对工作有一定的影响。

适用范围：这种组织适用于生产经营复杂多变的企业，特别适宜于创新性和开发性的项目。

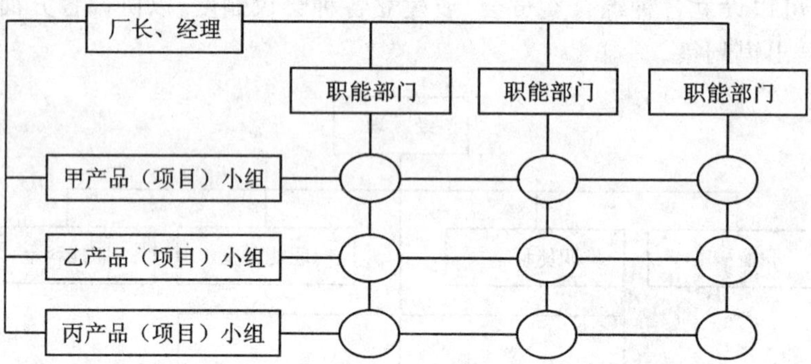

图 7-4 矩阵制组织结构

（五）事业部制组织结构

事业部制最早是由美国通用汽车公司总裁斯隆于 1924 年提出的，故有“斯隆模型”之称，也叫联邦分权化，是一种高度（层）集权下的分权管理体制（见图 7-5）。它适用于规模庞大，品种繁多，技术复杂的大型企业，是国外较大的联合公司所采用的一种组织形式，近几年我国一些大型企业集团也引进了这种组织结构形式。

事业部制组织结构优点是：有利于企业的高层领导层摆脱日常事务，集中精力搞好战略决策、长远规划和人才的开发；事业部相对独立的利润中心或责任中心，有利于事业部之间的竞争，增强企业的活力；有利于发挥事业部的主观能动性，增强经营管理的能力。这种组织具有稳定性和适应性较强的双重优点。

事业部制组织结构缺点是：总部和事业部机构重叠会造成结构臃肿，提高管理费用，降低工作效率；事业部之间横向联系差，协调配合难，容易产生本位主义；各事业部往往只考虑自己的利益，而忽视企业整体利益，导致短期行为等。

事业部组织一般适用于规模较大、产品种类较多、各种产品之间工作差别较大、技术比较复杂和市场广阔多变的企业。

（六）网络型组织结构

网络型组织（Network Stucture）是利用现代信息技术手段而建立和发展起来的一种新型组织结构（见图 7-6）。采用这种组织结构可以使管理当局对于新技术或者来自海外的低成本竞争，具有更大的适应性和应变能力。

这种组织结构只有很小的中心组织，依靠其他组织以合同为基础进行制造、分销、营销或其他关键业务的经营活动的结构。

网络结构是小型组织的一个可行的选择，也可以为大型组织所采用，耐克公司就

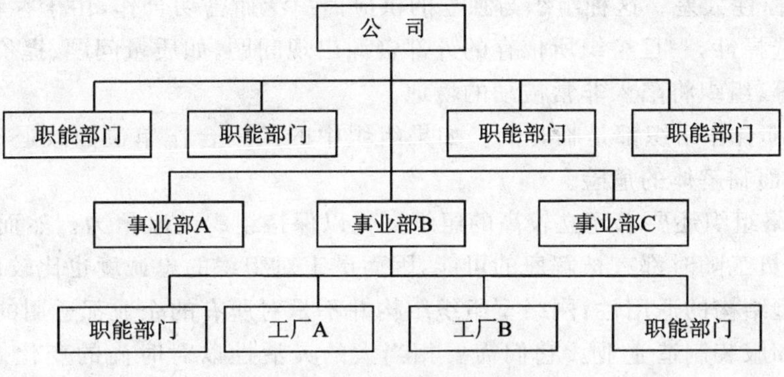

图 7-5 事业部制组织结构

是采用这种结构的大型组织。这些公司所做的就是创设一个关系的网络，它们与独立的设计者、制造商、代理销售商等联系，按照合同执行相应的职能。还有些大型组织发展了网络结构，将某些职能活动外包出去。例如，许多图书出版公司(既有小公司也有大公司)依靠外包进行编辑、设计、印刷和装订。

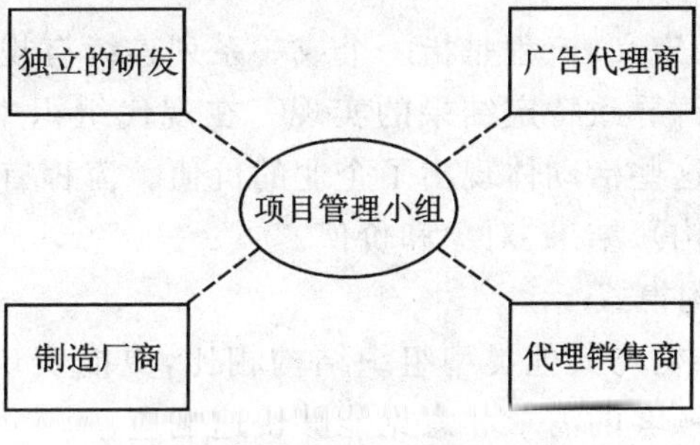

图 7-6 网络型组织结构

在网络结构中，这些职能的大部分都从组织外“购买”，使得企业生产经营提高了灵活性，并使组织集中精力做他们最擅长的事。

网络型结构的优点：

① 网络型组织结构极大地促进了企业经济效益实现质的飞跃，降低了管理成本，提高了管理效益。

② 实现了企业全世界范围内供应链与销售环节的整合。

③ 简化了机构和管理层次，实现了企业充分授权式的管理。

④ 网络型组织结构具有更大的灵活性和柔性。以项目为中心合作可以更好地结合市场需求来整合资源，网络中的各价值链也随时可以根据市场需求的变动情况增加或调整。

⑤ 这种组织结构简单、精炼，由于组织中的大多数活动都实现了外包，而这些活动更多地靠电子商务来协调处理，组织结构可以进一步扁平化，效率更高。

网络型结构的缺点：

① 可控性太差。这种组织与独立的供应商广泛而密切合作，由于存在着道德风险和逆向选择性，一旦组织所依存的外部资源出现问题，如质量问题、提价问题、及时交货问题等，组织将陷入非常被动的境地。

② 外部合作组织都是临时的。如果组织中的某一合作单位因故退出且不可替代，组织将面临解体的危险。

③ 网络组织还要求建立较高的组织文化以保持组织的凝聚力。然而，由于项目是临时的，员工随时都有被解雇的可能，因而员工对组织的忠诚度也比较低。

网络型结构的适用性：网络型组织结构并不是对所有的企业都适用的，它比较适合于玩具和服装制造企业。它们需要相当大的灵活性以对时尚的变化做出迅速反应。网络组织也适合于那些制造活动需要低廉劳动力的公司。

（七）流程导向型组织结构

通常来讲，组织结构除了前面介绍的职能型、矩阵型和事业部制等传统结构类型之外，近些年来出现了一种新的流程导向型组织结构，目前越来越多的企业开始使用这种组织结构。

1. 流程的概念与特点

按照牛津词典里的定义，流程是指一个或一系列连续有规律的行动，这些行动以确定的方式发生或执行，导致特定结果的实现。在现代组织中，流程就是多个人员、多个活动有序的集合，这些活动体现出了企业的价值。流程有六要素：资源、过程、过程中的相互作用（即结构）、结果、对象和价值。

2. 流程导向型结构模式

流程导向型组织结构与其他类型组织结构相比，更能实现业务流程的运行与顾客的需求密切相关，对顾客的需求和意见能够快速响应。

（1）流程导向型结构与传统劳动分工

按照传统劳动分工，在企业内部，如果每个人只对生产活动的一部分负责，而不是参加所有的活动来完成该产品的生产，就说该企业内部存在着劳动分工。传统的观点认为，专业化分工可以提高劳动熟练程度，节约劳动转换时间，节约培训成本。

流程型组织结构是一种以顾客为中心的结构，以业务流程为核心。现代企业管理实践认为分工不再是组织结构设计的逻辑起点，企业所从事的具体的业务活动是组织结构设计的基石，任何业务活动都表现为一系列实际的业务流程。

（2）流程导向型结构与层次结构

流程导向型结构与层次结构明显不同的是指挥权力结构的变化。层次型结构中各部门自上而下控制着指挥权；而在流程导向结构中权力归负责各业务流程实施的团队组织，各部门转化为各种职能服务中心，负责完成业务流程需要的支持流程。流程导向型的结构，不同于流水线上的过细分工，每个人只是简单的重复工作，而是要求给每个工作者丰富完整的、有独立意义的工作内容，由一个人负责原来由若干人从事的工作。

(3) 流程导向型组织结构的优点

流程导向型组织结构是一种以顾客为中心的结构，并以业务流程为核心。为什么会以业务流程为核心呢？现代企业管理实践认为分工不再是组织结构设计的逻辑起点。企业所从事的具体的业务活动是组织结构设计的基石，任何业务活动都表现为一系列实际的业务流程。

流程导向型组织的业务流程的运行与顾客的需求密切相关，对顾客的需求和意见能够快速响应。流程型组织结构是面向业务流程的组织结构，通过对业务流程的整体设计，业务工作被流程集成，业务流程连续，消除了流程瓶颈，使流程无间断连续运行，实现流程的整体优化，进而实现组织结构的整体优化，实现组织质量、服务、成本和服务效率优化。

第三节 组织中的权力与责任

组织结构是组织的框架，规定了组织各部分的排列顺序、空间位置，聚集状态、联系方式，以及各要素之间的相互关系。完成了组织结构设计，只完成了组织设计的框架或主体，还需要在组织结构设计的基础上，对组织联系与组织规范进行设计与完善。组织能更好地发挥作用，一个重要的任务是组织将权力和责任更好地分配到各个部门和岗位上去。

一、职权与职责

所谓职权(Authority)，指的是管理职位所固有的发布命令和希望命令得到执行的这样一种权力。职权是古典学者的一大信条，它被视为是把组织紧密结合起来的粘结剂。职权可以向下委让给下属管理人员，授予他们一定的权力，同时规定他们在限定的范围内行使这种权力。

每一个管理职位都具有某种特定的、内在的权力，任职者可以从该职位的等级或头衔中获得这种权力。因此，职权与组织内的一定职位相关，而与担任该职位管理的个人特性无关，它与任职者没有任何直接的关系。某人被辞退掉有权的职位，离职者就不再享有该职位的任何权力。职权仍保留在该职位中，并给予新的任职者。

对于组织中某一岗位，当安排给其一定的职权时，我们应该授予其相称的职责(Responsibility)。也就是，一个管理者得到某种“职权”，他也就承担一种相应的“责任”，在组织中职权与职责是相辅相成的，有权力就有职责。在组织设计中，职权与职责对等是非常必要的。

(一) 直线职权

直线关系是组织中管理人员的主要关系。组织设计的一个重要内容就是规定和规范这种关系。直线职权(Line Authority)是指给予一位管理者指挥其下属工作的权力，也就是通常所说的指挥权。正是这种上、下级职权关系贯穿着组织的最高层到最底层，从而形成所谓的指挥链（Chain of Command）。在指挥链中每个链环处，拥有直线职权的管理者均有权指导下属人员的工作并且作出某些决策。当然，指挥链中的每个管理者也都要听从其上级主管的指挥。通过指挥链的信息传递，由上而下，或由下而上地进行，所以，指挥链既是权力线，又是信息通道。

任何一个组织的每一管理层的主管人员都具有这种直线职权，只不过每一管理层次的功能不同，其职权的大小及范围不同。例如厂长对车间主任拥有直线职权，车间主任对班组长拥有直线职权。这样，从组织的上层到下层的主管人员之间，便形成了一个权力线，也就是指挥链。在这条指挥链上，指挥权力由上到下。

在现代企业管理中，“直线”一词也常常用来区分直线管理者与辅助管理人员。例如，制造业企业中，直线管理者通常指负责生产和销售职能的人员，而人事和财会职能的管理人员则被看作是辅助管理人员。

（二）参谋职权

参谋职权的概念由来已久，在中外历史上很早就出现了一种为统治者出谋划策的智囊人物。在我国两千多年的历史中，有过许多参谋、军师的记载。

参谋职权（Staff Authority）是指作为主管人员的参谋或幕僚所拥有的辅助性职权，主要是建议、咨询的权力，可以评价直线方面的活动情况，进而提出建议或提供服务。

在现代组织中，参谋角色更是比比皆是，已成为不可缺少的组织部分。当组织规模得到扩大并变得更为复杂后，直线管理者会发现他们没有足够的时间、技能或办法使工作得到有效完成。为此，他们配置了参谋职权职能来支持和协助，为他们提供建议，并减轻他们的工作负担。

规模越大，越是在较高的管理层次，参谋人员的角色也就越重要。参谋关系是一种服务和协调的关系，作为直线主管助手的参谋职权越明确，参谋关系越清晰，越有助于直线主管的领导。

直线职权和参谋职权是组织职权中最重要的两个内容。要想组织有效运行，就是要正确处理直线与参谋的关系，充分发挥直线职权以及参谋职权在管理过程中的作用。

（三）职能职权

除了直线职权和参谋职权外，组织中还有一种职权，就是职能职权。

1. 基本概念

职能职权（Functional Authority）就是有关职能部门，在一定范围内做出决定，向下一级直线部门人员发出命令，提出要求的权力。职能职权实际上是参谋人员或某部门的主管人员所拥有的原属直线主管的那部分权力。

在纯粹参谋的情形下，参谋人员所具有的仅仅是辅助性职权，并无指挥权。但是，随着管理活动的日益复杂，主管人员仅依靠参谋的建议很难做出最后的决定，为了改善和提高管理效率，主管人员就可能将职权关系作某些变动，把一部分原属自己的直线职权授予参谋人员或某个部门的主管人员，这便产生了职能职权。

今天，企业或着事业单位的职能职权大部分是由业务的负责人来行使的，这些部门一般都是由一些职能管理专家所组成的。例如，一个公司的总经理统揽全局管理公司的职权，他为了节约时间，加速信息的传递，就可能授权财务部门直接向生产经营部门的负责人传达关于财务方面的信息和建议，也可能授予人事、采购等部门一定的职权，让其直接向直线组织发布指示等。

2. 设置职能部门的意义

设立专业职能管理机构实质上也就是对专业管理职能进行划分，对管理人员定职定责的过程；是提高管理人员的管理水平，充分挖掘组织内的管理资源，实现管理职能专门化、组织活动有序化的重要手段。

设置职能机构，可以使管理职能专门化。对管理职能进行合理地划分，使综合性极强的管理工作分解为各种专门性的管理工作，使管理工作有条不紊地展开。设置必要的职能管理机构，合理地划分管理职能，也是使管理适应社会化大生产的基本要求。今天，社会化大生产高度发达，各种关系日趋复杂，分工日益细分化，也要求管理随之发展，对各种专业分工实施专门化管理，以提高生产和管理的效率。

3. 设置职能管理机构应注意的问题

首先，做好职能的划分工作，从实际出发。职能划分是设置职能管理机构的基础和前提。职能划分正确，机构设置才会合理，避免出现机构对立，办事效率低的现象。必须从实际出发，对职能进行划分。一般来说，越到组织的上层，管理任务越繁重，职能划分应更细一些，更专业化一些；而在组织的基层，管理任务单一，职能划分可以粗一些，综合一些。

其次，明确各职能部门之间的关系，建立完善的协调制度。管理是一个整体，各种职能必须为实现管理的总目标服务。有分工就必须有协作，做好各职能部门之间的协调工作就十分重要。为此，在职能管理部门之间要建立完善的信息沟通制度，明确各职能部门之间的协作责任。

再次，机构设置应精简、高效。机构精简是减少管理费用，提高管理效率的途径。机构精简，简单地说就是可设可不设的机构不设。

在组织职权设计与分配时，一定要处理好直线、参谋与职能职权的关系。在组织中要建立明晰的职权结构，强调重视直线职权。要建立清晰的直线职权等级链。明确划分权责界限，同时还要制定并严格执行政策、程序和规范，要协调权力关系。职能职权是部门职能划分与分权的结果，形成职能职权就必然要设置职能管理部门。

在组织中，还要正确发挥参谋职权的作用，从而管理效能、提高管理绩效。组织中设置参谋机构、聘请掌握专门技术的人员和专家担任参谋，可以协助直线主管适应复杂的管理活动、提高工作效率。

组织常常在不同的层次设置同一类职能部门，如国家在中央和地方所设置的相同职能的部、局；企业中总公司与分公司都设有计划、财务、采购等部门。这样，在不同层次之间，为了搞好某一方面的职能管理，就提出了处理好直线人员与职能部门的关系问题。

处理这个关系的基本原则是上一层次的职能管理部门对下一层次的职能管理部门只有业务指导的权力，没有直接命令指挥的权力，后一权力只有该层次的直线主管人员拥有。上一层次的职能部门对下一层次的直线主管人员的决策有建议参考权，但没有命令指挥权。职能部门对下一层次直线人员的意见应由本层次的直线主管下达，总体来说，职能部门不能直接干预直线指挥权的行使。

二、授 权

授权指主管将职权及相应职责授给某位部属负担，并责令其负责管理性或事务性工作。管理者将处理用人、用钱、组织、协调等权力转移给部属时，不只授予权力，且还托付完成该项工作的必要责任。

（一）授权的作用

授权是一门管理的艺术。管理者通过充分合理的授权能使他们不必事事亲力亲为，从而把更多的时间和精力投入到组织发展上。具体来说，授权具有以下几种积极作用：

1. 有利于调动下属的积极性

在管理过程中，调动人们工作积极性的除了物质利益手段之外，另一重要的手段就是给人授予权力，使其发挥管理才干，下属会由此觉得自己得到了信任，有感情满足；下属通过努力，取得成果，也会产生自我实现感。通过授权，调动下属的工作积极性，是一种重要的管理方法。

2. 有利于高层管理者从繁杂的日常事务中解脱出来

如果一个人事无巨细，一概亲自处理，必然使自己陷入众多的日常事务的泥潭中，耗费过多的时间和精力。因此说，优秀的企业家应超脱于一般的日常事务，能够集中时间和精力处理好组织的重大问题，做好战略决策。

3. 有助于培养下级管理人员

管理水平的提高需要实践，而管理实践必须有权。通过授权，被授权的管理者有职有权，亲自实践，通过自身的努力就会逐步提高管理水平。授权是有意识培养下级管理人员常用的方法。对有才干的管理人员，通过有意识地委以重任，授予权责，使其在复杂困难的环境中得到锻炼和提高，成为一个有效的管理者。

（二）授权的原则

授权本身也是一种管理权力的运用艺术。做好授权工作并不是一件轻而易举的事。我们在日常的管理实践中常常见到的情形是：要么只相信自己，怀疑下属的能力，不愿授权，或者名义上授权了，实际上时时干预，下属的权力有名无实；要么是授权不当，不应授予的权力下放之后导致失控，结果造成了很大损失。做好授权工作，应执行如下几条原则：

1. 相信下级、积极授权

授权以信任为前提，下属是否可以信任，取决于用人是否得当。在确信用人正确的前提下，管理者就应用人不疑，大胆授权。不少管理者不会授权，不敢授权，与其用人能力不足，不能判定用人是否正确是相联系的。

2. 权责对等、按责授权

权力与责任总是相伴随的。授权的同时也就是落实责任。授予的权力越大，相应的责任也就越大，权责对等对授权来说也是必须遵守的准则。必须注意，授权不是将责任完全推给下属。授权之后，管理者并非对下属的管理行为不负责任了，而是管理者的责任更大了。授权者有责任，有义务指导下属合理用权、接受任务和责任。授权者要支持下属的工作，对不可避免的失误，要主动地承担责任。

3. 监督检查、做好控制

授权之后，下级必须有运用所授予的权力履行管理职能的自主权，上级应少干预。但这并不意味着放弃控制，相反，授权之后，授权者应建立完善的监督检查和下级汇报制度，搞好授权后的控制工作。每次重大授权之前，各种检验方法都应当建立起来，并使接受权力的下级也清楚。

4. 逐级授权、不越级授权

授权必须逐级进行，上级只能向由自己直接领导，指挥的下级授权，不能越级授权。越级授权等于否定了中间管理层的作用，会干涉中间管理层的工作，打击中间管理层的积极性。

三、集权和分权

集权和分权是组织权限的分配方式，是组织设计中的两种相反的权力分配方式。

(一) 集权和分权的相对性

作为一个组织，为了充分发挥集体的力量，有效地实现共同目标，必然要在内部进行分工，这就要求在组织内部进行分权，由组织领导层把部分决策权授予下级组织和部门的管理者，由他们行使这些权力，自主地解决某些问题，从而完成分配给他们的相应工作。

所谓分权(Decentralization)，就是把决策权适当地分散在组织中下层的一种组织形式，分权使得决策权分布在组织的各个层级。分权对于任何组织来说都是必要的。没有分权，也就没有了上下级组织结构，什么事都要由高层管理者来决定，由高层管理者来直接指挥，因而也就无法发挥组织分工协作的优越性。

分权的对立面是集权(Centralization)。集权是把管理权限较多地集中在组织上层的一种组织形式，由上层组织来协调组织中的各项活动，保证决策按照他们的意愿来进行。其特点是决策权大多数集中在高层领导手中，对下级的控制较多。下级部门只能依据上级的决定和指示执行，一切行动要听上级指挥。任何组织为了保证共同目标的实现，必然要求保持组织行动的统一性，因此，一定程度上的集权对于任何组织来说也都是必要的。一个组织如果一味地分权，把所有的决策权都授予下属各部门，一切问题都由下属各部门自行决定，那么，代表组织整体，并用以支配组织整体活动的权力将不复存在，这样就势必造成组织的解体，形成无组织的局面。

集权和分权是两个相对的概念。事实上，绝对的集权和绝对的分权都是极少的，一般是相对地集权和分权。绝对的集权意味着组织中的全部权力集中在一个主管手中，组织活动的所有决策均由该主管做出，主管直接面对所有的命令执行者，中间没有任何管理人员，也没有任何中间管理层，这在现代社会经济组织中几乎是不可能的。绝对的分权意味着将全部权力分散下放到各个管理部门中去，分散至各个执行操作层，这时，主管的职位是多余的，统一的组织也不复存在。因此，将集权和分权有效地结合起来是组织存在的基本条件，也是组织既保持目标统一性又具有柔性、灵活性的基本要求。

选择集权或者分权方式要受到以下一些因素的影响：当环境和组织相对稳定而且可以预测时，集权方式可行。而一个组织，特别是在复杂变化的环境时，需要组织结构具有足够的柔性，采用分权的方式才是合适的。

（二）集权与分权的影响因素

影响集权与分权的程度，是随条件变化而变化的。对一个组织来说，其集权或分权的程度，应综合考虑各种因素：

1. 政策的一致性

如果高层管理者希望保持政策的一致性，则趋向于集权化。如果高层管理者希望政策不一致，则会放松对职权的控制程度。

2. 组织的规模

组织规模较小时，一般倾向于集权，当组织规模扩大后，组织的层次和部门会因管理幅度的限制而不断增加，从而造成信息延误和失真。因此，为了加快决策速度、减少失误，最高管理者就要考虑适当的分权。

3. 组织的成长

组织成立初期绝大多数都采取和维持高度集权的管理方式。随着组织逐渐成长，规模日益扩大，则由集权的管理方式逐渐转向分权的管理方式。

4. 管理哲学

有些组织采用高度集权制，有些组织推行高度分权制，原因往往是高层管理者的个性和管理哲学不同。

5. 管理人员的数量与素质

管理人员的不足或素质不高可能会限制组织实行分权。即使高层管理者有意分权，但没有下属可以胜任，也不能成事。相反，如果管理人员数量充足、经验丰富、训练有素、管理能力强，则可有较多的分权。

6. 控制的可能性

分权不可失去有效的控制。高层管理者在将决策权下授时，必须同时保持对下属的工作和绩效的控制。一般来说，控制技术与手段比较完善，管理者对下属的工作和绩效控制能力强的，可较多地分权。

7. 组织的动态特性

如果一个组织正处于迅速的成长过程中，并面临着复杂的扩充问题，组织的高层管理者可能不得不做出为数很多的决策。高层管理者在无法应付的情况下会被迫向下分权。

第四节　组织文化

一、组织文化的含义

文化是一个内涵深邃、外延宽广的概念，既有广义与狭义之分，也有宏观与微观之别。广义上说，文化是人类社会历史实践过程中所创造的物质财富与精神财富的总和；狭义上说，文化是社会的意识形态以及与之相适应的组织机构与制度。从宏观上看，文化可以指民族的、宗教的、社会的；从微观上看，它又可以指社会中的某一特定群体。本书所探讨的组织文化主要是指后者，也就是某一特定组织的文化。

（一）什么是组织文化

组织文化是组织在成长过程中，逐步形成的，为全体成员所认同并遵守的，带有本组织特点的使命、愿景、宗旨、精神、价值观和经营理念，以及这些理念在运营实践、管理制度、员工行为方式与组织对外形象中的体现的总和。它反映了一个组织特有的、为社会所公认的，品格、精神、作风等。

组织文化的结构可以分为四个层次，即物质层、行为层、制度层和精神层。

1. 物质层

物质文化是组织文化的表层文化，是指组织的物质基础、物质条件和物质手段等方面的总和。物质文化的特点就是看得见、摸得着。那么，为什么要把这些属于物质实体的东西作为文化来看待呢？这是因为不仅仪器设备、技术装备、工艺流程、操作手段等这些与生产直接相关的物质现象要体现组织的文化素质，而且建筑形态、工作环境等也要体现组织的文化素质。因此说物质现象的本质反映和体现了文化的内涵。优秀的组织文化是通过重视产品的开发、服务的质量、产品的信誉和组织生产环境、生活环境、文化设施等物质现象来体现的。

2. 行为层

行为层文化是组织文化的浅层部分，这是相对于表层的物质文化而言的。从内容看，行为文化既包括组织的生产行为、分配行为、交换行为和消费行为所反映的文化内涵与意义，同时也包括组织形象、组织风尚和组织礼仪等行为文化因素。对组织来说，行为文化的建设是组织文化建设的最重要的文化建设。比如丰田公司的“生产大众喜爱的汽车”，惠普公司的“以世界第一流的高精度而自豪”，中国一汽的“永葆第一”等，都是体现行为文化的重要内容与形式。

3. 制度层

制度文化是组织文化建设的中层结构部分，它是相对于表层的物质文化、浅层的行为文化建设而言的。制度文化层的主要内容有组织与领导制度、工艺与工作管理制度、职工管理制度、分配管理制度等。应该说，不同的文化意识就会有不同的制度建设思想。

4. 精神层

精神层文化，它是组织在长期实践中所形成的员工群体价值取向，是组织的道德观、价值观即组织哲学的总和体现和高度概括，反映全体员工的共同追求和共同认识，包括管理哲学、敬业精神、人本主义的价值观念、道德观念等。组织精神文化是组织价值观的核心，是维系组织生存发展的精神支柱。

精神文化层是组织文化结构中的核心层次。作为深层文化，它是相对于中层的制度文化、浅层的行为文化和表层的物质文化而言的。可以看出，这四个层面构成了组织文化的一个完整系统，形成了一个由内向外发散、再从外向内深入的开放网络，从而促进组织的不断创新与发展。

综上所述，精神文化层是组织文化的核心层次，直接决定和影响制度文化层的建设；制度文化层又要影响和决定行为文化层的建设；而行为文化层最终要影响和决定物质文化的建设。

（二）组织文化的特征

通过对大量组织文化的比较研究，学者们总结了组织文化的特征。一般来说，组织文化具有以下几个主要特征：

1. 社会性

组织作为进行生产技术经济活动的社会细胞，它需要直接或间接地依赖其他组织和单位的协作配合，组织文化也正是通过社会生产技术经济协作，得以继承和发展。

2. 继承性

任何文化都是前代文化的继承，在继承基础上的延续。每个组织都需要注意本组织优良文化的积累，通过文化的继承性，把自己的过去、现在和将来联结起来，把组织精神灌输给一代又一代，并且在继承过程中要加以选择。

3. 相对稳定性

组织文化是组织在长期的发展中逐渐积累而成的，具有较强的稳定性，不会因组织结构的改变、战略的转移或产品与服务的调整而变化。一个组织中，精神文化又比物质文化具有更多的稳定性。

4. 发展性

组织文化形成以后，不是一成不变的，而是随着社会的进步不断发生变化的。组织文化处于发展变化之中，旧的文化因素或因时代的变迁而消失，或因条件的改变而演变；新的文化因素则随着人类的进步而产生，随着组织管理实践的深入而发展。组织文化要随着历史的积累、社会的进步、环境的变迁以及组织变革逐步演进和发展。组织文化的这种更新既是组织主动追求的结果，也是管理发展的必然要求。

5. 融合性

每一个组织都是在特定的文化背景之下形成的，必然会接受和继承这个国家和民族的文化传统和价值体系。组织文化的融合性除了表现为每个组织过去优良文化与现代新文化的融合，还表现为本国与国外新文化的发展融合。

6. 独特性

组织文化的形成除受所属社会文化及民族文化的包容和熏陶，带有明显的本社会、本民族的文化特性和烙印外，还受到本组织环境和群体特性的影响和制约。每个组织都有其独特的组织文化，这是由不同的国家和民族、不同的地域、不同的时代背景以及不同的行业特点所形成的。构成组织环境和群体特性的各种因素，如组织的规模与性质、行业及产品特点、组织结构、经营方式、人员构成与素质、领导方式等，直接孕育和促成组织文化的生成。而上述因素在不同组织中有着不同的存在形式和组合方式，在此基础上生成的组织文化也必然存在诸多差异。

一个组织区别于其他组织的文化差异即为该组织独有的文化特性。组织文化的这一性质使每个组织形成仅为本组织认可和通行的价值观、思维方式和行为规范，同时使组织在社会中显示出独特的形象和风格。

（三）组织文化的内容

组织文化作为一个完整的体系，其内容包括四个部分，即组织整体价值观念、组织精神、组织伦理道德、组织形象。组织整体价值观念主要指组织的基本信仰、宗旨和经营管理的基本理念。主要解决创办组织是为了什么，组织追求什么样的目标，组织提倡什么，反对什么，组织以什么样的指导思想进行经营管理等方面的问题。

组织精神与组织整体价值观念是紧密相联的，是组织规范化和信念化了的意识的变现，反映组织经营管理中积极的主导意识。如组织有什么样的经营思想，必然要影响到它的价值观念。比如，若认为“质量第一”是生产经营之本，那就必然会有“用户至上”的价值观念。所以，价值观就是组织对经营管理目的的基本看法和判断。而组织精神则是在组织价值观念的基础上所形成的一种群体意识和精神状态。组织整体价值观念与组织精神是员工团结一心、努力工作的精神源泉，也是组织赖以生存和发展的精神支柱，对组织的成败兴衰起决定作用。

组织伦理道德是组织人与人之间关系的行为规范的总和。它来源于组织员工的群体意思，表明人们对善良与邪恶、正义与非正义、公正与偏私、诚实与虚伪、美与丑等问题的基本看法，并以此为标准评价员工的行为，调整组织与员工以及员工与员工之间的关系。组织的伦理道德以公众舆论、规章制度等形式表现出来，对规范员工的个体行为，协调大家的行动，保证个人目标同组织目标的一致性起到教育、引导和制约作用。

组织形象是组织从事生产经营活动和管理活动所表现出来的外部行为特征、视觉特征以及组织风格、风气等，表现为组织在社会上的知名度、美誉度、忠诚度的大小和组织内部精神面貌的好坏。组织形象取决于组织的整体价值观念和伦理道德。一个组织是否具有良好的形象，对组织员工的工作追求、凝聚力、创造力及组织整体竞争力都有直接影响。

二、组织文化的功能

组织要实行有效的管理，关键在于它的凝聚力、向心力和持久力，而组织文化对此正有着不容忽视的重要影响。具体说来，组织文化的功能主要包括以下几个方面。

（一）激励功能

共同的价值观念使每个职工都感到自己存在和行为的价值，自我价值的实现是人的最高精神需求的一种满足，这种满足必将形成强大的激励。

组织文化的激励功能是综合发挥目标激励、领导行为激励、竞争激励、奖惩激励等多种激励手段的作用，从而激发出组织内各部门和所有劳动者的积极性，这种积极性，同时也成为组织发展的无穷力量。组织文化犹如一种内在于组织的“精神动力学效应”，这种无形的动力可以激励职工的自豪感、主人翁责任感，特别是组织文化建设取得成功，在社会上产生影响时，组织员工会产生强烈的荣誉感和自豪感，并用自己的实际行动去维护组织的荣誉和形象。

（二）导向功能

组织文化在很大程度上决定着成员的价值取向，确定着成员的共同目标。所谓导向功能就是通过它对组织的领导者和职工起引导作用。

组织文化的导向功能主要体现在经营哲学和价值观念的指导方面，其中：经营哲学决定了组织经营的思维方式和处理问题的法则，组织共同的价值观念规定了组织的价值取向。组织目标代表着组织发展的方向，没有正确的目标就等于迷失了方向，完美的组织文化会从实际出发，以科学的态度去制定组织的发展目标。

（三）约束功能

每个组织，为了保证其经济目标的实现和生产、经营活动的一致性，需要一定的行为准则以统一成员的信念、价值和行为，并以此作为价值取舍的标准，它起着调节员工活动关系的作用。组织的生存，离不开这种行为规范的约束。

组织文化的一个重要特征就是根据组织整体利益的需要，提供一整套行为准则，通过一系列的形式来约束和规范组织全体成员的行为。这种约束功能主要是通过完善管理制度和道德规范来实现。组织制度是组织文化的内容之一，组织的领导者和组织职工必须遵守和执行，从而形成约束力，而道德规范则是从伦理关系的角度来约束组织领导者和职工的行为。

（四）凝聚功能

组织文化以人为本，尊重人的感情，从而在组织中造成了一种团结友爱、相互信任的和睦气氛，强化了团体意识，使组织员工之间形成强大的凝聚力和向心力。共同的价值观念形成了共同的目标和理想，员工把组织看成是一个命运共同体。这种对组织共同体的同一性的认识，是组织凝聚力的来源。它能在组织共同体内部造成一种和谐公平、友好的气氛，促进全体职工的团结、信任、理解和相互支持，使之形成群体的向心力。组织文化像一根无形的"纽带"，维系一个组织的正常运行。

三、组织文化的建设

前面提到，合适的文化对组织的发展有着毋庸置疑的作用和意义。因此，要构建与外部环境以及与组织内部需要相适应的组织文化，并且要将这种文化落实到每一个员工身上。

(一) 坚持组织文化建设的一般原则

1. 强化以人为中心

文化以人群为载体，人是文化生成的第一要素。组织文化中的人不仅仅是指组织家、管理者，还应该包括组织的全体职工。组织文化建设中要强调关心人、尊重人和信任人。组织团体意识的形成，首先是组织的全体成员有共同的价值观念，有一致的奋斗目标，才能形成向心力，才能成为一个具有战斗力的整体。

2. 切忌形式主义

组织文化属于意识形态的范畴，但它又要通过组织或职工的行为和外部形态表现出来。建设组织文化必须首先从职工的思想观念入手，树立正确的价值观念和哲学思想，在此基础上形成组织精神和组织形象，防止搞形式主义，言行不一。

3. 注重个异性

个异性是组织文化的一个重要特征。文化本来就是在本身组织发展的历史过程中形成的，每个组织都有自己的历史传统和经营特点，组织文化建设要充分利用这一点，建设具有自己特色的文化。组织有了自己的特色，而且被顾客所公认，才能在组织之林中独树一帜，才有竞争的优势。

4. 继承传统文化的精华

组织文化建设应该是在传统文化的基础上进行增值开发，否则组织文化就会失去存在的基础，也就没有生命力。增值开发就是对传统文化进行借鉴，去其糟粕，取其精华。我国传统文化中的民本思想、平等思想、务实思想等都是值得增值开发的内容。

(二) 培育共同的价值观念

作为组织文化核心的价值观念的培养，是组织文化建设的一项基础工作。组织中的每个成员都有自己的价值观念，但由于他们的资历不同、生活环境不一样、受教育的程度也不相同等原因，使得他们的价值观念千差万别。组织价值观念的培育是通过教育、倡导和模范人物的宣传感召等方式，使组织职工扬弃落后的价值观念，树立正确的、有利于组织生存发展的价值观念，并形成共识，成为全体职工行为的准则。

组织价值观念的培育是一个由服从、认同，最后达到内化的过程。服从是在培育的初期，通过某种外部作用使组织中的成员被动地接受某种价值观念，并以此来约束自己的思想和行为；认同是受外界影响而自觉地接受某种价值观念，但对这一观念未能真正地理解和接受；内化不仅是自愿地接受某种价值观念，而且对它的正确性有真正的理解，并按照这一价值观念自觉地约束自己的思想和行为。

组织价值观念的培育是一个长期的过程。在这个过程中，组织中个体成员价值观念的转变还可能由于环境因素的影响而出现反复，这更增加了价值观念培育的复杂性。价值观念的培育需要组织领导深入细致的思想工作，善于把高度抽象的思维逻辑变成员工可以接受的基本观点。

由于组织价值观念是由多个要素构成的价值体系，因此在培育中要注意多元要素的组合，既要考虑国家、组织价值目标的实现，又要照顾职工需求的满足。我国老一代组织家卢作孚（民生轮船公司创始人）倡导的“民生精神”，就是基于“服务社会，便利人群，开发产业，富裕国家”这一为国为民的价值观念。

（三）构塑组织精神

组织精神构塑是在组织领导者的倡导下，根据组织的特点、任务和发展走向，使建立在组织价值观念基础上的内在的信念和追求，通过组织群体行为和外部表象而外化，形成组织的精神状态。

组织精神与组织价值观是既有区别，又密切相关的两个概念，价值观是组织精神的前提，组织精神是价值观的集中体现。价值观具有分散性和内隐性，如存在的价值、工作价值、质量价值等，它是人们的信念和追求。但组织精神则不同，它比较外露，容易被人们所感觉。组织价值观和组织精神共同构成了组织文化的核心。

组织精神的形成具有人为性，这就需要组织的领导者根据组织的发展有意识地倡导，培育而成。在构塑组织精神的过程中，特别应将个别的、分散的好人好事从整体上进行概括、提炼、推广和培育，使之形成具有代表性的组织精神。

复习思考题

1. 说一说组织结构的影响因素。
2. 简要分析管理幅度和管理层次的关系。
3. 什么是集权？什么是分权？
4. 说一说直线职权、参谋职权以及职能职权之间的关系。
5. 矩阵制组织结构有哪些优点和缺点？
6. 何谓组织文化？组织文化的主要功能有哪些？

第八章　人员配置

【本章要点】

- 人员配置的任务和原则
- 内部招聘和外部招聘
- 员工选聘的程序和方法
- 员工培训的内容及形式
- 绩效评估的含义和程序
- 员工薪酬的构成

组织结构的设计为组织系统的运行提供了基本的框架。然而，要有效发挥组织的作用，还应该为这些机构的不同岗位配备不同的人员。任何管理者在组织工作职能中的任务之一，就是选配人员，也就是将合适的人配置到合适的岗位上。一个组织素质的高低，在很大程度上是其所聘人员素质的一种反映，得到并保持能干的员工，是每个组织取得成功的关键所在。

“管理之要，在于用人”。在设计了合理的组织机构和结构的基础上，还需要为这些机构的不同岗位配置合适的人员，人员配置是组织职能的重要内容。

第一节　人员配置的任务和原则

一、人员配置的重要性

对于任何性质的组织来说，有效合理的人员配置都是十分重要的。

1. 做好人员配置是提高组织效率的前提

组织是一个人造系统。组织效率的高低、力量的强弱，归根结蒂是由组成组织的人员的素质高低决定的。现代组织竞争理论研究的一个重要结论就是市场竞争实质上是人才的竞争。如果一个组织从一般员工到高层管理人员都具有很高的素质，很强的专业技术能力和管理能力，可以肯定这个组织具有很强的竞争力。把好组织的人员进入关是提高组织成员素质的第一步，培训则是不断提高组织成员素质，不断开发组织人力资源的重要途径。这些都是人员配置的重要内容。可见，一个组织人力资源管理水平的高低，在很大程度上决定了组织的生存和发展。

2. 做好人员配置是开发组织人力资源的重要途径

在组织的各种组成要素中，人是最有活力最重要的要素。如何调动组织成员的积极性和创造性，是管理要解决的最重要的问题。

一般来说，首先，要做到组织人员的合理利用、合理配置，避免出现大材小用、有才不用，浪费人力资源的现象；其次，要做好报酬工作，使员工觉得付出的劳动得到了合理的报酬；再次，要通过培训、指导等工作，使员工认识到自己的潜能，并将这种潜能发挥出来，最大限度地挖掘组织内可用的人力资源。这些工作，都要靠人员配置来完成。

3. 做好人员配置是实现组织目标的重要手段

任何一个组织都必须保持相对的稳定，否则，组织的目标就难以实现。组织的稳定首先是员工队伍的稳定。通过人力资源的配置和管理，使每个员工都感到其能力得到了发挥，劳动所得的报酬公平合理，员工就会热爱这个组织，忠诚于这个组织。此外，随着组织的发展，人力资源管理还为组织输送合格的员工和人才，保证组织的动态稳定。

二、人员配置的任务

人员配置要为组织的每一个岗位配备适当的人，也就是按照组织的需求，考虑组织成员的能力和特点，为每个人安排适当的工作。

1. 通过人员配备使组织系统高效运转

设计合理的组织系统要能有效地运转，必须使组织机构中每个工作岗位都有相应的人来配置，使得组织的所有正常活动都有合格的人来完成。

2. 通过人员配备为组织的发展吸引人才

任何组织都是处在不断变化的环境中。组织的目标、任务会随着组织内外环境的变化而适当的调整，因此组织的岗位以及岗位对员工的要求会发生变化。因此，在对组织人员进行配置时，不仅要考虑组织现在的状况，还要考虑到组织未来的需求。人员配置不仅要为组织吸引、招聘到优秀的人才，同时要留住人才，合理地使用人才，增强组织成员对于组织的忠诚度。

3. 通过人员配置使每个人得到公正的评价和使用

合理的人员配置可以充分发挥每个人的才能，同时使得每个人的能力不断提高。知识和技能的提高，不仅可以满足人们较高层次的心理需要，而且往往是职业生涯中通向职务晋升的阶梯。通过人员配备，使得每个组织成员可以拥有这样的机会。

三、人员配置的原则

选拔合适的人才，合理地使用人才，是组织生存和发展的重要条件，也是人力资源规划的目的之一。尽管不同的组织可能需要不同的人才，但是，不管什么样的组织都必须坚持科学的人员配备原则。一般来说，组织人员配置有以下几个原则。

1. 因事择人原则

因事择人是指应以所空职位和工作的实际要求为标准来选拔符合标准的各类人员。选人的目的在于使其担当一定的职务，并能按照要求从事与该职务相对应的工作。要使工作圆满完成并卓有成效，首先要求在保证工作效率的前提条件下安排和设置职位，其次要求占据职位的人具备相应的知识和工作能力。

2. 因才适用原则

因才适用是指根据人的能力和素质的不同，去安排不同要求的工作。从组织中人的角度来考虑，只有根据人的特点来安排工作，才能使人的潜能得到最充分的发挥，工作热情得到最大限度的激发，促进人的全面发展。如果学非所用、大材小用或相反，都会严重影响组织效率，影响组织目标的实现。

3. 用人所长原则

用人所长的原则是指在用人时不要求全责备，管理者应注重发挥人的长处。没有平庸的人，只有平庸的管理。每个人总是有长处的，高明的主管善于从每个普通的员工身上，发现有价值的东西，并加以引导和开发。在现实中，由于人的知识、能力、个性发展是不平衡的，组织中的工作任务要求又具有多样性，因此，完全意义上的通才是不存在的，即使存在，组织也不一定非要选用这种通才，而应该选择最适合空缺职位要求的候选人。有效的管理就是要能够发挥人的长处，并使其弱点减少到最小。

4. 动态平衡原则

现代组织总是在不断地变革和发展，对成员的要求也在不断变动，而工作中的人的能力和知识也在不断地提高和丰富，因此，人与事的配合需要进行不断地协调平衡。人与事要保持动态平衡，要使那些能力发展充分的人去从事组织中更为重要的工作，同时也要使能力平平、不符合职务需要的人得到识别及合理的调整，最终实现人与工作的动态平衡。

四、人员配置工作的内容

人员配置工作主要包括以下几个方面的内容：

1. 制订人力资源计划和人力吸引政策

根据组织目标以及组织结构设计，对组织各类人员的需求进行分析，制订出组织人才需求计划；对人才市场进行分析，制定人才吸引政策。

2. 员工补充更新

包括招聘新员工，提拔管理人员，补充空缺的岗位，多余人员的安置，老职工的退养等。此项工作要有长远规划，对技术人员和管理人员要有适当的人才储备。

3. 员工的培养教育、培训、提拔

正规的组织都在员工培训上花大力气，从机关报来毕业生的入职培训，到技术人员的知识更新培训，都非常重视。通过培训，员工的技能得到提高，最终体现到产品和服务质量的提升。

4. 员工的绩效考评

绩效考评是人力资源管理的重要内容，也是提高管理水平的方法之一。考评的结果作为发放绩效薪酬的依据，也作为提升到上一级职务的依据。

5. 薪酬与保健

薪酬与保健是留住和吸引优秀员工的基础，衣食足知荣辱，员工的敬业精神需要引导教育，员工也需要有基本的生活保障。

五、人力资源规划

实施人力资源规划的目标，就是要通过规划人力资源管理的各项活动，使组织的需求与人力资源的基本状况相匹配，确保组织总目标的实现。

通过人力资源规划，可以将组织的目标转换为需要哪些人员来实现这些目标。人力资源规划需求要根据组织的战略发展，也要考虑人才市场供给情况。人力资源规划的任务包括以下几方面：

1. 评估组织中人力资源的需求

人力资源规划就是要使组织内外人员的供给与一定时期组织内部预计的需求相一致。以企业为例，企业人事部门首先要对现有人力资源的状况作一考察，这通常可以开展人力资源调查的方式进行。在计算机系统高度发达的年代，对于绝大多数组织来说，要形成一份人力资源调查报告并不困难。这份报告的数据来源于员工填写的调查表，此项调查能帮助企业评价组织中现有的人才与技能，然后企业要结合今后发展的情况，估计需要的人力资源。

进行了企业的人力资源调查后，还要把企业员工的需求与企业内现有人力资源状况进行动态对比并找出预计的缺额。评估现有人力资源状况需要通过工作分析法检查现有人力资源的余缺情况并做出工作说明书和工作规范。

2. 选择合适的人员

组织中的员工总是随着内外环境的不断变化而变动的。为了确保担任职务的人员具备职务所要求的期权知识和技能，必须对组织内外的候选人进行筛选，使组织所需要的各类人才得到及时的补充。

3. 制订和实施人员培训计划

培训既是为了适应组织内部变革和发展的要求，也是为了提高员工素质，实现员工个人生涯发展的要求。要使组织中的成员、技术、活动、环境等要素更具环境的适应性，就必须运用科学的方法，有计划、有组织、有重点、有针对性地对员工进行全面培训，以培养和储备适应未来要求的合格人才。

第二节　工作分析

工作分析是人力资源管理工作的基础，工作分析质量对其他人力资源管理工作具有举足轻重的影响。

一、工作分析的概念

工作分析，又称职务分析，指全面了解获取与工作有关的详细信息的过程，是对组织中某个特定职务的工作内容和职务规范的描述和研究过程，即制定职务的说明和职务规范的系统过程。

工作分析是就岗位进行分析，是一个收集、加工和处理岗位相关信息的过程，以全面了解和明确该岗位在公司内的岗位目标、职责、权限等信息。是岗位有关Why、What、How、Who的问题，不是针对任职者个人的分析，而是针对岗位的分析。对该工作的任务要求进行书面描述、整理成文。

工作分析的结果提供了与工作本身要求相关的信息，而这些要求又是编制工作说明书和工作规范的基础。

二、工作分析的内容

工作分析的内容包含三个部分：对工作及岗位需求的分析，对岗位、部门和组织结构的分析，对工作主体员工的分析。

1. 工作内容的分析

是指对产品（或服务）实现全过程及重要的辅助过程的分析，包括工作步骤、工作流程、工作规则、工作环境、工作设备、辅助手段等相关内容的分析。

2. 岗位、部门和组织结构的分析

由于工作的复杂性、多样性和劳动分工，使岗位、部门设置成为必然，不同的行业和不同的业务都影响着岗位、部门的设置，对岗位、部门和组织结构的分析包括对岗位名称、岗位内容、部门名称、部门职能、工作量及相互关系等内容的分析。

3. 工作主体员工的分析

包括对员工年龄、性别、爱好、经验、知识和技能等各方面的分析，通过分析有助于把握和了解员工的知识结构、兴趣爱好和职业倾向等内容。在此基础上，企业可以根据员工特点将其安排到最适合他的工作岗位上，达到人尽其才的目的。

三、工作分析的步骤

在做工作分析时，要遵循以下几个步骤：

1. 确定工作分析信息的用途

在进行工作分析之前，一定要明确工作分析的目的，也就是明确工作分析的信息将用于人力资源管理的哪一方面，它直接决定了需要搜集何种类型的信息及其使用何种技术去搜集。

2. 搜集与工作有关的背景信息

看看组织内已经有一些什么样的信息会有助于工作分析。一般来说，组织结构图、工作流程图等资料和信息会对工作分析有很大帮助。在职位分析之前，对这些背景信息应有充分的了解。

3. 选择有代表性的工作进行分析

在组织内部,职位数目比较多,并且有很多类似的职位,完全没有必要也不可能对所有职位进行工作分析,因此应该选择典型职位进行工作分析。所选择的典型职位应该符合的条件是:对组织比较重要的职位;所选职位的组合能反映出这个组织的组织结构;所选取的职位比较稳定,没有比较频繁的变化;能够尽可能代表更多类似的职位。

4. 搜集工作分析信息

搜集有关工作活动、工作条件、工作人员自身条件(如个人特点与执行工作的能力等)的信息,来进行实际的分析。为了提高信息的可靠性,应该对职位功能进行360度评价,即从任职者本人、上级、同事、客户和下属等多方面收集信息,尽可能从所有与该职位有经常性业务联系的方面了解该职位的信息。

5. 同承担工作的人共同审查所搜集到的工作信息。

通过工作分析搜集到相应信息以后,由任职者和任职者的上级对所搜集的信息进行核对和确认。确保信息正确、完整,有助于被分析工作相关的人所理解,并且提供审查与修改工作描述的机会。

6. 编写工作说明书和工作规范

所搜集的信息经核对无误后,就可以着手撰写职位说明书了。撰写完典型职位的职位说明书以后,就可以在整个公司内推动大家去撰写非典型职位的职位说明书。最后,形成公司的岗位责任说明书体系。

四、职位说明书

职务描述与岗位规范的结果是一个规范的职位说明书。职位说明书是人力资源管理中最基础的文件,是工作分析的最终结果,又称为岗位说明书。是通过工作分析过程,用规范的文件形式对组织内各类岗位的工作性质、任务、责任、权限、工作内容和方法、工作条件、岗位名称、职种职级以及该岗位任职人员的资格条件、考核项目等做出统一的规定。

职位说明书的编写没有一个标准化的模式,但大多数的职位说明书应该包括以下一些主要内容:

1. 岗位基本资料

岗位基本资料包括:岗位名称、直接上级岗位名称、所属部门、岗位编码、工资等级、定员人数、岗位性质。同时也可选择性地列出岗位分析人员姓名、人数和岗位分析结果的批准人等栏目。

2. 岗位工作概述

岗位工作概述即用最简练的语言说明岗位的性质、中心任务和责任。比如,总裁:受公司董事会委托,执行董事会的决策、决议,对公司的生产经营实施全面的监控和最高行政管理；经营计划部部长：拟定公司中长期发展战略及年度经营计划，组织考核，对公司经营活动进行分析，组织部门职责范围内的其他工作；人力资源部部长：向各部门提供人力资源管理的专业性服务，激发公司员工工作的积极性，使其工作绩效不断提高。

3. 岗位工作责任详述

这是岗位说明的重点之一。要逐项列出本岗位所应负有的职责，包括直接责任与领导责任。较为理想的格式是首先把岗位工作内容归为几个大类，然后再分点说明。

4. 关键业绩指标

这个内容指明各项工作内容所应产生的结果或所应达到的标准，以定量化为最好。最常见的关键业绩指标有三种：一是效益类指标，如资产盈利效率、盈利水平等；二是营运类指标，如部门管理费用控制、市场份额等；三是组织类指标，如满意度水平、服务效率等。

值得注意的有两点：关键业绩指标最好同岗位工作责任详述对应起来；各项指标最好能够量化，从而有利于执行。

5. 岗位关系

岗位关系描述包括：此岗位受谁监督，此岗位监督谁，此岗位可晋升的岗位，可转换的岗位，可升迁至此的岗位，与哪些岗位发生联系及联系的密切程度，岗位关系有时还应包括与企业外部的联系。

6. 岗位环境

岗位环境主要包括五个方面：

- 工作场所，在室内、室外，还是其他的特殊场所；
- 工作环境的危险性，说明危险性存在的可能性，对人员伤害的具体部位，发生的频率及危险性原因等；
- 工作时间特征，如正常工作时间、加班时间等；
- 工作的均衡性，即工作是否存在忙闲不均的现象及经常性程度；
- 工作环境中的不良因素，即是否在高温、高湿、寒冷、粉尘、有异味、噪声等工作环境中工作。

7. 任职资格条件

常见的任职资格条件有：

- 学历及专业要求；
- 所需资格证书；
- 经验，如一般经验、专业经验、管理经验；
- 知识，基础知识、业务知识、政策知识、相关知识；
- 技能要求，完成本岗位工作所需要的专业技术水平；
- 一般能力要求，如计划、协调、实施、组织、控制、领导、冲突管理、公共关系、信息管理等能力及需求强度；

● 个性要求，如情绪稳定性、责任心、外向、内向、主动性等性向特点。

第三节 员工的招聘与解聘

在组织的人员配备中，聘用合适的人员尤显重要。一方面保证聘用到优秀的组织成员，胜任工作，做到人尽其职；另一方面，使优秀的组织成员能适应组织的文化，充分发挥创造力，从而使人尽其才，才尽其用。

一、员工选聘的来源

员工招聘的来源可以是多方面的。广告应聘者、员工或关联人员推荐、职业介绍机构推荐及其他多种渠道。依据招聘员工是来自组织内部或外部，组织员工选聘的来源不外乎两条，一是从组织内部培养、选拔、任用，这种方式可称之为内部提升；二是向组织外招聘，即向组织外部公开招聘人员，这种方式可称之为外部招聘。一个组织要想得到优秀的员工，这两种选聘方式都是必不可少的，它们各有优缺点，各有长短处。

（一）内部提升

内部提升指组织内部成员的能力和素质得到充分确认之后，被委以比原来责任更大、职位更高的职务，以填补组织中由于发展或其他原因而空缺了的管理职务。

1. 内部提升的优点

① 从组织内部培养选拔的主管人员，他们对组织的情况熟悉，不需要了解适应过程，上任之后能较快地进入角色。内部提升者了解组织内部错综复杂的机构、组织政策和人事关系，了解组织运行的特点，所以上任后可以迅速地适应新的工作，工作起来要比外聘者显得更加得心应手，从而能迅速打开局面。

② 从组织内部培养，选任管理人员，时间上比较充裕。对备选对象可以进行较长时期地考察，通过这段时间有意识地考察，一般能从各方面了解备选对象的长短处及能力高低，做到用之所长，避之所短。

③ 从组织内部培养，选任管理人员，有利于调动员工的工作积极性，鼓舞员工士气，培养员工忠诚，激励每个人都努力工作。员工不断进步，则有可能被分配担任更重要的工作。同时，只有组织发展了，才有更多的晋升机会，员工与组织利益具有一致性。

④ 从组织内部培养，选任管理人员，有利于吸引外部人才。真正有能力和发展潜力的人知道，尽管起点低，但凭借自己的知识和能力，可以在较短的时间内熟悉基层的业务，从而能有条件提升到较高的管理或技术层次上。

2. 内部提升的不足之处

① 从组织内部选任管理人员，一般容易按现有的干部模式来培养、选拔人才，形

成一贯制。人们称这种方式类似于自然界的近亲繁殖,可能会造成思维固化,难以创新。

② 从组织内部选任管理人员,容易受内部关系网的制约,特别是组织内部存在着派别时,选任管理人员就往往被视为壮大派别力量的方式,结果是任人唯亲,不能任人唯贤。这样选任出来的管理人员,也难以公正无私地开展工作。

③ 从组织内部选任管理人员,可能会引起同事之间的矛盾,使旁落者产生不满情绪,产生不公平感觉,不利于被提拔者展开工作,也不利于组织中人员的团结与合作。

(二) 外部招聘

外部招聘是根据组织制定的标准和程序从组织外部选拔符合职位要求的员工。组织的高级员工和专业岗位尤其需要采取这种方式。具体的形式包括:广告、员工推荐、中介机构推荐、学校分配等。

1. 外部招聘的优点

① 备选对象广泛,可求人才多。实行外部招聘,只要刊登公开招聘的传媒选择得好,就可为广大备选对象了解,应聘的人数就会较多。

② 从组织外部选任的管理人员,他们一般都不受组织现有模式的约束,思维方式不同,容易带来新观点、新思想。

③ 从外部选任管理人员,可摆脱组织的关系网的约束。被聘者没有太多顾虑,没有历史包袱,可以放手工作。组织内部对外来者的负面信息知之甚少,可增强领导的权威性和指挥力。

2. 外部招聘的缺点

① 只能根据一两次的面试、笔试的结果来评判应聘者水平、能力的高低,失误的概率就比较高。目前的外求制法多是采用一定的试用期,通过试用期进行较全面地考察。

② 外部招聘的费用比较高,因为要刊登招聘广告,要组织专家测试、评价。

③ 外聘行为可对内部员工的积极性造成打击,给内部员工制造人为的天花板,挫伤工作积极性。使外部有潜力的人才不敢轻易应聘,因为升迁和发展的空间很狭小。

对一个组织来说,是使用内部提升制还是外部招聘,就要视情况而定。内部选聘有利于人才优化配置。一般情况下,一旦有空缺职位,应在公司内部公布,应优先考虑从内部提升(除非内部人选缺乏);找不到合适的人选再进行外部招聘。另外,对某些职位而言,外部招聘也许是合适的。

另外,从组织内部考虑,如果一个组织长期没有创新,基本上是靠自身培养来选任管理人员的,就要考虑采用外部招聘了。如果一个组织中人才流出多,不少人在组织内是一条“虫”,一流出就变成了一条“龙”,组织就需要考察自己的用人机制是否存在问题了。

二、员工选聘的程序与方法

一旦企业（及其他组织）确定了招聘计划，组织内外会有一批人员准备应聘，组织需要采取相应的程序、方法对申请者进行甄别，以确保最合适的候选人得到这一职位。在市场经济中，员工招聘是组织与员工相互选择的过程。

（一）员工选聘的程序

1. 制订并落实招聘计划

人力资源部规划招聘过程、实施、评价过程。根据职位的类型、数量、时间等要求确定招聘计划，同时成立相应的选聘工作委员会或小组。

2. 对应聘者进行初选

通过人事考评记录或初步面谈来初选，尽可能多地了解工作经历及其他情况，观察他们的举止、观点、见解、独创性等。

3. 对初选合格者进行知识与能力的考核

通过智力与知识测试以及心理测试的方法，测试应聘者思维能力、记忆能力、应变能力和观察分析复杂事物的能力等。还要测试应聘者关于职务要求的基本技术知识和管理知识。

4. 录用员工

对在测试和其他方面考评的基础上，录取合格的人员，并签订聘用合同，确定聘用的期限、待遇、解聘的法律手续等。

（二）员工选聘的方法

1. 笔　试

笔试主要用来测试受聘人员的文化水平。不同工作岗位对文化水平的要求不一样。一般来说，一个人在组织中所负的责任越大、任务越重，要求其具有的文化水平就越高。笔试的主要特点是受聘人员可以公平竞争，评定成绩时主观因素的影响要比面试少得多。

笔试又可分为两种：一种是论文式笔试，即按指定的题目和提及的范围，通过撰写文章申明自己的观点、方法，从而反映作者自己所具备的知识，分析问题和解决问题的能力。这种测试多用于组织主要领导人的选拔，如总经理、副总经理的选拔等。另一种是测验式笔试，主要是通过直接问答或填空、选择等规范化试题来展示自己的学识和记忆能力。这种测验主要用于招聘一般员工。

进行笔试要注意的是：命题要恰当，应与招聘的目的相结合；试卷评阅要认真、客观、公正。

2. 面　试

面试主要指招聘人员同受聘人员面对面地谈话，通过谈话来测试受聘者的知识能力和水平的方法。面试的特点是可以直接检验受聘者的应变能力、仪表、口头表达能力。面试是一种经济有效的考试方式。所以当代发达国家都把面试作为甄选员工的重要手段。并且认为，如果因人力、物力或时间的限制，致使其他考选方法不能实施时，可专用面试一法。

面试的方法又可分为：

① 模式化面谈。又称定型化面谈，即主试人根据预先准备好的询问题目和有关细节一一发问。所有受试人员所问的题目基本相同，这种面试可用于一般员工的测试。

② 问题式面试。其方法是主试人对应试者提出一个问题或一项计划，请他予以解决，以观察其现场解决问题的能力。这种方法多用于中级管理人员的测试。

③ 非引导性面试。主试人与应试者进行好似漫无目的的面谈，让应试者自由地发表议论，尽量活跃说话气氛，在闲谈中观察应试者的知识、水平、组织能力、风度、仪表等。这是一种要求较高的面试，要求主试人具有熟练的技巧，精确的判断能力。这种方式多用于招聘组织的高级管理人员。

进行面试时，主试人应做充分的准备，首先要明确面试的目的、确定面试的问题，以及面试的方式，选择好面试的场所，作好面试记录。

3. 心理测验

心理测验是现代招聘人员常用的测试方式之一。它指在有控制的情况下，向应试者提供一组标准化的刺激，以所引起的反应作为代表行为的样本。从而对其个人的行为做出量的评定。测试的目的是用以判定应试者的心理品质和能力，从而显示应试者在某些作为上可能的成就。这种方法在发达国家的员工招聘中应用较多。对应试者进行心理测验，一般应请心理专家指导。

心理测验又可分为：

① 成就测验。成就测验是用来鉴定一个人在某一方面，经过学习或训练后实际能力的高低。一般采用笔试和现场操作方式进行测验。运用成就测验法对应聘者进行测验，主要是为了了解应聘者在应聘的岗位方面已经具备的知识水平和实际工作能力。该方法多用于招聘一般员工。

② 性向测验。性向是个人特殊性向的简称。它不是指个人表现出来的实际能力而是指潜在能力，即可能发展的量。性向测验与成就测验不同，前者的目的是为了测量一个人如果经过训练，其能力能达到什么样的水平。

性向测验可分为综合性向测验和特殊性向测验两种。综合性向测验主要是用来测验个人多种特殊的潜在能力，它实际上是多种特殊性向测验的综合体。如美国著名的"区别性向测验"就包括八个分测验，其中有语文推理、数字推理、抽象推理、空间关系、机械推理、文书速度与准确性、语文拼字习惯、语文造句习性。特殊性向测验就是为鉴别个人在某一特殊方面是否具有潜在能力进行的测验。

③ 智力测验。智力测验就是测试一个人的思维能力、学习能力和适应环境的能力。测验的对象不是智力本身，而是个人表现的外在行为，也就是通过间接测量个体表现于外的行为特征，并加以量化，以应试者得分的高低作为评价智力的高低。

三、员工的解聘

当组织存有一个或多个职位空缺时，可以通过招聘来选拔需要的人员。而组织常常也会存在人力资源规划中指明存在超员的情况。因此，企业(或其他组织)则要减少组织中的劳动力供应，这种变动称作解聘。解雇是员工与组织的雇员关系的非自愿性终止。

近几年，由于竞争和外部环境的变化，我国很多企业以及许多政府机构和事业单位，某种程度上被迫采取了减员解聘行动。大规模裁减人员的主要原因，包括许多制造行业走向衰退，市场需求发生变化，面临海外竞争，以及进行企业合并等。对于任一执行裁员任务的管理人员来说，解聘绝不是件令人愉快的事。但当许多组织不得不紧缩其劳动力队伍规模或对其技能构成进行重组时，解聘就成为人力资源管理活动的一个日益重要的内容。

所以解聘常常是企业不能回避的问题，可是解聘员工如果不当，会给企业带来很多负面效应，更会伤害很多在职员工，因此，解聘员工不能随意，它是必须慎重采用的手段。

如何做好解聘工作呢？首先，解聘要公正。对于曾经为企业作过贡献的员工，应该尽量为其寻找到合适的岗位。其次，解聘要公开。员工辞退应尽量公布辞退的理由，避免员工胡乱猜测，影响正常的工作秩序。

第四节 员工培训

对于现代组织来说，员工培训的意义十分显著。员工培训是指一定组织为开展业务及培育人才的需要，采用各种方式对员工进行有目的、有计划的培养和训练的管理活动。其目标是使员工不断地更新知识，开拓技能，改进员工的动机、态度和行为，使企业适应新的要求，更好地胜任现职工作或担负更高级别的职务，从而促进组织效率的提高和组织目标的实现。

一、员工培训的目的和意义

培训是通过教学或实验的方法，使员工在知识、技术和工作态度方面有所改进，达到组织的工作要求，培训强调即时成效。员工的培训是组织人力资源开发的一个重要内容，通过有计划、有目的地对组织成员进行培养训练，可以不断提高组织员工的素质。

(一)培训的目的

培训旨在提高员工队伍的素质，促进组织的发展。具体来说，培训的目的包括四个方面：

1. 补充知识

随着科学技术进步速度的加快，人们原先拥有的知识与技能不断被新知识和新技能所替代。为了防止组织中各层级人员工作技能的衰退，组织必须对员工进行不断地培训，使他们掌握与工作有关的最新知识和技能。这些知识和技能，虽然可以在工作前获取，但更应该在工作中根据实际情况不断地加以补充和更新，使它们在实践中不断地得到提升。

2. 提高能力

员工培训的另一个主要目的就是根据工作的要求，努力提高他们在决策、沟通、协作、创新等各方面的综合能力，主要是人际关系的能力和解决问题的能力。人际关系能力是指员工倾听别人的意见，更清晰地沟通自己的思想，以及减少摩擦的能力。解决问题的能力是指员工解决那些非常规的、富于变化的问题的能力。随着工作的日益复杂化和非个人行为化，对团队协作的要求越来越高，这使得组织内对合作的培训变得愈发重要，这也是衡量组织竞争力的重要体现。

3. 转变观念

每个组织都有自己的文化价值观念和基本行为准则。员工培训的重要目标就是要通过对组织中各个成员特别是对新聘管理人员的培训，使他们能够根据环境和组织的要求转变观念，逐步了解并融于组织文化之中，形成统一的价值观念，按照组织中普遍的行动准则来从事管理工作，与组织目标同步。

4. 传播信息

组织培训员工的基本要求是要通过培训加强组织与员工之间的信息交流，特别是使新员工及时了解组织在一定时期内的政策变化、技术发展、经营环境、绩效水平、市场状况等方面的情况，熟悉未来的合作伙伴，准确而及时地定位。

(二) 培训的作用

培训是保持和提高组织职工技能、能力、素质的重要手段。当今社会，生产力在不断发展，科学技术不断进步，文化知识飞速更新，无论什么组织，要想跟上时代步伐，使自己的员工及时掌握新技术、新知识，必须切实抓好员工的培训工作。以企业为例，企业员工培训是增长员工才干、敬业、创新的根本途径，是最为重要的人力资源开发，是比物质资本投资更重要的人力资本投资。具体来说，良好的培训好处如下：

1. 培训能增强员工的归属感和主人翁责任感

就组织而言，对员工培训得越充分，对员工越具有吸引力，越能发挥人力资源的高增值性，从而创造更多的效益。有资料显示，百事可乐公司对深圳 270 名员工中的 100 名进行一次调查，这些人几乎全部参加过培训。其中 80％的员工对自己从事的工作表示满意，87％的员工愿意继续留在公司工作。培训不仅提高了员工的技能，而且提高了员工对自身价值的认识，对工作目标有了更好的理解。

2. 培训能增强组织向心力和凝聚力

不少单位采取自己培训和委托培训的办法。这样做容易将培训融入组织文化，组织的成员认同组织文化，不仅会自觉学习掌握科技知识和技能，而且会增强主人翁意识，从而培养员工的敬业精神、革新精神和社会责任感。

3. 培训能提高员工综合素质、提高生产效率和服务水平

美国权威机构监测，培训的投资回报率一般在33%左右。在对美国大型制造业公司的分析中，公司从培训中得到的回报率可达20%～30%。摩托罗拉公司向全体雇员提供每年至少40小时的培训。摩托罗拉公司认为，素质良好的公司雇员们已通过技术革新和节约操作为公司创造了40亿美元的财富。

4. 适应市场变化、增强竞争优势

培训是企业发展不可忽视的人本投资，是提高企业造血功能的根本途径。美国的一项研究资料表明，企业技术创新的最佳投资比例是5:5，即“人本投资”和硬件投资各占50%。人本为主的软技术投资，作用于机械设备的硬技术投资后，产出的效益成倍增加。在同样的设备条件下，增加“人本”投资，可达到投1产8的投入产出比。发达国家在推进技术创新中，不但注意引进、更新改造机械设备等方面的硬件投入，而且更注重以提高人的素质为主要目标的软技术投入。

5. 提高工作绩效

有效的培训和发展能够使员工增进工作中所需要的知识，包括组织结构、经营目标、策略、制度、程序、工作技术和标准、沟通技巧，以及人际关系等方面的知识。

二、员工培训的内容

（一）技术培训

技术培训有助于员工深入了解相关专业的基本知识及其发展动态，有助于提高人员的实际操作技能。目前知识工人的增加，生产流程的集成化，不允许工人边干边学，边干边学造成的质量问题和资源浪费比培训费用还高。建立全员的技术培训对提高产品质量、增强企业竞争能力起到关键作用。

（二）管理知识的培训

管理知识的培训是将人员从较低的管理层级提拔到较高的管理层级上所需开展的培训。职位的晋升，意味着扩大工作范围，承担更大的责任，因此也需要更广的知识面和更高的能力水平。同时，高层管理人员不仅需要通过培训提高自己，还担负培训下属的任务。

管理知识的培训对于从技术岗位走上管理岗位的管理人员尤为重要。这部分管理人员必须补充经济、管理、财务方面的知识。对管理人员的培训要针对不同层次有所侧重，如上层主管要注重战略分析和决策能力；中层主管要注重管理技能和领导艺术；基层主管以技术培训为主，辅以管理理论和方法。

三、员工培训的具体形式

(一) 在职培训和离职培训

在职培训使员工通过不断学习掌握新技术和新方法，从而达到新的工作目标要求所进行的不脱产培训。常见的在职培训方法包括职务轮换和预备实习。

岗位轮换是通过横向的交换，使员工在组织内部不同的部门间更换工作。它使员工在逐步学会多种工作技能的同时，也增强其对工作间相互依赖关系的认识，并产生对组织活动的更广阔的视角。

而对于新员工而言，他们经常采取实习方式，通过跟随经验丰富的老师傅学会如何工作。这在作业活动领域通常叫做师徒关系，而在白领工作领域则称为教练或导师关系。不论何种情况，实习者都是在富有经验的人的指导下开展工作的，他们成为实习者竭力仿效的一个榜样。

大多数的培训是以在职方式进行的，这可以归因于该类方法的简单易行及成本通常较低。但是，在职培训可能会扰乱工作的正常秩序，并导致工作失误增加。另外，有些技能的培训相当复杂，难以边工作边学习。在这种情况下，培训就需要在工作场地以外进行。

离职培训为使员工能够适应新的工作岗位要求而让员工离开工作岗位一段时间，专业致志地学习知识和技能。最常见的离职培训包括课堂讲座、电视录像以及模拟练习。

在职培训和离职培训具有互补作用，前者着重知识、技术和态度的传授和培养，后者则强调直接的学习后果，对行为的改变和组织绩效的改进可以有明显的效用。在职培训的转移效果较低，学习后未必能完全应用在工作上，而离职培训的转移效果则较高。

(二) 新员工的培训和全员培训

新员工的培训是针对新员工进行的，对所从事的工作和组织的情况给予必要的介绍和引导，也称职前引导或上岗培训。国内公司上岗培训一般来说至少一个月；而国际大公司，如通用电气公司、IBM 公司，对新员工都要进行为期半年到一年的培训。培训的内容包括组织的基本情况、绩效评估制度和奖惩制度、组织文化、职业道德以及职位的义务和职责等。

职前引导的目的在于减少新来人员在新的工作开始之前的担忧和焦虑，使他们能够尽快地熟悉所从事的本职工作以及组织的基本情况，如组织的历史、现状、目标、组织使命等，并充分了解他应尽的义务和职责以及绩效评估制度和奖惩制度等，例如有关的人事政策、工资福利状况、加班规定等。这样一方面可以消除新来员工不切实际的期望，充分预计今后工作中可能遇到的各种困难和问题，了解克服和解决这些困难和问题的渠道；另一方面可以引导新员工了解工作单位的远景目标、工作中的同事以及如何进行合作等。这些培训对于新员工日后的工作，直至发展为上层管理人员都有深远的影响。

除新员工的培训外，现代组织还应该对员工开展全员培训。全员培训对于提高全体员工素质，进而提升组织整体素质，增强市场竞争力，促进组织发展有着不可估量的作用。在培训具体安排上，组织应根据实际需要区分层次，对高中级管理人员进行管理培训，对专业技术人员开展继续教育培训，对一般员工进行操作技能培训等，即开展全员培训的同时又突出重点，分清主次，统筹进行培训安排。

（三）管理工作轮换与非管理工作轮换

管理工作轮换是在提拔某个管理人员担任较高层次的职务之前，让他先在一些较低层次的部门工作，以积累不同部门的管理经验，了解各管理部门在整个公司的地位、作用及相互关系。

非管理工作轮换是根据受培训的个人经历，让他们轮流在公司生产经营的不同部门和岗位上工作一段时间，以熟悉公司的各项业务。

第五节　绩效评估

绩效评估是组织对员工评价的一项重要内容，它关系到其他各项职能是否有效地实现。通过绩效管理，在管理者与员工之间就目标与如何实现目标达成共识的基础上，通过激励和帮助使员工取得优异绩效从而实现组织目标。

一、绩效评估的含义和作用

（一）绩效的含义和特性

1. 员工绩效

员工的工作绩效，是指他们那些经过考评的工作行为、表现及其结果。对企业而言，绩效就是任务在数量、质量及效率等方面完成的情况；对员工个人来说，则是上级和同事对自己工作状况的评价。企业通过对其员工工作绩效的考评，获得反馈信息，便可据此制定相应的人事决策与措施，调整和改进其效能。所以绩效的考评是具有监控功能的。

2. 绩效的特性

绩效的性质中值得强调的是它的多因性、多维性与动态性。

(1) 绩效的多因性

是指绩效的优劣并不取决于单一的因素，而要受制于主、客观的多种因素影响。影响工作绩效的四种主要因素，即员工的激励、技能、环境与机会，其中前两者是属员工自身的、主观性影响因素，后两者则是客观性影响因素。

这个模型的公式表示如下：

$$P = F(S,O,M,E)$$

式中，P 为绩效，S 是技能，O 是机会，M 是激励，E 是环境。此式说明，绩效是技能、激励、机会与环境 4 个变量的函数。

（2）绩效的多维性

这是指绩效考评需要从多种维度或方面去分析与考评。例如一名工人的绩效除了产量指标完成情况外，质量、原材料消耗率、出勤，甚至服从、纪律等硬、软方面，都需综合考虑，逐一评估，但各个维度可能权重不等，考评侧重点可能有所不同。

（3）绩效的动态性

员工的绩效是会变化的，随着时间的推移，绩效差的可能改进转好，绩效好的也可能退步变差，因此管理者切不可凭一时印象，以僵化的观点看待下级的绩效。

（二）绩效评估的作用

绩效评估指组织定期对个人或群体小组的工作行为及业绩进行考察、评估和测试的一种正式制度。绩效评估给人力资源的各个方面提供反馈信息，并与组织中的各个部分紧密联系在一起，关系到员工的切身利益。组织根据绩效评估的结果作出许多有关人力资源的决策。

具体来说，绩效评估在人力资源管理中的作用可表现为以下几方面：

1. 绩效评估为确定员工的薪酬、奖惩、培训等提供依据

绩效评估为员工潜能的评价以及相关人事调整提供了依据。绩效评估中对能力的考评是指通过考察员工在一定时间内的工作业绩，评估他们的现实能力和发展潜力，考察其是否具备现职务所必须的能力和素质，是否具有担负更重要工作的潜能。组织必须根据员工在工作中的实际表现对组织的人事安排进行必要的调整。当然，反映员工过去业绩的评价要与描述将来潜力的评价区分开来，为此，组织需要创设更为科学的绩效评估体系，为组织实现人员优化配置提供依据。

绩效评估的结果也为确定员工的实际工作报酬提供了决策依据。实际工作报酬必须与员工的实际能力和贡献相吻合，这是组织分配的基本原则。保证薪酬分配的公平性，也是建立良好的激励机制的关键。为了鼓励员工出成绩，组织必须设计和执行一个公正合理的绩效评估系统，对那些最富有成效的员工和团队给予明确的加薪奖励。

2. 绩效评估使员工正确地了解自己

绩效评估使员工有机会了解自己的优缺点以及自己在组织中的地位、他人对自己的评价等。认识自己是最难的，了解别人眼中的自己可以使自己的认知更客观全面。因此，绩效评估使员工知道怎样改进自己的不足，潜力在哪，应怎样更好地发挥，顺利执行自己的职业生涯计划。绩效反馈反映了组织对自己工作的承认程度及今后努力的方向。一个长期不进行人事考评的组织会使员工逐步丧失工作热情。

3. 绩效评估为组织最佳决策提供了重要的参考依据

在组织制定重要的决策时，绩效评估可以对管理者进行约束，使管理者及其下属在制订初始计划过程中及时纠偏，减少工作失误，为最佳决策提供重要的参考依据。

4. 绩效评估为组织发展提供了重要的支持

绩效评估的另一个重要目标是提高员工的业绩，引导员工的努力方向，使其能跟

上组织的发展和变化，使员工与组织成为一个利益共同体。绩效评估提供的相关的信息资料可以作为激励或处分员工、提升或降级、职务调动以及进一步培训的依据，这是绩效评估最主要的作用。

但是绩效评估是组织与员工之间的互动，在实际工作中，绩效评估因在制度设计、评估的标准及方法、执行程序等诸多方面很难真正做到客观、准确和全面，常会引起一些矛盾和冲突。

二、绩效评估的主体

1．自我考评

自我考评一般是是员工考评的第一步。个人要把一段时间以来自己主要负责的工作做具体详细总结，形成文字材料。内容力求简明扼要，成绩和不足要实事求是，不要夸大成绩，也不要掩盖不足。

2．上级考评

大部分工作任务都是上级下达的，其工作成效也是上级最关心的，上级对直接下属的绩效更了解。所以，上级考评是考评的重要环节之一，也应占有较大的权重。上级考评要防止主观偏见，上级往往不容易发现一个一贯表现好的下级的缺点，同样也不容易相信一个一贯表现差的下级会做出成绩。某岗位管理人员对其下属有没有考评权，考核的结果对下级的报酬、晋升等起不起作用，会直接影响到组织的有效控制。

3．同事考评

同事之间有合作也有竞争，互相对各自的业务能力、努力程度和业绩也有所了解，如果大家实事求是，同事考评会得出好的结论。但是，出于竞争的考虑，有些人可能在某种程度上嫉贤妒能，会使结果有失公平。

4.下级考评

下级对直接上级的工作也是心中有数的，下级考评有一定的合理性。但是，也有相反的情况，比如严格管理会触及一些人的利益，这些人会对领导不满，做出不理性的评价。

5．服务对象考评

对管理人员和有直接服务对象的业务人员可采用服务对象考评。比如让顾客填一份问卷或是打一个回馈电话，请顾客评价业务人员或管理人员的工作。

三、绩效评估的程序和方法

（一）绩效评估的程序

绩效评估的有效性依赖于一定的执行程序，一般来说包括以下几个步骤：

① 确定特定的绩效评估目标。绩效评估首先应有针对性地选择并确定特定的目标，然后根据不同岗位的工作性质，设计和选择合理的考评制度。

② 确定考评责任者。如果是360度考评，意味着对员工全方位、立体地评估，反

映在考评主体方面，应该是人事部门、管理人员、员工自己、同事、客户都参与进来。

③ 评价业绩客观、公正，杜绝平均主义和个人偏见。得出考评结论，并分析检查有无不符合事实及不负责任的评价，检验考评结论的有效程度。

④ 公布考评结果，交流考评意见。帮助员工改进和巩固是绩效评估的目标，在此过程中主管多描述行为与后果，让员工自已评价与提出改进措施。

⑤ 根据考评结论，将绩效评估的结论备案。识别有发展潜力的员工，根据其特点，确定其发展方向。备案是为员工今后的培训和人事调整提供充分的依据。

（二）绩效评估的方法

常用的绩效评估方法如下：

1. 书面描述法

书面描述法是最简单的绩效评估方法，就是写一份记叙性材料，描述一个员工的所长、所短、过去的绩效和潜能等，然后提出予以改进和提高的建议。书面描述不需要采取某种复杂的格式，也不需要经过多少培训就能完成。但是，一种“好”或“差”的评价，可能不仅取决于员工的实际绩效水平，也与评估者的态度、观念、写作技能等有很大关系。

2. 评分表法

评分表法是一种最古老也较常用的绩效评估方法。它列出一系列绩效因素，如工作的数量与质量、职务知识、出勤、人际关系、创新精神等，然后评估者逐一对表中的每一项给出评分。最后得出每个员工的总分数。从而可以对员工的绩效进行对比。

评分表法因其设计和执行的时间耗费较少，而且便于作定量分析和比较，因此得到普遍的采用。

3. 关键事件法

这种方法是将员工在实际工作中所表现出来的非同寻常的好行为或者非同寻常的不良行为记录下来，通过与员工的定期沟通，对其绩效进行评估。

4. 多人比较法

多人比较法是将一个员工的工作绩效与一个或多个其他人作比较。这是一种相对的而不是绝对的衡量方法。这种方法最常用的三种形式是：分组排序法、个体排序法和配对比较法。

分组排序法要求评价者按特定的分组将员工编入诸如“前 1/5”、“次 1/5”之类的次序中。如果使用这种方法对员工进行评价，管理者可以将其所有的下属一一排列。

个体排序法要求评估者将员工按从高到低的顺序加以排列，因此只有 1 人可以是“最优的”。这种方法的弊端在于某些员工的水平可能非常接近，不分上下，以致可以将他们编入同一水平组中，但个体排序法却不考虑这种关系。

在配对比较法下，每个员工都一一与比较组中的其他每一位员工结对进行比较，评出其中的“优者”和“劣者”。在所有的结对比较完成后，将每位员工得到的“优者”

数累计起来,就可以排列出一个总的顺序。这种方法确保每一位员工都与其他的所有人作对比,但当要评估的员工人数相当多时,这种配对比较法就很不容易进行。

多人比较法可以与其他各种方法结合使用,以便得到一个按绝对标准和相对标准衡量都为优秀的人员名单。例如,大学内可综合使用评价表法和个体排序法,以提供更为准确的有关其学生学习成绩的信息。也即在采用绝对成绩(优、良、中、及格、不及格)进行评分的同时,也对课堂中每个学生的相对成绩次序做出排列。这样,未来可能的雇主们就可以对两位在财务会计课程上得分均为“良”,但其中一位成绩分旁注有“26 人中排序第 4”而另一位注明“30 人排序第 17”的学生得出相当不同的结论。很明显,后者的课程教师给出了更多的高分。

5. 目标管理法

目标管理方法不仅可以在计划工作中应用,同时也是绩效评估的一种手段。事实上,它是对管理人员和专门职业人员进行绩效评估的首选方法,也是现代绩效评估最常用的方法。目标管理法强调目标必须是明确、可行的和可测量的。

在目标管理法下,每个员工都确定有若干具体的指标,这些指标是其工作成功开展的关键目标,因此它们的完成情况可以作为评价员工的依据。

在传统的绩效评估方法中,组织往往更多地把员工的个人品质作为主要的业绩评判标准,过多地掺杂了考评者的个人偏好和主观意见。而目标管理法则把评估的重点放在员工的贡献上,通过管理者与员工共同建立目标的方式,实现了双方工作态度的彻底转变。共同的目标使管理者由评判人转化为工作顾问,而员工也由消极的旁观者变为积极参与者,双方将始终保持密切的合作和联系。这样,在绩效评估的每一个阶段,双方都会努力解决存在的问题,并为下一个评价期建立更为积极的目标。另外,管理者通常很强调利润、销售额和成本这些能带来成果的结果指标,这种趋向恰与目标管理法对工作绩效定量测评的关注相一致。正因为目标管理重结果更甚于手段,因此使用这一评估方法可使管理者得到更大的自主权,以便选择其达成目标的最好路径。

通常进行绩效评估采用多种评估方法,各种评估方法的综合运用有利于真实、客观地体现员工绩效水平。反馈和沟通也是绩效评估中一个至关重要的环节,只有员工感到对他的绩效评估是公正的、可以接受的,他才会从内心认可,并积极配合公司的人力资源决策。

四、员工的薪酬管理

管理者和人力资源专家如何留住已经招聘和培养出来的优秀员工。这就涉及薪酬管理以及企业和员工的关系问题。

(一)薪酬的本质与意义

1. 薪酬的含义

广义上讲,报酬分为经济类报酬和非经济类报酬两种。经济类报酬是指员工的工资、津贴、奖金等,非经济类报酬是指员工获得的成就感、满足感或良好的工作气氛等。本书所使用的是报酬的狭义概念,仅指经济类报酬,也叫薪酬。

薪酬设计的目标:劳有所获、多劳多得。从公司角度,合理的薪酬可以降低企业人员流动率,特别是防止高级人才的流动,吸引高级人才。

2. 薪酬管理

所谓薪酬管理,是指一个组织针对所有员工所提供的服务来确定他们应当得到的报酬总额以及报酬结构和报酬形式的一个过程。在这个过程中,企业就薪酬水平、薪酬体系、薪酬结构、薪酬构成以及特殊员工群体的薪酬作出决策。同时,作为一种持续的组织过程,企业还要持续不断地制订薪酬计划,拟定薪酬预算,就薪酬管理问题与员工进行沟通,同时对薪酬系统的有效性做出评价,而后不断予以完善。

薪酬管理对几乎任何一个组织来说都是一个比较棘手的问题,主要是因为组织的薪酬管理系统一般要同时达到公平性、有效性和合法性三大目标。以企业为例,企业经营对薪酬管理的要求越来越高,但就薪酬管理来讲,受到的限制因素也越来越多,除了企业经济承受能力、政府法律法规外,还涉及企业不同时期的战略、内部人才定位、外部人才市场以及行业竞争者的薪酬策略等因素。

(二)薪酬设计的内容

1. 薪资调查

薪资调查的对象,最好是选择与自己有竞争关系的公司或同行业的类似公司,重点考虑员工的流失去向和招聘来源。薪资调查的数据,要有上年度的薪资增长状况、不同薪资结构对比、不同职位和不同级别的职位薪资数据、奖金和福利状况、长期激励措施以及未来薪资走势分析等。

2. 薪资定位

在分析同行业的薪资数据后,需要做的是根据企业状况选用不同的薪资水平。在薪资定位上,可以选择领先策略或跟随策略。

3. 薪资结构设计

要综合考虑三个方面的因素:一是其职位等级,二是个人的技能和资历,三是个人绩效。在工资结构上与其相对应的,分别是职位工资、技能工资、绩效工资。也有的将前两者合并考虑,作为确定一个人基本工资的基础。确定职位工资,需要对职位做评估;确定技能工资,需要对人员资历做评估;确定绩效工资,需要对工作表现做评估;确定公司的整体薪资水平,需要对公司盈利能力、支付能力做评估。每一种评估都需要一套程序和办法。

(三)工资制定的基准

员工工资有两个基准:时间增加量和产品数量。

1. 计时工资制

计时工资制是根据劳动者的实际劳动时间和工资等级以及工资标准检验和支付劳动报酬的工资形式。

特点：

- 直接以劳动时间计量报酬，适应性强；
- 考核和计量容易实行，具有适应性和及时性；
- 具有明显的不足，即不能直接反映劳动强度和劳动效果。

2. 计件工资制

计件工资制是指按照生产的合格品的数量（或作业量）和预先规定的计件单价，来计算报酬，而不是直接用劳动时间来计量的一种工资制度。

计件工资制是间接用劳动时间来计算工资的制度，是计时工资制的转化形式，指需按已确定的定额和计件单价支付给个人的工资。它的一般表现形式有：超额累进计件、直接无限计件、限额计件、超定额计件等。

在实际生产经营中，要实行计件工资制，企业生产需具备相应的客观条件，如需要有明确的方法以计量产品的数量，需要有明确的标准以确认产品的质量，并需制定合理的劳动定额标准和相应的统计制度等。

（四）薪酬构成

1. 基本薪金

基本薪金是企业对其人力资本劳动或工作贡献的基础性回报。对企业的一般性人力资本来说就是基础工资，而对专业技术人员和经营管理者来说就是薪水。在企业薪金报酬体系中，是最为基础的收入报酬。由于企业人力资源本在企业中的不同性质，因而其基本薪金的表现形式也大不相同。

对从事体力性劳动的一般员工来说，基本薪金一般有两种支付形式：其一，是计时薪酬，它是以劳动的投入量或工资时间的长短来衡量的；其二，是计件薪酬，它是以劳动产出量或工资绩效为基础来支付的，实际中多以完成产品或工作件数加以衡量。

2. 变动薪金

变动薪金根据人力资源的薪酬获取依据的不同，又可以进一步分为利润分享和收益分享两种形式：

(1) 利润分享

利润分享是一种奖励性变动薪酬，它是依据企业的利润或回报的某种衡量指标（比如企业的投资回报率）来确定奖励性工资的一种报酬形式。它是建立在整个企业经营的盈利能力基础之上，并使员工获得一部分企业剩余的一种短期激励机制。在美国，一般中高层经营管理人员的利润分红分别相当于年薪的25%和45%。

利润分享计划的一般步骤是：首先，确定绩效目标，定义具体的绩效度量标准，税前利润或投资收益等；其次，制定分享基金来源、规模及提取办法；再次，决定分享员工的范围、分享数额和水平、支付形式和支付周期等；最后，需建立员工参与和支持系统，如提案审议委员会、员工关系沟通协调组及监督机构等。

(2) 收益分享

收益分享是企业与员工分享同企业或团队业绩有关的财务收益。它是根据企业经营绩效的改善，如生产销售的改进、顾客满意度的提高、成本的降低以及更良好的安全记录等，为参加计划的员工给付的激励性报酬。收益分享有别于利润分享，这是因为它使用的衡量标准是营业或业绩标准，而不是那些衡量盈利能力的标准。

3. 产权收益

从激励的角度看，企业人力资源的薪金报酬只是其劳动报酬，而产权收益则是资本报酬；前者是一种短期激励措施，后者则是一种关系到企业人力"资本"运作的长期激励手段。

目前，企业产权激励主要有两种方式：股权激励与期权激励。具体表现为三种形式，即员工持股计划、管理层收购和股票期权（在美国因股票期权主要面向首席执行官和高级管理层，又称为经理股票期权）。前两者是股权激励，后者是期权激励。

复习思考题

1. 简述组织人员配置应遵循的原则。
2. 简述职位说明书的内容。
3. 比较人员内部晋升与外部招聘的优点和局限性。
4. 举例说明员工选聘的方法。
5. 举例说明员工培训的具体方法。
6. 绩效评估在管理中有哪些作用？简述绩效评估的程序和方法。

第九章　领　导

【本章要点】

- 领导者的权力来源
- 领导者类型
- 几种重要的领导理论
- 主要的领导方法
- 领导艺术的主要内容

第一节　领导和领导者

一、领导和领导者的内涵

领导实际上是一个行为过程，主导这一过程的人，就是领导者。这个过程是由领导者、被领导者和其所处的环境三个因素组成的。一般来说，领导的作用只有在群体中才能得以体现。

二、领导者的作用

领导者的影响力主要表现在指挥、带领、引导和鼓励下属为实现目标而努力的过程中。因此，领导者的作用主要表现在三个方面。

(一) 指挥作用

马克思曾指出："一切规模较大的直接社会劳动或共同劳动，都或多或少地需要指挥，以协调个人的活动，并执行生产总体的运动——不同于这一总体的独立器官的运动——所产生的各种一般职能。一个单独的提琴手是自己指挥自己，一个乐队就需要一个乐队指挥。"可见，在集体活动中需要有思路清晰、运筹帷幄、统帅全局的领导来为下属指明方向和道路，引领大家向目标前进。

(二) 协调作用

现代社会组织的规模越来越大，社会分工又不断细化，因此组织的运转有赖于组织中个体的协调、配合。而在实际工作中，每个个体的世界观、价值观、工作作风、方法、思路等都不相同，工作过程中难免发生摩擦，这时就需要领导者起到协调组织的作用，使大家共同前进。

(三) 激励作用

领导者要把员工的积极性、创造性完全激发出来，必须设置能满足其需要、激发其动机的组织目标。一般情况下，个体目标与组织目标是不完全一致的，领导者的责任就是将组织目标的实现与满足个人的需要统一起来，创造一种组织环境使员工加强对组织目标的认同感，从而提高员工接受和执行目标的自觉程度。作为组织的领导者，要根据每个员工的具体情况，采用适当的激励方式，以最大程度调动员工的积极性，努力实现组织目标。

三、领导者的权力及其来源

权力，最简单的理解，就是影响别人行为的能力。领导者权力和影响力的内容包括法定权力、专长权力、个人影响力。

(一) 法定权力

法定权力也叫职位权力，是由组织机构正式授予领导者在组织中的职位所引起的、指挥他人并促使他人服从的权力。法定权力是领导者职权大小的标志，是其他各种权力运用的基础。如果没有这种权力，不管一个人的能力有多强，都不可能成为一个真正的领导者。法定的权力包括指挥统御权、奖励权和惩罚权。

(二) 专长权力

专长权力是指由于领导者具有较高的智力、较强的才能、丰富的知识或拥有专业知识与技能而引起的权力。专长权的内容主要包括领导者的智力、能力、知识和专业技能。

(三) 个人影响力

个人影响力是指领导者由于个人的品质、魅力、资历、背景等相关的因素而赢得被领导者发自内心的信任、支持和尊重的一种权力。这种权力是由领导者本身的素质，诸如品格、知识、才能、毅力和气质所决定的。

上述三种权力中，专长权和个人影响力的主观性较强，如果领导者的权力主要来自这两种权力，将使组织管理受到不稳定因素的冲击。因此，在管理中，权力的配置至关重要。

四、领导者类型

领导的管理职能能否实现，与行使领导管理权力的领导者类型有关。根据不同的标准，可以将领导者划分为不同的类型。

(一) 集权式领导者和民主式领导者

按领导者权力运用方式，可以将领导者分为两种类型：集权式领导者和民主式领导者。

1. 集权式领导者

集权式领导者，就是把管理的制度权力相对牢固地进行控制的领导者。由于管理的制度权力是由多种权力的细则构成的，如奖励权、强制权、收益的再分配权等，这就意味着对被领导者或下属而言，受控制的力度较大。在整个组织内部，资源的流动及其效率主要取决于集权领导者对管理制度的理解和运用。同时，个人专长权和影响权是他行使上述制度权力成功与否的重要基础。这种领导者把权力的获取和利用看成是自我人生价值的实现。

集权式领导者的优势在于，通过完全的行政命令，管理的组织成本在其他条件不变的情况下，要低于在组织边界以外的交易成本。这对于组织在发展初期和组织面临复杂突变的环境时，是有益的。但是，集权式领导者长期将下属视为某种可控制的工具，则不利于他们职业生涯的良性发展。

2. 民主式领导者

与集权式领导者形成鲜明对比的，是民主式领导者。民主式领导者是向被领导者授权，鼓励下属的参与，并且主要依赖于其个人专长和影响力来影响下属的领导者。从管理学角度看，这样的领导者是通过对管理制度权力的分解，进一步通过激励下属的需要，去实现组织的目标。

这种领导者给组织带来的好处是十分明显的。通过激励下属的需要，组织发展所需的知识，尤其是隐性知识，能够充分地积累和进化，员工的能力结构也会得到长足提高。因此，相对于集权式领导者，这种领导者更能为组织培育未来发展所需的智力资本。不过，由于这种权力的分散性，使得组织内部资源的流动速度减缓，因为权力的分散性一般导致决策速度降低，进而增大了组织内部的资源配置成本。

(二) 维持型领导者和创业型领导者

按领导者在领导过程中的思维方式和行为方式，可以将领导者分为两类：维持型领导者和创业型领导者。

1. 维持型领导者

维持型领导者一般也称为事务型领导者，是致力于维持现状的守业式的领导者，其目的是为了维持秩序，使企业系统能高效、稳定地运行下去。事务型领导者的管理使命是维持现状。

这种领导者通过明确角色和任务要求，激励下属向着既定的目标活动，并且尽量考虑和满足下属的社会需要，通过协作活动提高下属的生产率水平。他们对组织的管理职能推崇备至，勤奋、谦和而且公正，将把事情理顺、工作有条不紊地进行引以为自豪。这种领导者重视非人格的绩效内容，如计划、日程和预算，对组织有使命感，并且严格遵守组织的规范和价值观。

2. 创业型领导者

创业型领导者是指拥有雄心勃勃的远见能力和认知能力来挑战和应对环境的不确定性，通过可预计的行动和信任下属及团队工作形成高绩效来取得成功的领导方式。这个定义强调创业型领导面临挑战的有关价值创造的资源获取、下属承诺这两个问题，它包括创造愿景以及拥有一个有能力实现愿景的支持者群体。另一方面，它也强调对创业采取战略性思路，以提高公司持续创造价值的能力，因此创业型领导能够为公司构建一个竞争优势和技术增长的基础。

第二节　领导理论

领导者在社会群体活动中起着十分重要的作用。许多学者试图研究领导者做好领导工作的规律，从而形成了有关领导的一系列的理论。对领导理论的研究可分为三大类：特质理论，行为方式理论和权变（情境）理论。

这实际上是一个渐进的过程。最早的研究都是从领导者的性格着手的，也就是只研究领导主体，即领导者本身。进一步研究发现，领导效果不仅与主体有关，还与领导对象——领导的客体有关，考虑领导主体、客体相互作用的研究形成了行为方式理论。更进一步的研究发现，环境也是影响领导效果的重要因素。因此研究者考虑环境因素，研究主体、客体、环境相互作用，由此构成了领导的权变（情境）理论。

一、特质理论

如果问一问走在大街上的普通人，在他们心目中领导是什么样的，你可能会得到一系列的品质特征，如智慧、领袖魅力、决策力、热情、实力、勇气、正直和自信等。这表明大多数人相信对于所有成功的领导者来说，都具备一系列一致而独特的个性特点，不论他们在什么样的组织中工作。这就是领导特质理论（Trait Theories）的出发点。

特质理论侧重研究领导者的性格、品质方面的特征，作为描述和预测其领导绩效的标准。研究的目的是通过区分领导者与一般人的不同特点，来解释他们成为领导者的原因，并以此作为选拔领导者和预测其领导有效性的依据。实际上就是研究怎样的人才能成为有效的、优秀的领导者。研究者发现领导者有六项特质不同于非领导者，即进取心、领导愿望、正直与诚实、自信、智慧和相关工作知识。表 9-1 简要描述了这些特质。

表 9-1　区分领导者与非领导者的六项特质

特　质	表　现
进取心	领导者表现出高努力水平，拥有较高的成就渴望，他们进取心强，精力充沛，对自己所从事的活动坚持不懈，并有高度的主动精神
领导愿望	领导者有强烈的愿望去影响和领导别人，他们表现为乐于承担责任
诚实与正直	领导者通过真诚与诚实无欺的品格以及言行高度一致，使他们与下属之间建立相互信赖的关系
自信	下属觉得领导者从没缺乏过自信。领导者为了使下属相信他的目标和决策的正确性，必须表现出高度的自信
智慧	领导者需要具备足够的智慧来收集、整理和解释大量信息，并能够确立目标、解决问题和作出正确的决策
相关工作知识	有效的领导者对于公司、行业和技术事项拥有较高的知识水平。广博的知识能够使他们作出富有远见的决策，并能理解这种决策的意义

然而，单纯的特质对解释领导者来说是很不充分的，完全以特质为基础的解释忽视了环境因素。具备一定的特质只能使个体更有可能成为有效的领导人，但他还需要采取正确的活动，在特定的情境下采取特定的正确的活动。因此，从20世纪40年代开始，特质理论就不再处于主导地位了。20世纪40年代末至60年代中期，有关领导的研究着重于对领导者行为风格的考察。

二、行为方式理论

领导者的领导才能和领导艺术都是以领导方式为基础的，领导者个人的特性难以说明其与领导有效性之间的联系，所以后来许多学者在研究领导活动时，从研究领导者的内在特征转移到外在行为上，即对领导者的各种领导行为进行研究，以找出何种领导行为、领导方式最为有效，这就是领导者的行为理论。

(一)“三种领导方式”理论

美国管理学家怀特和李皮特提出了三种领导方式理论：权威式、民主式和放任式。这种领导方式的划分也是人们最常用的方式。

1. 权威式领导

由于历史的原因和个人因素，领导者已经在组织中建立起了绝对的权威，所有重大的决策都由领导作出，这种领导喜欢独立解决重大问题，发号施令，日常指挥活动也常常自己做出。多数小型私营企业的老板表现出这种领导方式，有卓越历史功绩的领导也表现出这种领导方式。但是，在组织规模较大，环境因素复杂时，要防止官僚主义的产生。

2. 民主式领导

主要决策由组织领导集团集体讨论作出，领导者采取鼓励与协助态度，通过讨论使所有参与活动的员工对工作全貌有全面的认识，在一定的范围内，下属对工作的具体步骤和采取的技术有某些选择权。

3. 放任式领导

组织成员有完全的决策权，领导者对下属采取放任自流的态度，只负责给员工提供完成任务所必要的资源，基本不参与，偶尔建议，工作的进行几乎完全依赖于下属，下属各负其责。当然，放任式领导方式是有条件的，必须要求下属是成熟的，对领导和组织绝对地忠诚，领导对他们绝对放心，即使不管他们，也决不会做出违背组织意图的事情。

(二) 二维构面理论

美国俄亥俄州立大学的研究者弗莱西曼和他的同事从1945年起，对领导问题进行了广泛的研究。他们收集了大量的下属对领导行为的描述，开始时列出了1 000多个因素，最后归纳为两大类，称之为“定规”维度和“关怀”维度。

定规维度(Initiating Sturcture)指的是为了达到组织目标，领导者界定和构造自己与下属的角色的倾向程度。它包括设立工作、工作关系和目标的行为。具有高定规特点的领导者会向小组成员分配具体工作，要求员工保持一定的绩效标准，并强调工作的最后期限。关怀维度(Consideration)指的是领导者信任和尊重下属以及维护良好工作关系的程度。高关怀维度的领导者帮助下属解决个人问题，他友善而平易近人，公平对待每一个下属，并对下属的生活、健康、地位和满意度等问题十分关心。

以这些概念为基础进行的大量研究发现，一个在定规和关怀维度两方面均高的领导者(高-高型领导者，High-High Leader)常常比其他三种类型的领导者(低定规、低关怀、或者均低)更能使下属达到高绩效和高满意度。

但是，高-高型风格也并不总是产生积极的效果。比如，当工人从事常规任务时，以高定规为特点的领导行为导致了高抱怨率、高缺勤率和高离职率，工作的满意度水平也很低。其他研究还发现，直接上级主管对领导者进行的绩效评估等级与高关怀性成负相关关系。

总之，俄亥俄州立大学的研究说明，一般来说，高-高型风格能够产生积极效果，但同时也发现了足够的特例表明这一理论还需考虑其他因素。

(三)“工作中心”和“员工中心”理论

密歇根大学的利克特(Rensis Likert)和他的同事们自 1947 年开始对各种组织结构中的领导做了深入的研究，以确定领导者的行为特点以及它们与工作绩效的关系。他们也将领导行为划分为二个维度，称之为员工中心和工作中心。

员工中心的领导者重视人际关系，他们总会考虑到下属的需要，利用群体的协同和团结来完成组织目标，强调一种相互支持的各部门的关系和员工之间的关系。员工中心的领导者把他们的行为集中在对人员的关怀而不是对生产的提高上。他们关心员工的需要、晋级和职业牛涯发展。

相反，工作中心的领导者注意任务和工作指标，主要关心的是群体任务的完成情况，并用密切监督和施加压力的办法来获得良好绩效和满意的工作结果。对这种领导者而言，下属是实现目标或任务绩效的工具，而不是和他们一样有着情感和需要的人，群体任务的完成情况是领导行为的中心。

密歇根大学的研究人员发现，在员工中心型领导的组织中，员工的满意度也高，离职率和缺勤率都较低。在工作中心型的组织中，产量虽然不低，但员工的满意度低，离职率和缺勤率都比较高。因此，密歇根大学研究者的结论对员工中心的领导者十分有利，他们与高群体生产率和高工作满意度成正相关。而工作中心的领导者则与低群体生产率和低工作满意度联系在一起。

(四)领导方格理论

利克特和弗莱西曼的研究成果发表后，引起了对理想的领导方式的广泛讨论。理论界普遍认为理想的方式既要绩效型又要关怀型。美国德克萨斯大学的布莱克和莫顿对理想的领导方式加以分析综合，于 1964 年设计了一个巧妙的管理方格图，直观地表示出主管人员对生产关心程度和对人的关心程度。

布莱克和莫顿(Blake and Mouton)二人发展了领导风格的二维观点,在“关心人”和“关心生产”的基础上提出了管理方格论(Managerial Grid),充分概括了俄亥俄州立大学的关怀与定规维度以及密歇根大学的员工取向和生产取向维度。对生产的关心表示组织领导者对各种事务所持的态度如生产产品的质量、程序与过程,研究的创造性,职能人员的服务质量、工作效率及产品产量等。对人的关心则主要表现在个人对实现目标所承担的责任,保持职工的自尊建立在信任而非顺从基础上的职责,保持良好的工作环境以及满意的人际关系等。

他们首先针对管理人员对生产的关心度和对员工的关心度进行评估,给出等级分值。然后以此为基础,把分值标注在两个坐标界面上,并在这两个坐标轴上分别划分出 9 个等级,从而生成了 81 种不同的领导类型(见图 9-1),并定义了其中最为典型的 5 种类型:

(1,1) 型——贫乏型管理,这种类型领导者不愿努力工作,对工作任务和对人员的关心都很少,只做一些维持自己职务的最低限度的工作,庸庸碌碌,只求不出差错,很难有良好的工作绩效。

(9,1) 型——任务型管理,这种类型领导者只重视任务效果而不重视下属的发展和士气,强调有效地控制下属,努力完成各项任务。

(1,9) 型——乡村俱乐部型管理,这种类型领导者无原则地关心和支持下属而不关心任务和效率,内部一团和气、太平无事,但效益很差。

(5,5) 型——中庸之道型管理,这种类型的领导者既对工作的数量和质量有一定的要求,又强调通过引导和激励去使下属完成任务。但是领导者往往缺乏进取心,乐意维持现状。

(9,9) 型——战斗集体型管理,表示领导者通过协调和综合工作相关活动而提高任务效率与士气。

布莱克和莫顿得出的结论是:(9,9)型风格的管理者工作效果最佳,并提出,原则上达不到(9,9)型管理的领导者,要接受如何成为一个(9,9)型领导者的培训。

20 世纪 60 年代,管理方格培训在美国工商界普遍推崇。美国管理者认为很多日本管理者综合了现代管理思想和中国传统文化而有效实施战斗集体型管理,从而创造了日本奇迹。但是在后来,这一理论又受到批评,因为它只是为领导方式的概念化提供了框架,讨论了一种直观、最佳的领导方式。但是管理方格论并未对如何培养管理者提供答案,并且也没有实质性的证据支持在所有情境下,(9,9)型风格都是最有效的方式。

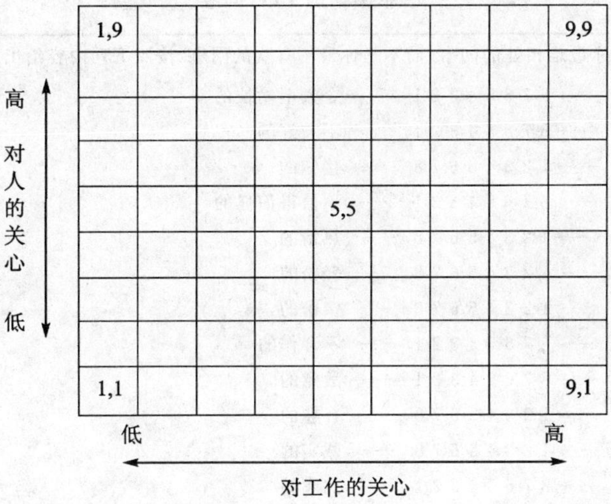

图 9-1 领导方格论

三、权变理论

随着领导方式研究的不断深入，许多学者认识到情境对领导方式与有效性的影响，并进行了许多试图分离出影响领导效果的主要情境因素的研究，于是产生了领导的权变理论。权变理论是在考察领导者的特性、行为之后，进一步增加一个环境因素，认为不存在一种“普遍适用”的领导方式，强调领导的有效性取决于领导者特性、被领导者特性及二者所处的特定环境三个因素的相互作用。有效的领导者能因自己当时所处情境的不同而变化自己的领导行为和领导方式。

（一）菲德勒权变模型

美国管理学家菲德勒提出的权变理论是比较有代表性的一种权变理论。这种理论认为领导工作是一个过程，在这个过程中，领导者施加影响的能力取决于群体的工作环境、领导者的风格和个性及领导方法对群体的适合程度。用公式表示为

$$S = f(L, F, E)$$

式中，S 为领导方式，L 为领导者特征，F 为被领导者特征，E 为环境特征。因此，领导方式是领导者特征、追随者特征和环境的函数。

菲德勒设计了最难共事者（Least-Preferred Co-worker Questionnaire，LPC）问卷来测定领导者的领导方式。问卷由 16 组对应形容词构成。菲德勒让作答者回想一下自己共过事的所有同事，并找出一个最难共事者，在 16 组形容词中按 1～8 等级对他进行评估。菲德勒相信，根据领导者对 LPC 问卷的不同回答，可以判断出领导者最基本的领导风格。菲德勒的 LPC 问卷如图 9-2 所示。

菲德勒的 LPC 问卷

请想出一位你最难相处的同事，而不是你最不喜欢的同事，按照下列内容给出相应的得分。

令人愉快的	—— 8 7 6 5 4 3 2 1 ——	令人不愉快的
友好的	—— 8 7 6 5 4 3 2 1 ——	不友好的
拒绝的	—— 1 2 3 4 5 6 7 8 ——	接纳的
值得信任的	—— 8 7 6 5 4 3 2 1 ——	不值得信任的
冷漠的	—— 1 2 3 4 5 6 7 8 ——	热情的
紧张的	—— 1 2 3 4 5 6 7 8 ——	轻松的
疏远的	—— 1 2 3 4 5 6 7 8 ——	亲密的
合作的	—— 8 7 6 5 4 3 2 1 ——	不合作的
友善的	—— 8 7 6 5 4 3 2 1 ——	敌意的
无聊的	—— 1 2 3 4 5 6 7 8 ——	有趣的
虚伪的	—— 1 2 3 4 5 6 7 8 ——	诚实的
自信的	—— 8 7 6 5 4 3 2 1 ——	犹豫的
高效的	—— 8 7 6 5 4 3 2 1 ——	低效的
郁闷的	—— 1 2 3 4 5 6 7 8 ——	开朗的
开放的	—— 8 7 6 5 4 3 2 1 ——	防备的

图 9－2　菲德勒的 LPC 问卷

如果以相对积极的词汇描述最难共事者（LPC 得分高），则作答者很乐于与同事形成友好的人际关系，菲德勒称之为关系取向型。相反，如果作答者对最难共事的看法大多是消极的（即 LPC 得分低），菲德勒称之为任务取向型。菲德勒认为，领导风格是与生俱来的，固定不变的——你不可能改变你的风格去适应变化的情境。

用 LPC 问卷对个体的基本领导风格进行评估之后，需要再对情境进行评估。菲德勒列出了三项权变因素用以确定决定领导方式有效性的情境。菲德勒认为，对一个领导者的工作影响最大的三个基本因素是职位权力、任务结构和上下级关系。职位权力是与领导人职位相关联的正式职权以及领导者从上级和整个组织各个方面取得的支持的程度。任务结构是指任务的明确程度和部下对这些任务的负责程度。领导者与下级的关系是指领导者对下属信任、信赖和尊重的程度以及下级乐于追随的程度。如果三者皆具备，则为有效的领导行为提供了有利条件；反之，则是不利条件。菲德勒模型根据这三项权变变量来评估情境，将这三项权变变量综合起来，共得到八种不同的情境或类型，如表 9－2 所列。

菲德勒模型指出，当领导者的领导方式与三项权变因素的评估分数相匹配时，则会达到最佳的领导效果。菲德勒研究了12 000 个工作群体，对八种情境类型的每一种，均对比了关系取向和任务取向两种领导风格，他得出结论：任务取向的领导者在非常有利的情境和非常不利的情境下工作得更好，而关系取向的领导者则在中度有利的情境中做得更好。

表 9-2 菲德勒模型

上下级关系	好	好	好	好	差	差	差	差
任务结构	简单	简单	复杂	复杂	简单	简单	复杂	复杂
职位权力	强	弱	强	弱	强	弱	强	弱
情境类型	Ⅰ	Ⅱ	Ⅲ	Ⅳ	Ⅴ	Ⅵ	Ⅶ	Ⅷ
情境特征	有利			中间状态			不利	
最有效领导方式	任务型(低 LPC)			关系型(高 LPC)			任务型	

有大量的研究对菲德勒模型的总体效率进行了考查,并得到了十分积极的结果,也就是说,有相当多的证据支持这一模型。但是,该模型也并非十分完善,还需要增加一些变量来加以改进和弥补。另外,在 LPC 量表以及该模型的实际应用方面也存在着一些问题。比如,LPC 的逻辑结果尚未被很好地证明,某些研究指出作答者的 LPC 分数并不稳定。另外,这些权变变量对于实践者来说也过于复杂和困难,在实践中很难确定领导者-成员关系有多好,任务的结构化有多高,以及领导者拥有的职权有多大。

(二) 领导生命周期理论

领导生命周期理论是由科曼首先提出,后由保罗·赫西和肯尼斯·布兰查德予以发展的一种情境理论。该理论认为,有效的领导行为类型因下属的成熟度而异。赫西和布兰查德重视下属在领导效果方面的作用,是因为下属可以接纳或拒绝领导者的命令,领导者的领导效果经常取决于下属的行为和活动。然而这一问题的重要性却被许多的领导理论所忽视或低估。

赫西和布兰查德认为,工作中的群体成员在大多数情况下呈现出逐步成熟的变化趋势,成熟度的表现有一个由低到高的发展过程。随着被领导群体或个人成熟程度,领导的行为方式应该做出适当的调整。如果依据下属的成熟度,选择正确的领导风格,就会取得领导的成功。西方不少企业在培训其管理者的领导艺术时常使用这一理论,如《财富》杂志 500 家企业中的北美银行、IBM 公司、美孚石油公司、施乐公司等都采用此理论模型。

该理论与菲德勒的相同,也将领导风格按照关心工作和关心人这两个维度进行划分。但是,赫西和布兰查德更向前迈进了一步,他们认为每一维度有低有高,从而组成以下四种具体的领导风格:

① 命令型领导方式(高工作-低关系)。领导者定义角色,告诉下属应该干什么、怎么干以及何时何地去干。

② 说服型领导方式(高工作-高关系)。领导者同时提供指导性的行为与支持性的行为。

③ 参与型领导方式(低工作-高关系)。领导者与下属共同决策,领导者的主要角色是提供便利条件与沟通。

④ 授权型领导方式(低工作-低关系)。领导者提供极少的指导或支持。

赫西和布兰查德将成熟度定义为:个体对自己的直接行为负责任的能力和意愿。它包括两项要素:工作成熟度与心理成熟度。工作成熟度是指成员具有知识水平和工作经验,以及把握自己行为方向的能力;心理成熟度是指成员对特定目标的认同、工作态度和责任感。工作成熟度高的个体拥有足够的知识、能力和经验完成他们的工作任务而不需要他人的指导;心理成熟度高的个体不需要太多的外部激励,他们主要靠内部动机激励。

领导生命周期理论将下属成熟度也分为四个阶段。第一阶段:这些人对于执行某任务既无能力又不情愿,他们既不胜任工作又不能被信任;第二阶段:这些人缺乏能力,但愿意执行必要的工作任务,他们有积极性,但目前尚缺足够的技能;第三阶段:这些人有能力,却不愿意干领导者希望他们做的工作;第四阶段:这些人既有能力又愿意干让他们做的工作。

有效的领导者应根据下属成熟度的不同选择不同的领导方式。

当下属成熟程度为第一阶段时,由于成员的成熟度较低,需要领导给予较多的工作指导,适宜的方式是命令型领导方式。领导向群体成员布置工作,指导和说明怎么样去工作,建立有效的沟通反馈系统,以便随时强化和指导群体的工作行为,向他们解释存在的问题,回答并提出可能出现的问题和解决问题的方案。同时,注意群体成员工作绩效的变化。

当下属成熟程度为第二阶段时,群体成员在某些方面表现出成熟度的提高,增加了领导的信任程度。此种状况下领导仍然要维持较高的工作导向,同时给予他们较高的人际关系的支持,因此应选择说服型领导方式,这是一种工作导向和人际关系并重的领导方式。

当下属成熟程度为第三阶段时,由于成员已经表现出相当程度的成熟度,因此,领导的工作导向行为应该逐步降低,依然维持较高水平的人际关系导向。参与型领导方式是以人为中心的领导方式,支持鼓励被领导者参与到管理的事务中去,以提高和加强他们的工作责任心和使命感。

当下属成熟程度为第四阶段时,群体成员已发展到成熟度的较高层次,无论是工作本身,还是人的问题,都不需要领导过多地干预和控制。所以,逐步把两个维度的导向行为都降低到适度的水平,因此应选择授权型领导方式。

由此可以看出,被领导者逐步走向成熟,领导者随之调整、变换适宜的领导方式,最后达到理想的授权式管理,完成了领导"生命周期"的基本循环,进入到更高的层次。此时,领导可以从较低层次的管理事务中解脱出来。

和菲德勒的权变理论相比,领导生命周期理论更容易理解。但它只针对了下属的特征,而没有包括领导行为的其他情景特征。因此,这种领导方式的情景理论算不上完善,但它对于深化领导者和下属之间的研究,具有重要的基础作用。

四、领导理论的新发展

20世纪80年代以来,越来越多的管理学者和实际工作者开始从其他角度研究有关的领导问题。因为人们发现,一些富有成效的公司领导者或是政治领导者各有不同的性格特征、领导方式,同既有的各种领导理论“对不上号”。于是“超凡魅力的领导”、“变革精神的领导”等概念被相继提出。

(一) 变革精神的领导理论

美国管理学家伯纳德·巴斯(Bernard M. Bass)提出了变革精神的领导理论。他把领导者分为两类:“执行型”和“变革型”。前一种类型的领导者为下属提出需要做什么、有哪些要求,并且帮助下属树立信心,只要付出必要的努力,定能达到组织与个人的目标。后一种类型的领导者则通过提高对完成任务的价值与重要意义的认识,通过强调集体和组织的利益高于个人的利益,以及通过强调追求更高层次的需求等来激励下属完成比原来预期的更多的工作。

变革型领导者关怀着每一个下属的日常生活和发展需要,并能对下属产生深远而不同寻常的影响,他们帮助下属以新观念看待老问题从而改变了下属对问题的看法,他们能够激励、唤醒和鼓舞下属为达到群体目标而付出更大的努力。变革型领导所带领的下属的努力和绩效水平比单纯执行型好得多。

巴斯认为,传统的领导理论完全适合于执行型的领导者。当然,这些理论在过去、现在、甚至将来都仍然是有效的。但是,作为一个领导者,为了取得更有成效,以及对自己的组织发挥重大的影响力,就必须运用自己个人的能力和精力去鼓舞下属。

美国管理学家傅伊德(Richard Boyd)在巴斯理论的基础上,提出“改革精神”的领导者必须具备五种新的领导技能:① 预见技能。对经常不断变化的内外部环境能深谋远虑。② 想象技能。运用说服和榜样诱导下属按领导者或整个组织的意图行事。③ 价值观综合技能。把员工在经济、安全、心理、精神和物质等方面的需求统合起来,以便使人们有共同的动机、价值观和目标。④ 授权技能。乐意并且有效地与下属分享权力。⑤ 自省或反省技能。既能明白自己的需求与目标,也了解下属的需求与目标。

(二) 超凡魅力的领导理论

超凡魅力的领导(Charismatic Leadership)理论指的是当下属观察到某些行为时,会把它们归因为伟人式的或杰出的领导能力。罗伯特·豪斯(以路径-目标理论而著名)确定了超凡魅力的领导者的三项特点:极高的自信、支配力以及对自己信仰的坚定信念。他认为,这种领导者拥有非常大的权力,其中部分来自于他对影响其他人的一种需求,因此他应该具备强烈的自信心,强大的支配力,以及对于信念和道德的坚定性,以便使下属确认跟随他是正确的。

瓦伦·本尼斯(Warren Bennis)研究了90位美国最有效和最成功的领导者,发现他们有四种共同的能力:① 有令人折服的远见和目标意识。② 能清晰地表述这一目标，使下属明确理解。③ 对这一目标的追求表现出一致性和全身心的投入。④ 了解自己的实力并以此作为资本。

在这方面最新最全面的分析是由麦吉尔大学的杰·康格(Jay Conger)和鲁宾德拉·卡农格(Rabindra Kanungo)进行的。他们的结论是，有领袖魅力的领导都有一个他们希望达到的理想目标，为此目标能够全身心地投入和奉献，反传统，非常固执而自信，被认为是激进变革的代言人而不是传统现状的卫道士。

越来越多的研究表明，有领袖魅力的领导者与下属的高绩效和高满意度之间有着显著的相关性。为有领袖魅力的领导者工作的员工，会因为受到激励而付出更多的努力，而且，由于他们喜爱自己的领导，也表现出更高的满意度。

第三节　领导的方法和艺术

领导者要完成领导职能，实现管理目标，除了行使合法的权力，还必须重视领导行为的科学性。而领导行为的科学性是奠定在领导方法的科学化和高超的领导艺术的基础之上的。

一、领导的方法

领导方法是领导者在领导活动中所采取的各种手段和办法的总称。具体来说，它是领导者在管理活动中，经过长期不断地探索和总结，逐步形成的一系列相对稳定的，并经实践证明是行之有效的方法。

毛泽东曾经用过河要有桥或船的这个生动形象的比喻，深刻说明了领导方法的重要性。他指出："我们不但要提出任务，而且要解决完成任务的方法问题。我们的任务是过河，但是没有桥或没有船就不能过。不解决桥或船，过河就是句空话。不解决方法问题，任务也只是瞎说一顿。"在领导工作中，领导者无不自觉或不自觉地运用这样那样的方法去解决问题，只不过有的领导方法好，有的不好，有的是科学的，有的是不科学的罢了。领导方法不同，其工作效果就不同。方法不对头，事与愿违；方法得当，事半功倍。从一定意义上讲，能不能实现正确的有效的领导，取决于领导者是否有科学的领导方法，这对工作的好坏至关重要。

在实际工作中，可以看到各式各样的领导方法，但是归纳起来不外乎两大类：一是实事求是的领导方法，二是主观主义的领导方法。前者是科学的，后者是不科学的，官僚主义的。

(一) 主观主义的领导方法

主观主义的领导方法，主要表现在六个方面：① 主观。凭主观意愿、个人感觉、狭隘经验作决断，不调查，不研究，瞎指挥。② 片面。执行上级的指示，不结合具体情况，照抄照转，搞一刀切，上下一般粗，到处一个样，或者把局部的经验，夸大为普遍适用的规律。③ 保守。因循守旧，安于现状，我行我素，墨守成规。④ 粗暴。强迫命令，以势压人，动不动就训人、骂人、整人，不合自己胃口的事就压着不办。⑤ 追求形式。做表面文章，把工作停留在嘴上、纸上、会议上，应付上级检查，报喜不报忧。⑥ 轻视群众。自认领导高明，听不进不同意见，特别是来自下级的群众意见。这种领导方法的集中表现就是脱离群众，脱离实际。

（二）实事求是的领导方法

实事求是的领导方法，同样表现在六个方面：① 客观。调查研究，根据实际情况作决断。② 全面。从全局着眼，局部利益服从整体利益，执行上级的指示，不搞一刀切。③ 开拓。敢于根据实际情况突破旧框框、老经验，看准了的事坚决干，看不准的事试着干，违法乱纪的事坚决不干。④ 细致。做人的工作耐心细致，有分歧意见在争辩中求得统一，解决认识问题采取疏导说服的方法。⑤ 务实。说老实话，办老实事，说得出，做得到，不搞花架子，不掩盖工作中的缺点，勇于纠正自己的失误。⑥ 尊重群众。善于倾听下级和群众的意见和建议，特别是注重批评意见，密切联系群众，善于集中群众的智慧和创造。

二、领导的艺术

要实行有效的领导，领导者不仅要掌握基本的领导方法，而且要有高超的领导艺术，这样才能创造性地完成各项领导任务，达到预期的目的。讲究领导艺术是提高领导效能的重要途径。所谓领导艺术，就是领导者在一定知识、经验和辩证思维的基础上，富有创造性地运用领导原则和方法的才能。也可以说，领导艺术是领导者的一种特殊才能。这种才能表现为创造性地灵活运用已经掌握的科学知识和领导方法。

（一）领导艺术同领导方法的关系

两者的关系是不可分割的辩证统一的关系。广义地说，领导艺术也是领导方法。一方面，领导方法离不开领导艺术，领导方法只有通过领导艺术才能体现出来；另一方面，领导艺术也离不开领导方法，领导艺术是以领导方法为前提的，在熟练掌握领导方法之中不断创新，不断发展的。领导艺术是领导方法的补充、延续和升华，是领导实践中对领导方法的活用。一般来说，方法都是固定的，模式化的，可以用文字精确表述的；而选择什么样的方法，如何在特定情境恰到好处地使用某种方法则是活的，是变化万千、丰富多彩的。这种很难用文字精确规范的对灵活因素的灵活处理，就是领导艺术。

（二）领导艺术的特征

领导艺术它是一种无固定模式可循的既确定又不确定的领导技能，是领导者个人品德、才能、情感、知识、经验、气度等各种因素的综合反映，与领导方法相比，表现出四个鲜明的特点：

1. 随机性

领导工作从形式上大多表现为一些日常的、程式化的活动，但是，在这些日常的、程式化的活动中，大量出现的却往往是一些不确定的、非常规的随机因素。领导艺术也就是领导者凭借其广博的知识、丰富的经验和创造性思维灵活处置各种随机因素的能力。1987年6月，大兴安岭发生建国以来的最大火灾，火灾发生地的林场场部烧得只剩一个，事后调查，这个林场场长是个退伍军人，性格暴躁，很专制，职工告状，上级正准备撤销他的职务，火灾发生时他只让老弱病残撤走，其他人员按战时管理，砍伐隔离带，事后上级、职工都要求他继续当场长。《孙子兵法》说“兵无常势，水无常形，能因敌变化而制胜者谓之神”。这种“因敌变化”而随机应变的非模式化的技能，便是领导艺术。

2. 多样性

领导艺术是一种生动活泼、丰富多彩、千姿百态的技艺，具有多样性的形式、层次和类别。它不仅因工作领域、工作对象、工作环境的不同而不同，而且因不同领导者的经验、学识、气度的差别而各异。例如：安排工作，在乡镇、工厂与学校说话的口气就不一样，工厂和乡镇可以采用命令式，在学校一般采用商谈式。领导艺术要求因人制宜、因事制宜、因地制宜、因时制宜，以至此一时彼一时，别具一格，千变万化。

3. 经验性

领导方法是众多领导经验的总结和概括，具有一般性和共同性；领导艺术则主要是个人经验，智慧的积累、提炼和升华，具有鲜明的个性。领导艺术可以借鉴，但绝无现成的模式可以机械地照抄照搬，也很难单纯从讲台、书本上套用。“师傅领进门，修行在个人”，方法和艺术的关系正如同“菜谱”和烹调艺术的关系。按照同一张菜谱，有经验的厨师和初出茅庐的新手，炒出来的菜肴肯定大不一样，这里就有经验的因素，重点是对火候的把握。领导艺术就是《孙子兵法》讲的：“运用之妙，存乎一心”的艺术。

4. 创造性

领导艺术之所以为艺术，全在于创造。其实质是领导者对领导方法的创造性运用，是领导者在科学思维方式的指导下的标新立异。如：古人论行军打仗，把“实以虚之，虚以实之”作为迷惑敌人的一条原则。但三国时期，诸葛亮用“虚以虚之”的空城计吓退了统兵15万、兵临城下的司马懿。而解放战争时期，毛泽东转战陕北，却又以“实以实之”，在自己进山的路口插上“毛泽东由此上山”的标牌，结果，胡宗南扯去标牌，带着队伍偏要向另一个路口追击。可以说，领导艺术的本质和核心就是创造性。或者在思路的选择上，别出心裁，反其意而为之；或者在思考的技巧上，删繁就简，单刀直入；或者在判断的结论上，独辟蹊径，发人之所未发；或者在行为方式上，机动、通融、迂回、退却，在没有路的地方走出一条新路。

（三）领导艺术的内容

领导艺术的内容是非常丰富的，又是非规范化、难以量化的、巧妙的技巧。因此，要全面地概括领导艺术是很困难的。这里仅列举一些较为常见的领导艺术。

1. 管理时间的艺术

时间是一种特殊的资源，其特点是消逝性。领导者所肩负的任务是繁重的，有的甚至是日理万机，时间对于领导者尤其宝贵，往往直接影响到事业的成败。有的领导者一天忙到晚，一年忙到头，但业绩平平，其重要原因之一就是不懂得合理地利用时间，缺乏运用时间的艺术。德鲁克在《有效的管理者》中指出，“不能管理时间，便什么都不能管理”，“根据我的观察，有效的管理者不是从他们的任务开始，而是从掌握时间开始”。因此，正确地管理时间，以最少的时间获得最大的效益，应该成为每一位领导者都必须掌握的技巧。

首先，掌握 80/20 原则，科学安排好时间。

80/20 黄金原则，起源于意大利人巴累托对人口问题的研究，又称巴累托分析法，自 1897 年形成其基本法则后，广泛应用于组织管理的各个方面。

领导工作的 80/20 黄金原则的具体内容是：如果工作项目以其价值序列排定，那么，一般地说，80％的价值只来自 20％的项目，剩下的 80％的项目只具有 20％的价值。因此，在你的 10 项工作中，完成了价值最大的 2 项，就取得了最大的价值和效率。

80/20 黄金原则在领导学中也叫 ABC 分类法。ABC 分类法的关键是区别事务的轻重缓急，根据每项工作的重要性和紧迫程度，排定 ABC 各类顺序。价值最大的工作属于 A 类，需要分配足够的时间和精力，实行重点管理；中等价值的工作属于 B 类，实行一般管理；较低价值的工作属于 C 类，没时间可以不做。一般地说，最迫切和最重要的工作项目至少应具有三个特征：第一，对目标成败有重大影响；第二，拖延时间会影响目标的实现；第三，必须亲自去做。某项工作具备这三个特征，就列为 A 类；具备一个或两个特征，就列为 B 类；一个特征也不具备，列为 C 类。

那些眉毛胡子一把抓，成天忙碌的人，正是那种置 A 类工作于不顾，为 B、C 两类工作忙得不可开交的人。而精明强干的领导者一般都是在一天或一周工作结束之后把次日或下周工作按 A、B、C 分类排定顺序，而后集中主要精力完成 A 类工作，兼顾 B 类工作，把 C 类工作弃之不顾，或委派他人去办。当然，随着时间的推移，已经排定的 A、B、C 序列可能需要调整，但总的原则不变。这样，可以使领导者减少许多琐事，摆脱次要工作，把 80％的精力用在价值最大的 20％的事情上。

其次，掌握即时处理原则，有效节约时间。

“天下事以难而废者十之一，以惰而废者十之九”。效率学家把不拖拉、不怠惰，及早采取行动的法则称之为即时处理原则，管理工作者又称为“一次处理主义”。即时处理就是说凡决定要自己做的事情，不管有什么困难，立刻动手去做。这是花同等时间，花同等精力，做尽可能多的事情的最佳方法。立刻动手，不仅省时省力，还可以使你精神上为之轻快，要做而未做的事情压在心上，就像背上的石头，无异于一种精神折磨。

即时处理，省去了做同一件事情，再花第二次、第三次工夫所费的时间，特别是省去了为再次做同一件事所需要的集中思想、进入角色的“温习”过程。如收到必须回复的信件，看完后放进抽屉，过几天再回信，至少需要把原信拿来，再次过目。又如起草文件，写到一半中途打住，第二天再接着写，起码得调动记忆，重新回到原有的思路，把各种材料再看一遍。实践证明，集中精力连续工作一小时，顶得上断断续续地工作几个小时。

当然，领导工作中不间断地连续工作是不可能的，为了效率，最好的办法是一件事一次做完，做完一件是一件，尽量不留“尾巴”。实在做不完，也应在告一段落时中止，以便下次接着做时更容易“进入状态”。

2. 用人的艺术

“知人善任”是领导者的责任之一，领导者要履行好这一责任，就必须掌握善于用人的艺术。

首先，不求全责备。常言道：“金无足赤，人无完人”，“尺有所短，寸有所长”。每个人都有自己的长处和短处，领导者的任务在于知人所长，用人所长；容人所短，避人所短。即“对有大略者不问其短”，不“以其小恶，忘其大美”，埋没人才。只有这样，领导者才能充分地发现人才，正确地使用人才，把各种人才都吸引到自己周围，用之不竭。

其次，任人唯贤。任人唯贤是反对那些在用人问题上以个人好恶、亲疏为标准的庸俗恶劣的作风，坚持按照德才兼备的用人标准，把有真才实学的人才选拔到合适的岗位上，以确保组织人员素质的优化。

最后，用人不疑。领导必须具备充分放手让下属工作的胆识和气魄，要保证下属在其位，谋其政，负其责。在这一问题上中国的古人有许多名言，如“国有三患，一曰有贤不知；二曰智贤不用；三曰用贤不信”，“用之则信，信之则忠”，“用人不疑，疑人不用”等。领导者只有坚持用人不疑，才能使下属在其职权范围内充分发挥出积极性和创造性，并在此基础上使下属更好更快地成长。

3. 授权的艺术

授权指领导者将自己的部分权力和责任让给下属，使下属在适当的监督下有相当的自主权。不善于授权的领导可能琐事缠身，而授权过度又可能大权旁落，失去控制。只有合理地授权，才可能取得良好的效果。如何做到合理，就是授权的艺术。

首先，授权要适度。对下属的授权既不能过轻，也不能过重。过轻，达不到充分激发下属积极性的目的，不利于下属尽职尽责；过重，就会大权旁落，出现难以收拾的局面。管仲在《七法》中说：“重在下，则令不行。”就是说下级的权力过大，超出了合理范围，那么国家的政策法规就不能顺利贯彻执行。例如，后周皇帝柴王授予赵匡胤过多的权力，结果赵匡胤发动“陈桥兵变”，“黄袍加身”废帝称王，改国号为宋。这说明授权不能过重，否则下属权力过大，难以控制。授权还要看下属的能力接受程度，不能超负荷授权。换句话说，授权者必须向被授权者明确所授事项的目标、任务、职责和范围。对被授权者所授的工作量不要超过被授权者的能力、体力所能承受的限度。若授权没有明确的目标职务，被授权者在工作中摸不着边际，无所适从，整个组织就会失去战斗力，甚至造成混乱。有的权力尽管不重，也不能把许多权力一股脑儿推给下属，弄得下属顾此失彼，手足无措。

其次，授权要可控。正确的授权，不是放任、撒手不管，而是保留某种控制权。通过这种可控性，把领导者与下属有机地联系起来。没有可控性的授权是弃权。这种可控性表现在两个方面。一方面，领导者握有主动性、灵活性，授权的范围、时间由领导者灵活掌握，且应相对稳定，但也可根据实际需要随时调整，做到能放能收，能扩大能缩小；另一方面，领导者要有检查、监督、修正权，即能有效地、及时地对下属进行指导、监督和修正。

再次，授权要权责一致。即授权的同时明确下属的责任。领导者若能明确地将权与责同时授予下属，不仅可以促使下属完成工作任务，而且还可以堵塞有权不负责或滥用权力的漏洞。权责一致，应向下属交代清楚权限和责任范围，这样做有利于下级正确行使自己的职权，更好地实现领导者授权的目的。领导者授权时要明确自己的职责范围，凡是属于自己职权范围的事、涉及有关组织的全局性问题，比如管理全局的集中指挥权，总的经济预算审批，决定组织的目标、任务和发展方向等，不可轻易授权。再比如说，就同一方面或系统的工作，向两个或两个以上下属授权，必须注意使后果责任落在一个人身上，让其中领受权力较高的那个人承担后果责任。这样可使下属各司其职，各守其位，各负其责，避免扯皮和争功诿过。

复习思考题

1. 何谓领导？领导的实质是什么？
2. 领导者权力的来源有哪些？
3. 领导者在管理中的作用具体表现在哪些方面？
4. 试述领导方格理论的主要内容。
5. 菲德勒权变理论的主要内容是什么？
6. 领导的生命周期理论的主要观点是什么？
7. 请你谈谈对领导方法和艺术的认识。

第十章　激　励

【本章要点】

- 激励的含义及功能
- 关于人性假设的理论
- 需求层次论的主要内容
- 双因素理论的内容及启示
- 成就需要理论的主要观点
- 期望理论、公平理论和强化理论
- 激励的实务与建议

第一节　激励的原理

一、激励的含义及功能

管理的核心是对人的管理，管理者面临的首要任务是引导和促使员工为实现组织的共同目标作出贡献。然而，员工加入组织的个人目的往往与组织目标不尽一致，工作的努力程度也经常与组织的预期要求有差距。如何才能让员工把组织的目标任务变成自己的目标任务？怎样才能使他们为实现这种目标作出最大限度的努力？这就需要研究员工的工作动机。

（一）激励的含义

所谓的激励，是指人类的一种心理状态，它具有加强和激发动机，推动并引导行为指向目标的作用。通常认为，一切内心要争取的条件，如欲望、需要、希望、动力等，都构成对人的激励。

激励作为一种内在的心理活动过程和状态，不具有我们可以观察的外部状态。但是，由于激励对人的行为具有驱动和导向作用，因此，可以通过人的行为表现及效果来对激励的程度加以推断和测定；而且，人的行为表现和行为效果在很大程度上取决于他所受到的激励程度或水平，激励水平越高，行为表现越积极，行为效果也就越大，二者呈正相关关系。

（二）激励的功能

激励是现代管理的主要职能之一。一个管理者如果不懂得怎样激励员工，是无法胜任工作的。激励在管理中具有多方面的功能，大量的管理实践已经证实了这一点。

1. 有助于激发和调动员工的工作积极性

积极性是员工在完成工作任务时一种能动的、自觉的心理和行为状态，这种状态可以促进员工智力和体力能量的充分释放，并导致一系列积极的行为后果，如提高劳动效率，超额完成任务，表现出精湛的工作技能、良好的服务态度等。实验表明，未受激励的员工，其积极性只发挥20%～30%；而受到激励的员工，由于思想和情绪处于高度激发状态，积极性的发挥程度可以达到80%～90%，并在工作中始终保持高昂的士气和热情。

2. 有助于将员工的个人目标导向组织目标的轨道

个人目标及个人利益是员工行动的基本动力，它们与组织的目标和总体利益之间既有一致性，又存在着诸多差异。当二者发生背离时，个人往往会干扰组织目标的实现，激励的功能就在于以个人利益和需要的满足为基本作用力，引导员工把个人目标统一于组织的整体目标，推动员工为完成工作任务作出贡献，促进个人目标与组织目标共同实现。

3. 有助于增强组织凝聚力

组织是由若干员工个体、工作群体及各种非正式群体组成的有机结构。为保证组织整体的协调运转，除用严密的组织结构和严格的规章制度加以规范外，还需要运用激励的方法满足员工尊重、社交等多方面的心理需要，鼓舞士气，协调人际关系，进而增强组织的凝聚力和向心力，促进各个部门、群体、人员之间的密切协作。

二、激励的心理机制

心理学的研究表明，人的行为具有目的性，而目的源于一定的动机，动机又产生于需要。由需要引发动机，动机支配行为并指向预定目标，是人类行为的一般模式，也是激励得以发挥作用的心理机制。

(一) 需 要

需要是指人类或有机体缺乏某种东西时的状态，管理中的需要特指人对某事物的渴求和欲望。当人们缺乏所需事物而引起生理或心理紧张时，就会产生需要，并为满足需要而采取行动。它是一切行为的最初原动力。但是需要并非纯主观的现象，而是客观事物在人脑中的主观反映，即需要的形式和内容主要取决于所需对象物的存在。当给予、改变或剥夺对象物时，需要会发生相应变化，或因满足而消失，或因缺乏而增强。在管理中运用激励，正是利用需要对行为的原动力作用，通过提供外部诱因，满足员工需要，进而引发员工积极性的行为。

(二) 动 机

动机是在需要的基础上产生的，引起和维持人的行为，并将其导向一定目标的心理机制。

在人的行为过程中，需要具有动力作用。但是，需要作为一种潜在的心理状态，并不能直接引起行为，只有当需要指向特定目标，并与某种客观事物建立起具体的心理联系时，才能由潜在状态转为激发状态，成为引发人们采取行动的内在力量。

在需要与目标对象衔接基础上形成的、直接驱动行为的内在力量就是动机。由此可见，动机是引发行为的更为直接的原因和现实动力，它体现着客观事物对行为的激励作用，并把行为引向能满足需要的具体对象。动机的产生依赖于两个条件：一是个体的生理或心理需要；二是能够满足需要的客观事物，又称外部诱因。一般情况下，前者处于既定状态，后者则能够人为地予以改变，引起期望的行为。

（三）目　标

目标是行为所要实现的结果。人们采取的一切行为，总是指向特定的目标。目标在行为过程中具有双重意义：一方面，目标表现为行为的结果，目标达到，需要得到满足，行为即结束；另一方面，目标又表现为行为的诱因，构成目标内容的是能够满足的各种对象性事物，如职位、金钱、荣誉等。它们在行为过程中推动着动机的产生，引导和调节着行为的方式与方向，从而成为诱导行为的主动因素。

在管理实践中利用目标对行为的诱导作用，通过合理选择和设置目标，可以有效地激励和改善员工的行为。

由于需要及动机指向的复杂性，员工的行为体系中存在着多种目标追求。某些较为复杂的行为包括一系列相互联系的目标。对目标进行合理选择和设置，是有效运用目标诱因进行激励的重要环节。

除上述方面外，个性特征如兴趣、价值观、性格等也是激励赖以发挥作用的重要心理因素。同一外部诱因会因员工的个性差异而导致完全不同的激励效果。

三、激励过程

需要、动机和目标作为激励的主要心理机制分别处于行为的不同阶段，三者既彼此独立，又相互依存，并按照所处阶段密切连接，顺次对行为发挥激励功能，由此构成一个完整的激励过程，如图 10－1 所示。

处于过程起点的是人的各种需要。当需要萌发而得到满足时，会引起生理或心理紧张，从而激发寻求满足的动机。在动机的驱使下人们采取行动，行动的结果达到预定目标，使需要得到满足，进而进一步强化原有需要，或促进生成新的需要。新的需要导致新的激励过程的开始。

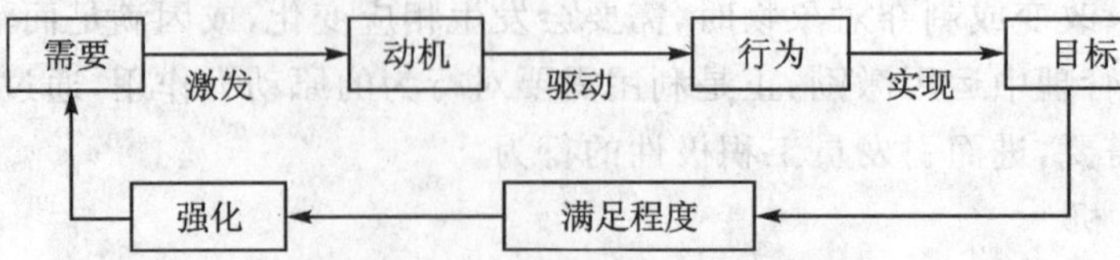

图 10－1　激励过程

可见，激励实质上是以满足的需要为基础，利用各种目标诱因激发动机，驱动和诱导行为，促进实现目标，提高需要满足程度的连续的心理和行为过程。

四、人性假设理论

人究竟是为了什么样的利益而采取行动呢？领导者要实现对下级的有效激励必须首先正确地认识下属，也就是认识人。关于这一问题，不同时期的管理学者和组织行为研究者们都提出了各自的见解。

（一）“经济人”假设

“经济人”意思为理性经济人，这一假设，起源于英国古典经济学业家亚当·斯密(Adam Smith)的关于劳动交换的经济理论。亚当·斯密认为：人的本性是懒惰的，必须加以鞭策；人的行为动机源于经济和权力。“经济人”就是完全以追求物质利益为目的而进行经济活动的主体，人都希望以尽可能少的付出，获得最大限度的收获，并为此可不择手段。

这就是古典管理对人的看法，即把人当作“经济动物”来看待，认为人的一切行为都是为了最大限度满足自己的私利，工作目的只是为了获得经济报酬。由此得出的结论就是管理者要用金钱来刺激工人的生产积极性，同时对消极怠工者采用严厉的惩罚措施，即“胡萝卜加大棒”的政策。

（二）“社会人”假设

“社会人”假设的理论基础是人际关系学，这一学说是由霍桑实验的主持者梅奥提出来的，之后又经英国塔维斯托学院煤矿研究所再度验证。这两项研究的共同结论是：人除了物质外，还有社会需要，人们要从社会关系中寻找乐趣。

“社会人”假设认为在社会上活动的员工不是各自孤立存在的，而是作为某一个群体的一员有所归属的“社会人”，是社会存在。人具有社会性的需求，人与人之间的关系和组织的归属感比经济报酬更能激励人的行为。因此，“社会人”不仅有追求物质收入的动机和需求，他在生活工作中还需要得到友谊、安全、尊重等。“社会人”的假定为管理实践开辟了新的方向。

（三）X 理论和 Y 理论

美国心理学家道格拉斯·麦格雷戈(Douglas McGregor)提出了有关人性的两种截然不同的观点：一种是基本上消极的 X 理论(Theory X)；另一种是积极的 Y 理论(Theory Y)。通过观察管理者处理员工关系的方式，麦格雷戈发现，管理者关于人性的观点是建立在一些假设基础之上的，而管理者又根据这些假设来塑造他们自己对下属的行为方式。

X 理论以下面四种假设为基础：

① 员工天生不喜欢工作，只要可能，他们就会逃避工作。

② 由于员工不喜欢工作，因此必须采取强制措施或惩罚办法，迫使他们实现组织目标。

③ 员工只要有可能就会逃避责任，安于现状。

④ 大多数员工喜欢安逸，没有雄心壮志。

与这些消极的人性观点相对照，麦格雷戈还提出了Y理论，它基于这样的假设：

① 员工视工作如休息、娱乐一般自然。

② 控制和惩罚并非是促使人朝向组织目标的唯一方法。如果员工对某项工作作出承诺，他们会进行自我指导和自我控制，以完成任务。

③ 一般而言，每个人不仅能够承担责任，而且会主动寻求承担责任。

④ 绝大多数人都具备作出正确决策的能力，而不仅仅是管理者才具备这一能力。

麦格雷戈本人认为，Y理论的假设相比X理论更实际有效，因此他建议让员工参与决策，为员工提供富有挑战性和责任感的工作，建立良好的群体关系，这会极大地调动员工的工作积极性。

遗憾的是，并无证据证实某一种假设更为有效，也无证据表明采用Y理论的假设并相应改变个体行为的做法，能更有效地调动员工的积极性。

(四) 超Y理论

20世纪60年代末70年代初，沙因又提出了“复杂人”假设。他认为，上述三种假设各自反映出当时的时代背景，并适合于某些人和某些场合。但是，人有着复杂的动机，不能简单地把人归结为某一种；而且，也不能把所有人都归结为同一类人。人的动机是由生理的、心理的、社会的、经济的等方面因素与不同的情境因素和时间因素相结合而形成的，因而较为复杂。

超Y理论就是根据“复杂人”假定提出的。该理论在对X理论和Y理论进行实验分析比较后，提出一种既结合X理论和Y理论，又不同于是X理论和Y理论的一种主张权宜应变的激励理论。实质上是要求将工作、组织、个人、环境等因素做最佳的配合。超Y理论的主要观点有：

① 人的需求是多种多样的，而且这些需求随着人的发展和生活条件的变化而改变，每个人的需求各不相同，需求的层次也因人而异。

② 在某一时期，人同时会有各种需求，这些需求相互作用为错综复杂的需求动机模式。

③ 人在组织中的工作和生活条件是不断变化的，因而会产生新的需求和动机，工作岗位不同会产生不同的需求动机。

④ 由于人在需求方面的差异，管理者不能应用统一的僵化的激励模式。

第二节 激励理论

自1924年的霍桑实验开创了人类行为研究的先河，行为管理理论盛行一时。人的行为研究的发展也引起了以研究人的行为为主的激励理论的发展。从20世纪50年代以来，有代表性的激励理论主要有：需求层次理论、双因素理论、成就需要理论、期望理论、公平理论和强化理论。这些理论都从不同角度研究了人的行为，并对激励的有效性进行了积极的探索。

一、需求层次理论

需求层次理论是由美国心理学家亚伯拉罕·马斯洛于1943年在《人类激励理论》一文中所提出。

马斯洛认为,人的需求由低到高可以分为五个基本层次,即生理需求、安全需求、社交需求、尊重需求和自我实现需求。

① 生理需求。这是人类维持自身生存的最基本要求,包括对水、食物、睡眠等的需求。如果这些需要的任何一项得不到满足,人类个人的生理机能就无法正常运转。换而言之,人类的生命就会因此受到威胁。

② 安全需求。安全需求是指对人身安全、健康保障、家庭安全等的需求。马斯洛认为,整个有机体是一个追求安全的机制,人的感觉器官、智能主要是寻求安全的工具,甚至可以把科学和人生观都看成是满足安全需要的一部分。

③ 情感和归属的需求。这种需求是指人对于友情、爱情及接纳、认可等方面的需求。该理论认为人人都希望得到关心和照顾,感情上的需要比生理上的需要更细致,它和一个人的生理特性、经历、教育、宗教信仰等有关系。

④ 尊重的需求。包括自我尊重和被他人尊重两个方面。人人都希望自己有稳定的社会地位,要求个人的能力和成就得到社会的承认。尊重的需要又可分为内部尊重和外部尊重。内部尊重是指一个人希望在各种不同情境中有实力、能胜任、充满信心、能独立自主。总之,内部尊重就是人的自尊。外部尊重是指一个人希望有地位、有威信,受到别人的尊重、信赖和高度评价。马斯洛认为,尊重需要得到满足,能使人对自己充满信心,对社会满腔热情,体验到自己活着的用处和价值。

⑤ 自我实现的需求。这是最高层次的需要,它是指实现个人理想、抱负,发挥个人的能力到最大程度。达到自我实现境界的人,接受自己也接受他人,解决问题能力增强,自觉性提高,善于独立处事,要求不受打扰地独处,完成与自己的能力相称的一切事情。马斯洛提出,为满足自我实现需要所采取的途径是因人而异的。自我实现的需要是努力实现自己的潜力,使自己越来越成为自己所期望的人物。

马斯洛认为,这五种需求是由低到高的层级结构,生理需求和安全需求属于较低层次的需要,人们首先追求较低层次需求,低层次需求未满足以前,较高层次的需求不会出现。只有这些最基本的需要满足到维持生存所必需的程度后,其他的需要才能成为新的激励因素,而这些已相对满足的需要也就不再成为激励因素了。

归属的需求、尊重的需求和自我实现的需求是高级需求,他们是通过内部因素才能满足的,而且一个人对尊重和自我实现的需求是无止境的。同一时期,一个人可能有几种需要,但每一时期总有一种需要占支配地位,对行为起决定作用。任何一种需要都不会因为更高层次需要的发展而消失。各层次的需要相互依赖和重叠,高层次的需要发展后,低层次的需要仍然存在,只是对行为影响的程度大大减小。

马斯洛的需求层次理论,在一定程度上反映了人类行为和心理活动的共同规律。

马斯洛从人的需要出发探索人的激励和研究人的行为，抓住了问题的关键；马斯洛指出了人的需要是由低级向高级不断发展的，这一趋势基本上符合需要的发展规律。因此，需要层次理论对企业管理者如何有效地调动人的积极性有启发作用。但是，马斯洛是离开社会条件、离开人的历史发展以及人的社会实践来考察人的需要及其结构的。其理论基础是存在主义的人本主义学说，即人的本质是超越社会历史的，抽象的"自然人"，同时也带有典型的美国个人主义的文化色彩，由此得出的一些观点就难以适应其他国家的情况。

二、双因素理论

双因素理论也叫"保健-激励理论"，是由美国管理学家雷德里克·赫茨伯格提出来的。自1959年始，赫茨伯格先后出版了《工作的激励》、《工作与人的本质》等著作，后来又在哈佛的《商业评论》上发表了《再一次：你怎样激励雇员》及《事实工作内容大有好处》等文章。在这一系列著作中，赫茨伯格建立起了双因素理论。

赫茨伯格认为，令员工产生满意和不满意的因素是完全不同的：造成员工的不满意的因素主要与外界环境和工作条件相关，如公司政策和行政管理、工资水平、人际关系、工作条件等，赫茨伯格称这些导致工作不满意感的因素为保健因素；而使员工感到满意的因素则主要与工作本身相关，如成就、认可、工作本身的吸引力、责任、成长和发展等，与满意相关的因素被称为激励因素(见表10-1)。

赫茨伯格还提出，与传统观点不同，满意与不满意不是相互对立的，满意的对立面不是不满意，而是没有满意；而与不满意对立的也不是满意，而是没有不满意。

表10-1 激励和保健因素

激励因素	保健因素
成就	监督
承认	公司政策
工作本身的吸引力	工资
责任	同事关系
成长与发展	工作条件

赫茨伯格指出，若保健因素搞得不好，那么职工的满意度和工作积极性都会下降。当它们得到充分改善时，人们就没有不满意感了。但是，管理者消除了工作中的不满意因素只能带来平和，而不一定对员工有激励作用。保健因素只能安抚员工，而不能激励员工。换句话说，保健因素搞得再好，员工也不会因此而积极性大增。管理者要想真正激励员工努力工作，必须注意激励因素，这些因素才会增加员工的工作满意感。激励因素的本质为注重工作本身的内容，借以提高工作效率，促进人们的进取心，激发人们做出最好的表现。赫茨伯格认为，只有激励因素可以导致人们的满意。

赫茨伯格双因素理论的核心在于强调保健因素与激励因素不可相互替代，各自的作用不同。它给管理者提供了重要启示：单纯依靠提高工资、增加福利等外在因素难以有效激励员工，为使员工的积极性得到充分发挥，必须重视激励因素的作用，为员工提供感到有价值和有意义的工作，丰富工作内容，赋予更重要的责任，使员工从工作中获得成就感。

自20世纪60年代以来，双因素理论在管理界越来越为人们所重视。但是，对该理论的研究方法和研究结论也存在一些争议，主要体现在以下几个方面：

① 赫茨伯格所采用的研究方法具有一定的局限性。人们容易把满意的原因归因于他们自己，而把不满意的原因归因于外部因素。

② 赫茨伯格研究方法的可靠性令人怀疑。评估者必须对人们的回答进行解释，但他们有可能会对两种相似的回答作出不同的解释，因而使调查结果掺杂偏见。

③ 激励-保健理论忽视了情境变量。

④ 赫茨伯格认为满意度与生产率之间存在一定的关系，但他所使用的研究方法只考察了满意度，而没有涉及生产率。

从实践中来看，赫茨伯格的理论是以美国的企业为实验基础的。这种实验基础的特点之一是当时美国企业工人的收入水平已有很大提高，因此，工人们对工作的内容越来越关注，甚至超过对工资和福利的关注。如美国民意研究中心1973—1974年调查表明，过半数的男士认为工作的首要条件是能够提供成就感。此外，把有意义的工作列为首位的人，要比把缩短工作时间列为首位的人数多7倍。而这样的研究基础在大部分国家不存在，因此得出的结论也不能广泛适用。

三、成就需要理论

成就需要论是由美国管理学家大卫·麦克莱兰(David Mcclelland)等提出的，他们认为个体在工作情境中有三种主要的动机或需要：成就需要、权力需要和归属需要。

麦克莱兰重点研究了成就需要。他指出，一些人有强烈的内驱力要将事情做得更为完美，使工作更有效率，以获得更大的成功，但他们追求的是个人的成就感而不是成功之后所带来的奖励。他将这种内驱力称为成就需要。麦克莱兰发现高成就需要者的不同之处在于：他们渴望把事情做得更完美。他们寻求那种能发挥其独立处理问题能力的工作环境；他们希望得到有关工作绩效的及时明确的反馈信息，从而了解自己是否有所进步；他们喜欢设立具有适度挑战性的目标。高成就需要者不是赌徒，他们不喜欢凭运气而获得的成功。他们愿意接受困难的挑战，并能承担成功与失败的责任，但他们不愿使结果受运气或他人的左右。也就是说，他们不喜欢接受那些在他们看来特别容易或者特别困难的工作任务。

高成就需要者对于自己感到成败机会各半的工作，表现得最为出色。他们不喜欢成功的可能性非常低的工作，这种工作碰运气的成分非常大，并且，那种带有偶然性的成功机会无法满足他们的成就需要；同样，他们也不喜欢成功可能性很高的工作，因为这对于他们的自身能力不具有挑战性。他们喜欢设定通过自身的努力才可达到的奋斗目标。对他们而言，当成败可能性均等时，才是一种能从自身的奋斗中体验成功的喜悦与满足的最佳机会。

权力需要是指影响和控制别人的一种愿望或驱动力。高权力需要者喜欢“承担责任”，喜欢竞争性和地位取向的工作环境。

麦克莱兰分离出的第三种需要是归属需要，也就是寻求被他人喜爱和接纳的一种愿望，这种需要一直未能引起研究人员的足够重视。高归属需要者渴望友谊，喜欢合作而不是竞争的环境，希望彼此之间的沟通与理解。

在大量研究的基础上，麦克莱兰对成就需要与工作绩效的关系进行了十分有说服力的推断。虽然他对于权力需要和归属需要的研究相对较少，但其结果是较为一致的。

首先，高成就需要者喜欢能独立负责、可以获得信息反馈和中度冒险的工作环境。在这种环境下，他们可以被高度激励。不少证据表明高成就需要者在企业中颇有建树，如在经营自己的企业、管理大公司中的一个独立部门及处理销售业务等方面。

其次，高成就需要者不一定是一个优秀的管理者，尤其是对规模较大的组织而言。有强烈的成就需要，但没有强烈的权力需要的人，容易登上职业生涯的顶峰，但是组织层次较低。原因在于，成就的需要可以通过任务本身得到满足，而权力的需要，只能通过上升到某种具有高于他人的权力层次才能得到满足。

再次，归属需要与权力需要和管理的成功密切相关。最优秀的管理者是权力需要很高而归属需要很低的人。麦克莱兰对美国电信电话公司的管理跟踪研究了16年，结果发现，那些有着强烈权力需要的人更有可能随着时间的推移而逐步晋升。

最后，员工可以通过训练来激发他的成就需要。如果某项工作要求高成就需要者，那么管理者可以通过直接选拔的方式找到一名高成就需要者，或者通过培训的方式培养自己原有的下属。

四、期望理论

期望理论是由美国心理学家弗洛姆在20世纪60年代提出并形成的，它可以称得上是对激励问题的最全面的解释。

期望理论认为，个人的行为方式由个人的需要和实现这种需要的可能性决定。当人们预期到某一行为能给个人带来既定结果，且这种结果对个体具有吸引力时，个人才会采取这一特定行为。这一理论认为，对人的激励涉及以下三项变量或三种联系。

① 努力-绩效的联系。个体感觉到通过一定程度的努力而达到工作绩效的可能性。我必须付出多大努力以实现某一工作绩效水平？我真的能达到这一绩效水平吗？

② 绩效-奖赏的联系。个体对于达到一定工作绩效后即能获得理想的奖赏结果

的信任程度。当我达到这一绩效水平后会得到什么奖赏？一定能获得吗？

③ 奖赏与个人目标满足的联系。如果工作完成，个体所获得的潜在结果或奖赏对个体的重要性程度，与个人的目标和需要有关。这种奖赏是我想要的吗？它是否有助于我实现自己的目标？

一个人从事工作的动机强度取决于他认为自己能够实现理想的工作绩效的信念程度。如果这一目标得以实现（达到了一定的绩效水平），他是否会获得组织所给予的充分奖赏？如果组织给予了奖励，这种奖励能否满足他的个人目标？具体来看，期望理论分析了激励到行为的四个步骤：

第一，员工感到这份工作能提供什么样的结果？这些结果可以是积极的，如工资、人身安全、同事友谊、信任、额外福利、发挥自身潜能或才干的机会等；也可以是消极的，如疲劳、厌倦、挫折、焦虑、严格的监督与约束、失业威胁等。也许实际情况并非如此，但这里强调的是员工知觉到的结果，无论他的知觉是否正确。

第二，这些结果对员工的吸引力有多大？他们的评价是积极的、消极的还是中性的？这显然是一个内部的问题，与员工的态度、个性及需要有关。如果员工发现某一结果对他有特别的吸引力，也就是说，他的评价是积极的，那么他将努力实现它，而不是放弃工作。对于相同的工作，有些人则可对其评价消极，从而放弃这一工作，还有人的看法可能是中性的。

第三，为得到这一结果，员工需采取什么样的行动？只有员工清楚并明确地知道为达到这一结果必须做些什么时，这一结果才会对员工的工作绩效产生影响。比如，员工需要明确了解在绩效评估中"干得出色"是什么意思？使用什么样的标准来评价他的工作绩效？

第四，员工是怎样看待这次工作机会的？在员工衡量了自己可以控制的决定成功的各项能力后，他认为工作成功的可能性有多大？

根据期望理论，一个人在行为之前，会对某一种需要进行估计，即实现这种需要对自己具有多高的价值，值不值得去努力；其次，在现实条件下，自己要经过多大努力才能实现这一需要。所以，激励的力量与受激励者对目标价值和实现的概率估计相关，用公式表述为

$$\text{激励力} = \text{效价} \times \text{期望值}$$

激励力是指一个人受到激励的强度，效价指个人对某种结果的偏好程度，也即个人对工作目标有用性的评价。期望值是指个人对自己能够完成工作并取得预期结果的概率的估计。

由此可见，工作结果实现的概率越大，所带来的结果效价越高，所产生的激励力量也就越大。反之，如果工作结果实现的可能性较小，而且对受激励者来说缺乏价值，就不会产生出激励力量。如果员工对某种结果漠不关心，效价为零，则激励力也为零。同样，如果某种工作实现的可能性为零，那么效价再高，激励力也等于零。

这表明，管理过程中的激励工作，既要设定出人们确认其有较高价值的目标，同

时又要创造出较大的实现概率的客观条件，这样才能充分调动广大员工的工作积极性。管理者的重要任务之一就是要准确地把握员工对需要的价值评价，采取合适的激励方式。

期望理论的基础是自我利益，它认为每一员工都在寻求获得最大的自我满足。期望理论指明，员工判断的依据是知觉，而与实际情况不相关，个体对工作绩效、奖赏、目标满足的知觉决定了他们的努力程度，而不是客观情况本身。不管实际情况如何，只要员工确认自己经过努力工作就能达到所要求的绩效，达到绩效后就能得到具有吸引力的奖赏，他就会努力工作。

期望理论对管理者的启示是，管理人员的责任是了解员工的需要，帮助员工满足需要，同时实现组织目标。管理者必须尽力发现员工在技能和能力方面与工作任务之间的符合度。为了提高激励效力，管理者要明确员工个体的需要，界定组织提供的结果，并确保每个员工有能力和条件得到这些结果。但是现实中确实存在各种无奈和局限使组织的奖励与个人需要难以吻合。这是该理论在实践中的局限性。

五、公平理论

员工不是在真空环境中工作，他们总是在进行比较。如果你大学刚毕业就有人提供给你一份月薪 4 000 元的工作，你可能会很乐意接受，并且工作努力，你对自己的收入也十分满意。可是，假如你工作了一两个月后，发现另一位最近毕业的、与你年龄、教育经历相当的同事，月收入为 5 000 元时，你有何反应呢？你可能会很失望。虽然对于一个刚毕业的大学生来说，4 000 元的绝对收入已相当可观（你自己也知道这一点），但这并不是问题所在。问题的关键在于相对的收入和你本人的公平观念。大量事实表明员工经常将自己的付出与所得和他人进行比较，而由此产生的不公平感将影响到此人以后付出的努力。这就是公平理论的主要内容。

公平理论是由美国心理学家亚当斯首先提出的。1963 年，亚当斯发表了他的论文《对于公平的理解》，1965 年亚当斯又发表了《在社会交换中的不公平》一文，从而提出了公平理论的观点。

亚当斯的公平理论，主要研究分配过程中的公平程度对员工积极性的影响。公平理论认为，人们总是要将自己所作的贡献和所得的报酬与他人进行比较，因此，每个人不仅关心由于自己的工作努力所得到的绝对报酬，而且还关心自己的工作努力所得到的相对报酬。他们对自己的付出与所得和他人的付出与所得之间的关系作出判断。他们以对工作的付出，如努力程度、工作经验、教育程度及能力水平等为根据，比较其所得，如薪金、晋升、认可等因素。在比较的基础上，感受自己是否享受公平的待遇。如果一个人的内心感受是公平的，其工作积极性即激励水平就高。如果发现自己的付出与所得比和其他人相比不平衡，就会产生紧张感，这种紧张又会成为他们追求公平和平等的动机基础。

亚当斯提出了著名的公平关系方程式：

$$QP/IP = QO/IO$$

式中，QP——比较者获得的报酬，IP——比较者作出的贡献，QO——被比较者获得的报酬，IO——被比较对象作出的贡献。

如果等式没有得到满足，比较者就会产生一种不公平感，认为自己的贡献没有得到公平的报酬。由此可知，一个人对工作的报酬是否满意，不仅受报酬绝对值QP的影响，而且还受到报酬相对值的影响，更会受到这个相对值与可比较的范围内的相对值的影响。只有当报酬公平时，组织结构才能保持稳定，如果不公平，矛盾就会产生。

亚当斯发现，一旦感到不公平，人们一般会采取行为调整措施：第一，要求增加自己的报酬；第二，要求降低他人的报酬；第三，主动减少自己的贡献；第四，要求提高他人的贡献。在这四种调整措施中，第一、二、四种措施都只有在得到管理者的认可之后才能实现。并且，管理者在进行调整时，会改变原有的报酬格局，因此一般都比较困难。只有第三种行为的调整方式可以不需征得他人的同意而自主地进行。如果比较者的名义贡献，譬如劳动时间不能减少，他可以通过磨洋工的方式减少实际贡献。因此说，不公平的分配，必然降低人们的劳动积极性。

在公平理论中，员工所选择的与自己进行比较的参照对象是一重要变量，主要包括三种参照类型："他人"、"制度"和"自我"。

"他人"包括同一组织中从事相似工作的其他个体，还包括朋友、邻居及同行。员工通过口头、报刊及杂志等渠道获得了有关工资标准，最近的劳工合同等方面的信息，并在此基础上将自己的收入与他人进行比较。

"制度"指组织中的薪金政策与制度以及这种制度的运作。对于组织层面上的薪金政策，不仅包括那些明文规定，还包括一些隐含的不成文规定。组织中有关工资分配的惯例是这一范畴中主要决定因素。薪酬政策的变化和调整影响员工的收益，员工会产生公平或不公平的明显感觉。

"自我"指的是员工自己在工作中付出与所得的比率。它反映了员工个人的过去经历及交往活动，受到员工过去的工作标准及家庭负担程度的影响。

具体而言，公平理论对报酬分配提出了以下四点建议：

① 按时间付酬时，收入超过应得报酬的员工的生产率水平，将高于收入公平的员工。按时间付酬能够使员工生产出高质量与高产量的产品，以增加自己收入——付出比率中的付出额，保持公平感。

② 按产量付酬时，收入超过应得报酬的员工比那些收入公平的员工来说，产品生产数量增加不多，而主要是提高产品质量。计件付酬的方式将使员工为实现公平感而加倍付出努力，这将促使产品的质量或数量得到提高。然而，数量上的提高只能导致更高的不公平，因为每增加一个单位的产品导致了未来的付酬更多，因此，理想的努力方向是指向提高质量而不是提高数量。

③ 按时间付酬对于收入低于应得报酬的员工来说，将降低他们生产的数量或质量。他们的工作努力程度也将降低，而且相比收入公平的员工来说，他们将减少产出

数量或降低产出质量。

④ 按产量付酬时，收入低于应得报酬的员工与收入公平的员工相比，他们的产量高而质量低。在计件付酬后，应对那些只讲产品数量而不管质量好坏的员工，不实施任何奖励，这种方式能够产生公平性。

公平理论揭示了公平分配对激励的重要作用。它对管理者的实践意义就是激励制度必须包含公平分配的制度。大量研究支持了公平理论的观点：员工的积极性不仅受其绝对收入的影响，而且受其相对收入的影响。一旦员工感知到不公平，他们会采取行动纠正这种情境，其结果可能会降低或提高生产率，改善或降低产出质量，缺勤率或自动离职率提高或降低。因此，主管人员的主要职责就是运用各种方法和手段，使下属员工处于感觉公平的心理状态。当员工提出加薪的要求时，说明组织对他至少还有一定的吸引力；但是当员工的离职率普遍上升时，说明组织已经使员工产生了强烈的不公平感，这需要管理人员引起高度重视。

公平理论在实践中有一定的困难，因为员工本身对公平的判断是极其主观的，这种主观判断对于管理者而言，会产生比较大的压力。因为人们总是倾向于过高估计自我的付出，而过低估计自己所得到的报酬，对他人的估计则刚好相反。因此，管理者在应用该理论时既要采取有效措施，减少不公平现象，保证实际工作绩效与报酬之间的合理性；同时，也应教育员工，树立合理的公平观，保持正常的心态，绝对的公平是不存在的。尽管存在诸多问题，公平理论仍不失为一个颇具影响力的理论。

六、强化理论

强化理论是由美国心理学家斯金纳在20世纪50年代提出的，他最初是把它应用于动物训练上，继而发展用于人的学习上，后来才被广泛应用于激励人和改造人的行为上。

与其他激励理论不同，斯金纳的强化理论忽略了诸如目标、需要和期望等个体要素，只关注人的行为与外界刺激的关系。他提出，人的行为是其所获刺激的函数。斯金纳认为，当人们因采取某种行为而受到奖励时，这种外界的刺激使他们极有可能重复这种行为。当这种奖励紧跟在理想行为之后，则奖励最为有效；当某种行为没有受到奖励或者是受到惩罚时，其重复的可能性则非常小。

斯金纳将强化分为两种类型：正强化和负强化。正强化就是奖励那些组织上需要的行为，从而加强这种行为；负强化就是惩罚那些与组织不相容的行为，从而削弱这种行为。

正强化方法包括奖金、对成绩的认可、表扬、改善工作条件和人际关系、提升、安排担任挑战性的工作、给予学习和成长的机会等。正强化可以是连续的、固定的，如对每一次正确的行为都给予奖励或每隔一段时间都给予奖励。但久而久之，这种连续、固定的强化激励作用必然降低。因此，正强化宜采取间断性的、时间和数量上不固定的方式，其效果才比较好。

负强化的方法包括批评、处分、降级等，有时不给予奖励或少给奖励也是一种负强化。与正强化相反，负强化应采取连续方式，即对每个不符合组织要求的行为及时进行惩罚，以限制这种行为的发展。负强化是力图使所不希望的行为逐渐削弱，甚至完全消失。

按照强化理论，管理者可以通过强化员工那些有利于组织目标和任务实现的行为来影响员工的活动，而且在强化手段的运用上，应以正强化为主。强化理论还强调，要取得最好的激励效果，就应该在行为发生以后尽快采取适当的强化方法。一个人在实施了某种行为以后，即使是领导者表示"已注意到这种行为"这样简单的反馈，也能起到正强化的作用。如果领导者对这种行为不予注意，这种行为重复发生的可能性就会减小以至消失。所以，必须利用及时反馈作为一种强化手段。

强化理论的证据无疑对管理者影响和调动员工的积极性具有不可忽视的意义。斯金纳的强化理论和弗洛姆的期望理论都强调行为同其后果之间关系的重要性，但弗洛姆的期望理论较多地涉及主观判断等内部心理过程，而强化理论只讨论刺激和行为的关系。因此，它的弱点也很明显，它忽视了诸如目标、期望、需要等个体要素，而仅仅注重当人们采取某种行动时会带来什么样的后果。很显然，强化并不是员工工作积极性存在差异的唯一解释，诸如工作目标、成就需要、工资的不同级别、目标期望等因素都会对员工的工作积极性产生影响。

第三节 激励的实务与建议

一、激励的实务

所有的激励理论都是就一般状况而言的，但是现实中每个人都有自己的特性，个体的需求、期望、目标和偏好等各不相同。因此，在管理实践中，广大管理者针对员工的不同特点采用不同的激励方法，产生了多样化的激励办法。

（一）工作设计

工作设计的要领是将各种任务组合起来构成全部工作。在组织中人们承担的工作不应该是随意产生的，管理者应该仔细考虑对工作的设计，反映出环境变化、组织技术、技术能力及员工偏好的要求等。如果在工作设计时能够牢记这些因素，则会激发员工充分发挥其工作潜能。

1. 职务专业化

管理者设法将其组织中的职务设计得尽可能简单，将职务划分为细小的、专业化的任务。职务专业化的基本工具通过分析工人的手、臂和身体其他部位的动作，工具、身体和原材料之间的物理机械关系，寻找工人的身体活动、工具和任务之间的最佳组合，实现工作的简单化和标准化，以使所有工人都能够达到预定的生产水平。

2. 职务轮换

职务轮换一般指横向轮换，使工人轮换工作内容，使工作多样化，从而避免职务专业化产生的厌倦。

3. 职务扩大化

职务扩大化是通过增加某职务所完成的不同任务的数量，实现工作多样化。职务扩大化所增加的任务往往与员工以前承担的任务具有类似性，因此它只是工作内容水平方向的扩展。这一方案使职务范围增大，提高了工作多样性，减少了职务循环重复的频率。

4. 职务丰富化

职务丰富化是增加职务深度，允许工人们以更大的自主权、独立性和责任感去从事一项完整的活动。职务丰富化可以赋予员工更多的责任、自主权和控制权。

5. 工作团队

工作团队是指由一群技能互补的成员组成的正式工作小团体，团队的成员致力于共同的宗旨、绩效目标和通用方法，并且共同承担责任。

(二) 员工持股计划和股票期权

员工持股计划是指公司给予员工购买公司股票的权利，允许他们分享改善的利润绩效。员工行使股权是在公司确定一段时间期限之后，通常不超过五年。相对而言，员工持股计划在小企业的管理中比较流行，但也有像宝洁公司这样的大企业在采用这种激励计划。员工持股计划实际上是公司以放弃股权的代价来提高生产率水平，绝大多数主管发现这种激励形式的效果很不错。员工持股计划使得员工们更加努力工作，因为他们是所有者，要分担企业的盈亏。但要使这种激励计划有效进行，管理人员必须向员工提供全面的公司财务资料，赋予他们参加主要决策的权力，以及给予他们包括选举董事会成员在内的投票权。

股票期权是规定经营者在与企业所有者约定的期限内，享有以某一预先确定的价格购买一定数量本企业股票的权利。股票期权具有较强的长期激励与约束作用。通过对美国 150 家大公司总裁薪酬构成的分析表明，在总裁的总薪酬中，48%为股票期权，其他股票薪酬形式占 11%，业绩奖金占 23%，基本工资占 18%。可见，股票期权作为一种长期的激励与约束机制是较普遍、较重要的形式。一般地讲，期权计划仅限于那些对公司未来成功非常重要的成员，主要是一些高层管理人员。

(三) 多样化的薪酬模式

获得薪酬是大部分员工参与组织活动的基本目的。薪酬制度的建立和完善是管理激励的基本工作内容之一。除与基本工作相应的基本工资外，员工的薪酬制度还应注意以下几个方面的内容。

1. 绩效工资

企业突出绩效工资意味着员工是根据他的绩效贡献而得到奖励的，因此这种工资一般又称为奖励工资。它实际上是激励的期望理论和强化理论的逻辑结果，因为增加工资是和工作行为挂钩的。通用汽车公司就曾大力推行这种激励计划。公司管理层在取消员工的年度生活补贴后，建立了一种绩效工资制度，通过涨工资刺激员工努力工作。公司管理层分别对员工人数的上限10%、上中部25%、中部55%和下限10%强化工资差别。

2. 分 红

这是员工和管理人员在特定的单位中，当单位绩效打破预先确定的绩效目标时，接受奖金的一项激励计划。这些绩效目标可以是细化了的劳动生产率、成本、质量、顾客服务或者利润。和绩效工资不同的是，分红鼓励协调和团队工作，因为全体员工都对经营单位的利益在作贡献。绝大多数公司都采用某种精确指定的绩效目标和奖金的核算方法。

3. 知识工资

知识工资是指一个员工的工资随着他能够完成的任务的数量增加而增加。知识工资增加了公司的灵活性和效率，因为公司需要做工作的人会越来越少。但要贯彻这项计划，公司必须有一套高度发达的员工评估程序，必须明确工作岗位，这样工资才可能随着新工作的增加而增加。

(四) 灵活的工作日程

灵活的工作日程安排主要包括以下几种形式：

1. 压缩工作周

压缩工作周是员工每周的工作日较少，但每天的工作时间相对较长，最典型的是每天10小时4个工作日的方式(4-40方案)。如果组织想适应员工的需要也可以设计其他各种时间安排。例如，雪佛龙-德士古石油公司在总部工作的员工，可以周一至周四每天工作9个小时，其中一个周五工作8个小时，另一个周不必工作。这种压缩工作周的方式使员工有更多时间出门办自己的事情，享受自己的业余爱好，或照顾自己的家庭。

2. 弹性工作制

这种时间安排系统要求员工每周工作一定数量的时间，并且要遵守一些限制条件，至于什么时候工作可以自己灵活安排。在弹性工作制中，有一些时间为公共核心时间，这一时间要求所有员工必须工作。至于工作什么时候开始、什么时候结束以及午餐时间等都可以灵活掌握。弹性工作制是员工最希望从老板那里得到的福利之一。

3. 工作分担

即由两名或多名员工共同承担一个全日制的工作任务。对于还在上学的年轻人或退休的老人来说，这种工作安排会很诱人，因为他们很想工作，但又不想受到全日制岗位的要求和限制。

4. 远距离办公

员工可以待在家里，通过计算机与工作单位保持联系。很多工作都可以在家中完成，并且这种做法与很多人的工作理想十分接近。这样做没有上下班所面对的交通问题，工作时间灵活掌握，穿着自由随便，不受或几乎不受同事的打扰。当然，不是所有员工都热衷于这种工作方式，也不是所有工作都适用这种方式。

上述激励实务都有一个重要的优点即增加了组织对员工的吸引力，从而有效降低了员工的市场搜寻成本和培训成本。

二、激励应注意的问题

如前所述，任何激励理论都有某些局限性，在管理实践中，不能仅仅依赖一种激励理论，而应当把各种激励理论综合起来，创造性地加以应用。实际激励还应注意以下问题：

（一）激励要因人而异

人们有不同的需要、不同的思想觉悟、不同的价值观与奋斗目标，因此激励手段的应用要因人而异。美国明尼苏达大学曾对汽车工人与医生的需要进行过调查对比，发现汽车工人在安全感、独立自主、上级关系及才能、符合愿望的公司政策、报酬等方面的需要明显高于医生，而医生在发挥创造性、自由度、道德、成就感、为社会服务等方面的需要明显高于汽车工人。基于上述规律，组织要定期进行员工的需要调查，分析不同年龄、性别、职务、地位、受教育程度的员工最迫切的需要，实行"弹性报酬制度"。如对有突出贡献及表现优良的员工分别奖励休假、公司股票、加薪、培训等，从而在总的奖励费用保持不变的前提下，获得更好的激励效果。

（二）激励要引导组织期望的行为

美国管理学家米切尔·拉伯夫是最早对这方面做出系统研究的学者。他认为组织中许多不合理的行为是由于奖励不当造成的。组织期望某种正确的行为，而实际却奖励错误的行为，结果正确的行为不能出现。拉伯夫总结了组织在激励方面常犯的错误，提出应当特别注意奖励以下十种行为以避免相反的情况出现：奖励彻底解决问题，而不是奖励只图眼前见效的行为，以确保组织的长期利益；奖励承担风险而不是回避风险的行为；奖励善用创造力而不是愚蠢的盲从行为；奖励果断的行动而不是光说不练的行为；奖励多动脑筋而不是一味苦干；奖励使事情简化而不是不必要的复杂化；奖励沉默而有效率的人而不是饶舌的人；奖励有质量的工作而不是匆忙草率的工作；奖励忠诚而不是跳槽；奖励团结合作而不是互相对抗。

（三）掌握好激励的时机和力度

激励要掌握好时机。一般来说，好人好事应及时表扬，下属做了错事，为防止扩大损失，也应及时制止。对于反复出现的积极行为，不能反复表扬，而应当出其不意，使人们有所期待和有所争取。

激励要注意适度。奖励、惩罚都有一个最低限度，心理学上称为阈值。低于这个阈值的激励，如轻描淡写地批评、漫不经心地表扬，是不起作用的。拉伯夫指出：美国犯罪率高，与美国社会对罪犯的惩处不力有关。但是，激励力度也不能过分，过度奖励与过度惩罚都会产生不良后果。

(四) 有效利用差别

组织激励的一个重要原理就是利用利益的差别，向组织成员传递组织期望的行为信息。奖惩分明是自古至今人们所信奉的一个管理原则。利益的差别可以推动竞争，而心理学的实验显示，竞争可以增加 50%甚至更多的心理创造力。利益差别也是体现公平的一个方面。管理者必须通过考核发现员工在行为及绩效方面的差别，奖优罚劣，切忌搞平均主义。

在进行利益差别激励下属时，必须明确指出下属的贡献或不足，使之心服口服。为了避免造成员工间矛盾，应尽量用预告规定的工作标准衡量员工的实际表现，避免直接进行人与人的对比。

复习思考题

1. 什么是激励？激励的作用过程如何？
2. 简述马斯洛的需求层次理论。
3. 简述双因素理论的基本要点及其对管理工作的启示。
4. 简述成就需要理论的基本观点。
5. 简述公平理论的基本观点及其对管理者的启示。
6. 简述期望理论的主要观点。
7. 根据强化理论，谈谈为什么管理者对待员工应以奖励为主？
8. 实践中常用的激励方式有哪些？

第十一章　沟　通

【本章要点】

- 沟通的含义与作用
- 沟通的主要方式
- 正式沟通与非正式沟通的不同
- 如何实现有效沟通
- 冲突管理与有效谈判

第一节　沟通的原理

人与人之间的信息交流，个人与组织之间的交流以及组织与组织之间的信息交流，都是沟通的表现形式。

一、沟通及其过程

(一) 沟通的含义

所谓沟通，是人与人之间的思想和信息的交换，是将信息由一个人传达给另一个人，逐渐广泛传播的过程。严格地说，完整意义上的沟通包括两层含义：

① 意义或情感的传递，即信息的交流。这种信息交流的内容十分丰富，上至世界与国家大事，下至个人生活琐事、组织自身的事情，都是人与人之间沟通的主要内容。如果信息或想法没有被传送到，则意味着沟通没有发生。也就是说，说话者没有听众，写作者没有读者，都不能构成沟通。因此，哲学问题“丛林中的一棵树倒了却无人听到，它是否发出了声响？”在沟通的背景下，其答案是否定的。

② 理解，即各种信息的交流必须使沟通双方完全理解。一方没有让另一方理解信息交流的内容，就没能实现沟通，更不是有效沟通。完美的沟通，如果其存在的话，应是经过传递之后被接受者感知到的信息与发送者发出的信息完全一致。

另外需要澄清的是关于沟通的误解，良好的沟通并不是双方达成协议。良好的沟通是信息的传递与准确理解，而不是观点的一致。“我明白你的意思，但是我不同意你的看法”，意味着有效的沟通已经完成了。

(二) 沟通的作用

在现代社会，沟通不仅是人际交流的基础，而且是个人在社会成功的基本前提。与社会环境，特别是社会人文环境的相互接受，在很大程度上取决于个人能否与环境或环境中的其他社会成员有效地沟通。美国著名的普林斯顿大学曾对1万份人事档案进行分析，发现“智慧”、“专业技术”和“知识”在个人的社会成功中只起25%的作用，影响个人成功的其余75%的因素与良好的个体间沟通有关。哈佛大学就业指导小组在1995年对500名被解雇者的调查结果也表明，82%的被调查对象失去工作岗位与个体间沟通不良有关。

个人事业的成功有赖于有效的沟通，企业的成功更是如此。日本松下电器的创始人松下幸之助曾告诫世人："伟大的事业需要一颗真诚的心与人沟通"。松下本人也正是凭借真诚的心与卓越的沟通技巧，与供应商、客户以及内部员工建立了广泛的人际关系网络，赢得了企业内外的普遍信赖与尊重，从而引领松下电器成为世界一流企业。

在组织管理中，沟通的作用表现在信息传递、情感表达、激励、协调和控制等多个方面：

1. 传递信息

沟通可以实现上情下达和下情上达，为个体和群体提供决策所必需的信息，使决策者能够依据沟通获得的信息作出正确的决策。

2. 情感表达

对员工来说，组织工作群体也是主要的社交场所，员工通过群体间的沟通来表达自己的满足感和挫折感，因此，沟通为员工提供了情感表达机制，并满足了员工的社交需要。沟通也有利于改善人际关系，稳定员工的思想情绪，增强组织的凝聚力。

3. 激 励

沟通有利于领导者激励下属，建立良好的人际关系和组织氛围，提高员工的士气。除了技术性和协调性的信息外，组织员工还需要鼓励性的信息。它可以使领导者了解员工的需要，关心员工的疾苦，在决策中就会考虑员工的要求，以提高他们的工作热情。人一般都会要求对自己的工作能力有一个恰当的评价。如果领导的表扬、认可或者满意能够通过各种渠道及时传递给员工，就会形成某种工作激励。同时，组织内部良好的人际关系更离不开沟通。思想上和感情上的沟通可以增进彼此的了解，消除误解、隔阂和猜忌，即使不能达到完全理解，至少也可取得谅解，创造和谐的组织氛围。所谓"大家心往一处想，劲往一处使"就是有效沟通的结果。

4. 协 调

沟通促使员工协调有效地工作。组织中各个部门和各个职务是相互依存的，依存性越大，对协调的需要越高，而协调只有通过沟通才能实现。没有适当的沟通，管理者对下属的了解不会充分，下属就可能对分配给他们的任务和要求他们完成的工作有错误的理解，使工作任务不能正确圆满地完成，导致企业在效益方面的损失。

5. 控 制

沟通可以通过多种方式来控制员工的行为，使之必须遵守组织中的权力等级和正式的指导方针。

（三）沟通的过程

管理学意义上的沟通是一个复杂的过程。这种复杂的过程如图11－1所示，在这个过程中至少存在着一个发送者和一个接收者，即信息的发送方和信息接收方。其中沟通的载体成为沟通渠道，编码和解码分别是沟通双方对信息进行的信号加工形式。

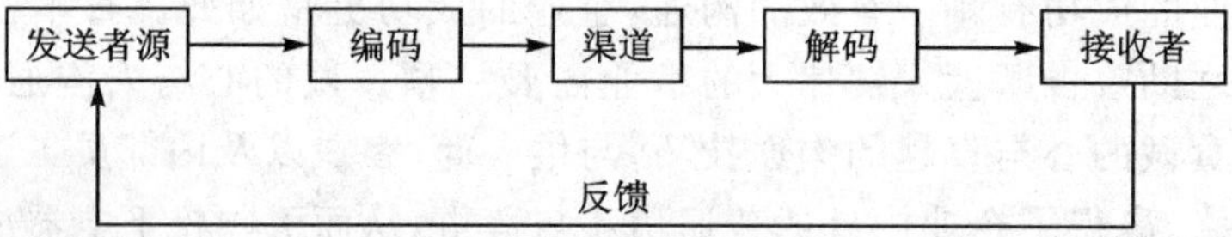

图 11－1　沟通过程图

信息在发送者和接收者之间的传递是通过以下几个步骤完成的：

① 发送者需要向接收者传送信息或需要接收者提供反馈信息。

② 发送者将这些信息译成接收者能够了解的一系列符号，符号即文字、图表或照片等。

③ 将上述符号传递给接收者。由于选择的符号种类不同，传递的方式也不同，可以是书面的，也可以是口头的，甚至是形体动作等。

④ 接收者接收这些符号。接收者根据这些符号传递的方式，选择相对应的接收方式。

⑤ 接收者将这些符号译为具有特定含义的信息。由于发送者翻译和传递能力的差异，以及接收者接收和翻译水平的不同，信息的内容和含义可能被曲解。

⑥ 接收者理解信息的内容。

⑦ 发送者通过反馈来了解他想传递的信息是否被对方准确无误地接收。有反馈的沟通形成了双向沟通。

二、沟通的方式

采用不同的信息媒介，就构成了不同的沟通方式。沟通的主要方式不外乎两种，即言语沟通和非言语沟通。言语沟通是我们最熟悉的沟通方式，大量的人际沟通是通过语言、文字的运用来实现的。言语沟通可以分为口头沟通和书面沟通两种。非言语沟通是相对于言语沟通而言的一种沟通方式。它通过身体动作、面部表情、说话的语调和重音以及信息的发送者和接收者之间的身体距离来传递信息。

概括地讲，组织中最普遍使用的沟通方式有口头沟通、书面沟通、非言语沟通及电子媒介沟通四种方式。

(一) 口头沟通

人们之间最常见的交流方式是交谈，也就是口头沟通。常见的口头沟通包括演说、正式的一对一谈话或小组讨论、非正式的讨论以及传闻或小道消息的传播等。口头沟通的优点是速度快、反馈及时。在这种方式下，信息可以在最短的时间里被传送，并在最短的时间里得到对方的回复。如果接收者对信息有所疑问，迅速的反馈可使发送者及时检查其中不够明确的地方并进行改正。但是，当信息经过多人传送时，口头沟通的主要缺点便会暴露出来。在此过程中涉入的人越多，信息失真的潜在可能性就越大。每个人都以自己的方式解释信息，当信息到达终点时，其内容常常与最初大相径庭。如果组织中的重要信息通过口头方式在权力金字塔中上下传送，则信息失真的可能性相当大。

（二）书面沟通

书面沟通包括备忘录、信件、文件、组织内发行的期刊、布告栏及其他任何可传递书面文字或符号的手段。为什么信息的发送者会选择书面沟通？因为它持久、有形、可以核实。一般情况下，发送者与接收者双方都拥有沟通记录，沟通的信息可以无限期地保存下去。如果对信息的内容有所疑问，过后的查询是完全可能的。对于复杂或长期的沟通来说，这尤为重要。大多数情况下，书面语言比口头语言考虑得更为周全，把东西写出来促使人们对自己要表达的东西更认真地思考。因此书面沟通显得更为周密，逻辑性强，条理清楚。

当然，书面沟通也有自己的缺陷。书面方式更为精确，但耗费了更多的时间，一般情况下，用 10～15 分钟能口头表达清楚的事情用书面方式表达则需要写 1 小时。书面沟通的另一个主要缺点是缺乏反馈。口头沟通能使接收者对其所听到的东西提出自己的看法，而书面沟通则不具备这种内在的反馈机制。其结果是无法确保所发出的信息能被接收到，即使被接收到，也无法保证接收者对信息的解释正好是发送者的本意。

（三）非言语沟通

许多有意义的信息并不是通过语言文字进行沟通的，而是通过非言语沟通途径。当人们传递口头信息给某人时，常常也传递一些非语言信息，如一个微笑，一个皱眉，一次挥手等。这些无言的信号强化了所表述的意义。美国传播学家艾伯特·梅拉比安研究指出，在面对面的交流和沟通中，信息有 55%是通过肢体语言表达的，38%是通过声音和语调表达的，有 7%是通过语言表达的。如果我们把声音和肢体语言都作为非语言交往的符号，那么信息沟通就只有 7%是通过语言来完成的。最常用的非言语沟通是体态语言和语调。

体态语言包括目光、手势、面部表情和其他身体动作。目光接触，是人际间最能传神的非言语交往。“眉目传情”、“暗送秋波”等成语形象地说明了目光在人们情感交流中的重要作用。沟通双方的目光交流可能表明双方的友好、喜悦、兴趣和轻蔑等。面部表情会表达出兴奋、悲伤、恐惧、愤怒和厌恶等感情。沟通者双方的身体姿态可以表明双方的地位、态度和情绪。

语调指的是个体对词汇或短语的强调。轻柔、平稳的声调与刺耳尖利、重音放在最后一词所产生的意义完全不同。大多数人会觉得第一种语调表明某人在寻求更清楚的解释，而第二种语调则表明了此人的攻击性或防卫性。

任何口头沟通都包含有非言语信息，非言语要素有可能传递更全面、真实的信息。对信息的接收者来说,注意信息发送者非语言方面的表现非常重要。有时,当语言沟通与非语言沟通同时存在而且出现矛盾现象时,人们倾向于认为,非语言沟通所表达的意义是真实的。例如,两人在谈话时一连几次看表,嘴里却说让对方多坐一会,这时,应该注意到语言表达是不真实的,非语言表达才是真实的。

非言语沟通的作用是不应被忽视的,它在加强语言沟通的效果方面作用是巨大的。例如,一个人仅凭阅读会议记录来获取会议信息与亲自参加会议获取信息的效果不同,前者对信息的印象不深,许多地方记不住,后者则对一些细节印象深刻,不需记忆就能表达出来。

(四) 电子媒介

当今时代我们依赖于各种各样复杂的电子媒介传递信息。除了极为常见的媒介(电话及公共邮寄系统)之外,还拥有计算机、传真机等一系列电子设备。将这些设备与言语和纸张结合起来就产生了更有效的沟通方式。其中发展最快的应该算是电子邮件了。只要有网络,个体便可通过计算机迅速传递书面信息。存储在接收者终端的信息可供接受者随时阅读。电子邮件迅速而廉价,并可同时将一份信息递给多人。它的优点比普通的书面沟通更明显。

表 11-1 列举了四种沟通方式的优缺点。

表 11-1 各种沟通方式比较

沟通方式	举 例	优 点	缺 点
口头	交谈、讲座、讨论、电话	快速传递、快速反馈、信息量很大	传递中经过层次越多,失真越严重、核实越困难
书面	报告、备忘录、信件、文件、内部期刊、布告	持久、有形、可以核实	效率低、缺乏反馈
非言语沟通	声、光信号、体态、语调	信息意义十分明确、内涵丰富、含蓄、灵活	传递距离有限、界限模糊、只能意会、不能言传
电子媒介	传真、闭路电视、计算机网络、电子邮件	快速传递、信息容量大、一份信息可同时传递多人、廉价	单向传递,电子邮件可以交流,但看不见表情

第二节 组织内部沟通

著名组织管理学家巴纳德认为"沟通是把一个组织中的成员联系在一起,以实现共同目标的手段"。没有沟通,就没有管理。几乎每个组织都或多或少地存在沟通不良的问题。组织的机构越是复杂,其沟通越是困难。管理的过程,也就是沟通的过程。如果把组织看作一个有机体,沟通则是有机体内的血管,通过流动来给组织系统提供养分,实现机体的良性循环。因此,沟通管理是管理的核心内容。

领导者要管理的沟通分为外部沟通和内部沟通。外部沟通是通过公共关系手段,利用大众传媒、内部刊物等途径,与客户、政府职能部门、周边社区、金融机构等,建立良好关系,争取社会各界支持,创造好的发展氛围。本章第三节将阐述这部分内容。

内部沟通根据其沟通渠道或途径的不同,可分为正式沟通与非正式沟通。正式沟通是以正式组织系统为渠道的信息传递。而非正式沟通是通过正式系统以外的途径,主要是个人渠道,来进行的。管理内部沟通就是通过正式渠道与非正式渠道建立组织内部顺畅的沟通机制,使信息传递得更快捷、更准确,保证组织的高效能。

一、正式沟通

正式沟通一般指在组织系统内,依据正式的行政组织程序和结构所进行的信息传递和交流。主要内容包括:组织正式发布的命令、指示,正式召集的会议,正式发布的通告、布告、公告,行政机构颁布的法令、规章、规则、章程等;上级机关因工作需要与下级进行的正式会谈和接触,下级向上级通过正式途径传递的请示、建议、申请、报告等。正式沟通渠道是管理沟通的主渠道,大量的沟通工作有赖于正式沟通渠道。

正式沟通的特点是正式、严肃、约束力强、信息可靠、易于保密。正式沟通因其所沟通的内容均依法办事,有章可循,因此有一定的连续性、稳定性,沟通效果较好。但正式沟通渠道的缺点也很明显,信息必须依靠组织系统层层传递,方式和过程非常刻板,因此沟通速度较慢、缺乏灵活性,如果传递层级过多,也存在着信息失真的可能性。

(一) 正式沟通的形式

正式沟通渠道根据信息流向的不同可分为下行沟通、上行沟通和平行沟通。

1. 下行沟通

下行沟通是指按组织内部层级结构体系自上而下的信息传递,是传统的纵向组织结构中最常见、最主要的沟通方式。例如,以命令方式传达上级组织或其上级所决定的政策、计划或规定,颁发某些资料供下属使用,以文件方式使下级明确组织目标等。管理者要通过多种方式与员工进行下行沟通,其中最为常见的方式主要有讲话、电子邮件、公告信息、程序手册等。

为确保沟通的有效性,管理者应该善于选择下行沟通的内容。管理者不可能与下级员工沟通组织中的所有问题,而是必须选择其中重要的,又需要下级反馈意见的信息进行沟通。

下行沟通的主要问题是信息的扭曲或丢失。如果下行信息从其来源到最后的接受者之间需要经历多个传播链条和相当漫长的过程,信息被扭曲的可能性就会增加。另外,在使用下行沟通渠道时,还要注意不能死板机械地居高临下,以免影响士气。

2. 上行沟通

上行沟通是指组织机构中自下而上的信息传递,是指下级向上级反映意见和情况，其目的是实现“下情上达”。上行沟通和下行沟通的有机结合，可以保证员工与管理者之间的沟通形成完善的循环系统。许多组织尝试建立有效的上行沟通渠道，并采取各种措施以鼓励上行沟通，例如意见箱、建议制度、组织举办的征求意见座谈会、民主评议等。

尽管如此，进行准确有效的上行沟通仍然非常困难。管理者可能会拒绝员工反映的问题，员工对管理者愿意实施上行沟通的不信任也是一个主要障碍。某些具有创新意识的企业组织，一直不断努力寻求确保信息准确无误地传递到最高管理层的方式。例如，IBM 公司实施了一项“勇敢表达”的计划，将员工的匿名信件和电子邮件定时送达管理层，以便管理层能够根据这些信息采取行动。

3. 平行沟通

平行沟通亦即横向的沟通，是组织内同级部门或成员之间的信息交流。平行沟通可在部门内部进行，也可以是不同业务部门之间的沟通，其目的不仅是交流信息，而且包括寻求组织内的支持或协作。因此，平行沟通带有相互支持、相互促进、协调合作的性质。

由于平行沟通是脱离组织的指挥链发生的，因此在正式的、严格的沟通系统内，发生的机会并不多。如果采用委员会和举行会议的方式进行，往往所费时间人力甚多，却不一定能取得良好的沟通效果。因此，为了确保平行沟通的顺利进行，组织往往必须在正式沟通外，辅以非正式沟通以弥补其不足。

在平行沟通的各种形式中，团队沟通是一种特殊的类型。在当今的许多企业和组织中，团队已成为组织的基本组成单位，团队之间也只有通过有效地沟通才能实现相互间在理解基础上的合作，以整合各自在组织活动中不同时空的贡献，从而促进组织目标的有效实现。因此，团队沟通不仅会影响单个团队的绩效，也会影响到员工满意度和整个组织的绩效。

(二) 正式沟通的网络

管理不但要选择合适的沟通渠道进行有效的信息沟通，还要善于将各种沟通渠道有效地组织起来，建立一个信息沟通网络，以提高整个的沟通效果。如图 11－2 所示，按照信息沟通渠道的组织方式不同，正式沟通具有五种常见的形态。

1. 链式沟通

这是一个平行网络，其中居于两端的人只能与内侧的一个成员联系，居中的人则可分别与两人沟通信息。在一个公司系统中，它相当于一个纵向沟通系统，代表一个等级层次，逐渐传递，信息可自上而下或自下而上进行传递。在这个网络中，信息经层层传递，容易失真，各个信息传递者所接受的信息差异很大，平均满意程度有较大差距。

2. 环式沟通

此形态可以看成是链式形态的一个封闭控制结构，表示五个人之间依次联络和沟通。其中，每个人都可以同时与两个人沟通信息。在这个网络中，组织的集中化程

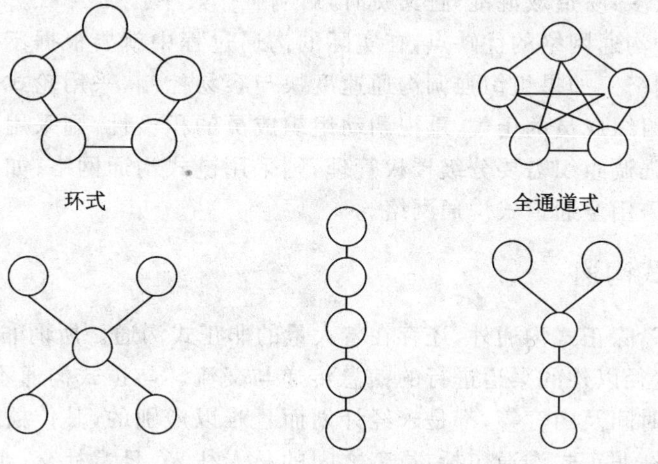

图 11－2　正式沟通的五种形态

度较低，组织中成员具有比较一致的满意度，组织士气高昂。如果在组织中需要创造出一种高昂的士气来实现组织目标，环式沟通是一种行之有效的措施。但是在环式沟通中，畅通渠道不多，信息沟通速度较慢。

3. Y式沟通

这是一个纵向沟通网络，其中只有一个成员位于沟通的中心，成为沟通的媒介。在组织中，这一网络大体相当于组织领导，秘书班子再到下级主管人员或一般成员之间的纵向关系。这种网络集中化程度高，解决问题速度快。除中心人员外，组织成员的平均满意程度较低。当主管人员的工作任务十分繁重，需要有人代为选择信息、提供决策依据的时候，Y式网络可以帮助他们节省时间，同时保证对组织实行有效的控制。但此网络易于导致信息曲解或失真，影响组织中成员的士气，妨碍组织工作效率的提高。

4. 轮式沟通

轮式沟通属于控制型网络，其中只有一个成员是各种信息的汇集点与传递中心。在组织中，大体相当于一个主管领导直接管理几个部门的权威控制系统。组织的集中化程度高，解决问题的速度快。轮式网络是加强组织控制、争时间、抢速度的有效方法，如果组织接受紧急攻关任务，要求进行严密控制，则可采取这种沟通网络。但是，此种网络沟通的渠道很少，组织成员的满意程度低，士气低落。

5. 全通道式沟通

这是一个开放式的网络系统，特别是在Internet应用日益广泛的今天。其中每个成员之间都有一定的联系，彼此了解。此网络中组织的集中化程度很低。由于沟通渠道很多，组织成员的平均满意程度高且差异小，所以士气高昂，合作气氛浓厚。这对于解决复杂问题，增强组织合作精神，提高士气均有很大作用。但是，由于这种网络沟通渠道太多，易造成混乱，且又费时，影响工作效率。

掌握了各种沟通网络的优缺点，在实际的沟通过程中就要根据不同的需要来选择不同的沟通网络。如果组织强调沟通速度快与容易控制，采用轮式沟通网络比较有效；如果强调组织成员的士气，重视调动组织成员的积极性，则采用环式沟通网络较为理想；如果强调组织需要分级授权管理，则采用链式沟通网络；如果强调管理的民主气氛，就要采用全通道式沟通网络。

二、非正式沟通

在组织内部，除正式沟通外，还存在着大量的非正式沟通。所谓非正式沟通是指通过正式组织途径以外的渠道进行的信息传递与交流。与正式沟通不同，非正式沟通的沟通对象、时间及内容等，都是未经计划而且难以辨别的，其传播途径众多且无定型。一般来讲，非正式沟通包括：员工之间的私人往来、日常社交、个人友谊，非正式的聚会和闲谈，组织内的各种谣言的传播等。非正式沟通的主要功能是传播组织成员所关心的和他们有关的信息，它提供了正式沟通所不能提供的信息。

（一）非正式沟通的特点

组织中的非正式沟通是不可避免的。它的优点是沟通形式不拘，直接明了，速度很快，但是，其缺陷也很明显，即信息被歪曲或发生错误的可能性相当大，而且无从查证。

总的来看，非正式沟通与正式沟通相比，有以下几方面特点：

① 非正式沟通信息传播速度快。由于非正式沟通是以人际关系为基础的，没有正式组织的各种限制，因此在沟通中缩短了正式组织的垂直和水平交往路线，信息传递十分迅速，而且信息越新鲜，传播速度越快。

② 非正式沟通的信息并非都是无中生有，而是有相当高的真实度。据国外学者研究，其准确率可高达90%。当然，信息失真的情况也不少见。一般来说，非正式沟通中信息的失真主要来源于形式上的不完整，并非是人们无中生有的谣言所致。

③ 非正式沟通能满足人们对信息的各种需求。非正式沟通的信息常常可以满足人们好奇的需要，可以满足人们对自身某种安全的需要，满足人们的社会需求，因而具有较强的生命力。

④ 非正式沟通有一定的片面性和消极性。由于非正式沟通不固定，加之所传递的又是传递者自身所关心的信息，因此，传递者往往按自己的主观愿望来进行取舍，从而使信息失真、零碎，也容易随意地增加、补充自己的意见，使信息的可靠程度降低。该类信息可能导致小集团、小帮派，造成组织的分裂，破坏组织的凝聚力。

（二）非正式沟通的网络

非正式沟通中一般是由于动机上的需要而形成的，其沟通渠道是通过组织内的各种关系。如图 11－3 所示，这些关系往往超越了部门、单位以及管理层次。非正式沟通一般有四种形态：

① 集群式。即在沟通过程中，可能有几个中心人物，如 A、B、C 三人，信息由 A 传递到 B 和 C，由他们再转告若干人，而且有某种程度的弹性。

② 饶舌式。由一人告知所有其他人。如信息由 A 传播给其他人，A 是非正式渠道的中心人物。

③ 偶然式。信息在个人之间随机传送，没有什么规则，碰到什么人就告诉什么人，并无一定中心人物或选择性。

④ 单线式。即由一个人转告另一人，他也只再转告一个人，信息的传递始终保持单线形式，这种情况在现实中比较少见。

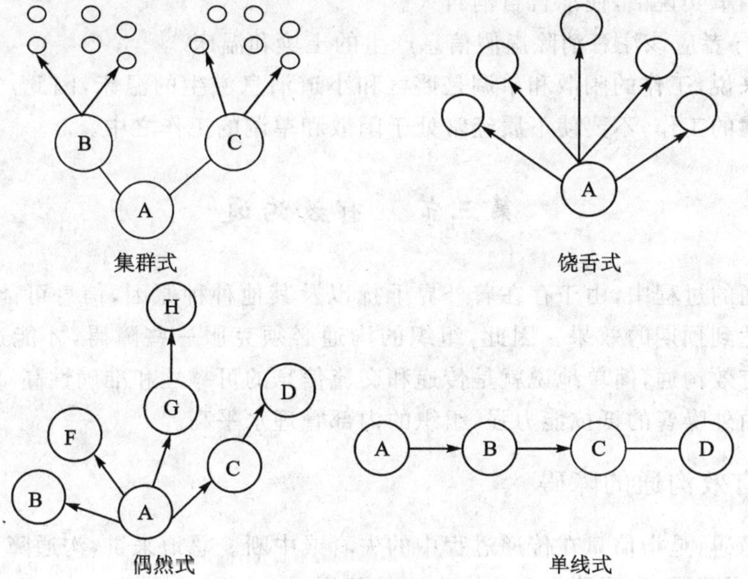

图 11－3　非正式沟通的形态

(三) 非正式沟通在管理中的意义

传统管理及组织理念否认非正式沟通的存在，即使承认这种现象的存在，也主张要将其降低到最低程度。但事实上，非正式沟通是与正式沟通相伴而且无法消除的社会现象和组织现象，管理者无法消除它，只能限制它。而且非正式沟通的影响不仅有消极的负面影响，也有弥补正式沟通不足的积极作用，因此，管理者应注意以下几点，从而积极利用非正式沟通，提高组织内部沟通的有效性。

1. 研究和利用非正式沟通，弥补正式沟通的不足

非正式沟通可传递正式沟通无法传递的信息，使领导者了解到在正式场合无法获得的重要情况。因此，领导者应该有效地引导非正式沟通，使之为正式沟通服务。为此，领导者要设法识别非正式沟通中的核心人物或“广播员”，如果领导者对作出某种决策将会对下属产生什么影响没有充分把握，可以通过广播员把信息透露出去，了解下属的反应，再决定是否作出决策。另外，领导者也可以从非正式沟通中了解组织

的某些情况，如员工的满意度、部门间关系等。但领导者不能把从非正式沟通中获取信息作为主要的信息来源，因为它可能导致组织正式沟通的背后出现“谍报网”，纵容打小报告者，导致下属间的猜忌和矛盾，对组织目标和任务的实现产生不利影响。

2. 采取适当措施澄清和消除非正式沟通中的虚假信息

领导者对非正式沟通中出现的虚假信息必须采取适当的措施加以澄清。一般来说，有三种办法：一是不理睬，相信纸包不住火，事实总能澄清；二是针锋相对，指出信息的虚假之处，并告知大家；三是用事实说明一切。这三种办法中，前两种可能使局势出现失控，最后一种比较有效，因为事实说明一切，谣言不攻自破。因此，领导者应该尽可能用事实说话，使谣言自消自灭。

3. 领导者应该注意消除虚假信息产生的土壤和温床

一般来说，工作的闲散和单调是谣言和小道消息滋生的温床，因此，领导者要合理安排下属的工作，不要使下属经常处于闲散和单调的工作之中。

第三节 有效沟通

在沟通的过程中，由于存在着外界干扰以及其他种种原因，信息可能失真，使得沟通不能达到预期的效果。因此，组织的沟通必须克服一些障碍，才能达到有效沟通。所谓有效沟通，简单地说就是传递和交流信息的可靠性和准确性高，实际上还表示组织对内外噪音的抵抗能力强，组织的内部管理水平高。

一、有效沟通的障碍

沟通障碍，是指信息在传递过程中的失真或中断。总地来讲，沟通障碍包括三个方面，即主观障碍、客观障碍和沟通方式的障碍。

(一) 主观障碍

由于一切沟通最终都必须通过人们对信息的认识和理解才能发生影响，所以人们的认识和理解在沟通中是非常关键的一环。人不是一个抽象的、机械的工具，而是有理性、情感和文化的人。因此，沟通双方的文化背景、行为动机、心理情绪、个人偏见、处世态度等都可能成为沟通的障碍。

1. 个性因素所引起的障碍

信息沟通在很大程度上受个人心理因素的制约。个体的性格、气质、情绪、见解等的差别，都会成为信息沟通的障碍。例如情绪，不同的情绪感受会使个体对同一信息的解释截然不同。极端的情绪体验，如狂喜或抑郁，都可能阻碍有效的沟通，这种状态常常使我们无法进行客观而理性的思维活动，代之以情绪性的判断。因此最好避免在很沮丧的时候作决策，此时我们无法清楚地思考问题。

2. 知识、经验水平的差距所导致的障碍

在信息沟通中，如果双方经验水平和知识水平差距过大，就会产生沟通障碍。此外，个体经验差异对信息沟通也有影响。在现实生活中，人们往往会凭经验办事。一个经验丰富的人往往会对信息沟通做通盘考虑，谨慎细心；而一个初出茅庐者往往会不知所措。其特点是信息沟通的双方往往依据经验上的大体理解去处理信息，使彼此理解的差距拉大，形成沟通的障碍。

3. 对信息的态度不同所造成的障碍

这又可分为不同的层次来考虑。一是认识差异，在管理活动中，不少员工和管理者忽视信息作用的现象还很普遍，这就为正常的信息沟通造成了很大的障碍；二是利益观念，在团体中，不同的成员对信息有不同的看法，所选择的侧重点也不相同。很多员工只关心与他们的物质利益有关的信息，而不关系组织目标、管理决策等方面的信息，这也成了信息沟通的障碍。

4. 沟通双方相互不信任所产生的障碍

有效的信息沟通要以相互信任为前提，这样，才能使向上反映的情况得到重视，向下传达的决策迅速实施。管理者在进行信息沟通时，应该不带成见地听取意见，鼓励下级充分阐明自己的见解，这样才能做到思想和感情上的真正沟通，才能接收到全面可靠的情报，才能作出明智的判断与决策。

5. 沟通双方地位的差距所造成的障碍

在管理实践中，信息沟通的成败主要取决于上级与下级、领导与员工之间的全面有效的合作。但在很多情况下，这些合作往往会因下属的恐惧心理以及沟通双方的个人心理品质而形成障碍。如果主管过分威严，给人造成难以接近的印象，或者管理人员缺乏必要的同情心，不愿体恤下情，都容易造成下级人员的恐惧心理，影响信息沟通的正常进行。

6. 知觉偏差所造成的障碍

接收和发送信息也是一种知觉形式。但是，接收者往往会根据自己的需要、动机、经验、背景及其他个人特点有选择地去看、去听信息，从而接收一部分信息，而摒弃另一部分信息，这就是知觉的选择性。选择性知觉所造成的障碍既有客观方面的因素，又有主观方面的因素。客观因素如组成信息的各个部分的强度不同，对受讯人的价值大小不同等，都会致使一部分信息容易引人注意而为人接受，另一部分则被忽视。主观因素也与知觉选择时的个人心理品质有关。在接受或转述一个信息时，符合自己需要的、与自己有切身利害关系的，很容易听进去，而对自己不利的、有可能损害自身利益的，则不容易听进去。凡此种种，都会导致信息歪曲，影响信息沟通的顺利进行。

（二）客观障碍

客观障碍是指由于客观原因所引起的沟通障碍，主要包括以下两方面：

1. 空间距离的障碍

信息的发送者和接受者如果空间距离太远，接触机会少，会造成沟通障碍。信息沟通总是在两个机构或个人之间进行的，这里存在一个空间距离的问题。空间距离可以形成沟通的障碍。一方面，如果沟通距离太远，沟通渠道就会延长，层次就会繁多，影响信息质量。另一方面，信息远道而来，接收者所感受到的信息强度要低得多，不能引起足够的重视和注意。

2. 组织结构中层级太多，产生沟通障碍

在管理中，合理的组织机构有利于信息沟通。但是，如果组织机构过于庞大，中间层次太多，那么，信息从最高决策层传递到下属单位不仅容易产生信息的失真，而且还会浪费大量时间，影响信息的及时性。同时，自上而下的信息沟通，如果中间层次过多，同样也浪费时间，影响效率。据统计，如果一个信息在高层管理者那里的正确性是100%，到了信息的接受者手里可能只剩下20%的正确性。这是因为，在进行信息沟通时，各级主管部门都会花时间把接受到的信息自己甄别，一层一层的过滤，然后有可能将断章取义的信息上报。此外，在甄选过程中，还掺杂了大量的主观因素，尤其是当发送的信息涉及到传递者本身时，往往会由于心理方面的原因，造成信息失真。因此，如果组织机构臃肿，各部门之间职责不清，就会给沟通双方造成一定的心理压力，影响沟通的进行。

(三) 沟通方式的障碍

沟通必须借助一定的渠道和媒介，沟通媒介选择不当也会产生沟通障碍。

1. 语言所造成的障碍

同样的词汇对不同的人来说含义是不一样的。年龄、教育和文化背景是三个最明显的因素，它们影响着一个人的语言风格以及他对词汇的界定。而在一个组织中，员工常常来自于不同的背景。另外，横向的分化使得专业人员发展了各自的行话和技术用语。在大型组织中，成员分布的地域十分分散(有些人甚至在不同国家工作)，而每个地区的员工都使用该地特有的术语或习惯用语。纵向的差异同样造成了语言问题。比如，像刺激和定额这样的词汇，对不同的管理层有着不同的含义。高层管理者常常把它们作为需要，而下级管理者则把这些词汇理解为操纵和控制，并由此而产生不满。你我可能同说一种语言，但在语言的使用上却并不一致。了解每个人如何使用语言，将会极大地减少沟通障碍。问题在于，组织中的成员常常不知道他所接触的其他人与自己的语言风格不同，他们自认为自己的词汇或术语能够被其他人恰当地理解。但这往往是不正确的，而且导致了不少沟通问题。

2. 非言语沟通所造成的模糊性

非言语沟通几乎总是与口头沟通相伴，如果二者协调一致，则会彼此强化。但是，非言语沟通由于其自身固有的特点也可能成为沟通中的一大障碍。比如，上司的言语告诉我他很生气，他的语调和身体动作也表明很愤怒，于是我推断出他很恼火，这极可能是个正确的判断。但当非言语线索与口头信息不一致时，不但会使接收者感到迷茫，而且信息的清晰度也会受到影响。

非言语沟通的这种特点可以称为模糊性。模糊性是指沟通中用于传递信息、沟通意见和各种非语言符号(如表情、手势、腔调等)的意义缺乏精确的界定，没有一致的认识,容易造成混乱。这一方面是因为各种非语言符号的丰富内涵远非每一个人都能全面和彻底地领会到;另一方面由于人们的教育水平、思想态度、文化背景不同,人们对相同的符号所持的观念也可能大相径庭甚至截然相反。

二、有效沟通的实现

由于多种主客观因素的干扰,沟通障碍是难以完全避免的,但管理者要学习沟通技巧,有效利用各种沟通渠道,尽可能克服和减少沟通障碍,实现与组织成员的有效沟通。

(一) 明确沟通的重要性,正确对待沟通

领导者对计划、组织和控制工作都很重视,但却有人不理解沟通也是领导工作的重要职能,忽视沟通。认为信息的上传下达通过正式组织系统就行了,对非正式沟通采取压制政策。这些都表明管理者没有真正认识到沟通在管理中的重要意义。随着时代的发展,管理的人文意义日益受到重视,管理的重点越来越从传统的计划、组织、控制等方面转向"人本管理",领导者负有与下属建立有意义的沟通的责任,因此,领导者要重视沟通。

美国学者戴维·平卡斯和尼克·德波尼斯曾经提出一个公式:领导=建立关系=沟通,对领导与沟通的关系做了深刻的阐述。他们指出,领导是建立承诺的关系,因此,领导者要了解沟通的基本技巧,具备沟通能力。

(二) 注意沟通媒介的选择

从沟通媒介丰富性角度看,面对面交谈最好,它在沟通过程中信息的传递速度快,反馈也迅速。排在它后面的沟通媒介依次是电话、电子邮件、备忘录、信件、广告、公告和一般文件。对沟通媒介的选择除了要注意其自身的特点外,还取决于信息的特性。对于人们较为熟悉的、不存在疑义的常规信息可以选择丰富性程度低的媒介,对于人们比较陌生,容易产生误解的非常规信息则应选择丰富性程度高的媒介。

(三) 掌握有效的沟通技巧

组织中的沟通,不仅是管理人员发出信息,其他人接收信息;也不仅是下级发出信息,上级管理人员听取信息。事实上,每个组织成员既是信息的发出者,又是信息的接收者。这取决于组织中的职权关系、职能关系和协作关系。这就意味着,组织中的每个成员都必须具有良好的沟通技能。组织中任何人都需要知道传递什么信息、向谁传递、何时传递,以及传递信息的有效方法。为此,组织必须经常培训管理人员及其下属的这种技能,掌握必要的沟通技巧。

1. 利用反馈

反馈是沟通过程中必不可少的一个环节。反馈可以验证你是否已理解对方的话,并对他人的言行做出反应。利用反馈需注意以下几点:第一,反馈应具体而不模糊,比如要避免这样的陈述,"你的工作态度很不好"或"你的出色工作留给我留下了深刻印象"。而应该说,"你这个月的任务只完成了80%"。第二,反馈,尤其是消极

反馈,应针对工作而不是针对人。无论你如何失望,都应使反馈针对于工作,而永远不要因为一个不恰当的活动而指责个人。当你进行批评时,记住你指责的是与工作相关的行为,而不是个人。第三,要把握反馈的良机。接受者的行为与获得对该行为的反馈相隔时间非常短时,反馈最有意义。比如,当新员工犯了一个错误时,主管最好紧接在错误之后或在一天工作结束时就给出改进的建议,而不是要等到几个月后的绩效评估阶段才给出。

2. 积极倾听

领导者要了解真实情况,就要学会倾听。当别人说话时,我们在听,但很多情况下并不是在倾听。倾听是对信息进行积极主动地搜寻,而单纯地听则是被动的。在倾听时,接收者和发送者双方都在思考。

实现积极倾听,也要掌握一些技巧:第一,目光要接触。当你在说话时对方却不看你,你的感觉如何?大多数人将其解释为冷漠和不感兴趣。与说话的人进行目光接触可以使你集中精力,减少分心的可能性,也鼓励了说话的人并表明了你的诚意、直率和胸怀坦白。第二,表情要专注。机警而兴趣盎然的表情会激发对方坦诚而深入地表达自己的思想;相反,如果你只是装出关心的样子,或者心不在焉,说话者会觉得你缺乏热情,而不愿与你开诚布公。第三,避免分心的举动或手势。在倾听时,应避免以下这些活动:看表,心不在焉地翻阅文件,拿着笔乱写乱画等。这会使说话者感觉到你很厌烦或不感兴趣。另外,这也表明你并未集中精力,因而很可能会遗漏一些说话者想传递的信息。可以在适当的时候点头或应答,以表示在专心地听。第四,复述。用自己的语言复述说话者所说的内容并将其反馈给说话的人,可以检验自己理解的准确性。另外,复述也是核查你是否认真倾听的最佳监控手段。第五,要听得懂弦外之音。不仅要听他说了什么,还要听他是怎么说的,要注意对方的情绪、语气和表情,这样才能获得更多的信息。

3. 利用非语言沟通

非言语信息在沟通中占据很大比重,因此,有效的沟通者十分注意自己的非言语提示,保证它们也同样传达了所期望的信息。有效的倾听者会对所听到的信息表现出兴趣。如何表示这种兴趣,可以通过非言语信号。赞许性的点头、恰当的面部表情与积极的目光接触相配合,向说话人表明你在认真聆听。另外,与对方保持适当的身体距离,也可以拉近双方的感情,从而使交谈更友好,更具建设性。

4. 避免情绪化

如果认为管理者总是以完全理性化的方式进行沟通,那太天真了。我们知道情绪能使信息的传递严重受阻或失真。当管理者对某件事十分失望时,很可能会对所接受的信息发生误解,并在表述自己信息时不够清晰和准确。那么管理者应该如何行事呢?最简单的办法是暂停进一步的沟通直至恢复平静。

(四) 优化沟通渠道,减少信息失真

要缩短信息传递链,拓宽沟通渠道,保证信息的畅通无阻和完整性,如精简组织、减少组织层次等。还可通过建立特别委员会和非管理工作组，定期加强上下级的沟通。委员会一般由各个层次的人构成，信息在委员会内部的沟通速度快，可以减少管理层次过多造成的沟通迟缓和沟通过滤问题，保证信息的准确性。

在利用正式沟通的同时，开辟高层管理人员至基层管理人员的非正式沟通渠道，以便信息的传递。如领导者可以通过召开大会、举办茶话会、午餐会等活动与下属沟通，把正式沟通与非正式沟通相结合，促进有效沟通的实现。

还要注意加强平行沟通，促进横向交流。通常，组织内部的沟通以与指挥命令链相一致的纵向沟通居多，部门间、工作小组间和团队间的横向交流较少。而平行沟通有利于加强组织内部横向的合作，协调部门间关系，对组织间沟通尤其重要。

复习思考题

1. 什么是沟通？管理沟通有何功能？
2. 比较不同沟通方式的优缺点。
3. 组织应如何选择正确的沟通渠道？
4. 组织外部沟通要面对哪些沟通对象？组织应如何与外部沟通对象进行沟通？
5. 组织的经营管理是组织的内部事务，不应向媒体公布，特别是不利消息。这种观点是否正确？为什么？
6. 要实现有效沟通有哪些障碍？应如何克服这些障碍？

第十二章 控制活动和过程

【本章要点】

- 控制的含义和类型
- 控制过程
- 有效控制

在管理过程中，即便管理者能制订合理的计划，调整有效的组织结构，充分地调动员工积极性，也不能保证管理者追求的目标一定能实现。控制是管理过程的最后一步，是管理者对计划过程中所制定的目标是否有效完成的一种监督。缺少控制，管理者无法发现和纠正组织活动中的偏差，无法保证组织目标的实现。现实中，往往是失控事件发生之后，管理者才真正认识到控制作为管理职能最后一步的重要性，但是事件本身已经给企业带来无可挽回的巨额损失，也可能给消费者造成巨大伤害。

第一节 控制活动

一、控制的含义

从管理过程来看，控制是对计划执行情况的监督活动。实际中，管理者可能面临许多控制问题，例如控制工作进度、调整员工行为、建立分配财务资源的基本制度、分析财务表现、全面评估生产效率和产品质量等。因此，可以把控制概括为：根据计划的目标和规定的标准，监督检查各项活动及其结果的偏差，纠正明显的偏差或不适当的标准，确保组织目标顺利实现的管理过程。

理解控制的含义需要掌握以下几点：

第一，控制是组织不可缺少的管理活动。一个组织为了生存和发展，需要管理，管理活动主要由计划、组织、领导和控制等构成。没有控制，管理者不知道组织实际活动与计划目标是否偏离，无法知道工作团队是否正确运作。只有进行控制，才能确保计划顺利完成。

第二，控制是一个"纠偏"的过程。由于管理环境和条件的不断变化，管理活动可能与目标和标准出现各种偏差。对管理者来说，要对计划执行过程进行监控，及时发现偏差，分析偏差产生的原因，以及标准是否适当，并采取有效措施解决问题。因此，控制是纠正计划执行偏差和选择适当的标准的过程。

第三，控制具有明确的目的性。控制的目的是要保证组织目标的顺利实现。具体来说，控制的目标是：防止偏差的产生和扩大化；增强组织适应环境的能力。

在管理活动中，控制既是一次管理活动的终点，是保证计划得以实现和组织按既定的路线发展管理的职能,同时又是新一轮管理活动的起点。

二、控制的必要性

人们常说:“计划没有变化快”。无论管理者制订如何周密的计划,实际执行中总会出现与计划不一致的情况。控制作为管理过程的重要职能,其必要性由以下原因决定。

1. 内外环境的变化

现在的企业面对的是一种动态复杂环境。企业无论身处何地,都直接或间接地受到全球市场的影响。企业内部各种要素变革的速度和频率都明显加快。技术进步,产业结构升级,政府政策的调整,员工维权意识的增强,消费者偏好的变化等因素都能影响企业目标的实现。毕竟人是有限理性,管理者们无法预知未来。原先制订的计划无论如何周密,也不可能考虑到所有因素和突如其来的变化。当这些变化发生的时候,企业为了实现既定目标,控制和调整就是必要的了。

2. 管理授权的监督

企业作为分工合作组织,必然存在授权的问题。为了提高劳动效率,企业最高管理者必然要把一部分权力授予下一层次管理者或是员工。当然拥有权力的同时也会赋予他们相应的责任,但是权力是否正确使用和责任是否完全履行都必须在监督之下。如果没有与授权相应的控制系统,掌握权力的管理人员就可能滥用权力,企业实际的经营活动就可能偏离既定的目标,无法发现偏差,也得不到及时的纠正。

3. 执行者的个体差异

个体的素质和能力在组织中的分布并非均匀,存在个体差异。计划的执行人员受到其本身的素质、知识、经验、技能的限制,在计划的执行过程中可能会出现偏差。同样的计划,不同执行人员的认知能力可能不同,对计划目标以及相关措施的理解存在差异,执行时自然会产生偏差。即便执行人员的认知能力完全相同,由于工作能力上的差异,所能完成目标的程度和效率也会不同,当偏差明显时,需要寻找原因,调整执行人员的行为或是更改控制标准。

三、控制的类型

根据企业管理中的不同需要,按照不同的分类标准,控制可以划分为不同的类型。由于控制活动并非相互独立,一项控制活动可能同时属于几种类型。下面介绍几种比较典型的控制类型。

(一) 事前控制、过程控制和事后控制

依据控制活动切入的时机,控制可以分为事前控制、过程控制、事后控制,这是控制的最基本类型。

1. 事前控制

事前控制,也称为前馈控制,是一种在工作开始之前进行的控制。其特点是能在

偏差发生之前就告知管理者，使他们一开始就采取各种预先防范措施，预防或尽可能地减少偏差的出现，从而把偏差带来的损失降到最低程度。事前控制的目的是在开始之前就将问题的隐患排除掉，做到“防患于未然”。做好事前控制，是做好控制工作，提高控制效率的重要内容。

事前控制的主要方法有：① 原材料的检查。经加工制成成品的原材料必须符合质量标准，同时必须保持充足的库存，以保证供应来满足顾客的要求。原材料的质量检查一般可通过随机抽样来进行，对未达到质量要求的予以退货。② 资本预算。为更新现有设备和扩大组织发展的需要，必须筹集资本，因而要清楚地算出获得未来的收益所需付出的投资额。③ 财务预算。有充足的财政资源才能保证组织活动的正常运转，因此要通过预算，特别是现金和流动资金的预算来控制财政资源的来源与支出，确保组织正常活动的有效进行。

事前控制的中心问题是防止组织中所使用的资源在质和量上产生偏差，其重点是预先对组织中的人、财、物、信息、时间等进行控制和检查，合理配置，使其符合预期的标准，从而保证计划的实现。事前控制是期望用来防止问题的发生而不是当出现问题时再补救。这种控制需要及时和准确的信息，但不幸的是这些常常是很难办到的。因此管理者是不得不借助于另外两种类型的控制。

2. 过程控制

过程控制也称为同期控制、现场控制，是一种在工作进行之中同步进行的控制。其特点是在工作进行过程中，一旦发生偏差，马上予以纠正。过程控制的目的是及时纠正工作中发生的偏差，改进本次而非下次工作活动的质量。过程控制是一种主要为基层管理人员所采用的控制方法。

最常见的过程控制方式是直接视察。当管理者直接视察下属的行动时，管理者可以同时监督雇员的实际工作，并在发生问题时马上进行纠正。虽然在实际行动与管理者作出反应之间肯定会有一段延迟时间，但这种延迟是非常小的。技术设备可以设计成具有同期控制的功能，如许多计算机系统在程序中就设置了当出现错误时操作人员就采取的行动。当你输入一个错误的命令时，程序的同期控制会拒绝你的要求，有时甚至会告诉你为什么错了。

过程控制要求控制人员有较高的素质，特别是要有敏锐的观察力、快速的反应能力和灵活多变的控制手段。

3. 事后控制

事后控制，也叫反馈控制，是一种在计划执行之后进行的控制。事后控制的特点是把注意力集中在工作的结果之上，通过对前一阶段工作的总结，对比标准进行测量、比较、分析和评价，发现存在的问题，并以此作为改进下一次工作的依据。事后控制的目的是防止已经发生或即将发生的偏差今后再度发生或扩大，另外，能够为未来计划的制订提供借鉴。

事后控制的方法主要有：① 财务报告分析。管理人员可定期通过组织的财务报告来评估组织发展情况，这是企业中常用的方法。财务报告通常包括资产负债表、收入报告、资金来源和使用报告。管理人员通过对财务报告中包含的资料进行分析，及时掌握利润、流动性和偿付能力指标的变化，弄清组织的发展状态。② 标准成本分析。企业发展事先都要有预定成本，这可作为企业的标准成本。会计制度向管理人员提供了能将实际成本与标准成本进行比较的信息，以便及时对超标准的成本分析原因，进行控制。③ 质量控制分析。即根据有关产品的属性和特性的资料来检查产品质量，以确定生产过程是否在控制之中。④ 绩效评估。员工的工作绩效评估是事后控制最不好把握的方法，因为任何组织中最关键也最复杂的因素是人。员工绩效评估面临的困难很多，比如：标准难以客观明确，评估者的偏好不一，多数工作不能由一个评估标准或尺度来衡量等等。这些因素使员工工作绩效评估实行起来有一定的难度，但这项工作又是非常重要和必须要进行的。现场考察是对员工绩效评估的主要信息来源，因为对管理人员来说首要的管理责任就是对下属的工作绩效有客观的考察。此外，增加考核评估的次数也有益于提高评估的准确性。

事后控制的主要缺点在于：管理者获得信息时，偏差已经产生，损失已经造成了。这与亡羊补牢类似。但是在许多情况下，反馈控制是唯一可用的控制手段。与前馈控制和同期控制相比，事后控制也有明显的优点：首先，事后控制为管理者提供了关于计划的效果究竟如何的真实信息。如果反馈显示标准与现实之间只有很小的偏差，说明计划的目标是达到了；如果偏差很大，管理者就应该利用这一信息使新计划制订得更有效。其次，事后控制可以增强员工的积极性，促进员工工作绩效的提高。因为人们希望获得评价他们绩效的信息，而反馈正好提供了这样的信息。

以上三种控制方式各有优点和缺点，在实际应用中往往配合使用。三种控制方法互相补充，互相协调，可以大大提高控制的效率。

下面以工作场所暴力为例，比较三种控制的区别。工作场所暴力是指发生在工作或与工作相关的场所，针对人实施的身体侵害或心理威胁行为。据国际劳工组织2006 年 6 月公布的研究报告，工作场所的暴力在全世界蔓延。该研究称，从恃强凌弱、聚众滋扰到精神状态不稳定同事的威胁、性骚扰和他杀，工作场所暴力在全球呈现增长趋势。表 12-1 是对相关三种控制类别建议的归纳。

表 12－1 控制工作场所暴力

事前控制	过程控制	事后控制
确保管理者致力于营造起作用的、而非机能紊乱的工作环境； 提供员工帮助计划(EAP)，帮助员工解决行为问题； 执行不允许在任何工作场所愤怒、侵略或暴力的组织政策； 进行仔细的聘用前甄选； 永远不要忽视威胁； 培训员工，让其了解在问题出现时如何避免危险； 清楚地与员工沟通	通过走动式管理，确定可能的问题； 观察员工如何对待他人和相互交往； 在重大的组织变化期间，允许员工或工作团队“感到伤心”； 在如何对待他人问题上，做一个好的行为榜样； 利用公司热线或一些其他的机制，报告并调查事件； 进行快速而果断的干预； 在发生暴力时寻求专家的专业帮助； 提供必要的设备或程序(手机、报警系统、代号或暗号)，处理暴力情况	就事件和正在做的事公开沟通； 对事件进行调查并采取恰当的行动； 检查组织政策，并在必要时做出改变

(二) 等级式控制和分权式控制

根据组织文化对授权态度的不同，可以分为等级式控制和分权式控制。

1. 等级式控制

等级式控制是通过大量使用规章制度、政策方针、等级权力、书面文件、奖励制度，以及其他正式的机制来监督和影响员工的行为。等级式控制基本假设是人是不会自我约束的，也是不能信任的，他们需要给予严密的监督和控制。

等级式控制的特点是：使用详细的规章制度和工作程序，以及正式的控制系统；使用由上到下的集中的权力，正式的等级关系，职位赋予的权力，严密的监督；岗位工作说明书根据任务来制定，通常十分具体；对于什么是可以接受的员工表现，由管理者制定出最低的标准，达到标准就能获得相应的回报；强调外在的奖励(工资、福利和地位)；员工很少参与控制过程，除非是“申诉过程”这样一些规定程序。

集权式控制能提高组织的工作效率，增强组织的有效性。许多员工喜欢这样的控制方法，因为它清楚地规定了希望他们如何做事。目标富有挑战性，可以激发干劲。但是组织文化会变得僵硬，员工按照指令工作，只做他们要做的事情。员工们对工作抱有冷淡的态度，缺勤率和流失率都很高。员工讨厌被过分地监督，他们会设法抵制这种控制系统。

2. 分权式控制

分权式控制是更多地依赖于文化价值观、传统、共同的信仰、信任，以此来促使员工的行为与组织的目标保持一致。分权式控制假设基础是只有当人对组织具有充分的献身精神时，他们才能工作得最好。

分权式控制的特点是：只在有限的范围内使用规章制度，主要依赖价值观；集体和个人的自我管理，注意员工的挑选；依赖灵活的授权，扁平型组织结构，权力尽可能地建立在知识和经验的基础上；依靠以结果为导向的岗位工作说明书，强调的是需要实现的目标；管理者不仅使用工资这样外在奖励，而且使用一些内在的奖励方法，如有意义的工作，以及提高自己的机会。除个人表现外，员工还因为团队或组织的成功而得到奖励。分权式控制要求组织文化必须具有很强的适应性，管理者需要认识到，在统一个人、团队和组织目标，实现全面控制方面，文化所具有的重要性。

（三）直接控制和间接控制

从控制主体的角度来看，控制可以分为直接控制和间接控制。

1. 直接控制

直接控制又称内在控制，它是一种自我控制，作业人员不仅检测和发现问题，还要调整标准并纠正偏差，这需要组织成员具有相当的积极性和主动性。如，在企业中从事生产作业的工人，一边观察机械运行状态和产品质量变化，一边调整作业计划就属于这种类型的控制。这种控制是通过采取行动与环境取得平衡来决定工作的成果，是一边观察成果的反馈，一边采取恰当修正行动的控制方式。

为了使作业人员能够较好地实现控制，管理者可以直接改变作业人员计划，也可以下令调整，由作业人员自己按照命令的要求修改计划。管理者的这种行为，本质上属于直接控制。直接控制具有明显的优点：① 由直接控制的假设决定，它特别重视对主管和作业成员的素质要求，以便在向成员分派任务时具有较大的准确性。② 直接控制可以促使作业人员主动发现偏差，采取纠正措施，从而使控制更有效，实质是倡导自我控制的办法。③ 由于管理者和作业人员的素质提高，自然减少了偏差发生的概率，有可能节约控制的成本。

直接控制在现实中的例子是很多的，例如：新教师的岗前培训，各级国家机关公务人员的廉政教育等都是直接控制的例子。

2. 间接控制

间接控制又称外在控制、影响控制，它由他人和单位承担控制工作从而保证目标和标准得以顺利实现，作业人员只负责检测，发现问题和报告偏差。间接控制的主体是作业人员的上级管理者和其他监督者。它是基于这样一些事实，即人们常常会犯错误或没有预见到那些将要出现的问题，因而也就不能采取适当的纠正或预防措施。

在实际工作中，产生偏差的原因很多，对于因作业人员缺乏知识、经验和判断力所造成的管理失误和工作上的偏差，可以运用间接控制帮助纠正，这对比较规范、程序化的工作尤其有效。同时，间接控制还可以帮助主管人员总结经验，提高管理水平。

间接控制最明显的缺点是滞后性，即它是在出现了偏差、造成了损失后，才采取措施，因此其控制成本较高。此外，有效的间接控制还取决于以下假设同时存在：

① 工作绩效可以准确衡量。② 人们对工作绩效具有责任感。③ 有充分的时间衡量工作绩效,发现偏差。④ 偏差能够及时被发现。⑤ 有关部门能够及时出台纠正措施。然而,上述五项假设在实际管理活动中难以同时满足,从而使间接控制容易失效。因此,人们便更多地借助直接控制方法来实现管理的有效控制。

第二节　控制过程

控制是一个不断往复循环的管理过程,尽管控制的对象各不相同,但控制工作的基本程序是一致的,包括:制定控制目标,确立控制标准;衡量实际工作绩效,获取偏差信息;分析偏差原因,采取纠偏措施。控制过程如图 12-1 所示。

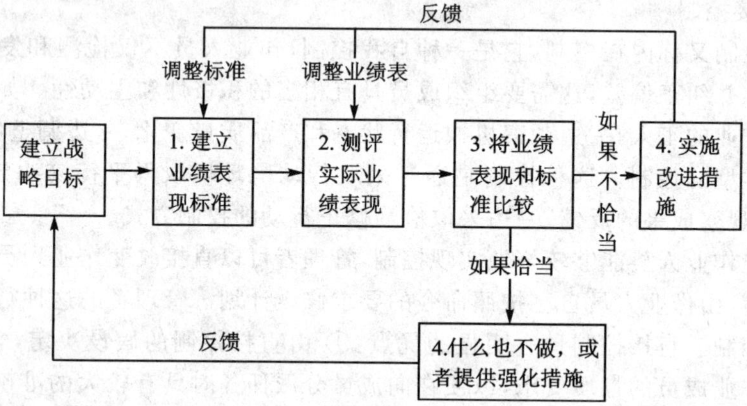

图 12-1　控制过程

一、确立控制标准

控制必须有标准,否则就不可能发现组织活动中是否存在着偏差。计划是控制的基本标准,但仅有计划是不够的。计划往往只是一个概略的、总括性的标准。对于员工的绩效如何,组织的效率应当如何改进,要求达到什么样的水准等,管理者还必须在计划的指导下,建立起明确的、具体的控制标准。

1. 控制标准的特点

为保证控制的有效性,控制标准应满足如下几个方面的特点:

① 控制标准应源于目标,并与目标保持一致。控制的标准是衡量实际业绩的尺度,目的是为了实现组织的目标,因此,控制标准不仅要带有目标的诸多特征,而且要与组织目标保持一致。

② 控制标准应尽可能量化,具有可操作性,这样在控制过程中,施控者和受控者心中都有明确的行动界线和标准,有助于发现行动中出现的偏差。

③ 当某项业绩无法量化时,管理者应寻找并使用主观的衡量指标。主观指标存

在很大的局限性，但是总比根本没有标准，并因此忽略控制职能部门要好。

④ 控制标准应尽量简洁明了，不仅能便于控制者了解和掌握，更要便于全体执行人员掌握和了解。

⑤ 控制标准体系应协调一致。一个组织内的活动是多种多样的，各职能管理部门都会制定出各自的控制标准，这些标准应该协调一致，形成一个有机整体，否则会使计划执行者陷入两难困境。

⑥ 控制标准要有一定的弹性，要能够适应组织环境条件的意外变化，使组织管理者在遭遇突发事件时不致束手无策。

2. 选择控制重点和标准类型

控制首先要明确组织的哪些事务、哪些环节需要加以控制。一般情况下，组织的活动的最终成果是重点控制对象。但是企业没有能力，也没有必要对企业所有活动的结果进行控制，必须在影响企业经营的众多因素中选择关键因素作为重点控制对象。重点往往不易把握，需要管理者细心捕捉。选择关键点不仅是一种管理观念，也是一种管理技术，因为有效控制取决于重点。不同时期，不同组织的控制重点并不相同。例如，通用电气公司认为，获利能力、市场地位、生产率、产品领导地位、人员发展、员工态度、公共责任、短期目标与长期目标的平衡等八个方面对企业经营的成败起决定作用，把它们作为控制重点。在选择、确定了控制对象和关键点之后，还要对它们进行深入的观察，以保证控制标准的具体内容与控制对象和关键点的特性相符合。

经常使用的控制标准有以下几种类型：

① 时间标准，是指完成一项工作所需花费的时间限度。

② 生产率标准，是指在规定时间里所完成的工作量。

③ 消耗标准，是指完成一定工作所需的有关消耗。

④ 质量标准，是指工作应达到的要求，或是产品或劳务所应达到的品质标准。

⑤ 行为标准，是指对员工规定的行为准则。

当然，标准的运用可以根据组织的特点，控制环节的差别，以及采用不同的标准或是标准组合。

3. 制定标准的具体方法

控制的对象和关键点不同，控制的标准和方法也不一样，由此导致标准的制定方法有许多。一般来说，常用的制定标准的方法有统计方法、经验评估法、工程标准法三种。

① 统计方法。这是利用统计方法来确定预期结果的方法。由统计方法获得的标准称为统计标准，也称为历史性标准。它是以组织在各个历史时期活动的数据、记录为基础，或者依据同类组织的统计数据，为未来活动设立的标准。最常用的有统计平均值、极大(或极小)值和指数等。一般来说，利用组织自身的统计数据制定的统计性标准的优点是简便易行，切合组织实际情况；缺点是视野狭窄，只局限于组织内部

情况，不了解同类组织的发展状况，容易出现闭门造车的弊病，对于组织的未来发展有不利的影响。适当的做法应当在制定统计性标准时，充分组织外部同类组织的数据资料，以便制定出兼顾行业平均水平和长远发展的统计标准。

② 经验评估法。经验评估法是指根据专家的经验和判断确定控制标准的方法。在实际工作中，由于有些组织、有些活动没有统计数据和资料可资利用，有些活动还因为其是新生事物，组织没有这方面的实践，因而只能根据经验分析和判断制定控制标准。这种方法的优点是可以打破统计方法的局限性，在资料和数据缺乏的情况下仍然能够制定出控制的标准，使控制有章可循。其缺点也很明显，这就是它只能是粗略性质的，而非精确的。这种方法可以作为统计方法和即将提到的工程方法的补充，尤其适合于组织从事的活动是新生事物时控制标准的制定。利用经验评估法来制定控制标准时，要注意充分吸引组织内部各方面专家、学者和组织成员的意见，以便集思广益，制定出一个对组织发展合理、有利的标准。

③ 工程标准法。工程标准法是在对工作情况进行客观的定量分析的基础上制定标准的方法，也称为工作标准法。以较为精确的技术参数和实测数据为基础的。工程标准法主要应用于测量生产过程中生产者个人或群体的产出数额，这种测量又称为时间研究和动作研究，通过动作研究和时间研究，企业的管理者为职工制定出标准生产定额。这种方法有利于基层管理人员恰当地安排工作，合理地评估职工的绩效，准确地预测企业生产经营活动所需的人工和成本等。这种方法的优点是标准的制定具有客观的依据和合理性，准确性高，但也存在着成本高，耗时长的缺点。

二、衡量实际工作绩效

衡量实际工作就是对计划执行的实际情况进行实地检查，并作出考核判断。这是控制的中间环节，也是工作量最大的一个环节。在这个阶段，施控者可发现计划执行中所存在的缺陷，有什么样的以及程度多大的偏差，它们是由什么原因引起的，应采取什么样的纠正措施。控制的核心是按照预先确定标准监督实际活动并对偏差调整，而控制的基础就是管理者手中掌握的信息。衡量实际工作绩效的主要内容就是通过采集实际工作的信息，了解和掌握工作的实际情况。

在衡量实际执行时，有四种常用的信息来源：亲自观察、统计报告、口头报告和书面报告。每种信息来源都有各自的优点和缺点，综合利用各种信息来源，既可以增加获取信息的渠道，又能提高获得可靠信息的可能性。

1. 亲自观察

亲自观察提供了关于实际工作的第一手详尽信息，这些信息未经二手转述直接呈现给了管理者，避免了信息被转述过程中的遗漏、过滤和歪曲。亲自观察无论是重要的还是次要的行为都能被观察到，因此该种方法能提供密集的信息量。管理者应该走进工作场所，直接与基层员工接触，交流工作进展的信息。亲自观察可以收集到被其他方法容易遗漏的信息，也可以收集到如面部表情和语气、语调等展现内心活动的信息，可以体会到员工的言外之意。然而，亲自观察收集到的信息可能存在感性偏差，不同的管理者获取的信息可能存在差异，甚至情况相反。亲自观察会耗费管理者大量的时间，而且可能不受员工的欢迎，员工把公开观察视为对他们缺乏信心和信任的信号。

2. 统计报告

统计报告就是将实际工作中采集到的数据以一定的统计方法进行加工处理后得到的报告。计算机的广泛应用使统计信息很容易形象化而且能有效地说明事物之间的关系，这使得经理们越来越依赖统计报告来衡量实际情况。但是统计报告受到两个因素的制约：一是真实性，统计报告采集的原始数据是否正确，统计方法是否恰当，管理者往往难以判断；二是全面性，统计报告所能提供的实际活动的信息有限，统计的内容仅限于少数关键领域，往往会忽略一些重要的主观信息。

3. 口头报告

管理者也可以通过口头报告，如会议、一对一面谈或电话会谈来获取信息。

有的企业要求管理者在一段时间内必须与每位员工做一次一对一的会谈。口头报告虽然信息经过转述，但信息传递速度快，允许反馈，同样能够获取员工的言外之意。口头报告的一个最大缺陷是信息的不易保留和存档，以及留作日后的参考。当然现在也可以通过技术手段将口头报告录制下来，永久保存。

4. 书面报告

书面报告像统计报告一样，比第一手或第二手的口头衡量更正式，比口头报告传递信息更全面和准确，报告的质量更容易控制。书面报告形成的速度慢一些，但是易于归类和查阅。

三、纠正偏差

在企业所有活动中，都可预料到会存在一定的偏差，确定差异范围是至关重要的，如果发现计划执行过程中已经出现的偏差超过了一定范围，必须马上召集有关管理人员分析偏差产生的原因，并采取相应的措施纠正偏差，如图 12－2 所示。

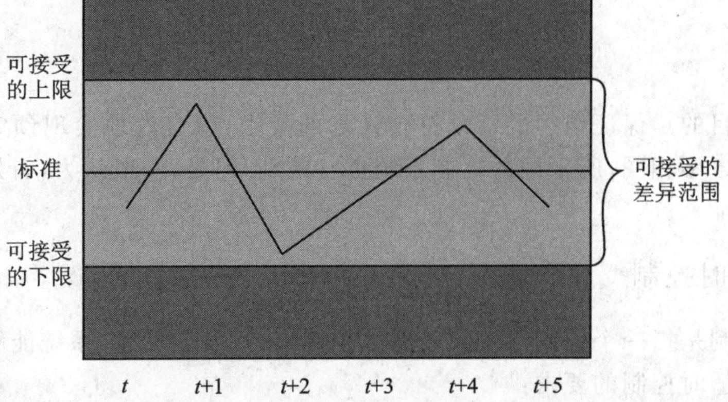

图 12－2　可接受的差异范围

针对偏差产生的原因，采取以下不同的纠正措施。

1. 计划脱离实际，使执行者无法执行

这种偏差产生的原因是计划制订得不合理，计划标准过高或是过低。经过实践的检验，证明在这两种情况下都需要调整计划。

2. 执行人员执行不到位

执行者由于自身的原因，如工作不认真，缺乏责任心，玩忽职守或能力不足，不能胜任工作等原因造成计划执行产生偏差。这种情况下，就需要坚持标准，同时分析员工努力不够的原因，排除消极情绪，督促其完成计划。

3. 外部环境的重大变化

当组织的外部环境发生突变时，如战争的爆发、国内经济形势发生重大变化或发生重大自然灾害等，组织原定目标和计划不能实现。对于这类因素，管理者一般无法控制，只能在认真分析的基础上采取一些补救措施，调整组织的战略，应对挑战，以消除不利影响。

纠正偏差是控制的最后的一个环节，也是控制的目的之所在。纠偏措施的选择和实施过程中要注意以下几个重要问题：

首先，实施对象的选择，是需要纠正企业的实际活动，还是原来的计划，或者是衡量活动的标准。

其次，纠偏方案的双重优化，第一重优化是考虑采取矫正措施带来的效果是否大于不纠偏的损失。如果，矫正措施的实施条件不成熟，即使产生了偏差，但最好的方案也许是不采取任何行动。第二重优化是在此基础上，通过各种经济方案的可行比较，找出其中追加投入最少、解决偏差效果最好的方案来组织实施。

最后，注意消除人们对矫正措施的疑虑。矫正措施可能会在不同程度上引起组织结构、工作关系、工作流程等的调整，不可避免地涉及组织成员的利益重新分配。管理者应考虑员工对矫正措施所持的不同态度，特别注意消除执行者的疑虑，争取更多人的理解、赞同和支持，避免方案在付诸实施的时候出现人为的障碍。

第三节　有效控制

控制的目的是保证组织的活动符合计划的要求，以有效地实现预定目标。尽管组织的计划各不相同，所采用的控制系统也有差别，但是，一般认为，有效的控制应当具备以下特征。

一、适时控制

适时控制是指一个控制系统实施有效控制，一旦发生偏差，系统能够迅速检测并做出反应。适时控制的要求：

1. 控制系统必须能够提供偏差产生及其严重程度的准确信息

如果控制系统提供的信息不准确，可能会导致管理者在应该采取行动时而没有行动，不存在问题时却大动干戈。

2. 控制系统必须提供及时的信息

如果控制系统提供的信息不及时，直到偏差已经非常严重，给组织带来了无法挽回的影响时，才显示偏差产生的信息，那么即使这种信息非常具体、准确，对纠正偏差也没有任何意义。

3. 控制系统要能够提示管理者纠正偏差的措施

即控制系统不仅能够指出偏差产生的信息，而且还能够建议如何纠正这种偏差，以使管理者能及时采取措施予以纠正，防止偏差造成的不利影响继续扩大，甚至未出现偏差时，就能未雨绸缪，预警可能出现的偏差，防患于未然。

总之，适时控制强调控制系统提供及时、准确的信息，并能够提示管理者采取什么手段予以纠正，使管理者能及时出台纠正措施。只有这样，才可以使各方面的损失降到最小，控制最有成效。

二、适度控制

适度控制是指控制系统在控制的范围、程度和频度等几方面要做到恰到好处，也就是要适度。适度控制要注意以下几个问题：

1. 防止过度控制或控制不足

控制会使组织中的被控制对象感到不舒服，但是组织目标的实现又离不开控制，因为缺乏控制可能会导致组织活动混乱无序，影响组织目标的实现。因此，有效的控制系统应该权衡控制的利弊，既保证对组织活动进行监督和检查，以实现目标，又要防止引发组织成员的不满和敌对情绪。这就要求控制要适度，一方面，防止过度控制，以避免对组织的员工造成伤害，使员工产生对抗情绪，影响员工积极性、主动性和创造性的发挥；另一方面，也要防止控制不足。控制不足可能导致组织活动无法有序进行，组织各个部门无法协调工作，造成资源的低效和浪费。此外，控制不足还可能造成组织中的一部分人漠视组织规定和要求，不仅不为组织积极工作，反而利用组织赋予的权力谋取个人私利，破坏组织的正常秩序，甚至危及组织的生存，导致组织破产。

控制的程度和频度要考虑多种因素，包括被控制对象的特点、控制活动的特性、组织结构特性等。一般来说，对体力劳动、技术熟练程度低的人员的控制程度和频度应高于对脑力劳动、技术熟练程度高的人员的控制。对现场作业人员的控制程度和频度要大于对机关科室坐吃山空的控制。对受过严格训练、能力较强的管理人员或执行者的控制程度和频度要低于那些缺乏经验的新上任的管理人员或执行者。此外，组织的外部环境及发展前景也可能成为影响控制程度和频度的变数，如在组织面临来自政府或上级主管部门的严格检查时，组织成员一般能够接受较为严格的控制。

2. 坚持重点控制与全面控制相结合的原则

重点控制指在计划的实施过程中,应对关系全局的重点部门、重点工作环节进行的特别控制。全面控制指对计划实施过程中的诸多方面进行的一般控制。控制必须做到重点控制与一般控制相结合,以重点控制来带动一般控制,一般控制来保证重点控制。重点控制在控制过程中是十分重要的。因为一项计划,无论多么简单,也会涉及到多个部门的工作协调,也要经过多个环节。不同部门,不同环节在计划实施中的地位和作用是不同的,有的事关全局,有的则仅起配套辅助作用。控制首先必须抓住这些事关全局的部门和环节。这样控制才最有效率。

同时,在控制系统中,全面控制也是十分必要的。如果只抓重点控制,放弃全面控制,一些部门就会放任自流;一些非关键性的环节,在失去控制之后也会影响计划的完成。所以说,全面控制与重点控制是相辅相成的,缺一不可。

3. 控制要保证收益大于成本

任何控制的实施都是有成本的,无论是控制系统的各组成部分,还是控制过程的各个环节,都需要支付一定的费用,这就是控制的成本。由于控制在一定范围内、一定程度上纠正了组织活动的偏差,也会给组织带来一定的收益。只有当一项控制所带来的收益超出其实施的成本时,才具有经济上的合理性。因此,一项具体控制方案的实施必须基于其预期收益大于控制成本的原则。

控制成本与控制收益的关系较为复杂。一般来说,控制成本基本上随着控制程度的提高而增加。控制收益的变化则比较复杂。当控制较少时,由于管理者不能及时发现偏差并加以纠正,从而使控制系统处于不经济状态,控制的收益可能低于所支付的成本。当控制适度时,控制的效率逐步提高,控制程度的增强使管理者能纠正一些较为严重的偏差,从而使控制的收益增加,导致高于成本的较好效果。当控制过度时,控制成本一定大大增加,而且过度控制可能损害员工的积极性和创造性,因此控制成本超过收益。因此,从成本与收益的角度看,控制也必须适度。

三、客观控制

客观控制是指控制工作应该切合组织的实际情况。即要求控制标准合理、检测技术和手段符合实际,纠偏措施切实可行,避免主观臆断。控制的标准至关重要,它既不应该过高,也不应该过低,否则会失去激励作用。客观的控制标准应该是一套富有挑战性,能激励员工努力工作的标准,而且是合理的并且能够达到的标准。此外,为避免使用过多的主观因素对管理者实施控制,控制标准还应该明确,尽可能予以量化,以便于把握。例如,银行等服务系统,过去的服务标准是“热情欢迎,周到服务”,这是个定性的标准,在实施的过程中往往不易衡量,顾客也没体验到银行服务的热情和周到。后来,由于竞争的需要,有的银行推出了“限时服务”的新举措,规定每项业务处理时间不得超过 3 分钟。这项要求对银行工作人员的业务熟练程度和服务态度有了明确的量化标准,既便于银行的控制,也有利于工作人员技能的提高,同时还提高了服务质量。这说明控制标准明确、量化十分重要。作为管理控制过程中衡量绩效的标准，检测技术和手段能否客观地反映组织在时空上的变化程度与分布状况，能否准确地评价和衡量组织各部门、各环节的工作与计划要求相符合或偏离的程度至关重要。只有在依据客观、准确和适用的控制标准衡量和检测工作成效的情况下，才能产生客观的纠正措施，实现控制的客观化。

四、弹性控制

控制是按一定标准进行的管理活动，目的是为了保证计划完成。受控者在控制过程中必须严格执行施控者的命令和决策，施控者对要完成的计划、要达到的标准，不能有丝毫动摇。控制是一项十分严肃的管理工作。控制需坚持原则，必须严格按计划、按标准办事。计划中存在的问题，必须及时反馈；对计划执行中存在的重大消极因素，必须坚决排除。但是，控制又是针对未来进行的管理，有效的控制系统应具有灵活性以适应各种不利的变化，尤其是当组织遇到突发的、无力抗拒的变化时，控制系统仍能发挥作用，维持组织的正常运营。要使控制系统在突变的情况下仍能发挥作用，必须实行弹性的计划和弹性的标准。

复习思考题

1. 什么是控制？为什么管理控制是必需的？
2. 简单阐述控制的基本过程包括哪些步骤？
3. 事前控制、过程控制和事后控制各自的优缺点是什么？
4. 衡量实际工作绩效的各种信息来源的优缺点是什么？
5. 有效控制应具备哪些特征？

第十三章　控制方法

【本章要点】

- 预算控制
- 生产控制
- 质量控制
- 财务控制
- 平衡计分卡

管理者仅仅了解控制过程是不够的，当面临实际控制问题时，一些具体、有效的方法就十分重要了，正如孔子所说“工欲善其事，必先利其器”。控制方法是对那些能够衡量和纠正组织行为偏差一般方法的统称。组织是一个分工协作的整体，既需要关于各个职能部门的控制方法，又需要跨部门的综合控制方法。在管理实践中，管理人员积累了大量的控制方法。比较常用的控制方法有预算控制、生产控制、质量控制、财务控制、平衡计分卡等。前四种控制方法侧重于专门控制，后一种控制方法侧重于综合控制。方法本身没有优劣之分，组织需要根据自身的实际情况选择适合的方法。

第一节　预算控制

预算控制是管理控制中使用最广泛的一种控制方法。预算是计划的数量表现，预算的编制是作为计划过程的一部分开始的，而预算本身又是计划过程的终点，是转化为控制标准的计划。因此，预算控制最清楚地表明了计划与控制的紧密联系。这种紧密联系是建立在对组织调查研究后的科学分析基础上的，管理人员不能把预算编制工作简单地理解为一种在过去基础上的外推和追加的过程，不能以主观想象为根据任意削减预算；否则会使得预算失去了应有的控制作用，偏离了其基本目的。

一、预算的性质和作用

预算就是用数字编制未来某一个时期的计划，也就是用财务数字或非财务数字来表明预期的结果。通常管理人员把预算理解为组织在一定期间内的收支预计。但是管理中的预算不仅仅局限于在计划的金额上的反映，更侧重于计划的数量说明。

预算的性质和作用体现在以下几个方面：

1. 预算是一种计划形式，有利于战略计划的落实

预算是以企业战略目标为导向，围绕企业的经营计划，预测并设定资产、负债、收入、成本、费用、利润、投资、筹资等核心指标的目标。预算既要规定实现计划目标的

各种要素的投入与产出的数量,又要说明为什么必须投入或支出这么多数量,以及对实现投入与产出的时间估计。管理者通过预算可以了解组织状况的变化方向,落实战略计划。

2. 预算以人、财、物等资源要素为基础,有利于资源的优化配置

预算编制的内容涉及企业各种资源要素如何使用,通过预算可以对企业全部资源要素进行合理、有效的配置,旨在提高企业资源的使用效率和效果。

3. 预算以业务活动环节及部门为依托,有利于企业内部协调

预算必须结合企业的业务活动,落实到企业业务活动的各个环节和各个部门,作为各个环节和部门的工作目标和考核标准。企业各个环节和部门只有协调沟通才能合理地编制预算和高效地执行预算。

4. 预算是一种重要的控制手段

编制预算实际上就是控制过程的第一步——拟定标准。由于预算是以数量化的方式来表明管理工作的标准,其本身就具有可考核性,因而有利于根据标准来评定工作成效,这是控制过程的第二步——衡量实际业绩。找出偏差,并采取纠正措施,这是控制过程的第三步——采取措施,纠正偏差。预算能改进企业的计划工作,更容易发现、查明和评定实际业绩与预期结果之间的偏离,为采取纠正措施奠定了基础。

二、预算的种类

预算在形式上是一整套预计的财务报表和其他附表。按照不同的内容可以将预算分为由经营预算、投资预算和财务预算三大类及各种不同的个别预算组成的预算体系,如图 13-1 所示。

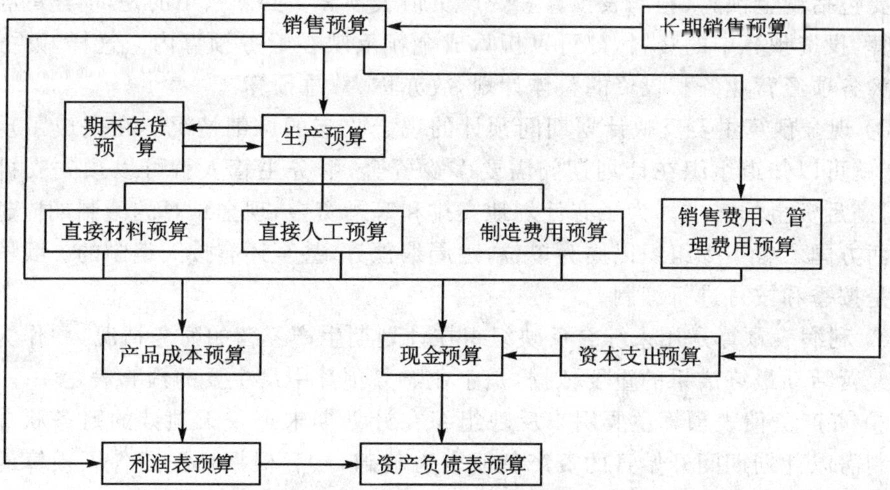

图 13-1　预算体系的相互关系图

1. 经营预算

经营预算是指组织日常发生的各项基本活动的预算,属于短期预算。它主要包括销售预算、生产预算、直接材料采购预算、直接人工预算、制造费用预算、单位生产成本预算、推销及管理费用预算等。其中最基本和最关键的是销售预算,它是销售预测正式的、详细的说明。由于销售预测是计划的基础,加之组织主要是靠销售产品和劳务所提供的收入维持经营费用的支出和获利的,因而销售预算也就成为预算控制的基础。生产预算是根据销售预算中的预计销售量,按产品品种、数量分别编制的。生产预算编好后,还应根据分季度的预计销售量,经过对生产能力的平衡排出分季度的生产进度日程表,或称为生产计划大纲,在生产预算和生产进度日程表的基础上,可以编制直接材料采购预算、直接人工预算和制造费用预算。这三项预算构成对组织生产成本的统计。而推销及管理费用预算,包括制造业务范围以外预计发生的各种费用明细项目,例如销售费用、广告费、运输费等。对于实行标准成本控制的组织,还需要编制单位生产成本预算。

2. 投资预算

投资预算是对企业的固定资产的购置、扩建、改造、更新等,在可行性研究的基础上编制的预算。它具体反映在何时进行投资,投资多少,资金从何处取得,何时可获得收益,每年的现金流量为多少,需要多少时间回收全部投资等。由于投资的资金来源往往是组织的限定因素之一,而对厂房和设备等固定资产的投资又往往需要很长时间才能回收。因此,投资预算应当力求和组织的战略以及长期计划紧密联系在一起。

3. 财务预算

财务预算是指组织在计划期内反映预计现金收支、经营成果和财务状况的预算。它主要包括现金预算、利润表预算和资产负债表预算。必须指出的是,前述的各种经营预算、投资预算中的资料,都可以折算成金额反映在财务预算内。这样,财务预算就成为各项经营业务和投资的整体计划,故亦称为“总预算”。

① 现金预算主要反映计划期间预计的现金收支的详细情况。在完成了现金预算后,就可以知道组织在计划期间需要多少资金,财务主管人就可以预先安排和筹措,以满足资金的需求。为了有计划地安排和筹措资金,现金预算的编制期应越短越好。西方国家有不少组织以周为单位,逐周编预算,甚至还有按天编制的。我国最常见的是按季和按月进行编制。

② 利润表预算是用来综合反映组织在计划期生产经营的财务情况,并作为预计组织经营活动最终成果的重要依据,是企业财务预算中最主要的预算表之一。

③ 资产负债表预算主要用来反映组织在计划期末那一天预计的财务状况。它的编制需以计划期间开始日的资产负债表为基础,然后根据计划期各项预算的有关资料进行必要的调整。

总之,企业应根据长期市场预测和生产能力编制长期销售预算。以长期销售预算为基础,确定年度的销售预算,并根据企业财力确定资本支出预算。销售预算是年度预算的编制起点，按照“以销定产”的原则编制生产预算，同时编制销售费用预算。生产预算的编制，除了考虑计划销售量外，还要考虑现有存货和年末存货。根据生产预算来确定直接材料费用、直接人工费用和制造费用预算以及采购预算。产品成本预算和现金流预算是有关预算的汇总。利润预算和财务状况预算（或资产负债表预算）是全部预算的汇总。

三、预算的不足之处

尽管预算是一种普遍使用的、行之有效的计划和控制方法，但它也存在着一些不足之处，甚至面临使预算控制失效的危险。

1. 预算过于繁琐，影响部门管理自主权

只能帮助组织控制那些可以计量的，特别是可以用货币单位计量的业务活动，如果预算过于繁琐，会导致控制过严，管理者失去管理本部门的自主权。

2. 奖惩过度，发生目标置换

所谓的目标置换是指预算目标取代了组织目标。管理者只考虑如何使本部门的费用不超过预算的规定，而忘记了实现企业目标才是自己首要职责。导致目标置换的原因可能来自两个方面：一方面，编制预算标准时，没能很好地体现计划要求，标准的设定与企业的总目标缺乏直接、明确的联系；另一方面，没有恰当掌握预算控制奖惩的度，制定了过于严厉的制裁措施，或是较大吸引力的节约激励措施。

3. 缺乏灵活性，效能低下

预算的最大缺陷是缺乏灵活性。预算获得批准后具有很强的约束力，而组织面对的环境是动态的，一旦情况发生改变，编制出来的预算变得不适用了，管理者却仍然受到预算的约束，预算的有效性很难保证。另外，管理者在编制预算时为了应对层层审批中预算被削减，通常会有意扩大预算费用的申请金额，以便削减后，最终能得到更多的预算，这导致预算额度远远超过实际需要，预算的效能大大降低。

四、改进的方法

为了弥补预算的不足，管理者采用了更有效的预算方法，即可变预算和零基预算。

1. 可变预算

可变预算主要应用于企业管理费用和销售费用的预算编制。费用通常是随着销售量的变化而变化的，单位可变费用（成本）不变时，可变费用总额是随着销售量的变化而变化，可变预算此时主要是用来控制固定费用（成本）。在一定的产量范围内，固定费用保持不变。但是随着产量（或销售量）的变化固定费用会呈现出一种阶梯状的变化。可变预算确定一个产量幅度，在这个幅度内，各种固定费用要素不变，低于这个幅度则采用较低的固定费用，例如压缩行政人员、处理闲置设备等。高于这个幅度则采用较高的固定费用，例如增加设备、扩大厂房面积等。

2. 零基预算

零基预算(Zero - Base Budgeting, ZBB)是指在编制成本费用预算时,不考虑以往会计期间所发生的费用项目或费用数额,所有的管理活动都看作重新开始,预算支出以零作为出发点。放弃外推法,一切从实际需要与可能出发,逐项审查各项管理活动对实现组织目标的意义和效果,对项目进行费用-效益分析,然后重新排出各项管理活动的优先次序。根据优先次序,分配资金和其他资源。

零基预算是1970年美国德州仪器公司提出的,随后一些企业组织也相应地采用。在美国,零基预算被一些政府部门,特别是州政府称为“日落法”。每年年终,现有的各个部门,特别是一些临时部门像太阳落山一样将宣告结束。当新的一年开始时,各部门必须向专门的审议机构证明自己的确有存在的必要,才能像“旭日东升”一样重新开始。

零基预算法要求在编制预算之前回答以下四个问题:

① 组织的目标是什么?活动要达到的目标又是什么?

② 组织能从此项活动中获得什么效益?这项活动为什么是必要的?不开展这项活动不行吗?

③ 可选择的方案有哪些?目前的方案是不是最好的?有没有更好的方案?

④ 各项活动的重要次序是什么?从实现目标的角度看,到底需要多少资金?

零基预算法的程序一般包括以下四个步骤:

第一步,建立可考核的目标体系。在审查预算前,管理者首先应明确组织的目标,包括:长远目标、近期目标、定量目标和定性目标。并理清各类目标之间的关系和重要次序,形成一个目标体系。

第二步,一切活动重新开始。在审查预算时,下一年度继续进行的活动或项目需要提交计划完成情况的报告,新增的项目需要提交可行性分析报告,所有继续进行的项目和活动必须证明自己存在的必要性,所有申请预算的项目和部门必须提交下一年度的计划,说明各项开支要达到的目标和效益。

第三步,重新排序。把确定为真正必要的项目作为备选项目标,根据已定出的目标体系重新排出各项活动的优先次序。

第四步,资金按照重新排出的优先次序分配,尽可能满足排在前面的项目或活动的需要,如果分配到最后,对于一些可进行但不是必须进行的活动,已无多少剩余资金可供分配,那么最好将这些活动暂时放弃。

零基预算的核心是预算工作不因循守旧,一切依据组织目标重新考虑。像任何一种方法一样零基预算法也有其优点和缺点。

其优点是有利于对整个组织做全面的审核、克服机构臃肿、克服组织内部各种随意性支出;组织可以把资源集中分配于战略性重大计划项目;有利于管理者实现组织的目标体系与实现的效益的结合。

其缺点是每年审查一次,工作繁重,耗费人力、物力和财力;排列项目的优先次序时难免存在较强的主观性;适合于政府机构等,对于投入产出关系明显的活动不太适合。

第二节　质量控制

质量有狭义和广义之分。狭义的质量指产品的质量,广义的质量还包括服务质量和工作质量。产品质量主要指产品的使用价值,即满足消费者需要的功能和性质,它可以用产品的质量特性去描述,包括:性能、寿命、安全性、可靠性和经济性。服务质量是指服务业各项活动,或工业产品的销售和售后服务活动,满足明确或隐含需要特性和特征的总和。工作质量主要指在生产过程中,围绕保障产品质量而进行的质量管理工作的水平。

一、质量控制概述

质量控制指的是以监控质量来确保质量满足预先制定的标准,监控内容包括:重量、强度、密度、色泽、味道、可靠性、完整性或其他一些特征。质量控制从收到原材料的加工单之日就开始,持续地贯穿整个加工过程直到最终产品出来。在转换过程的中间阶段进行评估是质量控制典型的工作。早期就察觉有缺陷的部件或过程,可以节省继续在它上面加工的成本。

质量控制的目的在于控制产品和服务产生、形成或实现过程中的各个环节,进行测量和监控,发现问题,及时采取纠正措施,把质量问题控制在其形成的早期并加以消除。

在实施质量控制的过程中,管理者首先应明确是100%的检测产品还是采用抽样的方法。如果连续检测的成本很低或者统计结果表明出错率很高,逐个检查每一件是十分有意义的。统计抽样通常花费较少,有时甚至是唯一可供选择的方法。例如,如果质量检测会破坏产品,如炸弹或闪光灯就不得不利用抽样的方法检查。统计抽样质量控制分为两类:接受抽样和过程控制。接受抽样指的是对已经存在的或外购的材料或产品进行评估,通过抽取一定数量的样本,计算抽样风险,决定接受还是拒绝总体。过程控制是指在转换过程中对物品进行抽样,观察转换过程是否被有效地控制。

迄今为止,质量管理和控制已经经历了三个阶段,即质量检查阶段、统计质量管理阶段和全面质量管理(Total Quality Management,TQM)阶段。20世纪30年代以前为质量检验阶段,仅能对产品的质量实行事后把关。但质量并不是检验出来的,所以,质量检验并不能提高产品质量,只能剔除次品和废品。20世纪40年代,质量控制从检验阶段发展到统计过程控制阶段,利用休哈特工序质量控制图进行质量控制。休哈特认为,产品质量不是检验出来的,而是生产制造出来的,质量控制的重点应放在制造阶段,从而将质量控制从事后把关提前到制造阶段。1961年全面质量管理理论的提出,将质量控制扩展到产品寿命循环的全过程,强调全体员工都参与质量控制。

二、全面质量管理

全面质量管理是一种全面的、面向用户的,用来不断提高组织过程、产品、服务质量的计划。全面质量管理在统计质量管理的基础上考虑全部因素,不仅强调预防为主的思想,把产品的质量问题消除在设计、制造及使用过程中;而且还着重于提高工作质量,着眼于产品质量形成全过程的工作质量。

全面质量管理的内容可以概括为“三全”管理,即:“全面的质量管理、全过程的质量管理、全员参加的质量管理”。

1. 全面的质量管理

全面的质量管理通常指的是广义的质量管理。它不仅要求对产品质量进行管理,也要对工作质量、服务质量等进行管理;不仅要对产品性能的质量进行管理,也要对产品的可靠性、安全性、适应性等进行管理;不仅对物要进行管理,而且也要对人进行管理。总之,它是对各个方面的质量进行管理。

2. 全过程的质量管理

产品的质量有一个产生、形成和实现的过程。全过程的质量管理要求对产品生命周期全过程进行质量管理,即从市场调查开始到产品设计、生产、销售和服务,直到产品使用寿命为止的全过程进行质量管理。包括产品的设计质量、制造质量及使用中的质量进行管理。

3. 全员参加的质量管理

全面质量管理不仅是质量管理部门或质量检验部门的工作,也不仅是设计、生产、供应、销售、服务等环节人员的工作,而且是企业中各个部门所有人员的工作。企业各个部门的人员都直接或间接地影响着产品质量和服务质量,上至厂长(经理)、下至工人都应该立足于本岗位参与到质量管理活动之中,每个员工都要树立“质量第一”的思想,保证和提高产品质量和服务质量。

如今,全面质量管理已经形成了一整套管理理念,并风靡全球。20 世纪 80 年代以后,电子计算机被应用到质量管理中,出现了在 CIMS 环境下的质量信息系统(QIS)。借助于先进的信息技术,质量控制与管理又上了一个新台阶,因为信息技术可以实现以往所无法实现的很多质量控制与管理功能。

三、六个西格玛

20 世纪 80 年代中期,摩托罗拉公司开始推行六个西格玛,1987—1989 年,质量水平提高了 10 倍,并于 1988 年获得了首届美国国家质量奖马尔科姆·鲍德里奇质量奖。1989—1991 年,质量水平又提高了 10 倍,并在 4 年的时间内节约了 22 亿美元。20 世纪 90 年代 GE 总裁杰克·韦尔奇在通用电气大力推行六个西格玛。

1. 六个西格玛的统计解释

σ是希腊字母,统计学上表示标准差,用以度量质量特性总体相对于目标的偏离程度，σ 值越小，反映参数的数据越集中，离散程度越小，这说明过程中产生缺陷的可能性越小。几个 σ 是一种表示质量的统计尺度。以正态分布曲线为例，控制在 3 倍 σ 水平，表示产品合格率不低于 99.73%，若控制在 6σ 水平，表示产品不合格，若每生产 100 万个产品，不合格品不超过 0.002 个，则接近于零缺陷水平。

六个西格玛管理的基本内涵是提高顾客满意度和降低组织的资源成本。强调从整个经营的角度出发，而不是强调单一产品、服务或过程的质量，强调组织要站在顾客的立场上考虑质量问题，采用科学的方法，追求"无缺陷"产品，降低成本，提高组织竞争力。

2. 六个西格玛改进模式

六个西格玛已经成为企业改进质量、提高绩效的有效管理方法。实施六个西格玛的具体模式是 DMAIC 模型，它代表界定、测量、分析、改进和控制共五个阶段如图 13-2 所示。

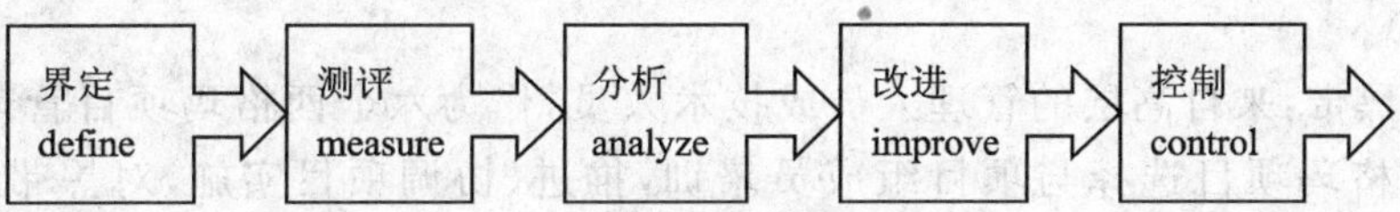

图 13-2　六个西格玛改进五阶段

① 界定阶段。首先是识别顾客需求，识别并确定顾客的关键需求。本阶段的主要活动有：找出并确定业务机会，制定团队宪章，明确过程并绘制过程图，明确快速取胜的过程并整理过程，将顾客的需求和期望转化为顾客关键需求，起草团队准则。

② 测评阶段。测量和评估现有过程。本阶段的主要活动有：确定输入、过程、输出等具体指标，起草操作定义和测量计划，采集并分析数据，确定特殊原因的存在与否，确定当前达到几个西格玛水平，收集其他基准业绩数据。

③ 分析阶段。本阶段的主要活动有：整理过程、数据，找到存在的具体问题并起草问题陈述报告，找出引发问题的根本原因并进行确认分析、比较分析，进行波动源研究，失效模式与效应分析，相关分析与回归分析等。

④ 改进阶段。通过建立模型找出可控的输入因子与可测量的输出响应之间的因果关系，优化设计方案，确定最优方案，改进过程。本阶段的主要活动有：通过实验设计构思解决方案及其将产生的有益作用，评估确定解决方案，起草过程图和粗技术，起草并讲解纲要，与所有利益相关方沟通解决方案。

⑤ 控制阶段。项目团队通过制度化、标准化来保护已经取得的成效的重要步骤。本阶段的主要活动有：起草运行计划和试运行解决方案，确认由于解决方案触及根本原因而产生的西格玛水平的改进，确定实现目标是否必需其他方案，找出类似情况，对机会进行标准化处理，将解决方案融入日常工作过程并对其进行管理，集中学到的经验，明确团队的下一步行动以及针对其余机会的计划。

3. 实施六个西格玛的组织保障

在美国通用电气公司推广下，逐渐形成了独特的六个西格玛组织体系。它们由推进委员会、推广者/经理、过程负责人/资助者、资深黑带等组成。

① 六个西格玛推进委员会。一般由公司的 CEO 和高层领导组成，高层领导的支持与承诺将决定六个西格玛项目的成功与否。领导层的介入将参与前沿的决策，如职位的位置、项目的选择。

② 六个西格玛推广者/经理。一般由公司的部门领导或经理组成，负责运用 DMAIC 方法评审项目，定期评审已取得的成绩、存在的障碍及正在进行的主要活动。

③ 过程负责人/资助者。负责六个西格玛项目，提供各种资源，根据 DMAIC 方法评审项目，清除项目实施中的各种障碍，推进项目进展。

④ 资深黑带（Master Black Belt，MBB）、黑带（Black Belt，BB）、绿带（Green Belt，GB）。

资深黑带：来自高层的管理人员或技术人员，作为六个西格玛项目管理人员，协调六个西格玛项目选择与项目组成员培训，推进、协调项目实施，对黑带提供技术支持。

黑带：来自中层的管理人员或技术人员，是专职的六个西格玛项目管理人员，负责具体实施及推广六个西格玛管理，知道绿带及项目组成员。黑带拥有领导团队的技能、项目管理的经验、协调沟通能力、应拥有统计知识基础和相关分析方法和软件。

绿带：来自基层的员工如一线工人、工程师等，可以来自不同部门，是兼职的六个西格玛项目管理人员，负责具体实施六个西格玛管理，对普通的项目组成员进行培训与指导。

第三节　平衡计分卡

平衡计分卡（Balanced Score Card）是 90 年代以来美国的两位研究人员的成果。一位是哈佛大学的卡普兰，另一位是诺朗顿研究院的执行长诺顿。他们努力建立一种新的，即“未来组织绩效衡量方法”。起初该计划的目的，在于找出超越传统以财务量度为主的绩效评价模式的新方法，以使组织的“策略”能够转变为“行动”。经过将近 20 年的发展，平衡计分卡已经发展为企业控制的工具，在企业 与执行管理方面发挥了非常重要的作用。

一、平衡计分卡控制指标

平衡计分卡的控制指标包括四个方面：财务方面、顾客方面、内部经营流程方面及学习和成长方面（见图 13－3）。这几个方面分别代表企业三个主要的 ：股东、顾客、员工。每个方面的重要性取决于其本身和指标的选择是否与公司战略相一致。其中每一个方面，都有其核心内容：

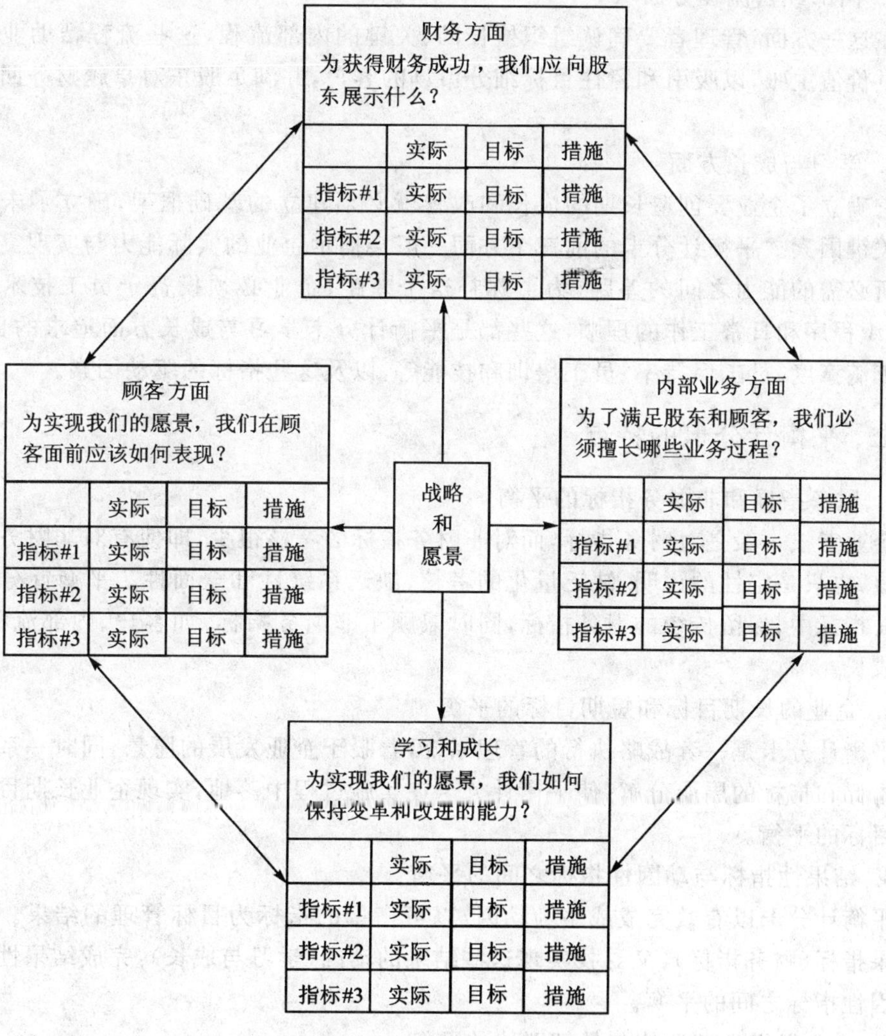

图 13-3 平衡计分卡示意图

1. 财务方面

财务业绩指标可以显示企业的战略及其实施和执行是否对改善企业盈利作出贡献。财务目标通常与获利能力有关，其衡量指标有营业收入、资本报酬率、经济增加值等，也可能是销售额的迅速提高或创造现金流量。

2. 客户方面

在平衡计分卡的客户方面，管理者确立了其业务单位将竞争的客户和市场，以及业务单位在这些目标客户和市场中的衡量指标。客户方面指标通常包括客户满意度、客户保持率、客户获得率、客户盈利率，以及在目标市场中所占的份额。客户层面使业务单位的管理者能够阐明客户和市场战略，从而创造出出色的财务回报。

3. 内部经营流程方面

在这一方面，管理者要确认组织擅长的、关键的内部流程，这些流程帮助业务单位提供价值主张，以吸引和留住目标细分市场的客户，并满足股东对卓越财务回报的期望。

4. 学习与成长方面

它确立了企业要创造长期的成长和改善就必须建立的基础框架，确立了未来成功的关键因素。平衡计分卡的前三个方面一般会揭示企业的实际能力与实现突破性业绩所必需的能力之间的差距，为了弥补这个差距，企业必须投资于员工技术的再造、组织程序和日常工作的理顺，这些都是平衡计分卡学习与成长方面追求的目标。如员工满意度、员工保持率、员工培训和技能等，以及这些指标的驱动因素。

二、平衡计分卡的特点

1. 财务指标和非财务指标的平衡

企业考核一般是对财务指标，而对非财务指标的考核很少，即使有对非财务指标的考核，也只是定性的说明，缺乏量化的考核，缺乏系统性和全面性。平衡计分卡的四方面指标中，保留传统的财务指标，同时兼顾了非财务指标，如客户、内部流程、学习与成长。

2. 企业的长期目标和短期目标的平衡

平衡计分卡是一套战略执行的管理系统，着眼于企业发展的愿景，同时一系列的具体指标和指标的层层分解，使平衡计分卡在实施过程中落地，实现企业长期目标和短期目标的平衡。

3. 结果性指标与动因性指标之间的平衡

平衡计分卡以有效完成战略为动因，以可衡量的指标为目标管理的结果。既考核结果指标（财务指标），又寻找实现这些结果的动因（学习与成长），完成结果性指标与动因性指标之间的平衡。

4. 企业组织内部群体与外部群体的平衡

平衡计分卡中，股东与客户为外部群体，员工和内部业务流程是内部群体，平衡计分卡可以发挥在有效执行战略的过程中平衡这些群体间利益的重要性。

5. 领先指标与滞后指标之间的平衡

在平衡计分卡的四个方面指标中，就是一个滞后指标，它只能反映公司上一年度发生的情况，不能告诉企业如何改善业绩和可持续发展。而对于后三项领先指标的关注，使企业达到了领先指标和滞后指标之间的平衡。

后期，卡普兰和诺顿编撰了《战略地图》和《战略中心组织》两本著作。《战略地图》是对平衡计分卡原先考核功能的扩展，以几张简洁的图表将原本复杂的战略规划文件、企业集团战略、SBU战略、职能战略更直观地展现出来。《战略中心组织》指出企业可以通过平衡计分卡，依据公司的战略来建立企业内部的组织管理模式，让企业的核心流程聚焦于企业的战略实践。

复习思考题

1. 什么是预算控制？预算控制的方法有哪些？
2. 质量控制有哪些方法？
3. 什么是全面质量管理？
4. 平衡计分卡的含义？

第十四章　管理的创新

【本章要点】

- 作为管理基本职能的创新的含义及作用
- 创新的类型和特点
- 影响和推动组织创新的因素
- 创新职能的基本内容
- 企业组织创新

第一节　创新职能

任何社会系统都要及时根据内外变化的要求，适时进行局部或全局的调整，这种为适应系统内外变化而进行的局部和全局的调整，便是管理的创新职能。

从逻辑顺序上来考察，在特定时期内对某一社会经济系统(组织)的管理工作可以概述为：设计系统的目标、结构和运行规划，启动并监视系统的运行，使之符合预定的规则操作；分析系统运行中的变化进行局部或全局的调整，使系统不断呈现新的状态。显然，概述后管理内容的核心就是：维持与创新。任何组织系统的任何管理工作无不包含在“维持”或“创新”中。维持和创新是管理的本质内容。有效的管理在于适度的维持与适度的创新的组合。

维持与创新作为管理的两个基本职能对系统的生存发展都是非常重要的。它们是相互联系、不可或缺的。创新是维持基础上的发展，而维持则是创新的逻辑延续；维持是为了实现创新的成果，而创新则是为更高层次的维持提供依托和框架。任何管理工作，都应围绕着系统运转的维持和创新而展开，卓越的管理是实现维持与创新最优组合的管理。

系统的生命力取决于社会对系统贡献的需要程度和系统本身的贡献能力；而系统的贡献能力又取决于系统从社会中获取资源的能力。系统不断改变或调整，取得组合资源的方式、方向和结果，向社会提供新的贡献，这正是创新的主要内涵和作用。

创造是革新的前导，革新是创造的继续，创造与革新的整个过程及其成果则表现为创新。所以，创新是通过创造与革新达到更高目标的创造性活动，是管理的一项基本要求。

一、创新的含义及其作用

系统的创新理论最早源于经济学界。美国经济学家约瑟夫·熊彼特在《经济发展理论》中，首次从学术角度提出创新的概念和理论，并运用创新理论解释了经济发展的问题。

（一）创　新

1. 创新的含义

熊彼特于1912年德文版《经济发展理论》一书中首次使用了“创新”的概念。熊彼特认为，不是资本和劳动力，而是创新，才是资本主义发展的根本原因。他认为“创新”就是建立一种新的生产函数或供应函数，即把一种从来没有过的生产要素和生产条件的“新组合”引入生产体系。

新组合包括：新产品、新技术、新市场、新材料、新组织、新方式。创新概念包含的范围很广，涉及技术性变化和非技术性变化的创新。

熊彼特的重大功绩之一，就是把发明和创造相区别。发明是科技行为，创造是经济行为。创新与发现、发明有区别。发现是知识的新的增加，是发明和创造的重要知识来源；发明是一个新的人造装置或工序，发明可以取得专利，但不一定能为经济和社会带来效益；创新是创造或执行一种新方式，目的是为了获得更高的经济和社会效益。

从哲学的范畴看，创新是一种否定，是积极的、辨证的否定，是扬弃旧事物，生成新事物的过程。管理领域所说的创新，是指一种思想和原则，以及在这种思想和原则指导下，组织所从事的不断适应环境变化，满足社会需求的实践活动。管理创新则是指组织形成创造性思想并将其转换为有用的产品、服务或作业方法的过程，也即富有创造力的组织能够不断地将创造性思想转变为某种有用的结果。当管理者说到要将组织变革成更富有创造性的时候，他们通常指的就是要激发创新。

2. 创新的特点

创新的最主要特点是新颖性和具有价值。

新颖性包括三个层次：

① 世界新颖性或绝对新颖性。

② 局部新颖性。

③ 主观新颖性，即只是对创造者个人来说是前所未有的。

具有价值这个特点与新颖性密切相关，世界新颖性的价值层次最高，局部新颖性次之，主观新颖性更次之。大卫·史密斯发明了“邮包炸弹”梅利莎病毒，到案发时已使100万台电脑瘫痪，造成8 000万美元的经济损失。这不是创造价值，而是价值大破坏。

（二）创新的作用

在现代社会，创新作为一项重要的管理职能，已成为组织发展的重要保证，是组织的灵魂。

1. 创新是组织适应环境变化的基本过程

任何组织系统都要与外界环境不断地发生物质、信息和能量的交换，而系统与环境的这种联系，通常是处于不平衡的状态，组织系统要保持与环境的动态适应和平衡，就必须通过不断的创新去实现。

2. 创新是保持组织活力，提高组织竞争力的保证

创新的重要功能是增强组织获取资源、利用资源的能力，增强组织对社会需要的认识能力，使组织的员工满意度、士气不断提高，组织也因此获得相对于竞争者的综合比较优势，增强其应对竞争的实力。

3. 创新与维持相结合，才能实现组织最优化的存在状态

在管理实践中，整个管理活动的基本内容无非是维持与创新的矛盾统一。所谓有效的管理，就在于适度的维持与适度的创新相结合。维持是相对于创新的另一种组织活动状态。作为组织两种基本的存在状态，维持与创新是相互联系、不可或缺的，它们对组织的生存和发展都是必不可少的。

创新是维持基础上的发展，而维持则是创新的逻辑延续；维持是为了实现创新的成果，而创新则为更高层次上的维持提供了依托和框架。任何管理工作，都应围绕着系统运转的维持和创新而展开。只有创新没有维持，系统便会呈现无时无刻无所不变的混乱状态；而只有维持没有创新，系统则会缺乏活力，最终将被环境所淘汰。

二、创新的类型

按不同的依据，从不同的角度，可以将创新分为不同的类型。

（一）局部创新和系统创新

从创新的规模以及创新对系统的影响程度来考察，可将其分为局部创新和系统创新。局部创新是指在系统性质和目标不变的前提下，系统活动的某些内容、某些要素的性质或其相互组合的方式、系统的社会贡献的形式或方式等发生变动。系统创新是指使整个组织系统发生质变或部分质变的创新。局部创新的结果表现为现有产品的不断完善，系统创新的结果表现为更新换代产品的推出。

局部创新具有风险小、见效快的特点，但其局限性也很明显，那就是它很难对组织的长足发展作出贡献。实践证明，几乎组织的每一次突破性进展都源于系统创新，如果一味强调局部创新，忽视对系统创新能力的培养，就极有可能陷入局部创新的战略盲点。

（二）消极防御型创新和积极进攻型创新

根据创新与环境的关系，可以将创新分为防御型创新和积极进攻型创新。

防御型创新是指由于外部环境的变化对系统的存在和运行造成了某种程度的威胁，为了避免威胁或由此造成的系统损失扩大，系统在内部展开的局部或全局性调整。

进攻型创新是在观察环境变化的过程中，敏锐地预测到未来环境可能提供某种有利机会，从而主动地调整系统的战略和技术，以积极地开发和利用这种机会，谋求系统地发展。

（三）自发创新和有组织的创新

从创新是否有组织来看，可以分为自发的创新和有组织的创新。

自发的创新是指系统内部的各个子系统接收到环境变化的信号后，自发地调整其工作内容、工作方式、工作目标等，以应付变化或适应变化的要求。这种自发的调整也即自发的创新，它可以产生两种后果：一种是各子系统的调整都是正确的，从整体上说是相互协调的，从而给系统带来的效应是积极的，可使系统各部分的关系实现更高层次的平衡。但是这种情况一般很难出现。另一种是各子系统的调整有的是正确的，有的是错误的。因此从整体上说，调整后的各部分的关系不一定协调，带来的总效应有可能为正，也有可能为负，这是通常可能的情况。由此可见，自发创新的结果是不确定的。

与自发创新不同，有组织的创新是指系统的管理人员根据创新的要求和创新活动本身的客观规律，自觉地、有组织地研究外部环境状况和内部工作，寻求和利用创新机会，计划和组织创新活动，并且积极引导和利用各子系统的自发创新，使之与有计划的创新相互协调和配合，使整个系统内的创新活动有计划、有组织地展开。只有有组织的创新，才能给系统带来预期的、积极的、比较确定的结果。

当然，有组织的创新也有可能失败。例如，一个公司开发一种新产品，有可能成功，也有可能经过很多次失败才最终取得成功。创新是具有风险的。但是，有计划、有组织地创新取得成功的机会要远远大于自发创新。

（四）系统初建期的创新和运行中的创新

从创新发生的时期来看，可将其分为系统初建期的创新和运行中的创新。

系统的组建本身就是社会的一项创新活动。系统的创建者在一张白纸上绘制系统的目标、结构、运行规划等蓝图，这本身就要求有创新的思想和意识，创造一个全然不同于现有社会的新系统，寻找最满意的方案，取得最优秀的要素，并以最合理的方式组合，使系统进行活动。

创新活动更大量地存在于系统组建完毕，开始运转以后。系统的管理者要不断地在系统运行的过程中寻找、发现和利用新的创业机会，更新系统的活动内容，调整系统的结构，扩展系统的规模。

总之，创新渗透于各个领域，已成为一个不可逆转的大趋势。因此，创新二字的前面几乎可以冠以经济建设和社会发展每一个领域、内容和人群的名称。除了上述分析的创新类型以外，创新类型还有：

- 从社会活动领域分类，有科技创新、教育创新、经济创新；
- 从意识形态方面分类，有思想（思路）创新、意识创新、观念创新；
- 从经济建设的构成分类，有企业创新、农村经济创新、商业创新、民营企业创新；
- 从社会功能的分工来分类，有教育创新、服务创新、工作创新、管理创新、职业创新；

- 从市场经济领域来分类，有市场创新、营销创新、品牌创新、产品创新、广告创新；
- 从改革内容分类，有体制创新、机制创新、机构创新、职称评定创新；
- 从人群分类，有领导创新、企业家创新、专业技术人员创新等。

三、创新的基本内容

在熊彼特看来，“创新”是一个经济范畴而非技术范畴，它不仅是指科学技术上的发明创造，而更是指把已发明的科学技术引入企业之中，形成一种新的生产能力。熊彼特概括的创新职能包括五个方面的内容：一是引入一种新产品或提高产品质量；二是采用一种新的生产方法；三是开辟一个新市场或打破一种垄断；四是获取一种新的原材料和半成品的供给来源；五是实行一种新的组织形式。

熊彼特认为，经济活动有两种类型：一种是经济循环，在这种状态下，企业的总收入等于总支出，整个生产循环往复，周而复始，企业没有发展。另一种是经济发展，它的基本动力便是创新。创新是企业家对生产要素的新组合。对现代企业来说，其基本问题是核心能力的形成、发展、维护、再创的问题，企业的核心能力是公司取得竞争优势的前提，而核心能力的形成、发展乃至维护和再创都要依赖于企业的创新活动。在当代，随着创新理论的研究范围进一步拓展，人们将企业的创新领域分为相互联系的五个领域，即技术创新、制度创新、组织创新、市场创新和管理创新，有时也包括文化创新。

现代管理学中，创新职能的基本内容是在熊彼特定义的基础上丰富和发展起来的。它包括以下几方面：

(一) 技术创新

技术创新是企业创新的主要内容，企业中大量创新活动是有关技术方面的，因此，有人甚至把技术创新视为企业创新的同义语。

技术水平是反映企业经营实力的一个重要标志，企业要在激烈的市场竞争中处于主动地位，就必须顺应甚至引导社会进步的方向，不断地进行技术创新。企业的技术创新体现在生产过程中的投入、转换和输出的各个环节，主要表现为材料创新、工艺创新和产品创新。

1. 材料创新

材料是企业产品和生产手段的基础，也是生产工艺和加工方法作用的对象。材料费用在产品成本中占很大比重，材料的性能在很大程度上影响产品的质量。由此可以看出，材料创新在企业创新中的重要地位。材料创新的内容包括开辟新的材料来源，开发和利用成本更低的替代性材料，提高材料的质量、改进材料的性能。

从目前企业生产用的材料来看，一方面使用的是由大自然提供的原材料，如各种矿石、原油等；另一方面就是各种经过加工的半成品材料。由此，材料创新一方面是指寻找和发现现有材料的新用途，生产出新的产品以满足社会的需要；另一方面是指利用新技术与新知识制造新的合成材料，这种材料创新有着广泛的应用前景。如在制造业中广泛采用的各种新型、轻型材料就是材料创新的成功典范。现代材料科学的迅速发展，为企业的原材料创新提供了广阔的前景。可以预见，随着人类知识水平与技术水平的不断提高，材料创新必将出现一个崭新的局面，以满足人类日益增长的需要。

2. 工艺创新

生产工艺是劳动者利用劳动手段加工劳动对象的方法，包括工艺过程、工艺配方、工艺参数等内容。工艺创新，又称过程创新，是指产品生产技术的重大变革，它包括根据新设备的要求，改变原材料、半成品的加工方法，也包括在现有设备的前提下，不断研究和改进操作技术和生产方法，以求使现有设备得到更充分的利用，使现有材料得到更合理的加工。工艺创新可以为产品质量的形成提供更加可靠的保证，加强企业的特色优势。

工艺创新和产品创新都是为了提高企业的社会经济效益，但二者途径不同，方式也不一样。产品创新侧重于活动的结果，而工艺创新侧重于活动的过程；产品创新的成果主要体现在物质形态的产品上，而工艺创新的成果既可以渗透于劳动者、劳动资料和劳动对象之中，还可以渗透在各种生产力要素的结合方式上；产品创新的生产者主要是为用户提供新产品，而工艺创新的生产者也是创新的使用者。

3. 产品创新

生产过程中各种要素组合的结果是形成企业向社会贡献的产品。企业是通过生产和提供产品来求得社会承认、证明其存在的价值，也是通过销售产品来补偿生产消耗、取得盈余，实现其社会存在的。产品创新包括许多内容，这里主要分析物质产品本身的创新，物质产品创新主要包括品种创新和结构创新。

品种创新要求企业根据市场需要的变化，根据消费者偏好的转移，及时地调整企业的生产方向和生产结构，不断开发出用户欢迎的适销对路的产品。

产品结构的创新，在于不改变原有品种的基本性能，对现在生产的各种产品进行改进和改选，找出更加合理的产品结构，使其生产成本更低，性能更完善，使用更安全，从而更具市场竞争力。

产品创新是企业技术创新的核心内容，它既受制于技术创新的其他方面，又影响其他技术创新效果的发挥。新的产品、产品的新结构，往往要求企业利用新的机器设备和新的工艺方法；而新的设备、新工艺的运用又为产品的创新提供了更优越的物质条件。产品创新可以为消费者带来一种全新的享受，而且可以降低产品的成本。所以它不仅给企业带来的是特色的形成，而且可能是成本的优势。

（二）制度创新

制度是组织运行方式的原则性规定。制度创新是指社会政治、经济和管理等制度的革新，是支配人们行为和相互关系的规则的变更，是组织与其外部环境相互关系的变更，其直接结果是激发人们的创造性和积极性，促使不断创造新的知识和社会资源的合理配置及社会财富源源不断的涌现，最终推动社会的进步。

企业的制度创新是指为了实现管理目的，将企业的生产方式、经营方式、分配方式、经营观念等规范化设计与安排的创新活动。制度创新把思维创新、技术创新和组织创新等活动制度化、规范化，同时又具有引导思维创新、技术创新和组织创新的功效。它是管理创新的最高层次，是管理创新实现的根本保证。

企业制度创新的目的是建立一种更优的制度安排，调整企业中所有者、经营者、劳动者的权力和利益关系，使企业具有更高的活动效率。

企业制度主要包括产权制度、经营制度和管理制度等三个方面的内容。

1. 产权制度

产权制度是决定企业其他制度的根本性制度，它规定着企业最重要的生产要素的所有者对企业的权利、利益和责任。不同的时期，企业各种生产要素的相对重要性是不一样的。在主流经济学的分析中，生产资料是企业生产的首要因素，因此，产权制度主要指企业生产资料所有制。目前社会中存在两类生产资料所有制：私有制和公有制，这两种所有制在实践中都不是纯粹的。企业产权制度的创新也许应朝向寻求生产资料的社会成员“个人所有”与“共同所有”的最适度组合的方向发展。

2. 经营制度

经营制度是有关经营权的归属及其行使条件、范围、限制等方面的原则规定。它表明企业的经营方式，确定谁是经营者，谁来组织企业生产资料的占有权、使用权和处置权的行使，谁来确定企业的生产方向、生产内容、生产形式，谁来保证企业生产资料的完整性及其增值，谁来向企业生产资料的所有者负责以及负何种责任。经营制度的创新方向应是不断寻求企业生产资料最有效利用的方式。

3. 管理制度

管理也是现代生产力的一个重要构成要素。管理的基本任务是组织、协调生产力各要素，使其达到最优组合，取得最佳效益。在现代化生产中，专业分工细，生产环节复杂，配合密切，更需要有集中统一的管理和生产指挥。管理制度是行使经营权，组织企业日常经营的各种具体规则的总称，包括对材料、设备、人员及资金等各种要素的取得和使用的规定。在管理制度的众多内容中，分配制度是极重要的内容之一。分配制度涉及如何正确地衡量成员对组织的贡献并在此基础上如何提供足以维持这种贡献的报酬。由于劳动者是企业诸要素的利用效率的决定性因素，因此，提供合理的报酬以激发劳动者的工作热情对企业的经营就有着非常重要的意义。分配制度的创新在于不断地追求和实现报酬与贡献的更高层次上的平衡。

产权制度、经营制度、管理制度这三者之间的关系是错综复杂的（实践中相邻的两种制度之间的划分甚至很难界定）。一般来说，一定的产权制度决定相应的经营制度。但是，在产权制度不变的情况下，企业具体的经营方式可以不断进行调整；同样，在经营制度不变时，具体的管理规则和方法也可以不断改进。而管理制度的改进一旦发展到一定程度，则会要求经营制度作相应的调整；经营制度的不断调整，则必然会引起产权制度的革命。因此，反过来，管理制度的变化会反作用于经营制度；经营制度的变化会反作用于产权制度。

（三）组织结构创新

任何组织的结构都不是一成不变的。它们如同生物的机体一样，必须随着外部环境和内部条件的变化而不断地进行调整和变革，才能顺利地成长、发展，避免老化和死亡。所谓的组织创新是指根据组织目标来调整和变革组织结构及管理方式，使其能够适应外部环境及组织内部条件的变化，从而提高组织活动效益的过程。组织创新的目的在于更合理地组织管理人员的努力，提高管理劳动的效率。

组织结构创新的内容随着环境因子的变动与组织管理需求发展方向等各不相同。一般可涉及到以下一些方面：① 功能体系的变动。即根据新的任务目标来划分组织的功能，对所有管理活动进行重新设计。② 管理结构的变动。对职位和部门设置进行调整，改进工作流程与内部信息联系。③ 管理体制的变动。包括管理人员的重新安排、职责权限的重新划分等。

上述创新工作往往需要经历一定的时间，从旧结构到新结构也不是一个断然切换的简单过程，一般需较长的过渡、转型时期。所以，作为领导者要善于抓住时机，发现组织创新的征兆，及时地进行组织创新工作。以企业为例，企业组织结构老化的主要征兆有：企业经营业绩下降；企业生产经营缺乏创新；组织机构本身病症显露；职工士气低落，不满情绪增加等。当一个企业出现上述征兆时，应当及时进行组织诊断，以判断企业组织结构是否有开发创新的需要。

（四）市场创新

人们一般把开辟一个新的市场和控制原材料的新供应来源归纳为市场创新。事实上，完整的市场创新是指企业从微观的角度促进市场构成的变动和市场机制的创造以及伴随新产品的开发对新市场的开拓、占领，从而满足新需求的活动。成功的企业经营不仅要适应消费者已经意识到的市场需求，而且要去开发和满足消费者自己可能还没有意识到的需求。新产品的开发往往被认为是企业创造市场需求的主要途径。实际上，市场创新还指企业在产品的材料、结构、性能不变的前提下，通过市场的地理转移或提示产品新的物理使用价值，来寻找新用户，或通过广告宣传等促销工作，来赋予产品以一定的心理使用价值，影响人们对某种消费行为的社会评价，从而诱发和强化消费者的购买动机，增加产品的销售量。

概括起来，市场创新至少包含两个方面的内容：

1. 开拓新市场

开拓新市场包括三层意思：一是地域意义上的新市场，即企业产品以前不曾进入过的市场。它包括老产品进入新市场，如由国内向海外拓展，由城市向农村拓展。也包括新产品进入新市场。二是需求意义上的新市场，指现有的产品和服务都不能很好地满足潜在需求时，企业以新产品满足市场消费者已有的需求欲望。消费者的行为受其观念支配，企业可能通过改变消费者的观念来创造顾客的需求。例如，由于房产价值高昂,使用时间长,而普通工薪阶层收入水平不高,导致了房地产市场长期低迷,直到有人发明了按揭的消费方式,从而带动了整个房产市场的兴旺。三是产品意义上的新市场,即将市场上原有的产品,通过创新变为在价格、质量、性能等方面具有不同档次的、不同特色的产品,可以满足或创造不同消费层次、不同消费群体需求。如福特汽车公司变换汽车式样,向其顾客供应不同档次的汽车:向富豪供应凯迪拉克,向一般人供应雪弗兰,向中等富裕的人供应奥尔兹莫比尔。

2. 创造市场“新组合”

市场创新又是市场各要素之间的新组合,它既包括产品创新和市场领域的创新,也包括营销手段的创新,还包括营销观念的创新。

市场营销组合是指综合运用企业可控制的因素,实行最优化组合,以达到企业经营的目标。市场营销组合观念是市场营销观念的重要组成部分。营销组合为实现销售目标提供了最优手段,即最佳综合性营销活动,也称整体市场营销。市场营销组合观念认为,企业可以控制的产品、定价、分销与促销诸因素,都是不断发展变化的变数。在营销过程中,任一因素的变化都会出现新的市场营销组合。

第二节　创新过程

在管理实践中,各种组织既要牢固树立创新的思想,又要采取切实步骤进行创新活动;既要看到创新为组织发展提供了强大的动力,又要注意分析和防范创新的风险,没有无风险的创新。另外,还要将创新纳入组织制度的体系,使其有章可依,获得保障。也就是说,为了保证创新的实现,组织必须对创新实施有效的管理

一、影响和推动组织创新的因素

有学者对影响和推动组织创新的因素进行了大量的研究与分析。归纳起来,影响和推动创新的因素可分为内部因素和外部因素两大类。

(一) 组织内部因素

从企业组织自身的角度讲,有三类影响因素对于激发组织创新起着重要的作用,即组织结构与资源、组织文化和人才资源等。

1. 组织结构因素

根据大量的研究结果,组织结构因素对创新的作用很显著。灵活的有机式组织结构对组织创新有着正面的影响。这是因为在有机式组织结构下,其专业化、正规化和集权化程度比较低,有利于提高组织的应变能力和跨职能工作能力,从而更易于发动和实施组织创新。另外,如果组织资源充裕,管理部门有能力开发创新成果,推行整体性组织创新。

2. 组织文化因素

创新型组织通常具有独特的组织文化,例如,鼓励试验,赞赏失败,注重奖励等。

研究表明，创新型组织的文化以创新导向为核心，通常具有下列特征：第一，鼓励多样化思路，不强调专一性，鼓励多种工作思路，容忍不切实际的想法和主张；第二，鼓励承担风险，鼓励干部员工大胆试验，不用担心可能失败的后果；第三，强调开放系统，随时监控环境的变化并作出快速反应；第四，容忍冲突，组织鼓励群体中的不同意见，认为中等程度的群体冲突有利于调节群体气氛，从而实现更高的经营绩效；第五，外部控制少，组织将规则、条款、政策这类的控制减少到最低限度。

3. 人才资源因素

人才资源是组织创新的基本保证。创新型组织积极地对其干部员工开展培训和发展，加快知识与技能的更新。同时，通过职业生涯设计，给员工提供高工作保障，鼓励员工成为创新能手。一旦产生新思想，创新者会主动而热情地将新思想深化提高并克服阻力，以确保组织创新方案得到推行。有研究表明，创新型企业家具有共同的个性特征：自信、坚持、精力旺盛、喜欢冒风险等。另外，他们一般处于拥有相当大决策自主权的职位，这使他们能在组织中引入并推行所提倡的组织创新。

(二) 组织外部影响因素

从组织的外部环境因素讲，市场的变化和组织所处的政治、经济及社会文化环境等都会影响组织创新的整个过程。

1. 产品与服务市场的变化

市场变化是组织创新的首要外部因素，其中最重要的是需求变化。组织作为市场中的供给方是为满足需求而存在的。另一重要的市场变化是竞争变化，激烈的竞争往往使组织更倾向于成为适应市场的创新型组织，并通过更低成本和更高质量取得竞争优势。此外，资本与劳务市场变化也能激发创新。例如：许多工业发达国家的资本市场结构最适于激发创新，某些风险资本专门寻找有发展前途的小型创新公司，实行高风险，高回报率的投资策略。

2. 政治、经济及社会文化因素

政治、经济与社会文化因素也是推动管理创新的重要外部因素。企业经营规模的不断扩大和技术层次的不断提高，使得管理理念与文化价值观的更新日趋急迫，成为组织创新的必要条件。而管理理念与文化价值观在很大程度上受到政治、经济与社会文化因素变化的制约。例如，政府的政策、法令、法律、规划、战略等，都直接对组织创新行为具有指导意义和约束力。

二、创新的基本条件

为使管理创新能有效地进行，管理者要努力为部属提供条件、创造环境。管理创新必须具备以下的基本条件：

(一) 创新主体(企业家、管理者和企业员工)应具有良好的心智模式

这是实现管理创新的关键。心智模式是指由于过去的经历、习惯、知识素养、价值观等形成的基本固定的思维认识方式和行为习惯。经济学家熊彼特曾在《经济发展理论》中把创新定义为企业家的职能，并认为企业家之所以能成为企业家，并不是因为其拥有资本，而是因为他拥有创新精神并实际地组织创新。而正是由于某个或某些企业家的率先创新，众多企业家的迅速模仿，才推动了经济的发展。

（二）创新主体应具有较强的能力结构

管理创新主体必须具备一定的能力才可能完成管理创新，主体应具有：核心能力，必要能力和增效能力。核心能力突出地表现为创新能力；必要能力包括将创新转化为实际操作方案的能力，从事日常管理工作的各项能力；增效能力则是控制协调加快进展的各项能力。

（三）企业应具备较好的基础管理条件

现代企业中的基础管理主要指一般的最基本的管理工作，如基础数据、技术档案、统计记录、信息收集归档、工作规则、岗位职责标准等。管理创新往往是在基础管理较好的基础上才有可能产生，因为基础管理好可提供许多必要的、准确的信息、资料、规则，这有助于管理创新的顺利进行。

（四）企业应营造一个良好的促进创新氛围

创新主体能有创新意识，能有效发挥其创新能力，与拥有一个良好的创新氛围有关。在良好的工作氛围下，人们思想活跃，新点子产生得多而快；而不好的氛围则可能导致人们思想僵化，思路堵塞，头脑空白。因此，促进创新的最好方法是大张旗鼓地宣传创新，激发创新，树立“无功便是有过”的新观念，使每一个人都奋发向上，努力进取、跃跃欲试、大胆尝试。要造成一种人人谈创新，时时想创新，无处不创新的组织氛围。

（五）管理创新应正确地对待失败

创新的过程是一个充满着失败的过程。创新应该认识到这一点，创新的组织者更应该认识到这一点。只有认识到失败是正常的，甚至是必需的，管理人员才可能允许失败，支持失败，甚至鼓励失败。当然，支持尝试、允许失败，并不意味着鼓励组织成员盲目地工作，而是要在失败中取得有用的教训，学到一点东西，变得更加明白，从而使下次失败到创新成功的路程缩短。

（六）管理创新必须建立合理的奖酬制度

要激发每个人的创新热情，还必须建立合理的评价和奖惩制度。创新的原始动机也许是个人的成就感、自我实现的需要，但是如果创新的努力不能得到组织或社会的承认，不能得到公正的评价和合理的资本，继续创新的动力就会渐渐失去。促进创新的奖酬制度至少要符合以下几个述条件：

① 注意物质奖励与精神奖励的结合。奖励不一定是金钱至上的，精神上的奖励也许比物质报酬更能满足驱动人们创新的需要。但是，当奖金的多少被视作衡量个人工作成果和努力程度的标准时，物质上的奖酬也是必不可少的。

② 奖励应是对特殊贡献，甚至是对希望做出特殊贡献的努力的报酬。奖励的对象不仅包括成功以后的创新者，而且应当包括那些成功以前、甚至是没有获得成功的

努力者。就组织发展而言,也许重要的不是创新的结果,而是创新的过程。

③ 奖励制度要有利于组织内部的竞争和合作。内部的竞争与合作对创新都是重要的。竞争能激发每个人的创新欲望,从而有利于创新机会的发现,创新构想的产生,而过度的竞争则会导致内部的各自为政、互相封锁;合作能综合各种不同的知识和能力,从而可以使每个创新构想都更加完善,但没有竞争的合作难以区别个人的贡献,从而会削弱个人的创新欲望。要保证竞争与协作的结合,在奖励项目的设置上,可考虑多设集体奖,少设个人奖;在奖金的数额上,应多设小奖,少设大奖,以给每一个人成功的希望,避免只有少数人能成功的情况,从而防止相互封锁和保密、破坏合作的现象。

三、创新的过程

组织创新过程是一个系统工程,不仅会受到组织内部个体创新特征、群体创新特征和组织特征的影响,还要受到整个社会经济环境的制约;组织创新行为又会直接影响组织绩效,包括市场绩效、竞争能力、盈利情况、员工的态度等。同时,组织创新是一个渐进过程,往往从技术与产品开发入手,逐步向生产、销售系统、人力资源、组织结构发展,进而进入战略与文化的创新,表现为一种渐进创新的过程。

一般来说,管理创新过程包含四个阶段:

1. 第一阶段,对现状的不满

在几乎所有的案例中,管理创新的动机都源于对公司现状的不满:或是公司遇到危机,或是商业环境变化以及新竞争者出现而形成战略型威胁,或是某些人对操作性问题产生抱怨。创新之所以要打破原有的秩序,是因为其内部存在的或出现了某种不协调的现象。创新活动正是从发现和利用旧秩序内部的这些不协调现象开始的。

例如,Litton 互联产品公司是一家为计算机组装主板系统的工厂。1991 年,布莱克受命负责这家工厂的战略转型。他说:“我们曾是一家前途黯淡的公司,与竞争对手相比,我们的组装工作毫无特色。唯一的解决办法就是采取新的工作方式,为客户提供新的服务。这是一种刻意的颠覆,也许有些冒险,但我们别无选择。”很快,布莱克推行了新的业务单元架构方案。每个业务单元中的员工都致力于满足某一个客户的所有需要。他们学习制造、销售、服务等一系列技能。这次创新使得客户反响获得极大改善,员工流动率也大大降低。

当然,不论出于哪一种原因,管理创新都在挑战组织的某种形式,它更容易产生于紧要关头。

2. 第二阶段,从其他来源寻找灵感

敏锐地观察到了旧秩序中的不协调现象之后,还要透过现象找到原因,并据此分析和预测不协调现象的未来变化趋势,估计它们可能给组织带来的积极或消极后果,并提出消除不协调和使系统在更高层次实现平衡的创新构想。

管理创新者的灵感可能来自其他社会体系的成功经验,也可能来自那些未经证实却非常有吸引力的新观念。

有些灵感源自管理思想家和管理宗师。1987年，沃尔思出任了惠灵顿保险公司的CEO，他读到了汤姆·彼得斯的新作《混沌中的繁荣》。他从书中获得灵感，将书中的高度分权原则转化为一个可操作的模式，这就是人们熟知的"惠灵顿革命"。沃尔思的新模式令公司的利润率大幅增长。

还有些灵感来自无关的组织和社会体系。上世纪90年代初，总部位于丹麦哥本哈根的助听器公司奥迪康推行了一种激进的组织模型：没有正式的层级和汇报关系；资源分配是围绕项目小组展开的；组织是完全开放的。几年后，奥迪康取得了巨大的利润增长。而这个灵感却来源于公司CEO曾经参与过的美国童子军运动。他说："童子军有一种很强的志愿性。当他们集合起来，就能有效合作而不存在任何等级关系。这里也没有钩心斗角、尔虞我诈，大家目标一致。这段经历让我重视为员工设定一个明确的'意义'，这种意义远远超越了养家糊口。同时，建立一个鼓励志愿行为和自我激励的体系。"

这两个例子说明了一个简单的道理：管理创新的灵感很难从一个公司的内部产生。只有通过从不同的来源获得灵感，公司的管理创新者们才能够开创出真正全新的东西。

3. 第三阶段，实施创新方案

管理创新人员将各种不满的要素、灵感以及解决方案组合在一起，迅速展开行动，全面实施。实施通常并非一蹴而就，而是重复、渐进的。创新成功的秘密主要在于迅速行动。提出的构想可能还不完善，甚至可能很不完善，但这种并非完美的构想必须立即付诸行动才有意义。"没有行动的思想会自生自灭"，这句话对于创新思想的实践尤为重要，一味追求完美，就可能错失良机，把创新的机会白白地送给别人。创新的构想只有在不断地尝试中才能逐渐完善，企业只有迅速地行动才能有效地利用"不协调"提供的机会。

4. 第四阶段，争取内部和外部的认可

管理创新存在风险巨大、回报不确定的问题。很多人无法理解创新的潜在收益，或者担心创新失败会对公司产生负面影响，因而会竭力抵制创新。而且，在实施之前，我们很难准确判断创新的收益是否高于成本。因此对于管理创新人员来说，一个关键阶段就是争取他人对新创意的认可。

在管理创新的最初阶段，获得组织内部的接受比获得外部人士的支持更为关键。这个过程需要明确的拥护者。如果有一个威望高的高管参与创新的发起，就会大有裨益。另外，只有尽快取得成果才能证明创新的有效性，然而，许多管理创新往往在数年后才有结果。因此，创建一个支持同盟并将创新推广到组织中非常重要。管理创新的另一个特征是需要获得"外部认可"，以说明这项创新获得了独立观察者的印证。在尚且无法通过数据证明管理创新的有效性时，高层管理人员通常会寻求外部认可来促使内部变革。外部认可包括四种来源：

第一，商学院的学者。他们密切关注各类管理创新，并整理总结企业碰到的实践问题，以应用于研究或教学。

第二，咨询公司。他们通常对这些创新进行总结和存档，以便用于其他的情况和组织。

第三，媒体机构。他们热衷于向更多的人宣传创新的成功故事。

第四，行业协会。

外部认可具有双重性：一方面，它增加了其他公司复制创新成果的可能性；另一方面，它也增加了公司坚持创新的可能性。

四、创新的策略

（一）根据创新的程度不同，可以分为首创型创新策略、改创型策略和仿创型创新策略

1. 首创型创新策略

首创型的创新是指观念上和结果上有根本突破的创新，通常是首次推出但对经济和社会发展产生重大影响的全新的产品、技术、管理方法和理论。这类创新本身要求全新的技术、工艺以及全新的组织结构和管理方法。首创型创新还常常引起产业结构发生变化，从而彻底改变组织的竞争环境和基础。

2. 改创型创新策略

改创型创新就是在借鉴别人的先进管理的基础上进行大胆创新，探索出新的管理思路、方式、方法，简单地说，就是在别人已有的先进成果上进行有创意的提高。日本是采用这种管理创新策略的典型国家。日本的企业管理水平在第二次世界大战后是很落后的，20 世纪 50 年代日本派了大批人去美国学习企业管理技术，邀请许多美国的专家到日本讲学，并结合日本的传统文化和国民气质，创造出了全新的日本企业管理模式，最终使美国反过来向日本学习其某些管理方法。

3. 仿创型创新策略

仿创型创新策略是创新度最低的一种创新活动，其基本特征在于模仿性。在创新理论的创始人熊彼特看来，模仿不能算是创新，但是模仿是创新传播的重要方式，对于推动创新的扩散具有十分重要的意义，没有模仿创新的传播可能十分缓慢，创新对社会经济发展和人类进步的影响也将大大地减小。模仿可以分为创造性的模仿和简单性的模仿，创造性模仿就是我们上面介绍的改创型创新，而简单性模仿就是仿创型创新。

（二）根据创新的过程是量变还是质变，可分为渐进式创新策略和突变式创新策略

1. 渐进式创新策略

渐进式创新是指通过不断的、渐进的、连续的小创新，最后实现管理创新的目的。这种创新策略从小的方面入手，不至于猛烈攻击既得利益者的利益，易于被这群人所接受。由于许多大创新需要与之相关的若干小创新的辅助才能发挥作用，而且小创新的渐进积累效应常常促进创新发生连锁反应，导致大创新的出现，所以，单个小创新虽然带来的变化是小的，但它的重要性不可低估。它说明企业的管理创新是从无数的小创新开始的，当大量的小创新不断地改善着企业的经营管理，并达到一定程度时就会产生导致质变的大创新。这种创新具有渐进性、模仿性，创新的周期一般较长，而创新的效果却不错。日本的企业多采用这种渐进式管理创新策略，日本政府在公务员改革过程中也采用了这种策略，通过有计划地每年逐渐减少公务员数量的办法，加以编制法定化的配套措施，使日本的公务员改革取得了成功，值得我国在制定机构改革方案时学习借鉴。

2. 突变式创新策略

突变式创新是指企业的管理首先在前次管理创新的基础上运行，经过一段时间，直到创新的条件成熟或企业运行到无法再适应新情况时，就打破现状，实现管理创新质的飞跃。它具有突变性，创新的周期相对较短，而创新的效果相对较好。这种突变式管理创新的实现通常由专业管理人员、企业家来实现。欧美的企业和政府的管理创新多采用这种策略，如20世纪80年代初英国政府实现的“私有化运动”和20世纪90年代初由美国、英国、澳大利亚、新西兰等西方国家实行的“重塑政府”行动，在短时间内，政府的管理理论和管理实践都发生了重大变化。

（三）根据创新的独立程度，可以分为独立型创新、联合型创新和引进型创新

1. 独立型创新策略

独立型创新的特点是依靠自己的力量自行研制并组织生产，同时独立型创新的成果往往具有首创性。国外大型企业大多拥有自己的研究开发机构，因而其研究工作特别是涉及公司特色产品的核心技术，多以自身力量进行，这样可以做到技术保密，使自己处于行业竞争中的领先地位。其缺点是应用此策略的企业在投入了巨资且研究项目已经或将要取得成功时，有可能会发现同样的产品或发明已经被别人领先创新出来，不但失去了占领市场的先机，而且造成人力、物力、财力的巨大损失。

2. 联合型创新策略

联合型创新策略是若干组织相互合作进行的创新活动。联合创新往往具有攻关性质，可以更好地发挥各方的优势。但是这种创新活动涉及面广，组织协调及管理控制工作比较复杂。然而，随着科学技术的发展、高新技术的兴起，许多重大的创新项目，无论从资金、技术力量以及该创新项目内容的复杂性，都并非一个企业或组织所能承担的，因此，联合创新就变得日益重要。联合不仅包括企业和企业之间的合作，企业和科研机构以及高校进行联合创新，甚至各国政府都开始采取联合创新的策略，并且这种企业和其他部门的合作以及政府的跨国的合作变得越来越普通。

3. 引进型创新策略

引进型创新策略是从事创新的组织从其他组织引进先进的技术、生产设备、管理方法等，并在此基础上进行创新。这种创新的开发周期相对较短，创新的组织实施过程有一定的参照系，风险性相应降低。但是这种创新策略需要对引进的技术进行认真地评估和消化。

第三节 企业组织创新

企业组织创新可以分为制度、层级结构，企业是通过制度结构化、层级结构化来使成员的行为具有一定程度的可预测性，从而实现对这些成员在企业活动过程的不同时空的努力进行引导与整合的。

一、企业制度创新

(一) 企业制度创新的含义

所谓企业制度创新，就是指随着生产力的发展，要不断对企业制度进行变革，因而通常也可以称之为企业制度再造。企业制度创新对企业来讲是极其重要的，因为企业本身就是一种生产要素的组合体，企业对各生产要素的组合，实际上就是依靠企业制度而组合起来的。正是因为如此，所以不少人在谈到企业的定义的时候，往往都认为企业就是一个将各种生产要素按一定制度而组合起来的经营主体。由此可见，企业制度对于企业来说，是极其重要的。

现代企业制度创新是为了实现管理目的，将企业的生产方式、经营方式、分配方式、经营观念等规范化设计与安排的创新活动。制度创新是把思维创新、技术创新和组织创新活动制度化、规范化，同时又具有引导思维创新、技术创新和组织创新的功效。它是管理创新的最高层次，是管理创新实现的根本保证。企业制度创新的目的是建立一种更优的制度安排，调整企业中所有者、经营者、劳动者的权力和利益关系，使企业具有更高的活动效率。

(二) 企业制度的重要性

企业制度的重要性，主要表现在这样几个方面。

1. 企业制度是企业赖以存在的体制基础

正如我们上面所讲的，企业作为各种生产要素的组合体，实际上就是通过制度安排来组织各种生产要素的，因而企业制度是对各种生产要素进行组合的核心纽带和基础。有人讲，企业就是出资人之间的合约，也就是出资人以契约方式规定出企业制度，然后按照所规定的企业制度来组建企业。因此，没有企业制度，就根本谈不到企业的存在，当然更谈不到企业的发展，因而企业存在和发展的体制基础，就是企业制度。

2. 企业制度是企业及其构成机构的行为准则

因为企业本身的运行行为以及企业内部的各种组织机构的活动行为，都要受到企业制度的约束，所以企业制度决定了企业本身以及企业的构成机构的行为规则和行为规范。企业及企业中的各种组织机构，都必须遵守企业制度的安排，不能违反企业制度的任何一种安排。正是基于此，人们通常说，企业制度实际上是企业本身以及企业的构成机构的行为准则。

3. 企业制度是企业员工的行为规范

企业员工作为企业的组成人员，无论是CEO，还是一般的普通员工，其行为都必须遵守体现企业制度要求的各种规则，也就是要按照企业制度的要求对员工的行为进行规范，而规范员工的行为的准则，就是企业制度。正是基于此，人们通常把企业制度称之为员工的行为规范。

4. 企业制度是企业高效发展的活力源泉

虽然来自于许多方面，但主要是来自于企业制度安排。如果企业制度的安排非常有利于调动企业中的各种生产要素的积极性，那么这个时候企业就是最有活力的；反之，如果企业制度的安排非常不利于调动企业中的各个生产要素的积极性，那么这个时候企业就是最没有活力的。就像我国原来的国有企业之所以没有活力，一个极其重要的原因，就是因为它们的企业制度安排有问题，它们的企业制度安排无法充分调动各种生产要素的积极性。因此，企业制度是企业活力的最重要的保证，没有良好的企业制度，就根本不可能有企业的活力。

5. 企业制度是企业有序化运行的体制框架

企业要有序化运行，就必须要按照一定的程序运行，而要按照一定的程序运行，就必须要有一个运行的程序，程序要对企业运行有约束，那么约束企业运行的程序是什么？不是别的，就是企业制度。因此，企业制度实际上就是约束企业各种生产要素的行为以及企业本身行为的一种准则。

正是因为如此，所以企业的有序化发展，就必须有良好的企业制度。没有良好的企业制度，就没有企业的有序化运行。例如，我们有的 之所以无法有序化地运行，就是因为缺乏一个良好的企业制度，因而有的民营企业虽然在一定时期内活力充足，但是没过几年就消亡了，原因就在于它的企业制度设计不合理，企业制度设计也可能确实调动了各种生产要素的积极性及企业的活力，但是却没有形成一个良好的有效约束，因而很快就消亡了，成为短命的企业。由此可见，企业制度是企业有序化运行的一个极其重要的保障。

6. 企业制度是企业经营活动的体制保证

企业的所有经营活动，无论是生产经营活动，还是资本经营活动，都必须要在一定的体制框架中进行，这种体制框架，就是企业制度。因此，可以说，没有一种合理的企业制度安排，就不可能有企业的高效经营活动，因为没有良好的企业制度，企业经营的活动就没有体制保障，从而企业的经营活动就根本无法高效地展开。正基于此，所以人们通常说，高效的企业经营活动实际上是有赖于良好的企业制度。

正因为企业制度有着上述这六个方面的重要性，所以讨论企业问题，首先要讨论的是企业制度创新问题。也就是说，所有要研究企业问题的人以及经营企业的人，都首先要考虑企业制度的创新问题。就经营企业的人来说，如果企业制度问题解决不好，就谈不到企业充满活力的问题，也就谈不到企业的有序化发展的问题，当然更谈不到企业高效益经营的问题。就研究企业问题的人来说，如果搞不清楚企业制度创新问题，就根本不可能深入地把握企业的实质性问题，从而就不可能正确地研究企业问题。由此可见，讨论企业问题，往往首先需要研究的，就是企业的制度创新问题。

(三) 工业社会的企业制度结构特征及其原因

企业是通过规范作为类群的参与者在企业活动中权、利关系的制度来引导和整合这些成员的行为的：通过企业经营活动组织权力的分配，企业制度规范着参与者类群间的权力关系，从而影响着这些参与者在企业决策制定与执行中的行为表现；通过决定经营成果的分配，企业制度规范了参与者类群间的利益关系，从而影响着不同参与者在企业成果形成中的行为特点。权利关系及其相对地位的确定，使得参与者类群在不同模式的企业制度下有着不同的行为规律，从而使他们的行为具有一定程度的可预测性。这种可预测性使得企业对参与者行为的引导和整合成为可能。

不同参与者是通过提供企业经营所必须的某种要素来实现他们对企业的贡献的。这些要素的相对重要性决定了要素供应者在企业活动中的相对权利地位。决定了企业活动中权力与利益分配的格局，从而决定了企业制度结构的特点。要素的相对重要性既取决于要素本身在企业生产经营活动中的作用，也在很大程度上受到该种要素相对稀缺程度的影响。稀缺资源从资本转向知识，将导致知识参与者在企业权利关系中地位的提高。

在迄今为止的工业社会，相对于其他要素来说，资本是最为重要也是最为稀缺的。工业生产过程主要是资本与劳动结合的过程。在这个过程中，资本的所有者通过提供一定数量的资本形成一定的生产能力，集中一定的物质条件，雇用一定数量的劳动者加工和组合利用这些资源以形成一定产品。由于资本（以货币形式表现和计量的资本）具有一般等价物，可以很方便地换回其他形式的生产要素的特点，所以启动这个过程的是一定数量的资本的投入。过程源动力的特点决定了资本的所有者在过程开始之初就拥有着选择过程运行的方向，组织过程的推进，处理过程的结果的各种权力。

一般等价物使资本具有流动性特点，而与此同时由于工业生产中劳动分工不断发展导致具体工人的操作范围更加狭窄，作业技能更趋专门化，从而使流动更加困难，使资本相对于工人的地位进一步得到确认。在这种背景的企业中，“知识”，特别是“管理知识”虽也已开始占据一席之地，但主要是作为资本的附属而存在的。

(四) 知识经济条件下的企业制度创新

企业制度结构的上述特征正在受到知识经济的挑战。知识在现代企业经营中相对作用的加强，正使得权力的行使以及对成果分配的控制正在逐渐变成知识工作者的“专利”。

有人也许会强调，工业社会也是知识社会，工业社会的经济活动是与工业生产有关的知识的开发和利用的过程。实际上，任何人类经济活动，甚至在一般意义上任何人类社会活动的运行都是知识的发现与利用，积累与创新的过程。因此，知识社会不是突然而至，而是逐渐演变而来的。知识经济是在工业经济、甚至是在前工业经济中就已开始孕育的，是从工业经济中脱胎而来的。但是与工业经济相比，知识经济条件下人们所倚重的知识类型，以及相关知识的相对重要程度是不同的。

人们在企业中的活动可以分为两类：一类是人作用于物的活动(劳动者利用一定劳动工具，借助一定方法对劳动对象进行加工转换，生产出符合要求的某种产品的劳动)，另一类是一些人作用于另一些人的劳动(主要指管理人员对作用于物的劳动者的工作安排，以及工作中的指挥与协调)。人们作用于物的劳动主要需要与操作有关的知识，而作用于其他人的劳动则主要需要与协调有关的知识。知识因此而可以分为两种类型：有关操作的知识与有关协调的知识。

工业社会是以操作知识的发展为基础的，工业社会的发展又不断促进着操作知识的进步。生产工具的改进导致了工业革命的产生，机器的发明和普遍运用促进了工厂制度的发展。工艺的更加先进和机器的普遍使用使得工业生产渐趋复杂，从而促进了劳动分工的不断细化。细致的劳动分工在促进劳动生产率提高的同时，使得每一个分工劳动者的操作技能和相关专业知识更加狭窄，更加专门化，从而使得工业生产中的每一个人的劳动高度相互依赖。这种相互依赖性使得对不同人在企业中分工劳动的协调变得至关重要。知识在生产中的普遍运用，单个劳动者操作技能的高度专门化，使得工业生产率的提高不仅取决于个人的操作技能和作业的熟练程度，而且更取决于对不同人的劳动的分工协调。正如哈耶克所分析的，分工使人们只知道与自己工作有关的那部分知识，没有人有能力获得这些知识的全部。在分工生产的条件下，“我们必须使用的背景知识不是以集中和整合的形式存在的，而是以不完全的，经常是相互矛盾的知识片断分散地为分开的个人所占有”。因此，工业经济愈发展，分工劳动愈细致，劳动者的知识愈专门化，与协调不同劳动者的分工劳动有关的知识就愈加重要。这种重要性不仅是相对于其他知识(比如操作知识)而言的，而且是相对于其他生产要素而言的。正如杜拉克所指出的，知识，特别是有关协调的知识，正变为“关键的经济资源”，甚至是“今天唯一重要的资源”，“传统的生产要素——土地(即自然资源)，劳动和资本没有消失，但它们已变成第二位的。假如有知识，人们便可很容易地得到传统的生产要素”。

实际上，分工劳动在工业社会的发展不仅加剧了普通劳动知识和技能的专门化与狭窄化，而且决定了协调分工劳动所需的专门知识的供应的相对稀缺性。这种相对稀缺性进一步加强了协调知识拥有者的相对地位。在生产过程相对简单，从而要求工人所具有的操作技能也相对简单的情况下，只需对这些操作技能有一定了解便可完成协调的任务。所以在工业社会初期，协调工作是由资本所有者承担的。但是，随着工业经济的发展和工业生产过程的复杂化，资本所有者难以拥有这样的知识，只能委托拥有相关知识的经营管理人员去协调。后者在协调实践中，地位不断得到加强。所以，今天组织企业活动的协调知识是由企业经营管理人员所拥有的。管理人员的职能就是运用协调知识去组织和管理企业成员的分工劳动。管理人员通过其协调劳动不仅决定着自己所拥有的协调知识的运用效率，而且决定着作为其协调对象的企业生产者的知识利用效果。所以"经理是对知识的应用和知识的绩效负责的人"。

因此,在工业社会蜕变而来的知识社会中,知识正变为最重要的资源,企业内部的权利关系正朝向知识拥有者的方向变化,企业的制度结构正从"资本的逻辑"转向我们所称的"知识逻辑"。权力派生于知识(特别是协调知识)的供应,利益(经营成果的分配)由知识的拥有者所控制正逐渐成为后工业社会或知识社会的基本特征。

二、企业层级结构创新

(一) 工业社会的企业层级结构及其特征

在利用制度结构规范参与者类群间权力与利益关系的同时,工业经济中的企业试图通过层级结构来规范作为单个成员的参与者在企业活动中的关系和行为。层级结构曾是人类组织结构的伟大创新,19 世纪下半叶以后在工业企业中开始广泛运用,目前仍是企业的主要特征。

工业经济的发展首先表现为生产规模的不断扩大。当企业规模相对较小,活动内容相对较不复杂的时候,业主借助个人的知识和能力便足以应付管理的需要了。但是,随着活动规模的扩大和内容的渐趋复杂,业主个人就难以应付了。在同一时空聚集了数万甚至数十万工人从事大规模生产的条件下,要使这些人的活动有序地进行,必须在对这些人的劳动进行合理分工的基础上进行指挥和协调。首先在政府组织中被运用的层级结构便是在这样的背景下被逐渐移植到工业经济中来的。

作为工业企业的主要组织形式,层级结构曾表现出如下主要特征:直线指挥,分层授权;分工细致,权责明确;标准统一,关系正式。

第一,直线指挥,分层授权。在层级结构中,从理论上来说,企业的最高行政长官(业主或其代理人)有权安排和指挥每一个企业成员的工作。但由于时间与精力的原因,他的有效管理幅度是有限的,因此必须把本应属于自己的部分工作及其相关的权力委托给一些部属去完成和行使。部属由于同样的原因必须将工作与权力再分解,再委托。这样,企业组织便成为一个等级结构的金字塔。金字塔中的每一个层次都根据直线上级的要求,组织完成相应的工作任务,并行使相关的权力,同时又将接受到的任务分解给下一个层次去完成,并利用受托行使的权力去命令下属的工作。层级组织的基本特征便是利用直线指挥与分层授权来规范成员间的关系,影响他们在企业活动中的行为表现。

第二,分工细致,权责明确。层级结构的工业企业实行细致的劳动分工。分工原则不仅体现在与产品制造过程相关的生产劳动中,而且体现在与生产过程协调有关的管理劳动中。分工劳动使得生产者与管理者的知识和技能不断完善。相关劳动的熟练程度不断提高,从而促进了组织劳动生产率的增长。分工劳动不仅严格规定了组织成员应该履行的职责,而且明确了相应职务的工作人员为履行职责而可以行使的权力。

第三，标准统一，关系正式。“标准统一”首先是作业方法的标准化。在泰罗理论的影响下，企业在生产过程组织合理化的同时，使作业方法标准化。在生产过程的不同环节和岗位上，生产者按照标准的方法来完成作业。这种标准化也逐渐被移植到管理劳动的组织中。不论是谁，在处理同类的管理业务时，都按照一套标准的程序和方法来操作。其次，标准统一还表现为企业政策的一致性。制约管理人员行动及其行为的政策和规则是由企业最高权力机构统一制定，统一推行的，层级结构中的工作人员必须严格依循这些政策和规则。政策和规则的这种一致性，不仅决定了企业组织能以整齐划一的方式表现其行为，而且使得组织中各部门、各层次的管理者之间的关系不具有个人感情的色彩：层级组织中成员之间的关系，是职务或岗位所规定的角色关系，而非个人关系。

目前在许多企业中采用的事业部制实际上也是层级结构。事业部制企业可以被视为传统的直线组织的联盟，因为每一个事业部都是按照上述基本特点组织起来的。

（二）知识经济与企业层级结构的再造

层级结构的上述特征曾经促进了工业企业的成功：直线指挥，分层授权保证了企业行动的迅速；分工细致，权责明确促进了效率的提高；而标准统一，正式的角色关系则保证了企业活动的有序性。但是层级结构发挥作用并取得成功是以一定的环境条件和假设作为前提条件的。

层级结构在企业中的广泛运用是以市场环境为背景的：消费者的诸多需求尚未得到充分满足；这些需求基本是无差异的；消费需求以及影响企业经营的其他环境因素基本上稳定的，或虽有变化，但变化具有连续性的特征，从而基本上是可以预测的。诸多需求的未充分满足使得任何产品都存在极大的市场，因此企业可以组织大规模生产，消费需求的无差异性使得企业可以组织标准化生产；而需求与市场的相对稳定或后者变化的可预测性则使得企业内部生产及其管理的改善主要依赖于经验的累积和总结。经验的累积和总结过程主要是组织记忆的形成。在这种条件下，企业活动的组织调整主要是企业管理中枢的职责。在这样的背景中经营，不仅工人可以凭借主要以过去经验为基础形成的标准方法作业，而且管理中枢也主要利用组织记忆形成过程中不断累积和总结的经验，即有关过去的知识，借助细致的分工和统一指挥来比较集权地组织生产过程中工人的标准化作业。

在知识经济正在到来的今天，层级结构赖以成功的上述背景正在或已经发生变化：消费者日趋成熟，消费者有关消费知识的渐趋丰富使得消费需求愈来愈具有多样化和个性化的特点；影响企业经营的环境不仅日益复杂，而且愈来愈不稳定，其变化不仅无法控制，而且也愈来愈难以预测。多样化的个性需求使企业正在失去标准化生产和一致性政策的基础；市场变化的频繁要求企业活动的内容与方式及时调整。满足个性化的消费需求，要求企业生产组织更具弹性，活动内容与方式的适应性调整则要求相关的权力从管理中枢向下分散。实际上，只有与外部环境直接相关的那些部分有调整的权力，这种调整才可能是适时有效的。

弹性的、分权化的企业是不可能完全以组织记忆为基础来组织运行的。实际上，满足个性化需求的生产作业，应付环境变化的适时调整，是难以在已经累积的知识中找到现成答案的。这些工作必然要求相关的成员和部门在知识积累的基础上进行知识的创新。因此，新形势下的企业组织必须是有利于企业成员的学习和知识创新的组织。

有人认为，这种组织的基本雏形可能是目前已在一些高科技企业中出现的网络组织。这种组织将企业视为一组为完成特定任务而组成的横向工序流，而不是纵向的由各个职能部门组成的层级结构。网络结构主要表现出如下主要特征：

第一，它在构成上是由各工作单位组成的联盟，而非严格的等级排列。这些工作单位相互依赖，在关键技术和如何解决难题上相互帮助，它们的地位与核心机构平等。核心机构只选择与调整企业的战略方向，设计各部分共享的组织基础，创造促成向心力的企业文化，保证各部分的相互合作，而各项工作则由各工作单元来完成。

第二，企业成员在网络组织中的角色不是固定的，而是动态变化的。网络中的工作单元可能是稳定的，但单元之间的关系则是为了完成一定的项目而设计的。一旦项目完成，单元之间的关系则可能需要重组。由于企业活动的项目及其进展情况是在不断变化的，因此网络结构也需要不断地调整。

第三，企业成员在网络结构中的权力地位不是取决于其职位（因为职位大多是平行的，而非纵向排列的），而是来自他们拥有的不同知识。达尔·尼夫在《知识经济》书中提到“在层级组织中，你拥有的职位决定着你的权力。在分权的网络化的组织中，你的权力来源于你了解的知识和你认识的人”。

由于网络结构中的各个工作单元都是一个权力中心，因此可以及时进行应对市场变化的调整；由于每个工作单元都与其他单元保持广泛的联系，从而不仅促进了知识与经验的交流，而且使得各单元的适应性调整有充分的知识和信息的基础。因此，网络结构是适应型的、学习型的组织结构。

不过，知识经济带来的变化可能是对现存的层级组织进行网络化的改造：用网络结构来补充层级结构，而不是将后者完全取代。实际上，管理任何由一定数量的成员参与的集体活动，一定程度的集权和统一指挥是必不可少的。没有这样的集权和统一指挥，组织成员的活动就无法协调，组织活动就无法在“有序的无序”或“无序的有序”状态下进行。因此未来的组织应该是“网络化的层级组织”，层级支持着组织活动的有序性，而网络则促进着组织的适应性。

网络化的层级组织应该是三个相互对立的特点的统一。

第一，集权和分权的统一。知识经济条件下的企业固然需要保持分散、差异和分权，以具有主动和迅速反应的创造能力，但同时也需要严格的集中管理，以保持战略的统一，行动的迅速，以及相互依存的各工作单元间相互关系的协调。因此网络化的层级组织应该是既集权又分权的。说它是集权的，是因为管理中枢在战略方向选择以及不同工作单元自主性劳动的范围与边界确定等问题上有着无法替代的作用；说它是分权的，是因为工作单元内的一线人员有权在企业战略参数的范围内自主地处理可能出现的紧急情况。

第二，稳定与变化的统一。在知识经济条件下，面对逐渐成熟的消费者的不断变化的个性化需求，企业如不能及时做出适应性调整，则可能被市场淘汰，而变化过于频繁则可能引起组织的混乱。网络化的层级结构在组织整体保持相对稳定的同时，使各个工作单元能迅速调整。层级结构以及组织框架及决定这个框架的经营领域是相对稳定的，而框架中的各个工作单元的工作内容和方式则经常进行适应性调整。

第三，一元性与多元性的统一。主要表现在三个方面：层级组织既保存了统一指挥的管理中枢，又允许相互依存的各工作单元相当自主地运行；既通过统一的基本政策规范着整体企业的战略经营，又允许各工作单元的活动标准与原则有一定的差异；既确定了明确的组织宗旨和使命，并倡导主导的价值观念，又允许甚至鼓励异质价值观念和行为准则的存在。

复习思考题

1. 什么是创新？创新与维持在管理过程中的作用有何联系和区别？
2. 创新职能的基本内容包括哪些？
3. 影响和推动创新的因素是什么？
4. 创新的类型和特点有哪些？
5. 如何进行有效的创新，必须具备哪些基本条件？
6. 管理创新过程一般包含哪几个阶段？

参考文献

[1] [日]占部都美. 现代管理论. 北京：新华出版社，1984.

[2] [法]法约尔. 工业管理与一般管理. 北京：中国社会科学出版社，1999.

[3] [美]斯蒂芬 P 罗宾斯，戴维 A 德森佐. 管理学原理与实践. 北京：机械工业出版社，2013.

[4] 郭跃进. 管理学. 北京：高等教育出版社，2005.

[5] 韩伯棠，张平淡. 战略管理. 北京：高等教育出版社，2004.

[6] 娄成武，魏淑艳. 现代管理学. 北京：中国人民大学出版社，2003.

[7] [加]亨利明茨伯格. 经理工作的性质. 北京：中国社会科学出版社，1989.

[8] 周三多，陈传明. 管理学. 北京：高等教育出版社，2012.

[9] 马义飞. 管理学. 北京：北京大学出版社，2008.

[10] [美]巴纳德. 经理人员的职能. 北京：中国社会科学出版社，1997.

[11] [美]弗雷德 R 戴维. 战略管理. 8 版. 北京：经济科学出版社，2001.

[12] [美]哈罗德孔茨，海因茨韦里克. 管理学. 9 版. 北京：经济科学出版社，1993.

[13] 陈传明，周小虎. 管理学原理. 2 版. 北京：机械工业出版社，2013.

[14] [美]科斯诺思. 财产权利与制度变迁——产权学派与新制度学派译文集. 上海：上海三联书店，2000.

[15] [美]迈克尔波特. 竞争优势. 北京：华夏出版社，1997.

[16] [美]德鲁克 P F. 有效管理者. 北京：中国财政经济出版社，1988.

[17] [美]德鲁克 P F. 德鲁克思想全书. 北京：九州出版社，2001.

[18] [美]斯蒂芬 P 罗宾斯. 管理学. 4 版. 北京：中国人民大学出版社，1997.

[19] [美]约瑟夫熊彼特. 经济发展理论. 北京：商务印书馆，1997.

[20] 王毅武，康星华. 现代管理学教程. 北京：清华大学出版社，2008.

[21] 王利平. 管理学原理. 北京：中国人民大学出版，2003.

[22] 理查德 L 达夫特. 管理学. 北京：清华大学出版社，2012.

[23] 王风彬，朱克强. 管理学教学案例精选. 上海：复旦大学出版社，1998.

[24] 徐二明. 管理学教学案例精选. 上海：复旦大学出版社，1998.

[25] 徐国良，王进，等. 企业管理案例精选精析. 北京：经济管理出版社，2000.

[26] 许庆瑞. 管理学. 北京：高等教育出版社，2001.

[27] 杨先举. 工商企业管理案例. 北京：中国人民大学出版社，1994.

[28] 杨士文，张雁. 管理学原理. 北京：中国人民大学出版社，2000.

[29] 朱祝霞，赵立颖. 沟通其实很容易. 北京：中国纺织出版社，2002.

[30] 周健临. 管理学教程. 上海：上海财经大学出版社，2002.

[31] 赵冰梅,刘伟力.现代企业管理教程.北京:航空工业出版社,2008.
[32] 芮明杰.管理学——现代的观点.上海:上海人民出版社,2002.
[33] 黄梯云,李一军. 管理信息系统.北京:高等教育出版社出版,2005.
[34] 安玉新,张颖.管理学教程.沈阳:辽宁大学出版社,2010.
[35] 杨士文,等.管理学.3 版.北京:中国人民大学出版社,2009.
[36] 中国注册会计师协会编. 财务成本管理.北京:中国财政经济出版社,2009.
[37] 齐二石.生产与运作管理教程.北京:清华大学出版社,2007.